ROWOHLT
BERLIN

Aus dem Russischen
übersetzt und annotiert
von Barbara Conrad und
Vera Stutz-Bischitzky

Véronique Garros
Natalija Korenewskaja
Thomas Lahusen (Hg.)

Das wahre Leben

Tagebücher
aus der Stalin-Zeit

Rowohlt · Berlin

1. Auflage Juli 1998
Copyright © 1998 by Rowohlt · Berlin Verlag GmbH, Berlin
«Intimacy and Terror. Soviet Diaries of the 1930s»
Copyright © 1995 by The New Press, New York
«Tagebuch aus Moskau 1931–1939», herausgegeben
von Jochen Hellbeck, Copyright © 1996
by Deutscher Taschenbuch Verlag, München
Weitere Quellenvermerke siehe Seite 443
Alle Rechte an dieser Ausgabe vorbehalten
Umschlaggestaltung Walter Hellmann
Satz Janson PostScript (PageOne)
Gesamtherstellung Clausen & Bosse, Leck
Printed in Germany
ISBN 3 87134 271 8

Inhalt

Vorbemerkung

Es gibt eine umfängliche Literatur über die «Säuberungen», die Moskauer Schauprozesse und das Lagersystem in der Zeit des Stalinismus, doch über das alltägliche Leben der Sowjetbürger während des Großen Terrors ist bislang wenig bekannt. Noch weniger weiß man über ihre Gedanken, ihre Wünsche und Träume. Hierüber können persönliche Aufzeichnungen wie Tagebücher oder Briefe besonders gut Aufschluß geben.

Die Öffnung der sowjetischen Archive und die Bereitschaft der Menschen, nach Jahrzehnten der Angst ihre privaten Dokumente zugänglich zu machen, ermöglichte den Herausgebern, sich auf Spurensuche zu begeben. Ihr Bestreben war es, private, möglichst unpublizierte Texte eines sozial und politisch differenzierten Spektrums der Bevölkerung ausfindig zu machen. Das Ergebnis ihrer Recherche war erstaunlich, gelang es ihnen doch, etwa zweihundert Tagebücher zusammenzutragen, obwohl das Schreiben oder der Besitz derartiger persönlicher Aufzeichnungen in jenen Tagen äußerst gefährlich war. Bei Hausdurchsuchungen galt das besondere Interesse der Staatssicherheitsorgane bevorzugt solchen Zeugnissen privaten Denkens. Der Fall des Bauern Andrej Arschilowski, dessen Tagebuch hier abgedruckt ist, zeigt, daß solche Aufzeichnungen zum Vorwand für eine Verurteilung «zum Höchstmaß», wie man damals das Todesurteil euphemistisch umschrieb, werden konnten. Wenn Tagebücher überhaupt geführt wurden, vernichtete man sie oft wieder, um sie so dem drohenden Zugriff der «Organe» zu entziehen. Berühmt ist der Fall der Tagebücher Michail Bulgakows, die von der GPU konfisziert, ihm nach Jahren wieder ausgehändigt und daraufhin von ihm selbst verbrannt wurden. Gleichzeitig beschloß Bulgakow, nie wieder persönliche Aufzeichnungen niederzuschreiben (Ironie der Geschichte: 1990 tauchte das Tagebuch aus den Archiven des Geheimdienstes in einer dort angefertigten Kopie wieder auf).

Angesichts dieser lebensgefährlichen Umstände überrascht die Fülle des Materials, das sich allerdings in sehr unterschiedlicher Form präsentierte. Viele Manuskripte mußten handschriftlich abgeschrieben, oftmals mühsam Buchstabe für Buchstabe mit der Lupe entziffert werden. Auf der Grundlage dieser von Véronique Garros in den späten achtziger Jahren initiierten Arbeit kamen etwa fünfzig Tagebücher in die engere Wahl, aus denen schließlich die hier vorliegende Auswahl getroffen wurde. Die Texte wurden teilweise gekürzt, die Kürzungen sind mit (...) gekennzeichnet.

Entstanden ist damit ein «nichtoffizielles» Lebenszeugnis, ein vielschichtiges Dokument, das sowohl die Aufbruchstimmung in eine «bessere Welt» widerspiegelt als auch den quälenden Alltag von Hunger und Not; die Faszination für den rüde vorangetriebenen wissenschaftlichen und technischen Fortschritt wie den zehrenden alltäglichen Überlebenskampf; die neuen Betätigungsfelder der Frau, aber auch das Festhalten an der überkommenen Rollenverteilung; den Stolz auf die neuen Möglichkeiten des gesellschaftlichen Aufstiegs wie auch die Angst vor Entwürdigung, Verhaftung und Deportation. Die Tagebücher zeigen Zustimmung wie auch Ablehnung, Identifikation mit dem System wie Verweigerung.

Die dreißiger Jahre waren – was das Alltagsleben des einzelnen Bürgers anbelangt – schwierige und harte Jahre. Nachdem

8

sich das Riesenreich in der Zeit der «Neuen Ökonomischen Politik» (der sogenannten NÖP-Periode) gerade etwas von den äußeren und inneren Verwüstungen aus Kriegs- und Bürgerkriegszeiten erholt hatte, stürzte es durch Stalins ersten, gewaltsam durchgesetzten Fünfjahrplan mit seiner Industrialisierungspolitik und der rücksichtslosen Kollektivierung der Landwirtschaft erneut in Chaos und Elend. All dies gipfelte in einer katastrophalen Hungersnot 1933, deren Nachwehen noch lange zu spüren waren.

Für den heutigen Leser ist es sicherlich schwierig, sich das Leben in einem totalitären, von der Außenwelt isolierten Riesenreich vorzustellen, in dem es noch kein Fernsehen gab, Rundfunk und Presse gleichgeschaltet und Informationen von außen kaum zu erhalten waren. Und die Berichte über die Realität im Lande, die der Leser den wenigen Zeitungen oder Radiosendungen entnehmen konnte, waren oft von höchst problematischem Wahrheitsgehalt, spiegelten das vor, was sein sollte, und verschwiegen das, was war. Dies zeigt auch die hier abgedruckte Chronik des Jahres 1937 mit Auszügen aus der Zeitung «Iswestija», deren Beiträge vor begeisterten Epitheta nur so strotzen. Sie suggerieren den Lesern ein glückliches Leben in einem glücklichen Heimatland. «Das Sowjetland jubelt» angesichts der Erfolge der sowjetischen Luftfahrt, «glühende Patrioten» werden gefeiert, die «lichte Zukunft der gesamten Menschheit» steht vor der Tür – wo allerdings «feindliche Elemente» ihr Unwesen treiben, ist «Tod durch Erschießen der Wille des Volkes». Und das Volk? Wie reagierte es auf diese Indoktrination? Ebendieser Blick hinter die Kulissen macht die Lektüre der Tagebücher so spannend.

Mit stoischer Ruhe und scheinbar unbeeindruckt von den Zeitläuften notiert der Bauer Ignat Frolow täglich das Wetter, den Stand der Erntearbeiten und alltägliche dörfliche Verrichtungen. Doch ebenso unbeirrbar hält er bei seinen Eintragungen am alten Julianischen Kalender fest, der 1918 abgeschafft wurde und nach dem sich bis heute die russisch-orthodoxe Kirche richtet. Ein Akt des Widerstandes? Ein Versuch, zumindest im Privaten an überkommenen Werten festzuhalten, sich der neuen Ordnung wenigstens im häuslichen Bereich zu verweigern.

Ganz anders die Hausfrau Galina Stange: Mit großem Elan stürzt sie sich in die einer Frau gebotenen neuen Möglichkeiten der Betätigung. Die Sowjetgesellschaft hatte sich ja auch die Emanzipation der Frau auf die Fahnen geschrieben. Galina Stanges Tagebuch können wir entnehmen, wie es um die Emanzipation der Frau in der sowjetischen Wirklichkeit tatsächlich bestellt war. Stolz notiert sie nach einer Begegnung mit dem Volkskommissar Kaganowitsch, welche Erwartungen dieser gegenüber den Frauen hegte und welche Vorgaben ihnen Orientierung sein sollten: Ihre vordringlichste Aufgabe sei es, sich um ihre Männer zu kümmern: «gut für sie zu kochen, ihnen keinen Kummer zu bereiten, eine angenehme Atmosphäre zu schaffen, für gute Stimmung in der Familie zu sorgen und ihnen wirkliche Erholung zu gönnen». Gleichzeitig wurden die Frauen unter dem Slogan der «gesellschaftlichen Arbeit» als unbezahlte Kräfte im sozialen Bereich beschäftigt. Zu welchen Auswüchsen das führt, wie sie unter der Last des Alltags fast zusammenbricht, können wir Galina Stanges Notizen entnehmen.

Auch eine Eintragung im Tagebuch des Studenten Stepan Podlubny illustriert die starre Rollenverteilung der Geschlechter in der Sowjetgesellschaft. Er, der «Kulakensohn», möchte so gern ein «neuer Mensch» werden, aber was seine Einstellung zu Frauen betrifft, so hegte auch er keinen Zweifel an deren «Bestimmung»: «Alle gehen mir mit einer Frage auf die

Nerven: Warum heiratest du nicht? Alle Voraussetzungen sind doch da: Du hast eine Wohnung und bist kein übler Bursche. Warum wäschst du selbst, kochst, wischst den Boden, wenn das deine Frau machen könnte?» Podlubny, dem wegen eines «Geburtsfehlers» (nämlich der falschen Klassenzugehörigkeit) die üblichen Wege verschlossen sind, gelingt es trotz aller Anpassungsbemühungen nicht, seine Wunschvorstellungen vom «neuen Menschen» zu verwirklichen. Auch er wird schließlich der Universität verwiesen und muß – wie so viele andere – auf der Suche nach seiner inhaftierten Mutter von Gefängnis zu Gefängnis ziehen.

Leonid Potjomkin indes ist ein wahrhaft «neuer Mensch» im Sinne des Systems. Voller Enthusiasmus engagiert er sich für das «neue Leben» im «glücklichen Sowjetstaat» – ein Aufsteiger aus bitterer Armut, der sich mit eiserner Energie und dem massiven Gebrauch der Ellenbogen seinen Weg nach oben erkämpft. Der Stil seines Tagebuchs mag uns heute fast wie eine Parodie erscheinen, doch der Vergleich mit den Auszügen aus der «Iswestija» macht deutlich, wo seine Vorbilder zu suchen sind.

Die Aufzeichnungen des Literaturfunktionärs Wladimir Stawski geben uns Einblick in die Verhältnisse hinter den Kulissen der Macht. Sie zeigen, wie auch ein Mensch, der skrupellos andere in Tod und Verderben schickt, nie sicher sein kann, ob nicht er der nächste ist. Doch zur gleichen Zeit, als Stawski Kollegen ans Messer liefert (z. B. den Dichter Ossip Mandelstam), verfaßt er sentimentale Naturschilderungen und schwelgt begeistert in «klingendem Himmelsblau» über Tannenwipfeln.

Mit den Tagebüchern von Andrej Arschilowski und Ljubow Schaporina dagegen verfügt man über Berichte von Menschen, die sich den nüchternen und objektiven Blick auf die sowjetische

Wirklichkeit bewahrt haben. Arschilowski ist darauf bedacht, der Nachwelt ein Zeugnis zu hinterlassen. Er ist der politischste der hier versammelten Autoren, der trotz der durchlittenen langjährigen Lagerhaft seinen Traum vom Aufbau einer Republik nicht aufgegeben hat. Seine Beobachtungen des Alltags in der westsibirischen Provinz, auf Ämtern, in der Kirche, in den Betrieben, stehen in scharfem Widerspruch zur offiziellen sowjetischen Selbstdarstellung.

Und schließlich Ljubow Schaporina. Furchtlos und unerschrocken rapportiert sie die Erschütterungen und Verwerfungen unter den Intellektuellen – die Hetzkampagne gegen Schostakowitsch, das Lavieren von Alexej Tolstoi oder Wsewolod Meyerholds letzte öffentliche Auftritte, seine Verhaftung und die grauenvolle Ermordung seiner Frau. Es ist dieses Gemisch aus beobachtetem Geschehen – vor allem in Leningrad rollte die Terrorwelle seit dem Kirow-Mord 1934 schneller als anderswo –, aus aufgeschnappten Gerüchten und Vermutungen, das die bedrückende Atmosphäre so gut wiedergibt.

Die Übersetzer, April 1998

«So verlogen ist die Gegenwart»

Tagebuch von
Andrej Stepanowitsch
Arschilowski

Andrej Arschilowski (geboren 1885), ein Bauer aus dem Gebiet von Tscherwischew, Bezirk Tjumen, lebte mit Frau und fünf Kindern auf einem Einzelhof. Er galt als gescheiter und charakterfester Mann. Obwohl nur mit Dorfschulbildung, wurde er deshalb kurz vor der Oktoberrevolution in die Landverwaltung von Tjumen gewählt und dann, unter Koltschak[1], von dieser Verwaltung in eine zivile Untersuchungskommission delegiert. Im Oktober 1919 verhaftete ihn die Gouvernements-Tscheka von Tjumen, obwohl er weder gegen die Sowjetmacht oder die Bolschewiki agitiert noch sich an einer konterrevolutionären Verschwörung beteiligt oder in der Weißen Armee gedient hatte und auch keine Verwandten unter «Kapitalisten» oder «Großgrundbesitzern» besaß. Einziger Anklagepunkt: Mitgliedschaft in Landverwaltung und Untersuchungskommission. Doch in einer Zeit, wo man Menschen allein wegen der Kosakenbiesen auf ihren Pluderhosen oder ihrer Achselklappen erschießen konnte, wo man jeden ohne Gerichtsverfahren «auf Abgang set-

---

1 *Koltschak* – Alexander Wassiljewitsch Koltschak (1873 – 1920), russischer Admiral und Chef einer der antibolschewistischen Armeen, im November 1918 «Oberster Regent» einer auch von den Alliierten anerkannten Militärdiktatur in Sibirien, die bis Januar 1920 bestand. Nach anfänglichen großen Erfolgen von der Roten Armee geschlagen, wurde er, nachdem ihm die Engländer ihre Unterstützung entzogen hatten, schließlich in Irkutsk an die Bolschewiki ausgeliefert und auf geheime Order Lenins erschossen.

zen»² konnte, nur weil er das Gewand eines Priesters trug oder zu den Kadetten, Sozialrevolutionären, Menschewiki oder Anarchisten gehörte, war diese Verhaftung nichts Ungewöhnliches. Arschilowski hatte denn auch, da er seine Vorladung vor ein Revolutionstribunal ahnte, eine schriftliche Erklärung vorbereitet:

«Vor allem bin ich kein politisch aktiver Mensch, kein Kämpfer für die eine oder andere politische Idee, sondern ein ganz gewöhnlicher Bürger, der alles Glück von anderen erwartet. Was also sollte ich kleiner Mann getan haben, daß man mich für einen Konterrevolutionär hielt? Habe ich etwa zur Waffe gegriffen, um sie gegen Repräsentanten der Staatsgewalt zu richten, oder habe ich unter den Massen agitiert, um zu einem Staatsstreich anzustiften? Nie habe ich so etwas getan, und ich könnte es auch gar nicht. Ich bin immer nur Beobachter gewesen, Zeuge von Verhältnissen, wie sie von den Aktiven herbeigeführt werden. Allerdings zwingt das Leben manchmal auch einfache Menschen dazu, eine Rolle zu übernehmen. Gegen meinen Willen wurde ich Mitglied einer Kommission, die berechtigt war, Vertreter der Sowjetmacht zu isolieren, wenn man sie als Gefahr für die staatliche Ordnung in Sibirien³ ansah. Wenn man einem parteilosen Bürger vorwerfen kann, daß

2 *auf Abgang setzen* – («pustit w raschod», auf die Debetspalte rücken) bedeutete im Bürgerkrieg töten, erschießen.
3 *staatliche Ordnung in Sibirien* – siehe S. 14

er nicht mutig genug war, die Teilnahme an einer Kommission zu verweigern, die die Ordnung im Lande zu bewahren hatte, dann bin ich natürlich schuldig. Und wenn mir irgendein Bürger nachweisen kann, daß ich persönlich einzelne Partei- oder Sowjetfunktionäre, besonders die an der Basis, verfolgt habe, so möge man mich dafür gebührend bestrafen. Aber ich bezweifle, daß man mir etwas Derartiges nachweisen könnte, weil es nicht vorgekommen ist.

Untersuchungskommission und Bezirksverwaltung habe ich wegen Krankheit verlassen und mich meiner Lieblingstätigkeit zugewandt – der Landwirtschaft. Als die sogenannten weißen Truppen unter dem Druck der Roten Armee flohen, trat ich ihnen weder bei, noch floh ich mit ihnen, weil ich es für unwürdig hielt. Der Aufbau einer Republik in unserem Lande ist mein alter Traum. Gegen die Sowjetverfassung konnte ich mich nicht wenden, allerdings habe ich mich gegen einzelne Sowjetfunktionäre geäußert und ihr illegales Tun verurteilt, weil sie die Autorität der Sowjetmacht untergruben. Diese Kritik nun nennen meine Ankläger ‹Sichauflehnen gegen die Sowjetmacht›.»

Doch die Bolschewiki rechneten erbarmungslos ab – nicht nur mit Andersdenkenden, sondern auch mit denjenigen, die sich ihre Würde bewahrt hatten und wagten, die Wahrheit zu sagen. Deshalb verurteilte das Revolutionstribunal Arschilowski im Februar 1920 zu acht Jahren Zwangsarbeit. Man hätte ihn genausogut erschießen können. Statt sich nun mög-

lichst still zu verhalten, wandte sich Arschilowski aus dem Lager mit einem offenen Brief an das Komitee der KPR (b) von
Tjumen:

«Brüder! Ich schäme mich nicht, mich an Euch zu wenden,
denn es gibt nichts, dessen ich mich zu schämen hätte: Weder
vor der Revolution noch vor den Menschen habe ich mehr ge-
sündigt als andere. Es ist nicht meine Schuld, daß ich zufällig
auf der falschen Seite stand und nicht die richtigen Lieder
hörte, wie Ihr sie hört und singt. Ich wende mich als echter Re-
präsentant des Volkes an Euch, die Ihr an der Spitze steht, an
Euch, denen ich das Kreuz meiner Strafe verdanke. Es hat keinen Zweck, daß ich mich über meinen Prozeß verbreite. Wahrscheinlich waren Parteimitglieder am 29. Februar dort und haben sich das Schauspiel angesehen, das man aus irgendeinem
Grund wegen so einem kleinen Mann wie mir veranstalten
mußte. (...) Meine Bitte besteht in folgendem: Ich habe bereits
vorgeschlagen, meine Landwirtschaft zu verstaatlichen und
mich als Arbeiter dort einzuweisen. Doch traf dieser Vorschlag
nicht auf Sympathie, weil man mir nicht glauben wollte, daß
ich mich aufrichtig in den Dienst des schöpferischen Kommunismus stelle. Jetzt gibt es nur noch letzte Reste von meinem
Hof: im dichten Wald, ohne arbeitsfähige Hand, denn meine
Frau ist krank und muß aus dem Fenster zusehen, wie alles ver-
fällt und vermodert. Die Felder sind nicht bestellt, die Wiesen
nicht gemäht. Meine Frau hat zehn Jahre als Lehrerin gearbeitet, sie ist die schweren Bedingungen des Bauernlebens ohne

Mann nicht gewohnt. Die Sorgen um die Bestellung der Felder, der Kampf mit dem Bären und den Mücken haben sie gebrochen: sie liegt nun schon die sechste Woche krank und schreibt mir in einem verzweifelten Brief definitiv: ‹Mein Schicksal ist besiegelt.› (...) Ich bitte, mich für 50 Tage aus dem Gefängnis nach Hause zu entlassen. Damit die Familie nicht zugrunde geht, die Wirtschaft nicht ohne Holz und Heu bleibt. Dieser Urlaub ist notwendig: Im Dorf geht der Mensch nicht so leicht zugrunde, aber meine Familie lebt allein, da ist niemand, der ihnen helfen könnte. Es ist eine extreme Situation, wenn jemand von der Partei dorthin käme, er glaubte mir. Ich verpflichte mich, in der Zeit meines Freigangs mit niemandem und nirgends zu sprechen. Gebt mich für 50 Tage frei, dann komme ich von selbst wieder zurück, um im Gefängnis zu frieren.»

Und Arschilowski wäre zurückgekehrt! Er tauchte auch nicht unter, als er 1923 durch die Amnestie anläßlich der Gründung der UdSSR freikam, ließ sich nicht auf irgendeinen Bau abwerben noch änderte er seinen Nachnamen. Er kehrte vielmehr auf seinen Hof bei Tscherwischewo zurück und begann seine dahinkümmernde Wirtschaft wieder in Gang zu bringen. In kurzer Zeit gelang ihm das, aber nicht nur das – er organisierte die Bauern zu einer Kooperative, wurde ein fleißiger und unternehmender Genossenschaftler, Mitglied in der Leitung der Konsumgenossenschaft, der Revisionskommission beim Dorfsowjet von Onochinsk, Schöffe bei Gericht und Redakteur der Wandzeitung «Stimme der Pyschma»[4], kurzum, ein aktiver Bürger, der mit Wort und Tat der neuen Macht half, die Landwirtschaft in Sibirien zum Sozialismus zu führen.

Doch der «Kasernensozialismus», den die Bolschewiki mit Knüppel und Peitsche durchsetzten und den Bauern dabei die Rolle des Düngers zuwiesen, ließ sich in keiner Weise mit dem bäuerlichen Sozialismus von Arschilowski und Millionen anderer russischer Bauern in Einklang bringen. Im November 1929 wurde seine typisch mittelbäuerliche Wirtschaft (Haus mit Nebengebäuden, zwei Pferde, zwei Kühe, Kleinvieh, drei Desjatinen Ackerland) zur Kulakenwirtschaft erklärt und – «der Kulak[5] ist unser Feind» – Arschilowski der konterrevolutionären Agitation gegen die Kolchosen beschuldigt und zu zehn Jahren Freiheitsstrafe verurteilt, die Familie zur Waldarbeit deportiert. Nach sieben Jahren, 1936, ließ man ihn aus Krankheitsgründen frei. Auch jetzt blieb er in Tjumen, arbeitete als Buchhalter in einem Sägewerk und lebte mit seiner Familie in größter Armut.

4 *Pyschma* – rechter Nebenfluß der Tura, in die sie südlich von Tjumen mündet.

5 *Kulak* – Kulaken, vom russischen «kulak» (Faust) abgeleiteter Begriff, der ursprünglich vor der Revolution zur Bezeichnung von Aufkäufern und Zwischenhändlern verwendet wurde. Als Kulaken wurden ohne Unterscheidung der Größe der Wirtschaft seit dem 15. Parteitag der KPdSU 1927 all jene Bauern bezeichnet, die familienfremde Arbeitskräfte beschäftigten. Während der Zwangskollektivierung (1928–1930) wurden die Kulaken als «feindliche Klasse» liquidiert – ihr Vermögen konfisziert, etwa zwei Millionen Menschen wurden deportiert und unzählige erschossen.

Doch inzwischen steigerten sich die sogenannten Säuberungen zu grausamen Rekorden: Landes-, Gebiets-, Kreis-, Stadt- und Rayonsabteilungen des NKWD «entlarvten» um die Wette alle möglichen terroristischen, verschwörerischen antisowjetischen Zellen und Untergrundorganisationen und setzten sie ohne Zögern «auf Abgang». Im Juni 1937 wurde in Tjumen eine «konterrevolutionäre Gruppierung kulakischer Schädlinge» entdeckt, die aus zwölf Sonderumgesiedelten[6] bestand, darunter auch Arschilowski. Beim Verhör wies er alle ihm zur Last gelegten Anschuldigungen zurück und erklärte: «Meine Überzeugungen sind leider nicht rein sowjetisch: vor allem beharre ich auf meinen Ansichten als Landbesitzer und glaube nicht an den Aufbau des Sozialismus in der ganzen Welt. Meine Überzeugungen habe ich auch in meinem Tagebuch für mich behalten: nie habe ich mich mit ihrer Verbreitung befaßt.» Dokumente, die diese Erklärung widerlegt hätten, konnte das NKWD nicht vorweisen. Aber das hinderte die «Troika»[7] nicht, Arschilowski zum Tode zu verurteilen: Am 5. September 1937 wurde er erschossen. Das gleiche Schicksal

6 *Sonderumgesiedelte* – meist deportierte Kulaken.
7 *Troika* – die während der «großen Säuberung» eingesetzten Sondergerichte, die aus dem Sekretär des Bezirkskomitees der Partei, einem Bezirksleiter des NKWD und dem Staatsanwalt bestanden. Die Verhandlungen wurden meist ohne den Angeklagten geführt, es gab keinen Verteidiger, und das Urteil war endgültig, ohne Berufungsmöglichkeit, und wurde im allgemeinen unmittelbar nach Verkündigung vollstreckt.

traf auch seinen älteren Bruder Michail, den man einfach er-
schoß, weil er Bruder eines «Volksfeinds» war.

Andrej Arschilowskis Tagebuch der Jahre 1936/37 ist dem
Archiv des Bezirks-KGB von Tjumen entnommen und wurde
zuerst in der Zeitschrift «Ural» (3, 1992) von Konstantin La-
gunow veröffentlicht, aus dessen Vorwort hier im Vorspann
auszugsweise zitiert wird.

28. Oktober 1936

Aus alter Gewohnheit kann ich mir nicht verkneifen, meine Gedanken und Erlebnisse aufzuzeichnen. Nach all den Stürmen des Lebens will ich wenigstens bruchstückhaft das eine oder andere wieder ins Gedächtnis rufen und festhalten, sofern ich die Zeit finde. Ich sitze in unserem neuen kleinen Haus an der Rückseite der Holzfabrik «Roter Oktober». Es wurde meiner Familie zur zeitweiligen Nutzung überlassen, an Stelle des anderen in Syrjanka[8], das man uns weggenommen hat. Durch Moskaus Gnaden bin ich bereits im Mai freigekommen und beginne jetzt allmählich die Leiden des Lagers zu vergessen. Ich arbeite als Buchhalter im Werksbüro, verdiene 150 Rubel im Monat. Auf Brot umgerechnet käme das auf 166,5 kg oder 16$^1/_2$ Pud. Früher wären das alles in allem 8 Rubel gewesen. Nun ja, Lisa, meine immer noch junge Frau, verdient etwa 200 Rubel. Wir haben es nicht reichlich, müssen aber auch nicht hungern. Meine Kinder: drei sind in der Schule, zwei sitzen mit mir am Tisch. Musa, ein gescheites Mädchen, liest. Arseni, der eine unserer Zwillinge, zeichnet. Ich glaube, er ist ein Spätentwickler, ist schwach im Lesen und Schreiben, was mich ärgert. Aber ich verlange wohl zuviel und bin oft gereizt. Schlechte Angewohnheit. Es hat schon ein bißchen geschneit

---

8 *Syrjanka* – Stadt am Unterlauf der Kolyma in der Jakutischen ASSR der Sowjetunion, etwa 100 km südlich des Polarkreises.

und gleich darauf getaut, jetzt ist es wieder wärmer. Am Himmel steht der volle Mond, in der Stadt flimmert das elektrische Licht. Lisa ist in der Milchsammelstelle – ihrem Arbeitsplatz. Ich erwarte die Familie gegen Abend und schreibe an meinen Erinnerungen ans Lager. Die Büroarbeit strengt mich doch noch an.

29. Oktober

Heute morgen hatte es etwas gefroren, man rutschte über den dicken Rauhreif. Wir, d. h. Lisa und ich, stehen gewöhnlich um fünf auf. An mir ist es dann, den Ofen anzuheizen, den Samowar aufzustellen und Brennholz, endlos Brennholz, zu holen. Man muß zwar nicht weit gehen, dafür aber jeden Klotz selber tragen: Das macht sich bemerkbar. Langsam gewöhnen wir uns daran, keine Pferde mehr zu haben.

Ich bin in die Stadt gegangen, Sauerteig kaufen. Während der Städter früher einmal die Woche auf den Markt ging, muß er heute täglich nach Brot laufen. Ans Schlangestehen hat man sich gewöhnt, daß man es sich anders gar nicht mehr vorstellen kann. Heute gab es glücklicherweise keine Warteschlange am Brotladen. Kommt ein kleines Mädelchen ganz außer Atem gelaufen und fragt wie gewöhnlich: «Wer ist der letzte?» – dabei waren wir nur drei...

Heute habe ich von einer europäischen Stadt geträumt. Ein Platz voller Menschen: alle wollten den Riesen sehen. Der Riese zeigte sich wirklich und ging über den Platz, es waren sogar zwei: der andere war etwas kleiner. Ohne Mützen, in weiten grauen Anzügen. Was man nicht alles träumt!

Lisa wurde heute einbestellt, einen Arbeitsvertrag abzuschließen: sie hat für 25 Jahre unterschrieben. Ist ja egal, wo man lebt. Wir essen Suppe aus Schweinskopf und empfinden das als Luxus. Neulich war ich bei meinem Bruder Michail. Immer noch ein Stutzer: hält sich einen teuren Hund und eine «Liaison». Eine Art Masepa[9]. (…)

Eben sagt Galina: «Wenn ich irgendwo ein Halstuch auftreibe, melde ich mich zu den Pionieren[10]…» Es geht offenbar nur ums Halstuch. So ein Dummchen. Manchmal redet sie einen unglaublichen Unsinn. Geistig sind sie erschreckend unreif – aber lernen Geometrie und Algebra! Und das sind unsere künftigen Ernährer!

30. Oktober
Ich bin 51 geworden. Und immer noch nicht erwachsen. Mutter und Galina sind auf der Milchsammelstelle; Gennadi und Tamara büffeln ihre Schulaufgaben und die Kleinen hören ein Märchen, das ihnen Großmutter Darja erzählt. Sie ist ihrem Sohn gratulieren gekommen. Ein Märchen erzählt sie – wunderschön, wenn auch vollkommen phantastisch – die Kinder hören gebannt zu. Hüten wie seinen Augapfel muß man diese alte Frau, die noch Märchen aus dem alten Rußland kennt: es gibt nur noch wenige, die sich an das Leben von früher erinnern.[11] Im Ofen brennt ein fröhliches Feuerchen. Heute feiern wir ein Fest: Es gibt Fladen aus Weißmehl, mit etwas Margarine beschmiert. So läßt sich's leben. Gennadi liest und liest,

9 *Eine Art Masepa* – Iwan Masepa (1640–1709), ukrainischer Kosakenführer, dessen abenteuerliches Leben zwischen den Fronten (Rußland/ Polen/Schweden) immer wieder literarisch verwertet wurde; hier wohl in Anspielung auf Puschkins Versepos «Poltawa», wo es um Masepas antimoskowitische Gesinnung im Nordischen Krieg und seine Liebesbeziehung zu einer sehr viel jüngeren Frau geht.

10 *zu den Pionieren* – Pioniere: Jugendorganisation für die 10- bis 14jährigen innerhalb des Komsomol, des Kommunistischen Jugendverbands.

11 *Hüten wie seinen Augapfel* – Die Unterstreichungen (im MS mit roter Tinte) stammen von einem Mitarbeiter des NKWD, der nach brauchbaren Beweisen für das Verfahren gegen Arschilowski suchte.

wenn auch vorläufig noch unsystematisch; Tamara liest Tschernyschewskis «Was tun?»[12]. Mit Brocken der Vergangenheit eignet man sich die Gegenwart an. In dem Betrieb, in dem ich arbeite, gibt es kleine Vergehen, und zwar recht typisch: Man schafft sozialistisches Eigentum beiseite. Aber da mischt man sich wohl besser nicht ein, geht es doch immer dem schlecht, der etwas aufdeckt: Findest du was – schweig still, verlierst du was – schweig still. Am Dorfleben hier nehme ich nicht teil, deshalb sehen sie mich auch scheel an. Schade, ich habe keine Zeitung gekauft. Nach wie vor zieht es mich zur Literatur: Ich möchte schreiben und habe auch Themen. Aber wie schreiben? Öffne diesen Spießern der Revolution dein Inneres, das heißt: sag, wer du warst – gleich machen sie ein saures Gesicht. Nein, ich sehe schon, ich werde schweigen. Nicht jeder muß reisen – man kann auch am Ort bleiben.

31. Oktober

Großmutter Darja ist fort: hat dem alternden Sohn ihre mütterliche Pflicht erwiesen und dann ihr erlöschendes Leben zur verwaisten Mascha getragen. Heute wird sie ihren blankäugigen Enkeln in der winzigen Kate wieder ihre Märchen erzählen. So lebe, du schönes altes Märchen: Die Wirklichkeit ist für uns aus der Bahn Geworfene so grausam, daß es uns unwillkürlich in die märchenhafte Vergangenheit zieht. Die Kleinen schlafen, die Großen haben noch Schule im ehemaligen Gym-

---

12 *Tschernyschewskis «Was tun?»* – Tschernyschewski entwickelt in seinem Roman «Was tun? Aus Erzählungen von neuen Menschen» (1863) eine utilitaristische Ethik, die Moral des «vernünftigen Egoismus», gegen die z. B. Dostojewski in seinen großen Romanen polemisiert. Das Buch war unter der aufbegehrenden Jugend der sechziger Jahre des 19. Jahrhunderts ein Bestseller und ist ein Klassiker der Linken geblieben, Lenin soll es in einem Sommer fünfmal hintereinander gelesen haben.

nasium und müssen dann etwa 5 km nach Hause laufen. Gerade dachte ich daran, wie die Zeit verfliegt, besonders heutzutage. Das Pendel unserer Wanduhr ist verrückt geworden: Es läuft wie auf den Basar nach billigen Kartoffeln. Früher ging selbst das Perpendikel gravitätisch ... Alles ist jetzt anders. Wenn ich die Jugend sehe, wundere ich mich, wie sie all diese Belastungen erträgt! Und wenn ich in der Stadt bin, in der Masse herumhastender Menschen, dann denke ich immer das eine: Nur ein anständiger Krieg kann das Wachstum dieses Ameisenhaufens beenden. Sonst fressen wir uns noch gegenseitig ...

Nun, etwas muß ich doch aus der jüngsten Vergangenheit herausklauben. Ich bin bei der Lagerkrankenabteilung stehengeblieben. Es ging mir so gut, daß ich schon langsam zunahm und die Frauen hinter mir her waren (bin brav geblieben, es war schrecklich). Jeden Tag trank ich zwei Liter Milch – das will doch etwas heißen! Damals spannten sie mich ins öffentliche Leben ein: ich war für die Wandzeitungen verantwortlich, schrieb Spottverse über Tagesereignisse und gab sie zum besten (u. a. auf eine leichte Melodie à la Kamarinski). Und schließlich arbeitete ich ziemlich fleißig für die gedruckte Lagerzeitung. Ich hatte einen Aktivisten- und Korrespondentenausweis. Mit einem Wort, ich war obenauf. Doch dem kleinen Publizisten geht es eben schlechter als dem der unionsweiten Presse: Alle kennen dich und erkennen sich in deiner Kritik. Machen ein saures Gesicht, überall wird getuschelt, wächst die Verstimmung. Man haßte mich, weil ich mich erkühnt hatte, über verbreitete Mängel zu spotten, begann in meiner Vergangenheit zu graben und hätte mich am liebsten gefressen. Es endete damit, daß dieselbe Lagerzeitung, die meine Glossen gedruckt und mir dafür Honorar gezahlt hatte (wenn auch ein winziges), sich gegen mich wandte: ein neuer Schreiberling tauchte auf und schrieb ganze zwei Feuilletons über mich persönlich, in denen er mich einen «Menschen im Futteral»[13] nannte. Entthronen kann man leicht – nicht nur unsereinen, sondern auch Trotzki[14], der vom Sockel gestürzt ist. Sie warfen mich raus, sowohl aus der gesellschaftlichen Funktion als auch vom Arbeitsplatz (ich war damals bereits Buchhalter einer Transitstelle), kündigten und versetzten mich als kleinen Rechnungsführer auf einen der kümmerlichsten Posten zu einem Vorgesetzten, der sich für Napoleon hielt. Man begegnete mir voller Mißtrauen und ließ mich lange nicht aus den Augen: Nach zwei Wochen allerdings fühlte ich mich nicht mehr ganz so scheußlich. Doch materiell geriet ich in Bedrängnis: Mit meinen «Beziehungen» war es vorbei – sie wurden jetzt von anderen genutzt, während ich meine letzten Vorräte aufbrauchte.

Die Zeitungskampagne gegen mich traf mich sehr, mir wurde das eine klar: Wir sind verdammt ein Leben lang; wie sehr du dich auch ändern willst – man glaubt dir nicht und hackt bei erster bester Gelegenheit auf dich ein und spuckt dich an. Diese Ritter der Revolution können einen so besudeln, sind so gemein und untereinander verschworen, daß sie noch ganz andere zugrunde richten als mich armen Sünder.

13 *«Menschen im Futteral» nannte* – in Anspielung auf die gleichnamige Novelle von A. P. Tschechow (1898), deren Held, ein von Lebensängsten gebeutelter, lebensuntüchtiger Mensch, sprichwörtlich geworden ist.

14 *sondern auch Trotzki* – Lew Davidowitsch Trotzki (1879–1940), der als Vorsitzender des Militärrevolutionären Komitees maßgeblich an der Durchführung der Oktoberrevolution beteiligt war; wurde 1917 Volkskommissar des Äußeren, später Volkskommissar für Verteidigung und schuf 1918 die Rote Armee. Theoretiker der «permanenten Revolution» und Begründer der Vierten Internationale (1938). Kritiker Stalins, von diesem nach Lenins Tod aus Regierungs- und Parteiämtern entfernt, 1929 aus der Sowjetunion ausgewiesen, kämpfte im Exil gegen den Stalinismus und wurde 1940 von einem sowjetischen Geheimdienstagenten in Mexiko ermordet.

In dieser schwierigen Zeit mußte ich eine weitere bittere Pille schlucken. Unter Berufung auf das Recht, nach Abbüßung der halben Strafe um vorzeitige Entlassung zu bitten, reichte ich zwei Anträge ein: einen in Moskau, den anderen beim obersten Gericht von Mordowa[15], dem das großartige Recht zustand, aus dem Lager freizulassen. Auch ich wurde vorgeladen. Ein Hoffnungsschimmer. Als ich ins Gericht kam, merkte ich, daß ich noch immer nicht gelernt habe, Kommunisten zu verstehen: Frei kamen die Diebe, die Mörder, zum Beispiel ein Junge, der seinen Vater umgebracht hatte, mit deutlichen Kennzeichen angeborener Kriminalität; liebevoll und zuvorkommend waren sie zu Leuten, die veruntreut hatten; aber sowie es sich um § 58[16] handelte, wurden die Gesichter der Richter und Staatsanwälte lang und der Vorsitzende warf nur kurz den vorgestanzten Satz hin: Abgelehnt, als der Klasse entfremdet.

Die Reihe kam auch an mich. Sie sahen mich forschend an. «Waren Sie das, über den kürzlich in der Zeitung geschrieben wurde?» – «Ja.» – «Was wollen Sie denn?» – «Ich ersuche um vorzeitige Entlassung.» Sie klaubten irgendwo die gemeine Charakteristik von der Wischera[17] heraus, wo schlichtweg behauptet wird, ich sei unverbesserlich ...

Ich spürte sogleich, daß ich dem Lager nicht entrinnen konnte, nicht einmal nach Ablauf meiner Frist. Diese neue Form

15 *beim obersten Gericht von Mordowa* – die im Dezember 1934 gebildete Mordwinische ASSR an der unteren Wolga, Hauptstadt Saransk.

16 *sowie es sich um § 58 handelte* – der Paragraph, nach dem die meisten Opfer der «Säuberungen» verurteilt wurden: z. B. § 58, Abs. 1 a Vaterlandsverrat, Abs. 4 Beziehungen zum Ausland, Abs. 6 Spionage, Abs. 7 Sabotage, Abs. 8 terroristischer Akt, Abs. 9 Diversion, Abs. 10 antisowjetische Agitation und Propaganda, Abs. 11 Organisation einer konterrevolutionären Gruppierung.

17 *Wischera* – linker Nebenfluß der Kama im Mittleren Ural.

28

der Lüge, dieses abgestimmte Verhalten, wenn es darum geht, einen Menschen zu vernichten, schlug mir so aufs Gemüt, daß mein Gesicht verfiel und ich schlagartig um Jahre alterte. Aber das ist auch ganz natürlich: Sie spüren die Wahrheit und können uns unseren Protest gegen die Gewalt nicht verzeihen ...

Lange war ich wie vom Donner gerührt. Zum Glück wurde aber dann der 12. Lagerpunkt liquidiert und wir mußten die Angelegenheit ohne Lagerleitung und Bewachung zu Ende bringen. Das Lager wurde aufgehoben, die Wachtürme standen leer, die Tore offen – anfangs war uns nicht ganz wohl dabei. Wir waren nur noch ein paar Mann, kochten uns unser Essen und wuschen unsere Wäsche und uns selbst in der verlassenen Bäckerei. Eine Liquidierung ist eine gute Sache, so manches konnte als Tauschware verwendet werden: Aus dem nächsten Dorf brachten sie uns Eier und Milch für Brot und Fisch. Es war gerade Frühling. Mitrofan Semjonowitsch (ein alter Buchhalter, der auf seine Freilassung wartete) und ich genossen die Stille, wir beobachteten hungrige Ratten und fütterten sie, kochten gemeinsam unser Essen, verjagten freche Spatzen aus dem Schwalbennest, erzählten uns von früher und besprachen unsere Träume. Zusammen gingen wir spazieren und meinten, in diesen Wäldern könnte man, wenn man uns die Freiheit gäbe, durchaus leben: Mitrofan war ein leidenschaftlicher Imker, und im Wald gab es viele Bienen.

Von Tag zu Tag wartete Mitrofan Semjonowitsch auf seine Freilassung, aber sie kam nicht. Der Arme magerte sogar ab. Eine schwierige Lage. Wie oft habe ich das durchgemacht?! Die Erdbeeren wurden reif und ich brachte täglich duftende Früchte zum Tee. Im Wald von Temnikow [18] gibt es viele Bee-

---

18 *Temnikow* – Städtchen an der Mokscha in der ehemaligen Mordwinischen ASSR.

ren. Plötzlich passierte etwas vollkommen Unwahrscheinliches: Aus Moskau kam meine Freilassung. Sie bestellten Mitrofan Semjonowitsch und mich zur Freilassung ein, und so machten wir uns mit schweren Säcken, die mit allerlei Kram gefüllt waren, auf ins Lagerzentrum, um unsere Dokumente abzuholen: der weise Traum des Alten, daß er nicht allein entlassen würde, war in Erfüllung gegangen. Ich konnte es lange nicht glauben. Selbst als man mir das Dokument über die vorzeitige Entlassung auf Bewährung aushändigte, konnte ich es irgendwie nicht fassen. Mit großer Mühe brachten wir die letzten Lagerschikanen hinter uns und gelangten endlich, nach der letzten genauen Durchsuchung, auf den Bahnhofsplatz und stiegen mit den Fahrkarten zwischen den Zähnen in den grünfröhlichen Zug. Und es war kein Traum, es war der Neuanfang des freien Lebens.

Wir warteten auf dem kleinen Bahnhof auf den Zug, kauften Eier und Milch bei schmutzigen Mordwininnen, die lauter Münzen und Kreuze auf der Brust trugen. Wir begannen wieder selbständig zu leben: das war beklemmend und süß. Der Lärm und das Getriebe des Lebens betäubten uns. Immerhin hatte ich sechs Jahre und neun Monate im Lager verbracht, wenn auch ohne Ketten. Keine Kleinigkeit! Die Vertrautheit mit meinem Leidensgenossen schwand rasch, und bald trennten wir uns: er fuhr in seine Kreideberge, und ich ließ mich von der kreischenden Lokomotive zum grauen Ural schleppen.

3. November
Von der Ofenhitze bin ich ganz erschöpft und möchte gar nicht aufstehen; Altersfaulheit und der Verfall meiner Energie machen sich manchmal bemerkbar. Die Kleinen schlafen; in der Kate ist es leer. Mit Arseni führe ich einen Krieg: Er lernt schlecht, und ich tue so, als sei das eine große Schande und

grolle ihm. Könnte ich doch seinen Ehrgeiz wecken! Von der
Decke her hört man es piepsen, aber es sind offenbar keine
Mäuse. Im Dienst sind sie mißtrauisch gegen mich und halten
Abstand: als ehemaliger Zuchthäusler bin ich schlecht gekleidet, rasiere mich selten und bin überhaupt ein armer Teufel;
während das Publikum hier elegant ist, technisch versiert und
sich für das Salz der Erde hält. Ja, Salz schon, aber kaum salzig.
Ihre Interessen sind begrenzt: gehen über Karriere und Kleidung nicht hinaus. Bald ist der 19. Jahrestag, riesige «Wandta-
feln» und Plakate werden vorbereitet. Wir haben den Triumph
des «Sozialismus» – da können wir uns ja ruinieren für die De-
korationen.

In Spanien überstürzen sich die Ereignisse und spitzen sich
zu: die Weißen [19] haben einen Aufstand gemacht und sind gegen Madrid gezogen. Wer siegen wird, ist bisher schwer zu sagen. Vom Lager will ich nicht weiter erzählen: Man lebt dort
genauso glücklich wie in der Freiheit; einige sind satt bis zum
Überdruß, andere sind «am Ende». Nichts als Ausbeutung und
Diebstahl. Nehmen wir nur die bekannten Gehilfen der
Diensthabenden. Klar, Lakaien gibt es nicht, bloß diese Gehilfen, und die machen alles, was sich für einen Lakaien gehört,
nur ausschließlich mit fremden Händen: Die hungrigen Ge-
fangenen reißen sich um die grobe Arbeit, denn damit können
sie zahlen und bekommen genug zu fressen. Deshalb werden
die Gehilfen der hohen Beamten wählerisch und überheblich:
gut gekleidet, sauber, rasiert, satt usw. Einer der Vorgesetzten
wollte gegen dieses Unwesen vorgehen und schrieb, daß nur
«Lakaien Lakaien halten», aber es kam nichts dabei heraus:

19 *die Weißen* – Diese Bezeichnung der Gegner der Bolschewiki im Bürgerkrieg wird hier auf General Franco und seine Falangetruppen übertragen.

Ihre Errungenschaften wollten die Spitzen der Gesellschaft nicht mehr hergeben. Und taten es auch nicht. Genausowenig kam bei der Kampagne gegen «Beziehungen» heraus. (...)

In Hochstimmung rollte ich in dem sauberen Eisenbahnwaggon nach Hause, auch wenn ich es immer noch nicht glauben konnte. Ich war lange unterwegs, das Umsteigen hielt auf. Vor lauter Freude gab ich viel Geld aus. Je mehr ich mich Tjumen näherte, desto größer wurde meine Erregung: nach und nach wurden meine erstarrten Lebensgeister wieder munter. Nach Tjumen kamen wir abends. Ich konnte mich kaum zu Marfuscha schleppen, mußte zweimal ausruhen. Mit Tränen empfingen mich meine alte Mutter und Marfuscha mit ihrer Familie. Ich selbst heulte – die Nerven gingen mir durch. Kolja brachte mich zu meiner Familie.

7. November

Der Matsch von gestern ist über Nacht getrocknet. Ich ging zweimal zum Fluß Wasser holen, heizte den Ofen an – überall laufen die Vorbereitungen zu diesem faulen Zauber. Wir feiern. Zum ersten Mal seit sieben Jahren feiere ich unter freien Bürgern. Vom Betrieb bekam ich eine Einladung zur Festsitzung. Um 5 Uhr ging es los. Die gemütliche Betriebskantine mit dem winzigen roten Winkel[20] fürs Präsidium. Die Musikanten kamen pünktlich. Zwei Dutzend Kinder fanden sich ein; dann kam ein kleines Häufchen Arbeiterinnen und fünf Arbeiter. Ordner tauchten auf und schmückten die Kantine aus. Übrigens, die Fotos der Führer sind jetzt nach Art der frü-

---

20 *dem winzigen roten Winkel* – Der frühere Herrgottswinkel, das rote (schöne) Eck oder der rote Winkel, wo in der guten Stube die Ikone hing, wurde nach der Revolution umfunktioniert zu einem revolutionären Eck mit Bildern der Führer. In öffentlichen Einrichtungen war der «Roter Winkel» genannte Raum der «Kulturraum».

heren Ikonen gestaltet: das runde Foto ist in einen Rahmen eingefügt und an einer Stange befestigt. Sehr praktisch: auf die Schulter – und los geht's. All die Vorbereitungen erinnern sehr an die Vorbereitungen zu den Kirchenfesten von einst.

Damals gab's Aktivisten – und heute auch. Sind die Wege auch verschieden – die Betriebsamkeit ist dieselbe. Exakt zwei Stunden langweilte ich mich, aber es tauchte niemand mehr auf. Bei solcher Pünktlichkeit beschloß ich, daß es am besten wäre, nach Hause zu gehen, ehe es zu spät war. So endete die Feierlichkeit ... Was danach kam, weiß ich nicht; sicher wurde mit Verspätung und Ach und Krach alles zu Ende gebracht.

Am Werkstor ist ein Panorama aufgebaut: unser sozialistisches Vaterland mit Grenzpfosten und Wachposten, und von draußen – angreifende Faschisten. Die Puppen versuchen, in unser glückliches Land einzufallen, doch der Rotarmist schlägt sie selbstverständlich – sie fallen in Panik. Für die Jungen ist das alles natürlich amüsant. Aber tatsächlich hat man viel Geld vertan. Das alles ist so verlogen, so ein Krampf.

Am 10. Oktober war Versammlung der Büroangestellten. Man faßte den feierlichen Beschluß, in drei Tagen eine Zeitung herauszubringen; doch fast ein Monat ist vergangen und noch immer keine Zeitung da: sie entwarfen eine prunkvolle Umrandung und legten sauberes Papier für die Fahnenabzüge ein, aber geschrieben haben sie nichts. Wie die Kuh vorm neuen Tor. So war es und so bleibt es wohl auch.

Wir wollten auch unser «Organ» rausbringen, und zwar ein Journal. Gennadi war interessiert, aber die Mädchen blieben passiv: aus ihnen werden scheint's keine aktiven Menschen. Aber eigentlich ist es noch zu früh für ein Urteil. Materiell geht es uns einigermaßen: Da sind manche schlechter dran. Gestern ging ich in die Stadt, wollte mich rasieren lassen – du liebe Zeit!

33

Hinter jedem Stuhl eine Schlange von mindestens zehn Mann. Es geht auch so. Das Herumhetzen ist furchtbar. Und alle essen im Gehen … Für Plakate und Losungen wird einiges an Mitteln verschwendet; wozu auch sparen! Dabei ist das alles doch nur Flitterkram. Ich kam dann mit Kolja in die Werktätigensiedlung außerhalb der Stadt. Das ist ein rein sozialistisches Dorf von hundert Höfen. Gleichartige Häuschen, eins neben dem anderen an der Straße entlang. Spuren frischer Bauarbeiten, noch unbefestigte Straßen, also geht man durchs Gebüsch. Kolja hatte vergessen, in welchem Haus meine Familie wohnt, und wir irrten einige Minuten lang herum, bis wir schließlich an der Tür unseres Hauses standen. Wie eine Henne mit ihren Küchlein kam Lisa herausgesprungen: Sie hatten mich erkannt. Der Empfang war nicht stürmisch, wir sind ja ruhige Menschen. Eine fast überhaupt nicht gealterte Lisa; eine hochgeschossene, leicht gebückt gehende Tamara mit dem lieben Blick, die heranwachsende Galina, die kleine lebendige Musa und der dünne Arseni, der mir gleich etwas auf seiner selbstgebastelten Balalaika vorspielte – natürlich «chinesische» Melodien; ein stiller, verhärmter Junge, so sah Genja aus, der sich in meiner Abwesenheit sehr gestreckt hatte.

Freudlos war das Leben meiner Familie gewesen, das Leid hatte überall seine Spuren hinterlassen. Gut nur, daß sie nicht in der Baracke, sondern für sich in einem Häuschen wohnten: so störten sie wenigstens niemanden. Großmutter Mawra war schon nicht mehr bei ihnen, sie war kurz vor meiner Rückkehr gestorben. Gerade während des Hochwassers war es gewesen; sie wohnten im Badehaus des Kolchos, dort starb auch die Großmutter.

Die erste Nacht konnte ich nicht schlafen: Die Aufregung vertrieb mir den Schlaf, und alles schien ein Traum. Ich hatte Angst einzuschlafen: wenn nun plötzlich wieder das Lager da war? Denn wenn auch arm und verbannt, so war ich doch in Freiheit, war bei diesen mir nahestehenden, eingeschüchterten, vom Leben gebeutelten Menschen. Ich hatte 100 Rubel Lagergeld. Zwar war das nur ein Tropfen auf den heißen Stein, aber fürs erste doch gut. Danach bei der Arbeitssuche sollten die Leiden beginnen. Drei Tage brauchte ich, nur um mich anzumelden: überall Warteschlangen, immer wieder klappte es nicht, ich kam gar nicht mehr mit bei diesem gehetzten, sinnlosen Leben.

8. November
Gestern ging ich in die Stadt. Der Tag war klar, heiter. Die Kundgebungen verliefen glorreich. Es machte den Eindruck, als sei wirklich die ganze Stadt auf den Beinen: nicht so sehr Teilnehmer als Zuschauer. Viele Menschen, festlich gekleidet und laut. Die Errungenschaften sind gewaltig. Das Leben ist heiter geworden. Man singt Lieder, daß nur bei uns die Menschen frei atmen können.[21] Tatsache. Für einen Ausländer der unglaublichste Eindruck: Euch geht's prima, geb's Gott, daß es jedem so geht. Es wäre interessant, auszurechnen, wieviel Wodka und Bier bei diesem Fest zum Jahrestag getrunken wurde. Offenbar läuft es doch meistens darauf hinaus: Morgens – die Schau, nach der Parade – das Saufen. Finde raus, was dir lieber ist. Die Geschichte entscheidet, wir müssen uns da raushalten. Auch ich werde mir heute einen genehmigen.

21 *frei atmen können* – Anspielung auf das «Lied von der Heimat» (Pesnja o rodine) von Wassili Lebedew-Kumatsch (1898–1949). Dieses Lied war damals sehr populär: Die ersten Takte wurden jahrzehntelang als Pausenzeichen der Auslandssendungen von Radio Moskau verwendet. Der Refrain, auf den Arschilowski immer wieder anspielt, lautet: «Groß ist mein Heimatland, / Wie viele Wälder, Felder und Flüsse gibt es dort, / Ich kenne kein zweites Land, / Wo der Mensch so frei atmet.»

9. November

Das Fest ist vorbei, aber die festliche Stimmung ist geblieben: die Werktätigen sind in einer Verfassung, daß Arbeit ihnen nicht in den Sinn kommt. Immer noch hört man sie singen, gibt es schwankende Gestalten. Das war wohl wieder eins über den Durst! Und buchstäblich alles lief darauf hinaus: von nichts als den Festtagseskapaden wird geredet. Der ganze politische Rummel wurde unverhohlen in Alkohol ertränkt ...

Ich war in der Stadt, habe bei Marfuscha englisches Bitter probiert, habe zweimal bei D. I. Jewdokimow angeklopft, aber keinen angetroffen. Ich bin miserabler Laune: ein Konflikt mit meiner Frau, weil ich über die Unordnung zu Hause ungehalten war. Ich habe eben die schlechte Angewohnheit, meine Nase in alle dunklen Ecken zu stecken, wo sich immer allerhand ansammelt: Da, das Brennholz beim Ofen nimmt zuviel Platz weg. Zudem habe ich noch in bester Absicht einen Spottvers über Arseni und seine Schusseligkeit verfaßt. Wie da die Mama gleich hochging: daß ich es wage! Vor allem hat sie es so verstanden, als ob die Satire gegen sie gerichtet sei. Gegen mich wird eine regelrechte Kampagne geführt. Das kränkt mich natürlich, und ich habe beschlossen, eine Zeitlang zu streiken: Brennholz spalte ich zwar, aber anheizen soll sie selber. Den Ofen muß man warten, und das kann keiner von meinen Leuten. Doch meine Dienste werden nicht gewürdigt, sie scheinen sogar unerwünscht. Ist das Weib von der Fuhre, hat's die Stute leichter. Soll die Mißstimmung erst mal verfliegen. Schuld bin natürlich ich allein: Hab mir ein Journal ausgeheckt, zu spotten angefangen. Wenn sie mich bloß nicht rausekeln wegen der Satire! Aber ohne das, finde ich, wird doch nichts Rechtes draus! Wie man es besser machen soll, weiß ich nicht. Belehren darf ich sie nicht – die Mutter bezieht alles auf sich, laß ich es sein, ist es schade um die mürrisch aufwachsenden Kinder.

11. November

Es war schon alles zugefroren, aber heute nacht regnete es wie im September und nicht November. Unangenehmes Wetter. Gestern bin ich über den Trödelmarkt und habe ein paar fertige Hemden gekauft: Die Werktätigen haben am Großen Jahrestag alles vertrunken und verkaufen jetzt ihre Habseligkeiten. Unser Konflikt legt sich; vielleicht bin ich ja wirklich schuld: verlange, daß ein Kind mit neun Jahren lesen kann! Vielleicht kommt ihm ja mal die Lust am Lernen …

Ich habe mich wieder auf Arbeitssuche begeben. Die Bekannten, die ich traf, nickten mitfühlend, sagten, daß man irgendwie unterkommen müsse usw. Ich ging auf Anzeigen und versuchte es auf eigene Faust – alles umsonst. Die erste Frage: «Wo haben Sie gearbeitet?» Auf meine wahrheitsgemäße Antwort hin spitzen sie die Ohren und machen ein bedenkliches Gesicht. Dann die Absage: «Zur Zeit kein Bedarf.» Einige fragten mich sogar nach Einzelheiten, wofür ich verurteilt wurde und mit wem ich zu tun gehabt hätte usw. Gewissenhafte Leute! Vor allem aber war es mein unansehnlicher Anzug und mein noch unansehnlicheres Äußeres. Zwanzig Tage lang lief ich mir die Füße wund, dann hatte ich begriffen: Auf meinem Gebiet finde ich keine Arbeit. Offensichtlich gibt es doch viele Arbeitslose. Und alles junge Leute, mit Empfehlungen usw. Was soll dann unsereiner noch ausrichten! Ich habe mit Erdarbeiten angefangen, aber das ging über meine Kräfte. Dann wollte ich Holz fällen – kein Bedarf. Ich klammerte mich an eine Anzeige: «Gesucht werden Arbeiter im Wald zum Harzsammeln.» Ich stürzte ins Büro und schloß gleich einen Vertrag über drei Monate ab. Und nahm auch Genja in den Vertrag auf, der nämlich mit mir weg wollte. Wir fuhren ins Abenteuer, wollten erfahren, wie die Arbeit im harzigen Wald schmeckt.

13. November

Es naht ein puschkinscher November, wo «mit der hungrigen Wölfin der Wolf tritt auf den Weg heraus»[22], aber bei uns ist es immer noch warm. Gestern ging ich zur Tura: Man hätte baden können. Und man könnte immer noch die Stoppelfelder umpflügen, wenn es hier welche gäbe. Die reinste Krim. Perestroika! Ich ging zu Jewdokimow, dem ehemaligen «Speicherwächter» von Tawda. Er lebt mit seiner Alten: Sie haben Waska, einen verschnittenen Eber von sechs Pud. Sie wurden nicht zugrunde gerichtet, nicht aus der Bahn geworfen. Alles atmet Wohlstand: der Mantel aus teurem Pelz, zwei Paar neue Filzstiefel, gutes Essen usw. Sie haben keinen Grund zur Unzufriedenheit. Und bewohnen zu zweit ein ganzes Haus mit Nebengebäuden. Und solche Menschen gibt es doch noch viel.

Für sie ist das Leben wirklich besser und heiterer geworden: das Radio brüllt einem direkt ins Ohr, und jeden Tag kannst du erfahren, was in der Welt passiert. Ich hab Mischa getroffen, meinen Bruder. Macht sich jung, der Alte. Und hat wirklich noch eine Menge Energie, aber er sieht müde aus und hat Ringe unter den Augen.

Bei uns in der Familie gibt es Spannungen: Lisa hat sich angewöhnt, zu ächzen und zu stöhnen wie ein altes Weib, und hat doch immer weniger Grund dazu. Arbeiten müssen wir natürlich, früh aufstehen usw., aus dem Nichts Essen für sieben zusammenbringen. Aber es gibt doch Auswege und keinen Grund, zu jammern und das Schicksal um den Tod zu bitten. Mal tun ihr die Hände fürchterlich weh, dann hat sie bohrende Kopfschmerzen, dann ist sie «ganz zerschlagen», aber wenn man genauer hinsieht, gibt es nichts Besonderes und keinen

---

22 *wo «mit der hungrigen Wölfin»* – aus Kap. IV, Strophe XLI in «Jewgeni Onegin», Roman in Versen (1825–1833) von A. S. Puschkin.

Grund, ein Drama zu veranstalten. In ihrem Alter sollte der Mensch wissen, was ihm fehlt, und sich selber kurieren. Aber stöhnen, daß man dich bemitleidet und sich um dich kümmert, ist kindisch und nicht ratsam: Es ärgert die anderen. Die alte Unsitte: Sie sucht einen Vorwand für eine Beleidigung und Tränen oder Gehässigkeiten. Läßt sich bewußt hängen: schläft in der Jacke, wäscht und kämmt sich selten usw. Sieht leidend und verwahrlost aus. Was Wunder! Es geht uns schlechter als den anderen, das stimmt: aber sich das auch noch vorreden ist das Letzte. Sie will scheint's immer noch umworben werden, aber langsam sollte sie doch Vernunft annehmen. Wirklich schade, daß wir uns mit so einem Unsinn abgeben müssen: ohne das liefe das Leben glatter. Warum sagt sie nicht offen: Ich brauche dies und das, mir ist so und so. Aber nein, man soll es raten. Und sie ist verfroren! Im Zimmer sind 18 Grad, aber sie friert. Und das ist nicht die Temperatur, sondern eine dumme Angewohnheit. Sie arbeitet einfach nicht an sich. Schade, und ärgerlich. –

Nach einer Attacke auf den Fahrkartenschalter konnten wir endlich in den forstwirtschaftlichen Betrieb von Komissarowo fahren. Man hatte uns in Aussicht gestellt, uns aus Nowo-Saimki mit dem Auto zu holen; aber das erwies sich als hohles Versprechen. Kein Auto war zu sehen, und so gingen Genja und ich den unbekannten Weg zu Fuß. Auf dem Bahnhof gab's nicht einmal Brot, und unterwegs aßen wir halbvertrocknete Walderdbeeren. Ein Auto überholte uns; wir wollten mitfahren, aber der Chauffeur verlangte vier Rubel. Das paßte uns nicht. Abends erreichten wir das Büro der Holzfabrik und bekamen dort ein Schreiben für «Meister» Ryschkow: «Gebt ihnen Arbeit.»

17. November

Merkwürdig: vom Winter keine Spur; es ist warm, manchmal nieselt es, bestell dein Feld und basta. Übrigens, 1911 war es genauso. Die Natur ist übermütig geworden und spielt verrückt. Das Leben geht seinen Gang. Im Dienst habe ich mir eine Dummheit erlaubt: habe für die Wandzeitung geschrieben. Noch gibt es keinen Verweis, aber Folgen hat es schon: Toiba, mein Vorgesetzter im kurzen Rock, faucht schon, will mich scheint's sogar rausschmeißen. Geschieht dir recht, alter Kerl: Misch dich nicht ein, schreib nicht. Die Leute haben sich in den Jahren der gemeinsamen Arbeit beschnuppert, da hat sich bei ihnen Vetternwirtschaft eingeschlichen wie eine Schmeichelkatze, und so eine Eiterbeule aufschneiden – da muß man schon von allen guten Geistern verlassen sein. Übrigens – vorläufig geschieht alles hinter den Kulissen. Warten wir ab, was davor passiert.

Unser Journal wächst und gedeiht. In der Zeitung gab es einen Aufruf zu einem literarischen Wettbewerb anläßlich der Zwanzigjahrfeier. Ich schreibe ein paar kleinere Sachen – weshalb nicht probieren? Vielleicht. (…)

«Meister» Ryschkow, ein schielender rothaariger Mann mit Zuchthäuslergesicht, angeblich roter Partisan, sah sich das Schreiben an und brummte: «Arbeit finden wir. Aber habt ihr Geld?» – «Nein.» – «Das ist schlecht: wovon wollt ihr leben?» – «Aber wir sind doch zum Arbeiten hergekommen!» – «Wird schon was geben! Na gut, mal sehen.» Wir bekamen ganz stumpfes Werkzeug, und ich fing an, den stählernen «Meißel» mit dem Schleifstein zu schärfen. Mein stiller Genja ließ den Kopf hängen – der Betrug war offensichtlich: In der Stadt hatten sie uns das Blaue vom Himmel versprochen, und hier gab es nichts. Statt in einer Kantine hängen wir hungrig herum; statt eines Wohnheims – der offene Hof der Kolchosbäuerin, Tante Stepanida. Alles wie immer in bester Ordnung: viel Worte, aber nichts dahinter. Wir haben Gras gerupft und im Leiterwagen übernachtet. Am nächsten Tag brachte uns Ryschkow in die «Produktion». Sie bestand im Harzsammeln, Kiefernharz für Terpentin u. ä.

18. November

Heute ist es gehörig kalt, es weht ein schneidender Wind. Wir heizen den Ofen stärker ein: aber unsere Kate wird doch nicht so warm, wie wir möchten. Von Norden ziehen ziemlich dunkle Wolken auf und es fängt an zu schneien; aber scheinbar ist das noch nicht der Winter. Ich schreibe an die «Bauernzeitung» und will es einsenden. Angefangen habe ich 1906 beim «Dorfboten». Aber darum geht es nicht. Die Literatur ist für mich kein Lebensziel, obgleich ich wohl auf dem Gebiet mehr leisten könnte als sonst irgendwo. Warten wir ab. Wir führen ein Hungerdasein, aber noch geht es.

Am nächsten Tag gingen wir also in die «Produktion». Ryschkow wies uns ein Revier zu und zeigte uns, wie wir arbeiten sollten. Keine große Kunst: Die Bäume sind schon zum Harzgewinn vorbereitet, jeweils eine Rille und ein Kreuzchen eingeritzt, man muß nur weiter einschneiden und mit dem Meißel eine Querrinne für den Harzfluß ausheben. Von solchen Rinnen muß man etwa 4000 machen, um fünf bis sechs Rubel zu verdienen. Wenn man bei Kräften ist und der Meißel scharf ist, ist das nicht schwierig, aber ich hatte keine Kraft mehr und konnte den Meißel nicht richtig führen. Für Genja gab es schwierige Schmutzarbeit: Er mußte das klebrige Harz aus den Trichtern in einen Eimer sammeln. Das Harz ließ sich nur mit Petroleum abwaschen, Genja wurden davon die Hände wund. Aber trotz allem lebten wir recht und schlecht: hatten genug Brot und einfaches Fleisch. Schliefen in einem Holzverschlag auf weichen Betten und taten uns an Beeren gütlich. So arbeiteten wir etwas über einen Monat. Dabei habe ich mir gründlich die Gesundheit ruiniert. Bis heute bin ich nicht wieder zu Kräften gekommen: bin nur noch Haut und Knochen. Im Verschlag wären wir einmal fast verbrannt. Die Nächte waren schon kalt, und so mußten wir den Scheiterhaufen näher an unserer Bude aufschichten. Nachts fing das vertrocknete Moos Feuer, und unser schöner Verschlag brannte ab. Ich konnte Genja kaum aus dem brennenden Verschlag herauszerren, so tief schlief er. Auch einige Vorräte verbrannten, die Beeren, die wir als Geschenk für die Familie gesammelt hatten, und ich hatte kein Hemd mehr. Mit einem Wort, wir erlitten Schaden – und bauten am nächsten Tag einen neuen Verschlag. In den letzten Augusttagen kehrten wir aus dem Wald zurück ins Dorf, um abzurechnen und dann heimzukehren. Aber ... das war leichter gesagt.

19. November

Offenbar hat sich der Winter eingerichtet: Der Wind hat auf Ost gedreht und Schnee gebracht. Ich vermute, morgen wird man die Schlitten brauchen. Man ist den Matsch leid, obgleich es bei uns auf der Wiese noch gut ging, wenn man Holz holen mußte. Richten wir uns also auf den Winter ein. Das Büro hat beschlossen, eine Wandzeitung herauszugeben; die bissigeren Glossen ersetzte man durch Zeitungsausschnitte. Die Leser reagieren freundlich. Man müßte schärfer sein, aber dann verärgerte man sie. Ach, was könnte man für ein schönes Stück aus dem Leben dieser «Geschäftemacher» schreiben!

Zehn Tage mußten Genja und ich in Tschaschtschina auf unsere Abrechnung warten. Mußten für unseren Unterhalt sorgen: erst sammelten wir Beeren und verkauften sie für fünf Rubel das Kochgeschirr; dann machten wir Zimmermannsarbeiten, reparierten Schuhe, setzten Öfen um und spalteten Holz. Mit einem Wort, wir konnten existieren, aßen Kartoffeln, frisches Roggenbrot und tranken Milch. Die ganze Zeit wohnten wir bei der alten Kolchosbäuerin Stepanida Fjodorowna. Sie päppelte uns ein bißchen auf, und wir erwiesen ihr den einen oder anderen Dienst. Genau am zehnten Tag ermüdenden Wartens erhielten wir endlich unser Geld, sogar mehr, als wir erwartet hatten. Abgerissen und schmutzig begaben wir uns schließlich auf den Bahnhof von Sawodoukowsk, auf dem Rücken schleppten wir das erarbeitete Mehl. Aber über Tante Stepanida muß ich unbedingt noch ein paar Worte sagen.

20. November

Der nachts gefallene Schnee taute tagsüber teilweise, weil es warm war und sogar etwas nieselte. Das erschwert das Laufen, ich fürchte, auch der Rest taut noch bis morgen. Und wir wollten eigentlich den Schlitten nehmen. Der Fluß ist an manchen Stellen gefroren.

Heute gibt es eine ganze Reihe von Ereignissen: Der Maler, ein Alkoholiker, ist ertrunken; der Lehrer hat sich erschossen; und ein Wirtschaftsleiter hat sich aufgehängt. Die Zeitungen widmen übrigens der Chronik der Ereignisse nur wenig Aufmerksamkeit, man hat den Eindruck, als ob das Leben nach festem Reglement verläuft, ohne alle Vorfälle. In Wahrheit ist das natürlich nicht so. Schon die ganze Revolutionszeit über ist das Leben generell in der Tagespresse kaum beleuchtet worden, oder doch nur die eine Seite.

Eine 67jährige Frau, Witwe; weil sie und ihr Mann früher ganz gut gelebt haben, versuchte man sie zu entkulakisieren und nahm ihr schon das eine oder andere weg. Aber sie war nicht auf den Mund gefallen: ging zum Dorfsowjet, überschüttete das «Präsidium» mit einer wahren Schimpfkanonade und bewies damit, daß sie eine echt sowjetische Frau war! Also nahmen sie sie in den Kolchos auf, und sie wurde eine Stachanow[23]-Kolchosbäuerin: Sie arbeitete gewissenhaft, immer bemüht, mehr Arbeitstage herauszuschlagen. Außerdem backte sie Brot zum Verkauf und kurierte Kranke durch Besprechen. Ich habe gesehen, wie die Frauen zu ihr kamen und sich ihre Geschwüre «besprechen» und «bestreichen» ließen. Selbst eine Kommunistin ließ sich bei ihr behandeln. Für die Séancen bekam sie selbstverständlich etwas. Wendig war sie, die Alte. Es war kurios: Ringsum wogte das Neue Leben, ratterten Traktoren, fuhren gewaltige Mähdrescher übers Feld, rasten die Autos vorbei wie verrückt – und hier unüberhörbares Geplapper: «Auf dem Meer, dem Ozean, auf der Insel, dem Marktplatz» usw. Und offensichtlich half es! Morgens stand die energische Alte früh auf und begann laut zu beten. Und endete unbedingt mit der Forderung: «Herrgott, gedenke meines Mannes, Matwej Wassiljewitsch …» Für Feuilletons ein ergiebiges Thema. Nur schade, daß die Bürger Pressechefs generell witzige Feuilletons fürchten – als ob das zu etwas führen könnte.

Nachdem wir das Geld bekommen hatten, machten wir uns auf den Heimweg. Unterwegs hatten wir gut zu essen und konnten den Hunger stillen, der uns im Wald geplagt hatte. Als abgerissene Landstreicher kreuzten wir zu Hause auf.

---

23 *Stachanow* – Alexej Stachanow hatte in einer Schicht am 30. August 1935 (unter besonders günstigen Ausnahmebedingungen) aus propagandistischen Gründen 102 Tonnen Kohle gefördert und die Norm damit vierzehnmal übererfüllt. Die Stachanowbewegung war Bestandteil des sozialistischen Wettbewerbs. Durch materielle Vergünstigungen suchte man diesen Arbeitswettkampf zu fördern.

23. November

Frost und Winter im vollen Wortsinn. Viel zu schreiben gibt es nicht, ich muß jetzt zum Dienst gehen. Ich habe Jack London zu lesen begonnen. Ein schlauer Kopf und Kapitalistenfeind. Lisa und die Kinder sind gezeichnet von Verleumdung, Vertreibung und Hunger. Verständlich, daß sie bedrückt sind.

26. November

Seit 21. 11. hält der Winter an. Der Schnee taut kaum und bleibt liegen; der Frost hat die Flüsse mit Eis überzogen, es ist regelrechter Winter, wie es sich gehört. Ich schimpfe mit der Familie über unsere Lebensführung: Ich will, daß die Kinder Tagebuch schreiben, daß die Dinge ihren Platz haben. Aber bisher kann ich weder das eine noch das andere erreichen. Ein rechter Krieger Anika[24]! Wahrscheinlich fühlen sie sich gestört. Vielleicht revoltiere ich auch unnötig: So schlecht geht es gar nicht. Aber ich möchte mehr erreichen.

Für unser kleines Journal arbeitet Genja am meisten – er ist ein prima Junge, nur manchmal macht er schlapp. Wohlstand werden wir noch lange nicht kennenlernen; der Stempel der Einschüchterung wird erst verschwinden, wenn man ihn mit Fett abwäscht. Ich meine es buchstäblich: Gib den Menschen gutes Essen, ein sauberes weiches Bett, bequeme und hübsche Kleidung – und alles läuft anders. Aber wann wird das sein? Vielleicht nie. Muß man da nicht den Mut verlieren? Eine apathische Physiognomie bekommen? Natürlich nein!

Gestern wurde der Außerordentliche Kongreß der Sowjets[25]

---

24 *ein rechter Krieger Anika* – nach dem Titelhelden eines russischen geistlichen Volkslieds, der in einem Streitgespräch mit dem Tod (vergeblich) um sein Leben feilscht.

25 *Außerordentlicher Kongreß der Sowjets* – Am 5. Dezember 1936 tagte

eröffnet. Schade, daß ich die Stalinrede nicht hören konnte. Unsere Mitarbeiter waren unterschiedlicher Meinung. Als erste äußerte sich die Pseudokomsomolzin Toiba, eine schlimme Opportunistin, gierig, böse: «Nichts Besonderes! Er redet wenig respektgebietend, wie ein Tatare. Hat mir nicht gefallen, ich habe nicht bis zum Schluß zugehört.» Und das nennt sich junge Generation! Vollkommen anders äußerte sich Ljonja, ein Junge nicht ohne Boshaftigkeit: «Eine fabelhafte Rede! Gedanklich sowohl als auch der Form nach. Er hat es den ausländischen Kritikern gegeben – einfach toll! Läßt sogar manchmal etwas lässige Wörter durch, zum Beispiel ‹sie gehen pleite›. Und hat sich nicht an die Zeit gehalten, hat 16 Minuten länger gesprochen.»

Was bringt uns die neue Verfassung? Die fetten Beamten und ihre Opritschniks[26] denken da anders. Gestern im Büro hat sich Stroschkow, der Vorsitzende der hiesigen Genossenschaft, verplappert: «Die Verfassung ist das eine und die Obrigkeit vor Ort das andere. Und da geht es nach unserem eigenen Ermessen: Wen kann man vorlassen und wen nicht.» Er hat natürlich recht, dieser rotschnäuzige Bandit. Die beste Kritik können sie so auslegen, als untergrabe sie den Kommunismus. Ich persönlich erwarte mir nichts Neues, nur so weiterleben wäre schon gut. Sie haben mein Geschreibsel an die Redaktion der «Bauernzeitung» geschickt. Ob sich an dieser Front wohl etwas bewegt?

der 8. Außerordentliche Kongreß der Sowjets, auf dem die Stalinsche Verfassung (siehe auch S. 110) angenommen wurde.
    26 *ihre Opritschniks* – Opritschnik: Angehöriger einer von Iwan IV. (dem Schrecklichen) 1565 gebildeten, ihm persönlich und unmittelbar zur Verfügung stehenden Spezialtruppe, deren Aufgabe in der physischen Liquidierung von «Verrätern» und der Terrorisierung der Bevölkerung bestand, die damals um etwa ein Drittel dezimiert wurde.

Die Kinder raffen sich langsam auf zum Abendbrot. Noch haben wir zu essen: Es gibt abwechselnd Kaninchen und Schweinskopf. Na ja, auch Moskau wurde nicht an einem Tag gebaut. Wir haben alles noch vor uns.

27. November

Ein Wind, daß es einen umreißt. Ich habe den Ofen geheizt, habe Brennholz geholt und sitze an meinem Tagebuch. Es ist warm bei uns, aber Lisa und die Kinder sind in den Jahren der Verbannung so durchgefroren, daß sie nicht warm werden können und immer an den Ofen wollen. Die verschreckte Krähe ... usw. (fürchtet den Busch).

Gestern war ich in der Betriebskantine. Wer alleinstehend ist und 300 Rubel verdient, lebt erträglich, hat genug zu essen. Für drei Rubel kann man gut essen. Die Kantine entspricht vollkommen ihrer kulturellen Bestimmung. Vom Staub und weil ich zu selten ins Badehaus gehe, jucken mir wieder die Beine wie bei einem Ekzem. Ich habe sie mit Salmiakgeist abgerieben. Gut, daß ich uns mit Brennholz eindecken konnte: Jetzt ist es nicht mehr so schlimm. Zurück zur Vergangenheit...

Abgerissen, schmutzig, in Bastschuhen – so kamen Genja und ich nach Hause. Mir fiel sofort eine Anzeige auf: «Gesucht wird Wachpersonal». – Also werde ich Wachmann, beschloß ich. Und so kam es auch. Ich lief drei Tage lang von Pontius zu Pilatus – ohne Erfolg: Ich sah schrecklich aus, und meine Kleidung verriet mich. Da ging ich zu Jewdokimow, der gab mir eine Empfehlung mit: «Kenne ihn schon lange als bescheidenen, ehrlichen Menschen. Seine Verurteilung war ein politisches Versehen.» Ich machte mich mit diesem Papier zum OMtorg, einer großen Handelsorganisation; bat um die Stelle eines Wachmanns. Ich stand vor den drohenden Augen der

Dreierleitung: dem Betriebsleiter, dem Gewerkschaftsvorsitzenden und dem Leiter der Parteiorganisation. Diese wohlgenährten Leute, die sich die Tricks und den Ton der Macht angeeignet hatten, unterzogen mich einem förmlichen Verhör. Schließlich nahmen sie mich an. Über den Posten eines Wachmanns mit einem Lohn von 90 Rubeln war ich froh: endlich war ich akzeptiert in der Sowjetfamilie und hatte mein Stückchen Brot. Der Dienst war interessant und leicht: Man saß 12 Stunden an der Pforte und ruhte 24 Stunden aus. Usw. Es gefiel mir und hatte sogar Vorteile: Mal nahm man ein Stückchen Strick mit, mal lag etwas anderes herum – unwillkürlich fing man an zu klauen.

28. November

Ein ungewöhnlich kalter Wind. Am Himmel ein voller kalter Mond. Wir essen irgendein Kraut, Lisa hat es aus der Milchsammelstelle mitgebracht, aber mit Brot und Kartoffeln gemischt geht es. Wir versuchen aber auch, besser zu essen: wir kochen Kaninchen mit Rindsköpfen. Natürlich ist das alles Ersatz und widerlich, aber wenn wir durchschnittlich essen sollen, dann brauchen wir mindestens 20 Rubel am Tag – wir verdienen zu zweit aber nur acht. Macht nichts, später wird es um so besser.

Gestern wurde ich in die Gewerkschaft aufgenommen. Doch mir ist beklommen unter Menschen, die im Dienst ergraut sind: Sie sind die Ehrlichen und Getreuen, während wir Feinde und Diebe sind. Heute habe ich von Fleisch geträumt. Ich begann es zu zerteilen – da war es ein Kopf: Der hat noch Hirn, dachte ich, sonst verkaufen sie doch alles nur ohne Hirn. Sie weiden alles aus, das Hirn und die Innereien.

Ich unterrichte Arseni. Nichts weiß er, macht die dümmsten Schreibfehler. Ein beschränkter Junge, aber mit frechem

Mundwerk. Halte ich dagegen, gleich gibt es schiefe Blicke von der Mutter.

Gegen Abend wurde es wärmer. Ich ging in die Stadt, und meine Bastschuhe zeigten mir, daß es noch feucht war. Wieder Engpässe beim Brot, lange «Schlangen» und natürlich Geschimpfe. Angeblich kommen sie nicht einmal auf 100 Gramm pro Kopf. Es stimmt übrigens nicht, ist nur ein kommerzieller Trick. Auch mit meinem Paß [27] gibt es einen ewigen Papierkrieg, ich hätte schon längst einen neuen bekommen müssen – aber sie haben keine Formulare. Doch wenn etwas passiert – bin ich schuld. Was für Hindernisse das Leben vor einem auftürmt, schlimm!

30. November

Das Tauwetter ist kräftigem Frost gewichen. Statt auszuruhen, habe ich auch heute im Büro gesessen. An diesen leidigen Zahlen. Wenn man es allerdings unter dem Aspekt von Wärme und Energieverschwendung sieht, so sollte man sich des Lebens freuen: Ich sitze direkt neben dem Ofen und habe mir, um weicher zu sitzen, meine Lagerjacke über den Stuhl gelegt.

Im Büro herrscht während der Dienstzeit ein Lärm wie auf dem Markt. Interessant, daß unsere Damen die lautesten sind. Eine entfesselte Schar und Manieren wie die Rowdys. In den Warteschlangen an den Brotläden prügeln sie sich. Merkwürdig, daß diejenigen am meisten lärmen, die sich für zwei bis drei Tage mit Brot eingedeckt haben. Verfluchte Habgier. Neulich

---

27 *mit meinem Paß* – 1932 war ein Gesetz über die Einführung von Inlandspässen erlassen worden, das bis 1974 in Kraft blieb. Mit diesen Pässen wurde die städtische Bevölkerung in ihrer Bewegungsfreiheit eingeschränkt, um auf diese Weise die sogenannte kulakische Infiltration der Städte sowie Landflucht zu verhindern. Der Landbevölkerung wurden die Pässe abgenommen, wodurch sie an ihr Dorf gebunden blieben.

habe ich von Birkhühnern im Schnee geträumt, eine verfrühte, ungewöhnliche Balz. Ob es wohl Krieg gibt? Deutschland hat eine Art heilige Allianz mit Japan geschlossen. Zur Zeit lese ich wenig und halte mich von Politik fern. Ich bin mehr Heizer, Brennholzlieferant und Redakteur unseres Familienjournals.

Ich schreibe alles auf, was ich weiß, damit die Kinder nicht dieselben Fehler machen wie ich. Obwohl es von der Jugend nicht gewürdigt wird, so ist es doch nützlich, sich das eine oder andere zu merken.

1. Dezember

Der Dezember hat mit Windstille und ruhigem Frostwetter begonnen. Ich habe 12 volle Stunden im Büro gesessen, eine ganze Bibel geschrieben; selbst Toiba nannte mich einen Stachanowarbeiter. Ich lief mit drei geklauten Holzklötzen nach Hause, ging zweimal Wasser holen, habe das Holz gespalten und reingebracht und den Ofen angeheizt. Wenn man so will, jede Menge Gymnastik.

Lisa hat Leibschmerzen, sie stolpert über den Läufer. Weniger aus Müdigkeit als aus schlechter Laune. Mich ärgert das: Sie tut so, als hätte sie gestern geboren oder sollte morgen gebären. Wie das verzärtelte Töchterchen, das erwartet, daß man es bedauert. Im allgemeinen habe ich ja Verständnis, aber bei dem dauernden Gejammere wird mir schlecht.

Ich verschaffe mir ein wenig Einblick in unseren Werksbetrieb und sehe eine Menge Mißbrauch, Nachlässigkeit und überhaupt alles, wofür sie einen ins Lager schicken; nach alter Gewohnheit würde ich am liebsten schreien: «Haltet den Dieb!», möchte all diese lieben Freunde, die sich am Volkseigentum bereichern, in die Zeitung bringen, aber ... Ich habe die bittere Erfahrung gemacht, daß all die Enthüllungen schlecht enden für den, der sie gemacht hat. «Du kannst wohl auch nur von der Nase bis zum Mund denken», und mit dem «Wolfspaß»[28] sind sie schnell zur Hand. Man sollte nie das tatarische Sprichwort vergessen: «Findest du was – schweig still; verlierst du was – schweig still.» Das ist besser. Die Kinder sind heimgekommen, Lisa ist mit ihren Filzstiefeln hereingeschlurft, die Teller klappern: Es ist Zeit zu essen. Am Morgen habe ich Kartoffeln in Fischtran gebraten und war den ganzen Tag satt, plus einem Brötchen. Die verfluchte Tinte, kleckst. Alles unsere Errungenschaften.

4. Dezember

Bin gestern um 12 heimgekommen – die Abendschichten haben begonnen; bin wie üblich um 5 Uhr aufgestanden; natürlich benommen. Vielleicht gewöhne ich mich ja eines Tages. Wir schlafen uns im Gehen aus. Wegen des Brotmangels ist die Hektik unter den Menschen noch größer. Schlangestehen muß man jetzt sechs bis acht Stunden, und sie sagen, es gäbe Krieg. Krieg oder nicht – aber Tatsache ist, daß sie liegengebliebene teure Brotsorten verkaufen. Kommerz! Doch irgendwie kommt das Volk zurecht. Erst meinten sie, so könne man nicht leben, aber sie haben gemerkt – man kann.

6. Dezember

Schönes Winterwetter. Der Abenddienst kostet mich viel Zeit, aber dafür ist das Essen nach der Arbeit gut: weiße Brötchen, Butter, Wurst, Zucker. Ich esse mich satt. Das ist verständlich, habe ich doch gehungert und hungere immer noch; merkwür-

---

28 *Wolfspaß* – im zaristischen Rußland Dokument mit Vermerk über politische Unzuverlässigkeit wegen der Zugehörigkeit zur revolutionären Bewegung. Auch in die sowjetischen Pässe wurden Änderungen des Wohnsitzes und des Arbeitsplatzes sowie Vorstrafen eingetragen.

dig nur, auch die anderen essen, ohne Not, stopfen alles in sich hinein, daß es nur so kracht. Und reden andauernd, uns ginge es gut: zu essen haben sie scheint's nicht genug. In diesem glücklichen Land können sich immer noch nicht alle satt essen. Der Krieg in Spanien ist in vollem Gang, sie zerstören das schöne Madrid. Offenbar siegen die Aufständischen, weil ihnen die Deutschen helfen. Ich war gestern im Badehaus. Eine Riesenbanja rein kommunaler Art. Beim Friseur gibt es schöne Spiegel, die Friseure tragen gute Kittel. Weiß Gott, wieviel guten Stoff man allein für diese Kittel braucht.

8. Dezember

Der Frost hält an. Wenn man den Ofen geschickt heizt und gutes Brennholz hat, dann ist das Leben erträglich. Im Haus ist es warm. Gestern feierte die Stadt die Ratifizierung von Stalins Verfassung. So hat man also allgemein, direkt und geheim ratifiziert. Alle, unabhängig von ihrer Vergangenheit, haben das aktive und passive Wahlrecht. Zum ersten Mal habe ich an einer Großkundgebung teilgenommen. Natürlich, eher Possen und Herdengeist als Enthusiasmus. Mit Begeisterung singen sie endlos die neuen Lieder: «Wer mit einem Lied durchs Leben schreitet» und «Ich kenne kein zweites Land, wo der Mensch so frei atmet». Da stellt sich nur die Frage: Würden sie bei einem anderen Regime nicht singen und nicht atmen? Ich glaube, in Warschau oder Berlin ist es heiterer. Vielleicht aber auch nur aus Bosheit. Jedenfalls hat man aufgehört, mit dem Finger auf uns zu zeigen. Wir werden weiter durchs Leben schreiten: bis zum Grab ist es nicht weit.

11. Dezember

Die Zeit schreitet so rasch voran, man möchte sie am liebsten festhalten. Nach dem Frost ist es jetzt wieder wärmer. Gestern habe ich nach «Bauchfell» angestanden, aber es langte nicht, die Werktätigen hatten den Abfall schon aufgekauft. Der Mensch in unserem Lande atmet frei, aber er hungert auch frei – daran hindert ihn keiner. Hungert und friert.

13. Dezember

Es ist warm. Hat nur ganz leicht geschneit. Stockung bei der Brotversorgung, wir müssen ein bißchen hungern. Ich schaffe es nicht, meinen Paß umzutauschen: auch da eine Warteschlange, um alles muß man kämpfen. «Wie schön ist unser Heimatland …» – «Frei atmet der Mensch …» Dmitri Pawlowitsch, der verantwortliche Sergeant, sagte mir: «Kommen Sie nur, ich helfe Ihnen den Paß umtauschen. Zimmer Nr. 1.» Ich komme hin, aber reinzukommen ist nicht so einfach: Man braucht einen Passierschein. So habe ich es nicht geschafft. Und wie großspurig die Leute da leben! Wachposten, Passierscheine …

Gestern ging ich zu Jewdokimow, meinem alten Bekannten. Wollte über ihn Mehl bekommen: Er arbeitet doch im Getreideparadies. Aber woher! Überall Hindernisse. Jeder fürchtet um seine Haut und schätzt sein eigen Stückchen Brot. Jetzt soll eine allgemeine Volkszählung[29] durchgeführt werden. Auch mir haben sie 15 Häuser anvertraut.

29 *eine allgemeine Volkszählung* – Im Januar 1937 wurde die zweite Volkszählung in der Sowjetunion (1926 die erste) durchgeführt. Die damals ermittelten Daten verschwanden in Geheimarchiven und wurden erst über 50 Jahre später zugänglich: Die Schattenseiten des Regimes, wie schlechte Wohnbedingungen, niedriges Bildungsniveau, hohe Säuglingssterblichkeit, sollten nicht publik werden, vor allem nicht die reale demographische Entwicklung, die um etwa 8 Millionen hinter den für 1937 errechneten Zahlen zurückblieb (Folgen von Zwangskollektivierung und Hungerkatastrophe). Der Leiter und die Organisatoren dieser Volkszählung wurden verhaftet und erschossen, die Behörde «gesäubert».

Die kleinen Kinder schlafen, Lisa ist auf der Milchsammelstelle, die Großen in der Schule. Es ist 8 Uhr, in beiden Öfen brennt ein Feuerchen, ich koche Suppe aus Rindshachsen. Sitze bei der dreistrahligen Lampe und schreibe mit schlechter Tinte. Das Ekzem an den Beinen macht mir Sorgen.

15. Dezember

Heute haben sie gleich aus drei Läden Brot gebracht: mal so, mal so. Ich lese Dickens. Wunderbar! Die Kinder haben sich über Hugo hergemacht, auch sie muß man mit Gewalt vom Buch losreißen. Heute träumte ich von den Dolgower Feldern; wahrscheinlich weil ich Erinnerungen an diese Phase meines Lebens für unser kleines Journal schreibe. Wir hatten kein Brot und machten uns aus verschiedenen Abfällen Fladen, das schmerzt jetzt in den Gedärmen.

Ich lerne die Werksmassen kennen. Unter den Arbeitern gibt es viele gesunde, kräftige. Noch ist Pulver in den Pulverbüchsen! Und natürlich reden sie viel Unsinn über unser Land. Gestern traf ich den Diakon Saschin, einen ehemaligen Landstreicher und Trinker. Er hatte Mitleid, gab mir sechs Rubel. «Für Euch, für Eure früheren Wohltaten.» Ich nahm dieses Almosen ... Das war wohl der erste Mensch, der mir menschlich begegnete. Ja, früher habe ich ihm geholfen, wieder hochzukommen. Und was das Essen betrifft, so haben wir das natürlich nicht berechnet und ihn bewirtet. Es gibt also noch eine Spur von Religion, sogar die Geistlichkeit kann einem noch zu essen geben. Der Funke glimmt, glimmt.

18. Dezember

Man nenne es Unsinn, aber Träume sind doch ein Faktum. Ich möchte einen interessanten Traum aufschreiben. Jemand sagte mir, daß ich Stalin sehen könnte. Immerhin eine historische

Persönlichkeit, es wäre interessant, ihn zu sehen. Und siehe da ... Ein kleines Zimmer, einfach, bürgerlich. Stalin war voll wie eine «Haubitze», wie man so sagt. Im Zimmer nur Männer; an einfachen Leuten ich und noch ein Schwarzbärtiger. Ohne ein Wort zu sagen, warf Wissarionowitsch [30] den schwarzbärtigen Mann hin, deckte ihn mit einem Leintuch zu und vergewaltigte ihn brutal ... Mir wird es genauso ergehen! dachte ich verzweifelt und erinnerte mich an die Gepflogenheiten von Tiflis [31] und wollte fliehen; aber nach der Vorführung wurde Stalin scheinbar etwas nüchterner und begann ein Gespräch mit mir: «Warum wollten Sie mich persönlich sehen?» – «Ja, wie denn nicht – Fotos gibt es jede Menge, aber der lebendige Mensch, noch dazu der berühmte – das ist doch etwas ganz anderes», sagte ich. Im großen und ganzen endete die Angelegenheit für mich günstiger, ich bekam sogar zu essen ...

Zweimal habe ich von Stalin geträumt: Vor der Freilassung ist er mir erschienen und eben heute. Die Sache ist die, daß mir auch Nikolai II. vor der Revolution im Traum erschienen ist. Damals dachte ich: Wozu das? Ich habe ihn doch nie gesehen, und interessiert hat er mich kaum. Aber während der Revolution und nach seiner Hinrichtung mußte ich häufig an diesen seltsamen Zuspätgekommenen denken. Ich vermute, auch von Stalin träumt man nicht zufällig. Dieser gewaltige Komet muß so oder so eine irgendwie besonders leuchtende Spur durchs Universum ziehen, aber eben als Komet und nicht als Planet.

30 *Wissarionowitsch* – Vatersname von Stalin: Jossif Wissarionowitsch Dschugaschwili.

31 *die Gepflogenheiten von Tiflis* – Es ist nicht ganz klar, worauf Arschilowski hier anspielt, vermutlich auf die Repressalien gegen die aufständischen Bauern (im Zusammenhang mit der Zwangskollektivierung) in der jüngeren Vergangenheit.

Jedenfalls habe ich es mir nicht ausgedacht und schreibe Fakten auf, wenn auch nur geträumte.

Ich sitze mit den Kleinen und schimpfe mit Arseni, der die russische Rechtschreibung einfach nicht begreifen will. Er hat nicht 35 Buchstaben im Alphabet, sondern eine Billion. Vielleicht habe ich unrecht, aber es ist ärgerlich. Die Großen sind zu einem Puschkinabend in der Schule gegangen. Meinen Kindern, diesen verschüchterten schweigsamen Jugendlichen, muß ich natürlich viel nachsehen – sind es doch gewissermaßen halb verwahrloste, hungrige Vertriebene.

21. Dezember

Ein richtiger Schneesturm. Tobt nach allen Regeln der Kunst. Gestern abend auf dem Heimweg vom Spätdienst schleppte ich wie gewöhnlich in beiden Armen Brennholz. Auf einem kleinen Stückchen gefrorener Erde rutschte ich aus, fiel hin und erwischte rechts den Klotz, den ich im Arm hatte. So heftig stieß ich dagegen, daß ich in den Graben flog. Der Schmerz ist stark, aber die Rippen sind heil. Ob das wohl gutgeht! Ich schlief schlecht vor Schmerzen. Die Kompresse half kaum. Sterben möchte ich nicht, zum Krüppel werden wäre schrecklich. Vielleicht vergeht es ja wieder.

Am Nikolaustag[32] war ich wegen meines Passes «anstehen». Von sieben bis sieben. Morgens holte ich mir meine Nummer und ging dann in die Kirche. Eine winzig kleine Friedhofskapelle. Ein lispelnder Pope sang die Totenmesse für die Verstorbenen der letzten fünf Tage. Die Kirche war voller alter

32 *Am Nikolaustag* – Seit Februar 1918 gilt in Rußland wie im übrigen Europa der Gregorianische Kalender; da die russisch-orthodoxe Kirche sich jedoch nach wie vor nach dem Julianischen Kalender (im 20. Jh. 13 Tage Unterschied) richtet, fällt der Nikolaustag auf den 19. Dezember.

Frauen. Alte Frauen an der Kirchentür. Betteln um Almosen. Alle ein Bild des Jammers, aber erinnern an vergangene Zeiten. Der Diakon, geschoren und im Mantel[33], hüstelt unsicher, die Popen flüstern. Die Kirchgänger sehen sich vorsichtig um, ob sie auch niemand denunziert?

23. Dezember

Der Schneesturm hört nicht auf. Es hat ganze Schneewehen aufgetürmt, und noch ist kein Ende abzusehen. Es ist warm. Die Seite tut mir sehr weh: Aller Wahrscheinlichkeit nach habe ich eine Rippe angebrochen. Der Chirurg unseres Betriebs konnte keine genaue Diagnose stellen und tröstete mich damit, daß sowas eben vorkäme. Nicht nur die Rippe schmerzt, sondern auch die Bauchhöhle. Ob von der Erschütterung oder vom Stoß – jedenfalls sei alles in Ordnung. Beim Spätdienst gibt es ganz gutes Essen. Ich knurre die Kinder an, weil sie so lebensuntüchtig sind, dabei sind es keine schlechten Kinder. Ich träumte von einem Zug, der über eine schmale Spur bergauf raste.

24. Dezember

Mein freier Tag. Der Schneesturm hört nicht auf. Meine Seite schmerzt. Ich ging auf den Trödelmarkt. Das Leben nimmt seinen Lauf: Manche Werktätigen schmeißen rücksichtslos mit Geld herum, haben wohl viel. Und doch sind wir nicht das letzte Glied der Kette. Auch wenn wir wenig Brot essen, so haben wir doch jeden Tag eine gute Suppe, allerdings aus Schweinskopf.

Neulich fiel mir auf, wie ähnlich es in der Kirche und dem

---

33 *Der Diakon, geschoren und im Mantel* – d. h. nicht in dem für einen Diakon vorgeschriebenen Erscheinungsbild: den langen Haaren und der Kutte.

Paßbüro zugeht. In der Kirche blieb ich nur kurz: Es war langweilig und ich hatte es eilig; ich bemerkte, daß die Leute doch Geld ausgeben. Kaufen Kerzen und kleine Kommunionsoblaten, schreiben Bittbriefe um Gesundheit und Frieden. Dann streiten sie sich, weil sie nicht das richtige Briefchen zurückbekommen haben. Im großen und ganzen ein unverbesserliches Besitzdenken: *mein* Papierchen, *meine* Verstorbenen. Die rituelle Seite der Religion, ohne jede Poesie und Schönheit ist das natürlich langweilig, aber dafür vollkommen freiwillig. Wenn ich will, gehe ich, wenn nicht, dann eben nicht.

Aber der Paß – eine lebenswichtige Angelegenheit, dazu mit viel Scherereien verbunden. Jeder Bürger muß einen Paß besitzen, doch um ihn zu bekommen, ist ein ganzer Leidensweg zu durchlaufen. Ich mußte mehrere Male deswegen gehen und erhielt ihn nur nach beharrlichem Kämpfen und langwierigem Schlangestehen. Um 7 Uhr morgens ging ich hin, um mich als achter in die Reihe einzutragen. Um 10 Uhr begann der Dienst, und der Leiter des Paßbüros verkündete: Wir geben um zwei Uhr aus. Punkt 7 Uhr abends bekam ich meinen Paß. Wieviel Gedränge, wieviel gespannte Erwartung! Und immer wieder dachte man: Gleich schließen sie das Fenster, hören mit der Ausgabe auf, und man muß noch einen Tag dafür aufwenden. Die Ehrerbietung gegenüber irdischen Gesetzen kommt uns teuer zu stehen, und dieses Paßsystem zum Beispiel ist nicht sinnvoller als die Seelenmessenregister der alten Frauen. Und kostet drei Rubel. Übrigens – dem Kaiser, was des Kaisers ist, und Gott, was Gottes ist. Darüber wollen wir nicht streiten.

In Spanien zieht sich dieser konterrevolutionäre Aufstand nun schon den sechsten Monat hin. Bisher nicht hü, nicht hott. Die Deutschen helfen, die Italiener helfen – aber noch hält sich die Regierung der spanischen Republik. Auch in China gibt es

einen Aufstand: Chang Süe-liang[34] gegen Chiang Kai-shek.
Sie werden noch hundert Jahre kämpfen, die Teufel. Und tun
gut daran: Unter normalen Bedingungen würde China so an
Bevölkerung zunehmen, daß es den weißen Rassen schlecht er-
ginge. Jeder Krieg ist unter diesem Aspekt nützlich – das Gedränge nimmt ab.

31. Dezember

Nun ist also das Jahr 36 zu Ende. Einige Tage lang hat es geschneit, den Schnee gehörig aufgetürmt. Heute herrscht Frost,
es ist still, klar. Für die Kinder haben die Winterferien begonnen. Meine Seite schmerzt immer noch sehr. Wenn ich mich
drehe, dann ist es, als ob alle Rippen auf der rechten Seite
durchgebrochen wären. Wie in einem Sack. Und der Herz-
muskel hat offensichtlich auch etwas abbekommen, beim Laufen kann ich kaum Luft holen. Das Herz poltert wie eine angefrorene Gurke im Eimer. Unsere Herren verkaufen teures
Brot, und unser Budget kracht in allen Nähten. Lisa kränkelt:
hat keine Filzstiefel, das ist natürlich schlecht.

Ich ging zur Volkszählung. Manchen Leuten geht es nicht
schlecht, sie haben sich akklimatisiert. Meine Seitenkontusion
könnte schlimm enden, und ich möchte doch leben, trotz aller
Schwierigkeiten. Ich muß irgendwie durchhalten. Der Winter
ist jetzt richtig in Gang gekommen, und alles Gerede von einer
Klimaveränderung ist Unsinn. So war es auch schon vor hundert Jahren.

34 *Chang Süe-liang* – im Dezember 1936 nahmen seine in der Mandschurei stationierten Truppen – die gegen die Japaner zogen, statt die Kommunisten zu bekämpfen – Chiang Kai-shek gefangen, um ihn in eine chinesische
Einheitsfront gegen Japan zu zwingen.

1937

1. Januar
Prost Neujahr! Was auch gewesen sein mag – wir feiern, haben gebratenes Fleisch gegessen. Das Leben hat sich doch gebessert. Hoffen wir auf noch bessere Zeiten. Gern würden wir auch das alte Weihnachten begehen. Gestern hat starker Frost eingesetzt, ich war in der Stadt und habe mir auf dem Rückweg Nase und Zehen erfroren. Unser Haus ist schlampig gebaut, der Frost zieht über den Boden. Das Brennholz wird knapp, aber noch kann man sich durchschlagen. Nachdem ich in Sachen Volkszählung meine 15 Häuser abgegangen bin, wird mir klar, daß es vielen noch schlechter geht als uns; das ist zwar bitter, aber doch ein gewisser Trost. Ungeachtet der zwanzigjährigen Umerziehung gibt es immer noch gläubige Menschen, die auf die Frage nach der Religion im Fragebogen mit Entschiedenheit antworten: Ich bin gläubig. Die alte Anhänglichkeit, die alte Gewohnheit ... Ich beschäftige mich mit unserem Journal, die Seite tut mir weh, aber es ist schon etwas besser geworden, oder habe ich mich nur daran gewöhnt?

6. Januar
Heiligabend.[35] Ich allein bin noch auf und kämpfe mit unerträglicher Müdigkeit, weil ich die Nacht nicht geschlafen habe: Ich habe für die Volkszählung gearbeitet. Die Kinder schlafen, Lisa hat sich auch zusammengerollt, Genja ist in den Klub gegangen, «Tschapajew»[36] ansehen. In einer Stunde muß ich mein Revier

35 *Heiligabend* – nach dem Julianischen Kalender.
36 *Tschapajew* – volkstümlicher Bürgerkriegsheld, dessen Leben und Taten Dmitri Furmanow (1891–1926) in seinem faktographischen Roman (1923) geschildert hat. 1934 verfilmt (Regie: G. und S. Wassiljew).

abgehen und meinem Instrukteur berichten. Das Abgehen lasse ich natürlich sein, es ist auch so alles klar. Alle sind aufgeschrieben, alles ist längst erledigt. Übrigens entdeckte ich während der Zählung, daß ich manchmal grobe Grammatikfehler mache: Ich meinte, das Wort «nichtgläubig» müsse man getrennt schreiben. Es muß aber zusammengeschrieben werden. Das hat mir der tatarische Lagerkommandant, und das haben mir meine Kinder anhand von Regeln bewiesen. Man lernt eben nie aus! Wenn ich doch bloß nicht noch einmal fort müßte. Aber es geht nicht anders. Tagsüber war es warm, jetzt pfeift der Wind. Tamara kränkelt. Das also ist die Nacht vor Weihnachten. Früher war es alles anders. Was soll man machen? Für morgen haben wir wenigstens genug Fleisch, wenn auch das Brot nicht reicht. Leerer Magen ist gesünder. Jetzt muß ich aber los.

7. Januar

Ein gesegnetes Fest den Rechtgläubigen! Ich habe ausgeschlafen, meine staatsbürgerliche Pflicht erfüllt und die Menschen in der Nacht nicht gestört. Morgen. Die Öfen sind geheizt. Die Kinder schlafen noch. Der Hahn schreit, uns und dem einzigen Huhn zur Freude. Die Kinder sind erstaunlich wortkarg. Gennadi ging gestern ohne ein Wort weg und kam schweigend wieder. Ob das zum Guten ist oder nicht? Worüber denken sie nach und wie? Ans Tagebuchschreiben kann ich sie nicht kriegen, und für das Journal schreiben sie widerwillig. Sie lesen viel, aber bisher ist das nicht von Dauer. Ob sich bei ihnen irgend etwas ansammelt? Meine Seite schmerzt noch immer, und ein Ende ist nicht abzusehen.

9. Januar

Mit dem Spätdienst bin ich völlig überlastet, ich schaffe es nicht, mich richtig mit meiner Schreiberei zu beschäftigen: von

7 bis 4 und von 6 bis 12. Das ist einfach zuviel für mich. Dafür habe ich aber gutes Essen. Ich wollte eigentlich den Festtagsritus aufschreiben, aber ich fange schon an zu vergessen: «Deine Geburt, Christus unser Gott. Der Welt leuchtet das Licht des Verstandes. Denn heute werden die, die sonst die Sterne deuten, von einem Stern unterwiesen, wie sie Dich anbeten sollen, Sonne der Wahrheit, und Dich erkennen von der Höhe des Ostens, gepriesen seist Du, Herr.» Schön ist das, kann kaum schöner sein. Und all das suchen wir auszumerzen und zu vernichten – selbst die Erinnerung an das Schöne, Ferne. Wir haben die Kirchen zerstört und die Idee mit glühendem Eisen ausgebrannt. Aber ... ist es davon besser geworden? Das bezweifele ich sehr. Heute ist der Namenstag meines Vaters. Wie schade, daß dieser liebe alte Mensch nicht mehr lebt! Als ob das so einfach wäre – der menschliche Mechanismus ...

12. Januar
Die Zeit läuft auffallend rasch. Wir haben schon fast Mitte Januar. Die verstärkte Büroarbeit ermüdet mich sehr, ich schlafe wenig, dafür habe ich gut zu essen. Auch die Werksangestellten kommen zum Abendessen in die Bürokantine. Es ist auffallend, wie gesund, wie satt sie sind. Es gibt Leute, auf die die Sowjetmacht sich verlassen kann. Das Salz der Erde, mit Selbstbewußtsein und Fettreserven. Sie haben sich eine einfache Technik angeeignet und gehen zuversichtlich voran, wenn auch langsam und ungeschickt. War heute auf dem Trödelmarkt, um für Tamara Filzstiefel zu kaufen, hatte aber kein Glück. Aus Sorge um die sozialistische Ordnung unserer Stadt hat man den Trödelmarkt an den Stadtrand verlegt, wo das Privateigentum noch sein Leben fristet. Alles, was sich verkaufen läßt, wird dort hingeschleppt. Und wenn man bei Kasse ist, kann man dort kaufen, was man nur will. Da ist das Leben frei,

gibt es keine Schlangen. Wie man es auch dreht, aber diese Börse dient der Nachfrage wie auch dem Angebot. Meine Seite heilt allmählich, aber irgend etwas in meinem Inneren ist verletzt, es tut immer noch weh, wenn ich auf der rechten Seite liege. Es ist warm und schneit. Allen Anzeichen nach wird es einen regnerischen Juni geben.

Zur Zeit geht es uns erträglich, so können wir existieren. Die Kinder spielen Dame; Musa nimmt ein Bad: Fast die ganze Familie wäscht sich zu Hause. Das Badehaus ist jetzt Luxus für uns. «Wer nichts war» usw. Ich sollte wieder einmal ein Buch in die Hand nehmen, aber die Zeit fehlt. Außer Kochen und Heizen befasse ich mich viel mit dem Journal, möchte die Kinder heranziehen. Allmählich machen sie auch mit. Für den Anfang nicht schlecht.

15. Januar

Gestern habe ich mich bei folgendem ertappt: mit meiner Tochter Galina bin ich oft ungehalten, versuche ihr die Widerspenstigkeit, die Launen auszutreiben. Sie ist Brot holen gegangen. In einer langen lauten Schlange sah ich sie frierend, blau vor Kälte, wie sie sich an den Rücken eines alten Mannes drückte. Wie leid sie mir tat! Woher sollte sie auch zufrieden und ausgeglichen sein? Kann sie denn, so von Not und Vertreibung gedrückt, das Leben leicht und heiter sehen? Außerdem – ist es nicht natürlich, daß sich mir das Kind in den sieben langen Jahren entfremdet hat? Und muß es nicht abstoßend für sie sein, wenn da plötzlich ein zum Skelett Abgemagerter kommt und an ihr herumnörgelt? Nein, ich muß aufhören, an den Kindern herumzuziehen: Sie sehen schon selbst, was gut ist und was schlecht. Wenn ich sie nur lenke, erziehe ich mich selber um. Ich muß meine Machtpolitik ändern: Bald brauche ich selbst Hilfe und werde abhängig von ihnen.

17. Januar

Ich habe versucht, Wasser zu holen; noch immer tut es weh, aber es ist erträglich. Ich habe von einer Treppe geträumt, die ich relativ leicht mit einem Sack Korn hinaufgestiegen bin. Noch nie habe ich erlebt, daß ich keine Feinde hatte. Toiba jedenfalls würde mich am liebsten fressen. Sie übersieht mich einfach, diese Judengöre, brüllt nur manchmal: «Arschilowski!» Ich fürchte, eines Tages halte ich es nicht mehr aus und sage etwas, und dann ist alles verloren: Sie ist Pseudokomsomolzin und hat großes Gewicht im Büro. Man muß auf alles gefaßt sein. Ich werde schweigen bis zum Sieg. In Spanien geht es offenbar zu Ende, zum schlechten, wie es scheint. Noch leben wir.

18. Januar

Heute sind die Kinder besonders früh aufgestanden: haben wohl gefroren. Oder Jules Verne bringt Gennadi hoch, er hat sich festgelesen. Von schönen Phantasien wird das rauhe Leben ein wenig glatter.

19. Januar

Ich wachte auf unter dem Eindruck eines Traums. Ich war einen unbekannten Weg auf meinem ehemaligen Fuchs geritten. Der Weg brach plötzlich ab, unten war die Tawda mit ihrem dunklen Wasser. Am anderen Ufer ein Dorf. Zögernd stieg das Pferd ins Wasser, wir schwammen los. Neben uns noch jemand. Wir waren nackt. Rasch und leicht kamen wir hinüber, hatten aber die Kleidung am anderen Ufer gelassen. Sollten wir zurückschwimmen? Da tauchte eine Frau mit einem Korb auf und gab mir die Wäsche, sie war offenbar über eine Brücke gegangen und brachte uns jetzt unsere Wäsche. Außerdem hatte ich im Frühjahr Beeren vom Vorjahr gesammelt. Das bedeutet nichts Gutes: Von Beeren träumen weist auf Verdruß.

64

Die Nacht vor Epiphanias ist frostklar, aber still. Die Kinder haben das Haus gut geheizt, jetzt ist ihnen warm beim Schlafen. Das Lager habe ich vollkommen vergessen: als wäre es nur ein Traum gewesen, den ich vor langem geträumt habe ... Aber wieviel Kräfte und Gedanken sind dort geblieben! Was für eine schreckliche Gefangenschaft! Aber vorbei ist vorbei, jetzt wird das Leben anders.

21. Januar

Nach leichtem Frost ist es heute wieder wärmer. An den Sträuchern viel Rauhreif. Gestern ging ich ins Büro der hiesigen Genossenschaft «Progreß», sie bieten Arbeit an. Irgendwie traue ich ihnen nicht, muß sie mir genauer ansehen. Ich dachte daran, wie rasch das Leben vergeht, daran, daß es vielen nicht gelingt, sich eine Fahrkarte zu kaufen. Was zum Beispiel ist Literatur? Eine Art Bahnhof, ein Kurort. Viele würden gern hinfahren, aber nicht alle können die Fahrkarte kaufen. Einst kam Gorki, nahm sich eine Fahrkarte. Und fuhr. Alle sagten: «Da fährt Gorki! Wie interessant er ist!» Doch Dutzende, Hunderte ebensolcher Gorkis sind mit ihrem Vorrat an Worten und Gedanken am Schalter zurückgeblieben, nur weil es keine Karten mehr gab. Das Leben ist ein dahineilender Zug. Mit Fahrkarte kann man mitfahren, ohne Fahrkarte bleibt man zurück und schaut dem Zug nach. Auch ich hatte einmal eine Fahrkarte und preschte voran. Heute gehen wir zu Fuß. Überall Warteschlangen, Fahrkarten gibt es nicht.

28. Januar

Um 4 Uhr wachte ich auf. Um 5 ging Lisa zur Milchsammelstelle, ich heizte den Ofen an. Ich holte Wasser mit dem Schlitten. Bis zum Tor ging es gut, aber dort kippte der hohe Schlitten um, und der Kübel fiel zur Seite. Gut, daß ich noch einen kleinen Eimer Wasser in der Hand hielt: so hat sich die Mühe wenigstens gelohnt. Genja ging um Brot anstehen: es gibt wieder Probleme mit der Lieferung, riesige Schlangen, Gedränge. Teure Sorten, fürs Proletariat ganz ungünstig.

Meine Seite heilt, ist fast ganz in Ordnung; aber ich habe wieder Pech gehabt: kaufte mir enge feste Filzstiefel, rieb mir den Zeh wund, jetzt tut er mir weh. «Ein Unglück kommt selten allein ...»

Ich wollte eigentlich einen interessanten Traum aufschreiben. Habe ihn schon abends geträumt, als ich mich eben schlafen gelegt hatte. Ich war irgendwo auf einem Neubau. Aus irgendeinem Grund heizte ich die Öfen an, hatte Angst vor einem Brand: wenn bloß nicht das Gerüst Feuer fing. Plötzlich hörte ich den Lärm eines Flugzeugs. Ein tieffliegendes riesiges Luftschiff tauchte auf, beladen mit Riesenbündeln trockenen Holzes, die sicherlich gleich in Flammen aufgehen mußten. Ich überlegte: «Sowie das Luftschiff das Gerüst berührt, fängt alles an zu brennen, auch das Luftschiff wird verbrennen.» Aber es gab keine Kollision: Ich wachte auf, als das Luftschiff gerade über mir flog und beinahe das Dach mit dem Schwanz berührte. Ein seltsamer Traum. Den zweiten habe ich vergessen, aber im großen und ganzen ging es um einen Zeitungsartikel, in dem die letzten drei Zeilen deutlich den russischen Bürger verspotten. Ich glaube, es gab sogar den Satz: «Jetzt arbeite dich hoch.» Gedanken, die einem unwillkürlich im Schlaf kommen ... Es ist ruhiges stabiles Wetter.

1. Februar

Es schneit wieder. Als ich einen Pfad freischaufelte, kam mir plötzlich der Gedanke, daß sich die Folgen meines Sturzes offenbar bei den Nieren, genauer, der rechten Niere zeigten. Es tut weh und ist unangenehm. Übrigens – was Wunder? Im Lager hatte ich doch einen Nierenstein, eine Nierenentzündung: bei so einem glücklichen Leben, wem täten da nicht die Innereien weh? Man gewöhnt sich daran. Ich träumte während des Schneesturms, daß Tamara bis 10 Uhr verschlafen hätte und ich sie nicht wecken konnte. Ich zog ihr die Decke weg: das ganze Gesicht war bestreut – mit Hafer. Ob sie krank war, sie läuft ja in Halbschuhen herum. Und Genja steckt mir eine abgeschriebene Bilanz zu und erklärt etwas; vielleicht können wir ja im Sommer zusammenarbeiten, wovon ich schon lange träume. Mit Galina schimpfe ich wegen ihrer Launen und Streitsucht, dabei tut sie mir zutiefst leid: Sie erinnert mich manchmal an ein abgemagertes geprügeltes Tierchen. An ihr zeigt sich besonders deutlich, was sie erlebt hat: Hunger, Kälte und das Joch der Verbannung. All diese Jahre haben in der Familie tiefe und unauslöschliche Spuren hinterlassen, Kränkungen, Not und Unterdrückung. Im Dienst habe ich mich bisher gehalten. Tatsache ist doch, daß wir vom Sozialismus nur reden: Ringsum geht es ausschließlich ums Fressen, man interessiert sich nur, wie man es bekommt, wie man Zusätzliches bekommt usw. Nur das Banalste, das Allernotwendigste. All das schreit danach, fürs Feuilleton zu Papier gebracht zu werden. Aber das weise Leben hat mich gelehrt, zu begreifen, daß man es nicht umstülpen sollte, wenn man eine große Familie hat und Suppe aus Rindsmaul für das höchste Glück hält. Die Räuber und Diebe des sowjetischen Hinterlands haben sich zusammengetan und mit allem Notwendigen ausgestattet, daß es Wahnsinn wäre, sie allein und ohne Waffen anzugreifen, sie würden einen fertigmachen. Zum Teufel mit der Journaille. Werden schon von selber reinfallen.

Ich habe über die neue Verfassung nachgedacht, um die so viel Aufhebens rund um den Erdball gemacht wurde. Worum geht es denn überhaupt? Und wo liegt der Unterschied? Nichts als ein Aushängeschild. Alles bleibt so, wie es war. Zwar geheim, aber jedenfalls einstimmig. Wir leben unter vertriebenen «Kulaken» in Anführungszeichen. Keine Änderung: man behandelt sie wie Leibeigene, der Kommandant kommandiert, der Erzieher schreit, der Vorsitzende glaubt sich im Recht, wenn er sie mit dem hohen Norden einschüchtert. Nein, Genossen, die tiefe Kluft im russischen Land wird man mit keiner Verfassung kitten, und die Eroberer geben die Macht auch niemals aus der Hand. Worte und Gerede – und das ist noch nicht das Ende.

2. Februar
Heute nacht hat der Winter endgültig durchgedreht: Es zog so, daß es kalt wurde in unserer Hütte. Alles, was auf dem Boden lag, war angefroren. Wir haben beide Öfen angeheizt, aber es wird nur zögernd warm. Die Kinder pressen sich an den Ofen. Gegen Morgen legte sich der Sturm, jetzt ist es nicht mehr schlimm. Die heisere Sirene unserer Firma ertönt, das glückliche Leben des Landes beginnt. In den Warteschlangen nach Brot und Erbsen ist es heute besonders angenehm. Ja, man könnte glauben, daß gerade die über den Sozialismus lachen, die am meisten von ihm reden. Die Zeit läuft rasch. Jetzt kommt es mir oft so vor, als ob ich nie im Lager gewesen wäre, daß es bloß ein Traum war: dabei ... Ich stelle mir vor, wie die glücklichen Lagerinsassen beim Wachwechsel strammstehen. Ich versuche manchmal zu lesen, bleibe aber immer wieder stecken: Die sowjetische Literatur sieht das Leben nur von außen und vermag deshalb nicht zu fesseln.

3. Februar
Der harte Schnee knirscht unter den Füßen, aber auf dem Gesicht ist der Frost nicht besonders unangenehm. Ich träumte, ich flöge mit jemandem auf einem Luftschlitten und fragte:

«Die Geschwindigkeit eines Automobils ist doch größer?» –
«Ja, ein bißchen», antwortete der unbekannte Reisegefährte.
Wenn mich bloß Toiba nicht von der Firmenspule abwickelt –
sie kann mich einfach nicht ertragen.

Ich las die Anklagerede des Staatsanwalts im Prozeß gegen
das Trotzkistische Zentrum [37] – wunderbar! Ein schlauer Kopf,
dieser Wyschinski.[38] Aber da gibt's einen Haken! Heute nennt
er alle Angeklagten Banditen und Diebe, ohne mit Farben zu
knausern, aber als sie noch an der Macht waren, als der
Schurke Arnold noch Chef von Glawchimprom war, Radek
noch seine Artikel in den sowjetischen Zeitungen schrieb,
stieß es Wyschinski nicht auf, daß die «Banditen» vor seiner
Nase herumhantierten. Ist es denn nicht gefährlich, die Verbrecher so nah an sich heranzulassen? Von all diesen Enthüllungen entsteht bei mir der Eindruck, wenn Hunderte von getreuen, kampfgestählten Kommunisten, die Dutzende von Jahren neben Wyschinski gearbeitet haben, sich zu guter Letzt als
Schufte und Spione entpuppen, wer kann sich dann dafür verbürgen, daß wir nicht von lauter Schurken umgeben sind? Wer

37 *Trotzkistische Zentrum* – Anspielung auf den zweiten Moskauer Schauprozeß (Prozeß der Siebzehn; 23. 1. – 30. 1. 1937), gegen das «antisowjetische
trotzkistische Parallelzentrum». Die Angeklagten bekannten sich schuldig,
Agenten Hitlers und Trotzkis, Spione, Saboteure und Terroristen gewesen zu
sein, worauf Generalstaatsanwalt Wyschinski (s. u.) schrie, man müsse «die
tollwütigen Hunde erschießen». Die unterschiedlichen Urteile – Tod durch
Erschießen bzw. zehn Jahre Lagerhaft – waren nur Schein, keiner der Angeklagten überlebte. Karl Radek zum Beispiel wurde im Mai 1939 im Lager von
zwei gedungenen Mördern erschlagen.
38 *Wyschinski* – Andrej Januarjewitsch Wyschinski (1883–1954). Von
1931 bis 1935 Generalstaatsanwalt der RSFSR, dann bis 1939 der UdSSR, in
den Schauprozessen seit den sogenannten Industrieprozessen Anfang der
dreißiger Jahre – vor allem während der «großen Säuberungen» 1936/38 –
Hauptankläger. Nach dem Zweiten Weltkrieg Vertreter der UdSSR bei der
UNO in New York.

kann sich dafür verbürgen, daß nicht morgen auf der Anklage-
bank die Allergrößten, Geliebtesten sitzen? Und schließlich,
wie viele Schurken füllen die Reihen der Partei in der Provinz,
wenn diese Arnolds schon ins Zentrum vorgedrungen sind? Zu
Hilfe! Wo leben wir denn, und was erwartet uns morgen?
Mir fiel eine Sache aus jungen Jahren ein. Damals las ich
zum ersten Mal ein wissenschaftliches Werk über Mikroben
und Bakterien. Es ging darum, daß alles, sogar die Luft, aus
Lebewesen besteht. Nach der Lektüre schien mir alles voller
winziger Lebewesen zu sein, selbst Wasser trinken war mir
widerlich. So auch jetzt: Du betrachtest einen Menschen, und
plötzlich entpuppt er sich als Schurke, als Verräter. – Arseni
schwitzte über der Zeitung und beklagte sich: «Papa, da geht
es nur um das eine: das trotzkistische Zentrum, und man versteht nichts.» Ja, viel wird geredet, aber immer danach.

4. Februar
Es ist etwas wärmer. Südwestwind. Ich esse nicht schlecht und
schlafe hervorragend. Gestern, auf der Suche nach Erbsen, war
ich in der Stadt und besuchte rasch meine Schwester Mascha.
Sie wohnt verwaist im eigenen Häuschen. Eine Kuh ist da. Sie
kämpft mit der Not. Das Gesicht ist leiderstarrt: spiegelt den
Verlust von Sohn und Mann. Mir träumte von einer Prozession
mit Ikonen. Alte Frauen trugen die Ikone unseres Heilandes
von Syrjanka und wußten nicht, wo ihn hinstellen. Ich nahm
ihnen die Ikone ab und stellte sie in die Ecke an der Hütte von
Iwan Ignatjewitsch. Das Volk versammelte sich, und es war wie
bei einer Andacht, aber keiner konnte anfangen. Plötzlich begannen Kinder, sowjetische Kinder, leise, aber klar zu singen:
«Vor deinem allerreinsten Angesicht». Ich fiel ein. Dann
tauchte der Diakon Saschin im Ornat und mit einem gewaltigen Evangelium auf. Er machte mir ein Zeichen, und ich ver-

stand: Es gab kein Pult, jemand mußte das Buch halten. Ich hob die Hände, und das schwere Buch lastete mit seinem ganzen Gewicht auf ihnen. Aber der Diakon hatte den Text für die Heiligen vergessen (er war dem heiligen Nikolaus gewidmet) und mußte lange suchen. Von irgendwoher tauchte Andrej Strachow auf. Dann kam alles irgendwie in Ordnung. Aber ich sang allein und wunderte mich über den Klang meiner Stimme und zog die Schlußnoten sehr in die Länge. Dann träumte ich von einem anderen Ort, wohin wir mit der ganzen Familie gezogen waren. Der Boden war locker, schwarz und mußte nur gepflügt werden. «Werden wir aussäen?» fragte eines der Kinder. «Auf jeden Fall!» antwortete ich und begann den verstreuten Müll aufzusammeln.

8. Februar

Ich bin gerade vom Viehhof der Genossenschaft «Progreß» zurück, wo Lisa als Registrator bei der Buttererzeugung arbeitet; ich habe Holz gehackt und einen Weg freigeschippt. Auch in den Genossenschaften schöpft man aus dem vollen, aber mit der Ordnung hapert es ... Alles wird irgendwie unökonomisch gemacht, nicht wie es sich gehört. Sie haben für die Milchsammelstelle ein teures Haus gebaut – die Türen schließen nicht, es wurde feucht und kalt. Das Brennholz wird einfach auf den Hof geschmissen und schneit ein, keiner kümmert sich darum, es unter Dach und Fach zu schaffen. Das ist doch alles unerfreulich. Tamara kränkelt: hat Fieber. Grippe oder eine leichte Erkältung. Es geht das Gerücht, in der Stadt sei Typhus ausgebrochen. Die Zeitungen schweigen natürlich über solche «Bagatellen». Wozu die Leute beunruhigen und den Enthusiasmus dämpfen? Immer noch hält sich der Frost. Arseni hat Besuch von einem Kameraden, sie reden leise über ihre Kinderangelegenheiten.

Heute bei der Arbeit zur Volkszählung sollten Zeitungen vorgelesen werden. Für Büroarbeiter haben sie sich lautes Vorlesen von Zeitungen ausgedacht! So ein Unsinn! Was zum Teufel soll das laute Lesen, wenn jeder des Lesens Kundige in fünf Minuten die ganze Zeitungslüge überflogen hat? Glücklicherweise gingen die Angestellten weg, und der «Aufklärer» entließ uns. Noch stand uns das «Durcharbeiten» der Verfassung bevor. Es gab kein Erbarmen. Wofür ein normaler Mensch zehn Minuten braucht, das macht bei uns ein langwieriges «Durcharbeiten» erforderlich. Jemeljan der Schwätzer ... Es ist langweilig und abstoßend. Jahrelang schreiben sie, Jahrzehnte «arbeiten sie durch», und nichts geht vorwärts. Arseni erzählte gerade, wie es den Bauern Arefi eingeschneit hat (das hat man ihm aufgegeben). Und mich fragte er: «Wozu schreibst du das alles, Papa?» – «Um nicht zu vergessen», antwortete ich ihm.

Wahrscheinlich gibt es Schnee: Die Knochen tun weh. Manchmal kommt es einem so vor, als lebe man noch nicht lange auf dieser Welt, aber wenn man seine 50 Jahre bedenkt, wird einem angst und bange: Das Ende ist nicht mehr fern. Und dabei möchte ich so gerne leben, möchte noch so viel machen. In letzter Zeit muß ich aus irgendeinem Grund oft an Dolgowski denken und das glückliche Leben dort. Lisa sagt auch: «Mit Begeisterung würde ich in die Wildnis ziehen, weg von dieser Kultur!» Ja, aber heute muß man so etwas sorgfältig bedenken: Mit leeren Händen ist man verloren auf einem Einzelhof. Offenbar müssen wir hier noch lange leben und noch länger in Warteschlangen stehen als bei der Mitternachtsmesse.

10. Februar
Um 6 ging ich weg, um mich für Brot anzustellen. Dort standen bereits die glücklichen Menschen unseres Landes, gewöhnen sich an den Sozialismus. Ich habe etwas Brennholz geklaut.

Das ist schon zur Gewohnheit geworden. Habe das Frühstück zubereitet: etwas angefrorene Kartoffeln und 100 Gramm Brot pro Kopf. Was ist da zu machen? Ich weiß, daß man besser essen müßte, aber die Finanzen erlauben es nicht. Wenigstens hungern wir nicht. Doch bei so einem Leben, wenn sie einen entlassen oder man krank wird, ist man erledigt, kann sich an nichts mehr halten. Unwillkürlich denkt man an das eigene Haus, die Kuh, das Ferkel. Was für traurige Fragen muß man da stellen! – Doch das Leben nimmt seinen Lauf: Die Kinder haben sich so an die Ski und Schlittschuhe gewöhnt, daß sie wohl bald verlernt haben, zu Fuß zu gehen. Ob das so bleibt oder vorbeigeht, wie der Winter? Soll es nur so bleiben, es macht nichts und stört nicht. Jeder Sport an der frischen Luft ist gesund.

11. Februar

Es hat geschneit, ich muß Schnee schippen. Außerdem: den Ofen heizen, für Brot anstehen; ich habe zwei Knüppel Holz geklaut. Mir ging durch den Kopf: Gute zwei Kilometer in beiden Richtungen brauche ich, um mich für eine halbe Hungerleiderration anzustellen und um ein kriminelles Delikt (Diebstahl sozialistischen Eigentums, oder auch nur von Abfällen – aber jeder Lumpen ist ja noch Staatseigentum ...) zu begehen. Nur um mich aufzuwärmen. Das bedeutet: Überanstrengung und Risiko. Und so tagaus, tagein, heute und immerdar ...

Gestern hörte ich von einer Dame im Büro: Sie hat zusammen mit ihrem Mann 1500 im Monat, sie sind gerade mal zu dritt, und doch reicht es nicht. Also muß er, ein Ingenieur, irgendwo klauen, und auch sie, eine Buchhalterin, muß kriminell werden, um gute Wäsche und Seidenstrümpfe bekommen zu können, die Haare ondulieren zu lassen, Parfüm zu kaufen, ins

Theater zu gehen usw. Überall Kriminelle! Und das, obwohl
sie in der Partei sind, über Stachanowmethoden reden (und das
sind doch die räuberischsten Methoden – wenn man viel Kraft
hat, so viel wie möglich zu tun, um so viel wie möglich zu bekommen, und das Recht zu haben, auf die Schwachen und Le-
bensuntüchtigen herabzusehen!), die Verfassung durcharbeiten usw.

Nehmen wir einen beliebigen Bewohner von Goljakowo,
Jegor Bykow. Im Sommer produziert er ohne Anstrengung
Nahrung für sich und sein Vieh, stellt Bast für Schuhe her,
Flachs, Lindenbast. Und für den Winter hat er alles auf Vorrat:
Holz ist in der Nähe, Stroh holen – kein Zeitverlust. Alles geht
ruhig, ohne Ermüdung. Und vor allem: kein einziges Vergehen! Der sozialistische Staat hingegen begeht ein Verbrechen
an dem unverantwortlichen Jegor Bykow: Erlegt ihm maßlose
Steuern auf, mit denen Verschwendung und Plünderungen gedeckt werden sollen, verlangt eine Getreideabgabe in unglaub-
licher Höhe zu einem unwahrscheinlich niedrigen Preis, um
dann mit dem Getreide zu Spekulationspreisen zu handeln. Für
das Korn zahlen sie Jegor Bykow 90 Kopeken. Für 16 Kilogramm. Und verkaufen die schlechtesten Sorten Haferkorn zu
90 Kopeken das Kilo, vergrößern also ihr Kapital um das 16fa-
che. Solche ungeheuerlichen Verbrechen zwingen Jegor Bykow zu dem einen: irgendwie ein Stückchen Ackerland vor den
wachsamen Augen der verschiedenen Aufseher zu verbergen,
um eigenes Getreide zu haben. Aber heute hat Jegor Bykow
überhaupt kein Brot. Er bringt sein junges Ferkel, seinen Bast,
seinen Flachs (wenn ihm die Steuer noch etwas gelassen hat) in
die Stadt, steht in langen Warteschlangen an für Brot und trip-
pelt von einem kalten Fuß auf den anderen. So also verläuft das
Leben in unserem glücklichen Land, wo der Mensch doch so
frei und vollkommen kostenlos atmet.

74

13. Februar

Richtiger Lichtmeß-Frost: sticht einem nur so ins Gesicht. Gestern ging ich zu Mascha, mich unterhalten. Sie ist mein Patenkind, ist schon Lehrerin, aber hat noch weitgehend den alten Ton vom Dorf, was ihr allerdings auch nicht schadet. Sie sprach vom stillen sympathischen Wasja, den sie im Gefängnis in eines der Massengräber geworfen haben ... Die Blüten der sozialistischen Revolution. Und er ein Verbrecher! Nur dank ihrer Genügsamkeit und Duldsamkeit können diese Verwaisten weiterleben. Wir redeten über Puschkin. Ich erzählte ihnen vom Gefängnis und vom Lager.

Ich will einen merkwürdigen Traum aufschreiben. Irgendwo brachte eine junge Frau in aller Öffentlichkeit ein Kind zur Welt. Das geschah in meiner Anwesenheit. Das Kind war riesengroß. Die Mutter entfernte fröhlich die Nabelschnur und begann dem Kindchen das sogenannte Hemdchen abzunehmen. Es war braun, fest. Das befreite Kind regte sich, lächelte, blinzelte gegen das Licht. Die Mutter sagte beglückt: «Ein Junge.» Die Besonderheit des Kindes bestand auch noch darin, daß ihm das Gehirn wie eine Mütze über dem Schädel saß. Da schlich eine häßliche Katze zu ihm, und es begann lächelnd mit ihr zu spielen. Ein seltsamer Traum. Ob man sich so etwas ausdenkt? Oder ob in unserem glücklichen Land nicht doch etwas Derartiges auftaucht? Vielleicht weil ich besser esse oder auch weil ich überhaupt ausgeruht bin, träume ich schon die zweite Nacht von Frauen. Die reinste Sünde!

Wir sitzen beim Frühstück. Die älteren Kinder sind gestern bei einem Puschkinabend gewesen und geben jetzt wortkarg ihre Eindrücke wieder. Ziemlich trübe alles, ohne rechte Begeisterung. Sie haben etwas eigenes im Sinn, und dorthin dringt man einfach nicht vor. Sollen sie nur wachsen und sich formen: Irgendwann wird sich ihr Ton und Charakter festigen.

15. Februar

Der Winter hält sich noch: Frostrote Backen sind keine Seltenheit. Mit dem Brennholz hat man seine liebe Mühe. In diesem Jahr ehrt man Puschkin: hundert Jahre seit seinem Tod. Die Sowjetmacht hält Puschkin für einen der Ihren ... Ja, dieser Mensch liebte die Freiheit, aber auch die Heimat, war zutiefst ein Patriot. Die Leibeigenschaft lehnte er ab. Auch Dostojewski sah in Puschkin eine verwandte Seele, aber die Sowjetmacht mag Dostojewski[39] nicht.

Heute habe ich einen kleinen Artikel über Unregelmäßigkeiten in der Firma an die Lokalzeitung geschickt, ich hielt es nicht mehr aus, zu unverschämt sind die Gauner. Vielleicht war das unüberlegt, weil ich selbst auch ein bißchen klaue, aber so ist eben der Mensch.

Es ist zwar dumm, Träume aufzuschreiben, aber wenn es sonst nichts gibt? Ich habe von einer Kirche geträumt, in der mein Bruder Mischa als Diakon diente. Und etwas absolut Unkirchliches brummte. Jemand schlug ihm vor, der Kirche Sachen zu vermachen, und er antwortete: «Ich bin nicht dazu da, um Trödel einzusammeln.» Er trat zum Altar, verschloß die Tür und murmelte vor sich hin: «So ist es sicherer, sonst klauen sie noch etwas.» Ein deutliches Mißtrauen gegen Laien. Weshalb träume ich so etwas? Das soll einer raten.

Heute ist sogar mir kalt in unserem Haus. Noch vierzig Tage müssen wir frieren. In Spanien geht der Kampf immer noch weiter. Es scheint aber so, als ob die «Regierung» nicht mehr lange durchhält, auch wenn sie immer noch prahlen.

---

39 *auch Dostojewski* – Arschilowski spielt auf die berühmte Puschkinrede Dostojewskis 1880 anläßlich der Einweihung des Puschkindenkmals auf dem Moskauer Puschkinplatz an, sodann auf die Verfemung Dostojewskis in der Stalinzeit.

Und wir ringen uns einen ab und geben Geld für die spanischen Arbeiter. Ich wüßte gern, wer meine 1,50 Rubel bekommt?

18. Februar

Eigenartig, wie wir uns ausruhen: Bei 30 Grad Frost bin ich um 4 aufgestanden, habe fünfmal Brennholz geholt. Bin insgesamt 10 km gelaufen. Habe zwei Stunden nach Brot angestanden. Das langt doch wohl? Mit dem Umsiedler Sannikow haben wir über unsere glückliche Zeit an der Tawda gesprochen. Ob wir so etwas noch einmal erleben? Verspäteter Frost. Danke – der Wind hat sich gelegt. Ich habe gestern mit Arseni gestritten – er ist ohne zu fragen spielen gegangen und hat seine Filzstiefel zerrissen, man kann sie nicht mehr reparieren. Die Kinder verlegen sich zu sehr aufs Lesen und sind wortkarg. Vielleicht ist das besser. In der Schlange sagte eine Frau, daß die Kolchosbauern im Dorf sterben wie die Fliegen[40].

19. Februar

Wieder ein bedeutendes Ereignis, Ordschonikidse[41] ist gestorben. Einzelheiten sind noch nicht bekannt. In der Firma gab es eine Kundgebung. Interessant, wie so etwas abläuft. Eine Kundgebung nationaler Trauer sollte bei unserem Bewußtsein

40 *sterben wie die Fliegen* – Die Zwangskollektivierung während des ersten Fünfjahrplans hatte 1932/33 zu einer landesweiten Hungersnot geführt, die aber auch in den Jahren danach, vor allem auf dem Land, keineswegs völlig behoben war (vgl. Tagebuch Schaporina, die Reise nach Palech).

41 *Ordschonikidse* – Sergo Ordschonikidse (1882–1937), georgischer Weggefährte Stalins, in dessen Auftrag er in Georgien und Armenien 1921 gewaltsam die Sowjetmacht einführte. Seit 1928 Volkskommissar für Schwerindustrie. Stellte sich schließlich den Verbrechen Stalins entgegen, weshalb dieser ihn in den Selbstmord trieb. Die Bevölkerung wurde über seine Todesursache getäuscht.

dramatisch, erschütternd sein, aber sie verlief langweilig, er-müdend, und die Redner mußten mit Gewalt nach vorn geholt werden. Man wählte ein Präsidium. Das Publikum lärmte. An-fangs konnte man den Redner nicht hören. Er machte Grimas-sen, suchte nach Worten, aber dann richtete er sich auf und re-dete ziemlich logisch. Der Vortrag war zu Ende. Der Direktor wandte sich an die Versammlung: «Wer spricht jetzt, Genos-sen?» Lastendes Schweigen. «Keine Freiwilligen?» beharrte der Direktor, und im Ton lag eine Drohung. Langsam und wi-derwillig traten zwei Parteigenossen unseres Werks auf, schlu-gen vor, anläßlich des Todes dieses standhaften Bolschewiken die Produktivität zu erhöhen usw. Man redete schablonenhaft nach Spickzetteln, ohne Inspiration, ohne Emotionen. Sche-schukow, ein Kulturfunktionär, Sonderumgesiedelter, redete auch und sprach von der sozialistischen Kopeke, der sozialisti-schen Wandtafel. Er wäre sicher auch noch auf den sozialisti-schen Nagel zu sprechen gekommen. Alle redeten sie von «wir sollen». Warum sollen? Warum kam niemandem in den Sinn zu sagen, daß man als Reaktion auf den Tod eines der «Gro-ßen» von den Bergen[42] vorschlagen müßte, die Gehälter der Werksobrigkeit zu reduzieren? Das wäre substantiell und würde die allgemeine Lage sicherlich bessern. Aber darüber schweigt man ...

Dann wurden Vorschläge gemacht. Der Direktor verlangte Konkretes und holte den Forstfacharbeiter Kulikow persönlich nach vorn. Der meinte verlegen: «Ich habe alles gehört und habe nichts hinzuzufügen. Nehmen wir das doch als Basis.» Schließlich preßten sie gewaltsam etwas aus uns heraus: Im Januar hatten wir 113,4 Prozent geschafft, also sollte es im Fe-

---

42 *der «Großen» von den Bergen* – Anspielung auf die Kaukasier Stalin und Ordschonikidse.

bruar nicht unter 115 werden. Jemand rief: «Den Ausschuß auf Null senken!» Aber das akzeptierte niemand – je höher nämlich die quantitativen Indizes, desto mehr Ausschuß. Was soll's! Ordschonikidse ist meiner Ansicht nach nicht gar so bedeutend, da wird sich schon Ersatz finden. Und das Land hat nicht viel verloren, allerdings auch wenig gewonnen: Einer mehr oder weniger ändert kaum etwas am Bild. Meine teure bessere Hälfte stöhnt und friert immer, das ärgert mich, sie verliert ihr ganzes Ansehen in meinen Augen. Vielleicht ist das grob, aber ich kann nicht dagegen an: Ich mag kein Gejammere.

21. Februar
Gestern schien das Wetter tags wärmer werden zu wollen: Die Trottoirs wurden naß und auf den Hügeln bildeten sich kleine Flecken nackter Erde. Ich lese mit Unterbrechungen Scholochows «Stillen Don»[43]. Schreiben kann er, aber wie wird er das Ende des glücklichen Lebens darstellen? Er wird kaum bis zum Schluß ehrlich bleiben können. Bei so viel Druck und Zwang kann ein Schriftsteller unmöglich objektiv und unvoreingenommen bleiben. Und fängt er erst an, auf einem Bein zu hüpfen, wird es unnatürlich und fesselt nicht mehr. Gestern hing Tamara herum und wollte kein Abendbrot essen. Sie redet überhaupt wenig und ist unausgeglichen. Das Schweigen der Kinder, dieses Sichverkriechen bekümmert mich: Gibt es denn nichts, worüber man sprechen könnte? Für das Zusammenleben ist Schweigen belastend. Andererseits: Wie sollte man jemanden gewaltsam zum Reden bringen? Wenn er sich nicht aufrafft.

---

43 *Scholochows «Stillen Don»* – Romanepos (1928–1940) von Michail Alexandrowitsch Scholochow (1905–1984), für das er 1965 den Nobelpreis erhielt. Seine Autorschaft ist jedoch umstritten.

23. Februar

Es ist wärmer geworden, tagsüber fängt es an zu tauen. Vollmond. Der Mond ist für alle schön, aber bei Mondlicht läßt sich schlecht Brennholz klauen – es ist weit zu sehen, und unwillkürlich hat man Angst. Die Gedanken an den Einzelhof lassen mich nicht los: Zwei bis drei Jahre – und Hunger ade. Doch vorläufig können wir natürlich nicht von hier weg. Man muß alles abwägen und zehnmal überdenken. Das Brotfieber in der Stadt nimmt nicht ab, es ist mühsam durchzukommen, aber die Leute haben sich daran gewöhnt. Sie stellen sich schon um 2 Uhr nachts an. Das sind wirklich die «Nächte des Wahnsinns, Nächte der Schlaflosigkeit»[44]. Scholochow ist doch eine große Begabung: Jede Person seines Romans ist ein Held, hat ein eigenes, klar hervortretendes Leben. So ist es doch auch! Es wäre interessant, zu erfahren, was er vom glücklichen Leben hält. Oder vielmehr, wie er es von heute betrachtet beschreiben würde?

26. Februar

Nach einer kalten Nacht ein kalter Morgen. Das Leben beginnt: Die Alarmsirenen heulen – irgend etwas ist passiert. Irgendwann passiert immer etwas, kann nicht immer gutgehen. Gestern kam Strachow, mein alter Bekannter, ein aus dem Priesteramt ausgeschiedener Pope. Er träumt vom Angeln. Die Zeit naht – wird schon jemand angeln. Vielleicht überlege auch ich es mir ... Das Leben geht seinen üblichen Gang, heute habe ich von Brot ohne Warteschlange geträumt ... Wann das wohl sein wird?

---

44 *Nächte des Wahnsinns, Nächte der Schlaflosigkeit* – Anspielung auf ein Gedicht von Alexej Nikolajewitsch Apuchtin (1840–1893).

27. Februar

In diesem Moment scheint mir, daß das alles vielleicht Dummheit ist? Das heißt, die Tagebücher, das Familienjournal. Vielleicht sollte man einfach Schluß damit machen und ein beschauliches Leben führen? Aber erstens wäre es langweilig und leer, zweitens bliebe nichts in Erinnerung, gäbe es keine Gymnastik fürs Gehirn. Soll es so bleiben, zumal man dafür nichts zu zahlen braucht. Der Hahn kräht. Die Kaninchen säubern sich mit ihren Pfötchen. Ich wollte schreiben, daß es taut, die Filzstiefel schwer werden.

Gestern gab's ein Großereignis in der Siedlung: Einem Bewohner haben sie die Kuh geklaut und nicht weit weg, im Gebüsch, geschlachtet. Aber sie haben den Dieb geschnappt, und er hat seine Komplizen verraten: Sie hatten es nicht geschafft, die Spuren zu beseitigen. Überhaupt wird Diebstahl immer häufiger. Seltsam, es geht uns so gut, aber die Verbrechensrate sinkt nicht. Gerade kam ich beim Firmenabladeplatz vorbei (ich mußte mich um 4 Uhr anstellen) und hörte, wie eine junge Arbeiterin «loslegte». Sie redete mit genau der Sprache, die unter Männern gang und gäbe ist. Die anderen Frauen lachten über ihre Ausfälle. Doch in der Tat: Die Frauen hören ständig unanständige Ausdrücke, kennen den ganzen geheimen Sinn – warum also nicht selber versuchen? Gleichheit sollte es in allem geben. Das macht es nur lustiger für die anderen.

1. März

Es ist wieder so heftiger Frost, daß sogar ich zu frieren beginne. Obwohl wir die Öfen stärker heizen, ist es kalt im Haus und der Hängeboden der belebteste Ort. Ich ging auf den Trödelmarkt. Man muß nur viel Geld haben, dann geht alles. Und betuchte Leute gibt's immer noch, sie kommen und wählen ohne Eile die guten teuren Dinge aus. Übrigens meistens Plunder.

Ich habe angefangen, für die Wandzeitung unseres Werks zu schreiben: Es drängt mich, Bewegung in diese trübe Brühe zu bringen. Das Schreiben hat ja nicht immer böse Folgen – jedenfalls ist einem leichter, wenn man sich ausspricht. Mama hat sich den Arm gebrochen. Sie hat wirklich kein Glück, die alte Frau. Und mir selbst geht es so schlecht, daß ich ihr mit nichts helfen kann. In der Warteschlange beim Werk gab es eine Prügelei mit Blutvergießen, zwei Milizionäre mußten kommen. Die Menschen können einfach ihr glückliches Leben nicht begreifen.

5. März
Die Zeit jagt dahin wie ein schnelles Auto. Der Frost scheint vorbei zu sein, wenigstens war es heute morgen warm. Drei Fahrten nach Brennholz habe ich gemacht. Da kommen einem schädliche Gedanken, ob man auf so ein Leben nicht verzichten könnte und es lieber abstößt.

Ich will einen Traum aufschreiben. Sommer. Ich gehe meine Schwester Fisa besuchen. Nina kommt mir im rosa Kleid entgegen. Auf dem Erdwall vorm Haus halb liegend ein Junge, der am Daumen lutscht, offenbar gehört er zu ihnen. «Am 11. bringen sie euch weg», sagt Fisa. Ich weiß offenbar, worum es geht: Einberufung oder auch Verbannung. Dann bin ich auf einem Bahnhof und warte auf den Zug. Ich trage ein leichtes, gutes Jackett. Ich gehe an den Gleisen entlang, plötzlich rast eine leere Plattform ohne Lok direkt auf mich los, ein junger Mann steht darauf. Ich weiche aus, aber die Plattform entgleist und rollt über die weiche Erde, worüber ich nicht wenig staune. Das ist natürlich dummes Zeug, aber doch seltsam. Was für überraschende Bilder entstehen!

Bald ist es 7 Uhr. Ich habe Genja geweckt zum Brennholzhacken; Musa schlürft heißes Wasser: Sie muß zur ersten Schicht. Tamara und Galina schlafen. Sie schlafen überhaupt viel. Das ärgert mich ein bißchen, sie entwickeln sich langsam. Arseni ist schon aufgestanden und macht sich zu schaffen. Wie viele Kinder ist er verfressen. Wir essen zwar wenig, aber vollkommen ausreichend und nicht schlecht. Für das Journal schreibe fast nur ich allein. Das ist aber wohl auch nützlicher für die Kinder, wenn sie lesen, was ich schreibe. Im Dienst ist bisher alles in Ordnung.

6. März

Am Abend war es noch so schön, zweimal fuhr ich ohne Probleme nach Brennholz, aber in der Nacht erhob sich ein Schneesturm, der immer noch anhält. Ich träumte von einem unbekannten Dorf, einem großen Fluß und Elchen mit ihren Kühen auf der Weide. Gestern habe ich in «Die Meuterei»[45] von Furmanow geschaut. Der Mann beweihräuchert sich selbst und die revolutionären Erfolge. Immerhin kann er richtig schreiben. Und es stimmt ja, daß die Leute an der Revolution Gefallen fanden. Einstweilen genießen wir die von der Revolution erkämpften Güter und schicken uns an, nach Erbsen anzustehen, die der Staat für 1 Rubel 30 das Kilo verkauft, d. h. mindestens das Zwanzigfache der «Kulakenpreise». Und das im zwanzigsten Jahr unserer bemerkenswerten Revolution. Dann muß man glauben, daß die Erbsen auch gut schmecken.

Lisa kam von der Milchsammelstelle gelaufen, ganz durchgefroren, die Arme, auch im Zimmer friert sie immer noch.

---

45 «Die Meuterei» (1925) – Roman von Dmitri Furmanow (siehe auch S. 60) über den Kampf der Sowjetmacht gegen rebellierende Einheiten in Zentralasien.

Sie ist müde, zerschlagen und hat sich selbst aufgegeben: eine zerrissene Jacke, nicht zugeknöpft usw. Sie hat sich zu früh hängenlassen und bestärkt sich noch darin. Dabei muß man sich zusammenreißen: Leben kann man immer noch, und es gibt Hoffnung auf bessere Zeiten. Gennadi malt mit Ölfarben. Er hat zweifellos Talent und ein künstlerisches Gespür. Und liest viel. Ich weiß nicht, woher er das alles hat und was bleibt. Er selbst redet wenig. Das ist schlecht und gut zugleich.

8. März

Starker Frost. Der ganze Februarmond[46] wird offensichtlich genauso streng. Ob wohl der März ebenso grausam wird? An meinem freien Tag bin ich durch die Stadt gebummelt. Habe mir fettes Fleisch und teure Lebkuchen angesehen. Bin zu Marfa gegangen, bei der Mama wohnt. Da sitzt die alte Frau mit dem gebrochenen Arm: Sie ist beim Anstehen für Brot gefallen. Das hat stark auf sie gewirkt, sie ist noch mehr abgemagert. Ihr Lebensfaden ist wohl nicht mehr sehr kräftig. Sie redet viel vom Tod, von Papa sagt sie: «Er hat jetzt seinen Platz gefunden, möge er in Gott ruhen ...» Ja, letztlich werden wir alle dort unterkommen.

Ich ging zu Mischa. Er hat sich operieren lassen: Krebs an der Lippe. Er ermüdet sehr. Die arme Sina wäscht selbst und muß die Schwächen ihres Mannes dulden: Er lebt offen mit einem Mädchen zusammen. Und sie kommt zu ihm ... Ein paar Jahre schon träumen sie vom eigenen Haus, das sie aber meiner Ansicht nach nie kaufen können. Eine merkwürdige Familie. Jeder hat seine Eigenheiten, und jeder lenkt sein Lebensschiffchen auf seine Art. Letztlich landen wir alle am sel-

---

46 *Februarmond* – nach dem Julianischen Kalender (siehe auch S. 56).

ben Ufer, «kommen unter». Mir tut mein Bruder leid, weil er
es im Alter schwer haben wird: Er muß auf einige Angewohn-
heiten verzichten.

8. März

Soeben hat mich ein Berittener angehalten wegen des gestoh-
lenen Brennholzes. Vielleicht hat er nur gescherzt, und es ging
auch ohne Protokoll, aber jeden Tag kann man ernstlich geschnappt werden, weil noch nie so viel geklaut wurde wie jetzt.
«Zehn Jahre geben sie dir dafür!» sagte mir der Zufallszeuge
zur Einschüchterung. Natürlich tun sie das, und wieder bin ich
dann ein Volksfeind ... Pech, sonst nichts: Erfrieren will ich
nicht – aber zehn Jahre sind auch kein Vergnügen. Wer die großen Stücke klaut – dem läßt man alles durchgehen, aber für
diesen «sozialistischen» Baumstamm kann man an die Wand
gestellt werden. Meine Notizen für die Werkswandzeitung haben sie gebracht, und natürlich gibt's Geschrei ... Wenn sie
mich rausschmeißen, gehe ich an die Tawda und mache meinen Traum vom Einzelhof wahr. Die Kinder sind da, es gibt
Abendessen.

10. März

Gestern tagsüber freuten wir uns über die Wärme, aber heute
nacht hat ein Schneesturm eingesetzt und hält noch an. Alle
haben es satt, aber da kann man nichts machen. Genja malt gut
und führt ein wenig Tagebuch. Übrigens ist das schon viel.
Aber er kommt zweifellos voran. Während die Mädchen sich
ausschlafen. Mein Einfluß richtet wenig bei ihnen aus. Entweder sie haben ihre eigenen Vorstellungen, ihr eigenes Leben,
oder sie tun es der Mutter nach, die aber kein Vorbild ist, sondern einfach vor sich hin schlurft. Ich verurteile sie nicht, sie
tut mir leid. In eine Sackgasse gerät man schnell, wenn es über

die Kräfte geht. Und ihre Last ist übermäßig. Der Frost treibt die Kinder auf den Ofen und stört bei der Arbeit.

11. März

Vor dem Abendbrot ein paar Worte. Galina hat in unserem Eßzimmer geputzt, und Tamara scheuert den Boden in der Küche. Eben kommt mein stiller Genja und setzt sich stumm mit einem Buch an den Tisch. Die beiden Kleinen schlafen. Lisa schleudert in der Milchsammelstelle Kolchosbutter. Ich quäle mich, weil ich zuwenig Brennholz habe und der Frost noch immer tobt und weil ich in der Stadt weder Mehl noch Hafermehl auftreiben konnte, wo wir doch morgen Plinsen machen wollten. Der Schneesturm hält schon zwei Tage an. Schneewehen haben meinen schönen Weg zerstört, mein Frondienst des Brennholzbeschaffens ist zum Erliegen gekommen. Man ist den Schneesturm leid, will ihn so schnell wie möglich überstehen. Aber wie? Per Dekret läßt sich da nichts ausrichten. In den freien Stunden mache ich nichts, sondern liege auf dem Bett beim Ofen. Offenbar wird nichts aus meiner Schreiberei, die ich nach Moskau geschickt habe, ich muß diese Angelegenheit wohl überhaupt für abgeschlossen halten. Der falsche Ort und die falsche Zeit. Dann schweigen wir eben.

13. März

Irgendwie habe ich Brennholz hergeschleppt. Es ist richtiger Schneesturm, an manchen Stellen bekommt man die Füße kaum aus dem Schnee, morgen ist Jewdokijatag[47], da gibt es sonst häufig Pfützen, aber jetzt ist strenger Winter, wo man Unmengen Holz braucht. Ich bin regelrecht erschöpft, habe aber trotzdem beide Öfen mehrfach versorgt. Mit Arseni hatte

---

47 *Jewdokijatag* – der Tag der heiligen Eudoxia, der 1. März (alten Stils).

ich heute Krach. Dieser Tage war ich ungehalten mit ihm, weil er nicht lesen will, das Schreiben vollkommen aufgegeben hat und vor allem frech ist. In der Hoffnung auf das Wohlwollen der Mutter. Heute ging er um halb fünf zu einem Kameraden, ohne mich zu fragen, und kam um 8 nach Hause. Ich verschloß die Tür und ließ ihn etwa 20 Minuten draußen warten. Jetzt jammert er, entschuldigt sich aber nicht. Ist unter die Decke gekrochen und hockt da wie ein Wolfsjunges. Ich sagte nichts. Er war wohl durchgefroren, schnaufte lange, als er sich auszog. Ein störrisches Kind, dabei sieht er naiv aus. Wird wohl Eigensinn entwickeln. Vielleicht kommt es mir auch nur so vor. Die Kinder haben sich mir doch ganz entfremdet, Arseni ist mir überhaupt nicht zugetan. Was soll's! Ich werde mich raushalten. Soll er sich selbst entwickeln. Vielleicht kommt er auch wieder in die Reihe. Noch ist es zu früh, um Schlüsse zu ziehen.

17. März
Endlich ist es ein bißchen wärmer. Man ist den Frost leid. Ich schlafe wieder zuwenig: muß abends im Trust arbeiten. Sie sind immer noch bei der Jahresabrechnung. Eine gewaltige bürokratische Organisation, die sich da in einer großen Kaufmannsvilla breitgemacht hat. Die Kaufmannspaläste kommen dem Sozialismus zustatten ... Ebenso die dickwandigen Kirchen. Alles ist nützlich, was die Genossen nicht zerstören konnten. Das ZIK ließ alle Verfahren über Enteignungen einstellen und stoppen. Aber im Leben merkt man keine Neuerungen: Immer noch sind die Sowjetmenschen rasch bei der Hand mit ihrem «Ich zeig's dir!» Dieses Salz der sowjetischen Erde wird von seiner Plattform zu befehlen und zu unterdrücken niemals abgehen, in allen werden sie «Klassenfeinde» sehen. Ob sie wohl endlich darauf kommen werden, daß es nicht um Klassen, sondern allgemein um Halunken

geht, von denen es auch im Kommunismus gerade genug gibt?! Neulich träumte ich von drei Hunden, die mich umschmeichelten: Am nächsten Tag traf ich drei gute Freunde. Ich habe Aussicht auf Arbeit mit gutem Gehalt. Vielleicht klappt es ja.

20. März

Wir erfrieren buchstäblich. Ich wollte schreiben, aber meine Hände sind steif geworden. Es hat an die 30 °C Frost. Ganz ungewöhnlich. Man kann nicht glauben, daß es in einem Monat warm wird und die Stare und Enten kommen. Dabei wird es so sein. Ich arbeite im Trust und komme immer mehr zu der Überzeugung, daß es überhaupt keinen Sozialismus gibt, es gibt Aristokraten, Bürokraten und ungelernte Arbeiter wie unsereinen. Die Buchhalter beispielsweise sind tatsächlich überzeugt, daß jemand, der die Rechnungskartei führt, eine aussterbende Spezies ist, den man schlecht behandeln und für 150 Rubel in jeder Weise herumjagen kann. Das sind keine Genossen, das sind diebische Jupiter!

22. März

Immer noch genauso kalt. Heute wäre ich beinahe einem Brennholzwächter in die Hände gefallen. Er fluchte, als er mich verfolgte, und schrie heiser: «Das nächste Mal entwischst du mir nicht mehr!» Die zweite ernste Warnung: Ich könnte mir wirklich eine neue Haftstrafe einheimsen. So und so ist es Pech: Ich will nicht erfrieren. Irgendwie muß ich lavieren. Weh uns Sündern! Ich bin schlechter Laune, ärgere mich über die Kinder, weil sie lebensuntüchtig sind. Und wer ist schuld außer mir?

23. März

Heute hat es tagsüber ein wenig getaut. In der Holzfrage habe ich mich umgestellt auf Knüppelweide. Irgendwie kommen wir schon durch. Und hier ist es bald wirklich warm. Wegen der hohen Preise für Brot essen wir auch beim Holzschlagen wenig. Das wirkt sich sofort aus: Die Knie zittern einem. Ja, für einen Holzfäller braucht man von diesem Brot nicht weniger als zwei Kilo am Tag. Und das ist noch wenig. Hunger oder nicht, aber dieses Sich-nicht-satt-essen-Können ist schon schwerwiegend.

27. März

Jetzt ist es endlich warm: Gestern flossen schon die Bäche von den Bergen, und in der Luft «riecht es nach Staren», wie Fisa sagt. Ich ging in die Stadt und fand es schlimm, wenn man keine guten Stiefel hat. Heute war es vom Morgen an warm, möglicherweise wird es regnen. Gestern ist der Schnee an einem Tag schwarz geworden. Ich träumte: Ich müßte dicke Schichten eggen und wunderte mich, daß sie sich den Zähnen der Egge doch fügen. Ich ging mich anstellen und unterhielt mich mit einer Frau aus Gussewo. Ich fragte sie, wie es auf dem Dorf geht. «Nikischkas Speicher reißen sie ein, sammeln die Körnchen unter dem Boden.» Nikischka – das ist Nikifor Grigorjewitsch Jerdakow, ein reicher Bauer aus Gussewo, ein hervorragender Handwerker, der lesen und schreiben konnte. Bei der Kollektivierung haben sie ihn natürlich aus seinem warmen Nest gestoßen, haben sich mit seinem Besitz ein glückliches Leben verschafft, und jetzt reißen sie vor lauter Nichtstun die Speicher ein und suchen nach Korn von vor zehn Jahren. Ist das nicht ein glückliches Leben?! Und Gussewo war einmal ein reiches Dorf, den Weizen erntete man nicht körnchenweise, sondern maß ihn nach Körben. Sonderlinge waren sie dort.

Der Trust zahlte mir Überstunden, und ich habe die Möglichkeit, mich ein bißchen zu verwöhnen. Gestern kaufte ich beispielsweise ein Kilo süßen Kuchen zu 3 Rubel 40. Im großen und ganzen stoßen wir uns ein bißchen frei. Unser einziges Huhn legt weiche Eier. Der Hahn erwies sich als guter Schürzenjäger. Ich meine immer, wenn sich die Menschen so rasch vermehrten wie die Vögel, dann wäre der Erdball schon längst geplatzt, oder das Getreide würde einfach nicht reichen.

28. März
Das Tauwetter hält an. Nachts zieht es ein bißchen an, aber tagsüber weicht es gründlich auf. Heute versuchen sie schon, auf Rädern zu fahren. Bei der Brotversorgung gibt es Stockungen, und so muß man dafür außer Energie doppelt soviel Geld ausgeben. Wahrscheinlich bleibt die Lage gespannt bis August. Aber bei uns ist alles gut. Und wer wagt zu behaupten, das Leben sei nicht heiter? Es kann noch weitere Einschränkungen geben. Aber was soll man jammern? Wir haben schon schlechter gelebt. Irgendwie kommen wir schon durch. Die Hektik zu Hause und die weiten Entfernungen hindern uns, etwas für unsere Verwandten zu tun. Die Bevölkerung erwartet dieses Jahr viel Regen und gute Ernte. Ein hungriges Huhn träumt immer von Weizen. Ja, das wäre gut – eine reichliche Ernte. Sollen die Kolchosarbeiter nur Getreide auf den Markt bringen. Doch werden sie das kaum tun.

29. März
Der Schnee wird zu Wasser. Heute ist mir ein grobes Wort gegen die Kinder rausgerutscht. Wie gewöhnlich stand ich früh auf: halb drei. Stellte mich für Brot an. Ging Brennholz holen. Die Kinder schliefen. Noch am Abend vorher hatten wir verabredet, daß Galina Teig holen soll. Aber am Morgen fing sie

an, sich herauszureden. Genja saß niedergeschlagen an seinem Buch und hatte das Brennholz vergessen. Ich schrie sie beide an und sagte viel Überflüssiges. Ich hatte nicht ausgeschlafen, die Gereiztheit war vollkommen verständlich, wenn auch nicht zu entschuldigen. Und dann, als Genja sich gehorsam in die Schlange stellte, Galina wegen des Teigs ihren Unterricht versäumte und ich merkte, was für ein aufgedunsenes Gesicht sie hat, schämte ich mich, und die Kinder taten mir leid. Sie haben die Leiden und die Kränkung der Vertreibung durchlebt, sind vor Hunger aufgedunsen, sind halb erfroren wegen der schlechten Kleidung, und eigentlich haben sie auch jetzt noch nicht genug zu essen – und da schreie ich sie noch an. Beschämend und bitter: Weshalb überlegt man nicht vorher, ehe man seine stillen Kinder kränkt? Morgen entschuldige ich mich. Morgen soll bei uns ein guter Tag sein: Wir haben für drei Tage Brotvorrat und eine Flasche Öl. Möglich, daß wir morgen echte Plinsen essen.

Sie wollen jetzt das Werk stillegen: Es gibt nichts zu sägen. Ob sie mich entlassen? Wo ich doch fremd bin unter all den «Iwan Petrowitschs». Na gut. In unserem Wortschatz ist eine neue Wendung aufgetaucht: Sorglosigkeit [48] – ist die Krankheit von Idioten. Die Zeitungen tendieren zu Kritik, zu mehr Aktivität. Eine vollkommen neue, ungewöhnliche Kampagne im Geiste der jüngsten Verfassung. Wohin das noch führen soll, weiß ich nicht. Es riecht nach Staren, aber meiner Ansicht nach ist es noch keine richtige Wärme. An Mariä Verkündigung werden wir sehen – das ist ein Tag mit Vorbedeutung. Ich habe

48 *Sorglosigkeit* – Komplementärbegriff zu «Wachsamkeit»; mit dem Aufruf zur «revolutionären Wachsamkeit» (bei Einführung des ersten Fünfjahrplans 1929) wurde die allgemeine Hexenjagd, das Klima von Denunziation bis in die engsten Familienkreis hinein, eröffnet. Ein berühmtes Beispiel ist der Fall des zwölfjährigen Pawlik Morosow, siehe S. 150.

nassen Schnee geschippt und bin etwas erschöpft. Bedarf es dazu heute noch viel bei mir Altem? Dabei ist in meiner Seele noch die ganze Leidenschaft der Jugend lebendig, ich möchte leben und an das Bessere glauben ...

4. April

Der Frühling geht seinen Gang: Schmutz, Wasser, Wärme und Schnee. Heute zum Beispiel hat es wieder kräftig gefroren. Irgendwie bin ich innerlich unruhig. Gestern hat Toiba eine Kampagne gegen mich begonnen: Sie lauern nur auf einen Anlaß, mir zu kündigen. Aber vielleicht rede ich es mir nur ein, weil ich unausgeschlafen bin. Mühsam ist es für arme Leute bei schlechtem Wetter. Wann wir wohl wieder einen sauberen Weg gehen können? Und wann wird das Leben wirklich fröhlich? Vorläufig jedenfalls fällt einem nur schmerzlich auf, wie dem einen die Hosen zerrissen und abgetragen sind, dem anderen die Schuhe das Maul aufsperren. Und der Hunger ist einfach schrecklich. Wir verschlingen billiges Fleisch und nagen am Hungertuch. Weh dem, der heute lebt!

6. April

Der Tag vor Mariä Verkündigung[49]. Gestern fiel den ganzen Tag leichter Schnee. Heute hat es ziemlich kräftig gefroren, aber seit dem Morgen spürt man, daß es wärmer wird. Zwei Träume wollen zu Papier gebracht werden. Wir wohnen in einer winzigen Wohnung, Fisa offenbar mit uns. Es ist eng. Eines Tages kommt eine bunte Kuh ins Zimmer und legt sich auf den Boden. Ist plötzlich hereingekommen und füllt den ganzen Raum. Macht sich breit wie zu Hause. Ich dachte: Wie für sie gebaut. Dann wollen wir sie melken! Das ist doch Unsinn, nicht?

---

49 *Mariä Verkündigung* – am 25. März (alten Stils).

Der zweite Traum ist noch witziger. Ich bin mit Genja irgendwo an einem unbekannten Ort. Berge, Wald, unten hört man eine Balalaika. Genja ist offenbar der Balalaika zuhören gegangen, ich bin allein. Abend. Dämmerung. Eine Barriere aus neuen Balken. Da sehe ich, wie sich von der anderen Seite der Barriere ein gewaltiger Wolf anschleicht. Ich habe einen nassen Prügel in der Hand. Der Wolf kommt mir näher und hat schon die Pfoten auf der Barriere. Ich schlage drauflos, merke aber, daß ich mit diesem Prügel das Tier nicht erschlagen kann. Und der Wolf ist groß und böse. Wie ich mich umblickte, sah ich – da lag ein mächtiger nackter Oberkiefer mit langem Schädel. Den ergriff ich und hieb damit dem Wolf über den Schädel. Der Knochen war schwer und hart. Der Kopf des Wolfs gab gleich nach, und in kurzer Zeit war das Tier getötet. Bei diesem Kampf habe ich mich verausgabt, aber gesiegt.

Die Kinder haben eine Woche Schulferien. Sollen sich ausruhen. Die Schule strengt sie an: Sie müssen weit gehen und sind halb verhungert. Wenn man genug zu essen hat, ist das etwas ganz anderes. Es gibt kein Fett, und ich werde wieder schwächer. In der Fabrik scheint alles gutgegangen zu sein. Toiba nennt mich jetzt sogar bei Namen und Vatersnamen. Wenn sie mir jetzt nicht kündigen, heißt das, der Sommer ist gesichert. Morgen würde ich die Familie gerne mit etwas verwöhnen, aber ich habe kein Geld. Wir leben von Erinnerungen. Vorläufig beschäftige ich mich mit unserem Journal. Dort ist viel Interessantes festgehalten.

7. April

Mariä Verkündigung. Früher haben wir feierlich den «Erzengelshymnus» gesungen, nach der Morgenmesse Fischpiroggen gegessen, haben Besuche gemacht und uns überhaupt des Lebens gefreut. Das waren die Zeiten der religiösen Vorurteile und des «Dunkelmännertums». Eben bin ich aufgestanden, habe Brennholz geholt, weil wir nichts mehr zum Heizen haben. Habe 50 Gramm Brot gegessen, den ganzen Tag essen wir zu siebt nicht mehr als 300 Gramm. Leicht, aber real. Ich grüße das glückliche Leben! Es hat stark gefroren, der Wind kommt von Norden, und es schneit in großen Flocken. Das heißt, Jewdokija bewahrheitet sich: Es gibt einen kalten Frühling. Die Vorzeichen gehen noch weiter: erstens 40 Tage mit Morgenfrost, mit Eis, zweitens an Ostern – dem 2. Mai – wird etwa genau so ein Tag sein. Mal sehen. Gestern haben wir darüber gesprochen, daß wir trotz unserer Armut doch nicht die allerletzten sind: Es gibt noch unglücklichere Menschen, Kranke, Krüppel, Mißgeburten usw. Wie wir leben, kann man es sogar aushalten. Und hoffen wir denn nicht, daß es besser wird? Doch, und das wollen wir auch, denn nach dem Sturm gibt es immer schönes Wetter! Na also! Bloß nicht schlappmachen und jammern. Jetzt hängt viel von uns selber ab. Vorwärts, nur zu!

9. April
Nach Mariä Verkündigung hat es stark gefroren, morgens geht man noch drei Stunden in Filzstiefeln. Das Wasser in den Gruben ist gefroren. Die Kinder laufen Schlittschuh. Heute gegen Abend ist es wärmer geworden. Ein Star ist uns zugeflogen. Hat unsere Wohnung besichtigt, gepfiffen und ist weggeflogen.

Heute gab es zwei Überraschungen für mich. Staatsanwalt Fofanow hat auf meine Beschwerde wegen der unrechtmäßigen Verbannung meiner Familie wie ein echter Bürokrat geantwortet. «Die Gründe für die Entkulakisierung Ihrer Familie erfahren Sie beim Dorfsowjet von Onochinsk.» Eine interessante Antwort! Da schreit einer: «Zu Hilfe! Räuber!» –

und der Hüter des Rechts antwortet bedeutsam: «Ich emp-
fehle, sich an die Räuber zu wenden, wo Sie auch erfahren,
worum es geht.» Außerdem kam eine Antwort von der Redaktion der «Bauernzeitung». Sie finden alles, was ich geschrieben habe, unbrauchbar, ideologisch unhaltbar. Ich schriebe
über das, was allen längst bekannt sei, idealisiere die starke
Hand usw. Alles ungeeignet. Auf zwei getippten Seiten antwortet mir der Feuilletonredakteur aufs detaillierteste. Woran
dürfen wir uns denn überhaupt noch beteiligen? Das soll mir
indes eine Lehre sein. Was immer wir Ehemalige tun, nichts ist
ihnen recht, hinter allem vermuten sie die Absicht, unschuldige Kommunisten zu verleumden. Sie errichten die klassen-
lose Gesellschaft nicht im weiten Sinne des Worts, sondern
treiben nur Augenwischerei. Mir ist es eine Lehre. Was ich
auch sage, alles wird mir schlecht ausgelegt, in allem sehen sie
das Bemühen, die Partei zu verleumden, nennen es Anschlag
eines Klassenfeindes. Uns werden sie nie mehr gleichstellen,
werden nie glauben, daß wir alles vergessen und vergeben haben. Wir sind verdammt bis zum Tod.

12. April

Es ist warm. Aprilwärme. Man hört die Lerchen. Die Stare zeigen sich noch nicht, also gibt es noch Frost. Ich habe angefangen, Wurzeln auszugraben. Arbeiten kann man schon, aber es
ist schade um die Stiefel. An den Kindern beobachte ich grund-
lose Trauer, sie tun mir leid. In meiner Jugend hatte ich auch
solche Zeiten. Sie vergehen, aber man muß dagegen ankämpfen. Es ist ein Übergangsalter, man hat noch keinen sicheren
Boden unter den Füßen. Ich überlege mir, die Fabrik zu verlassen und in die Siedlungsgenossenschaft zu wechseln. Wir versuchen dazuzuverdienen: 100 Rubel extra. Das langt für ein
Pfund Rosinen. Ich bin das Hungerleben leid. In zwei Tagen

wird es sich klären. Ich habe Angst, mich vom Werk zu trennen, aber auch die Genossenschaft ist kein Privatbetrieb. Nur Mut.

14. April

Zwei Tage schon gibt es rein winterlichen Frost, nachts ist es nicht weniger als 15 bis 20 Grad. An solche Fröste kann ich mich nicht erinnern. Ganz unglaublich! Das Eis regt sich nicht. Die Stare haben sich versteckt. Ich bin Brennholz holen gegangen, aber die Hände sind mir erfroren. Gestern bekam ich frei und gehe heute zum Dienst ins verräucherte Kolchoskontor. Mal sehen, wie es da steht. Mir geht folgendes durch den Kopf. Der Staat macht sich mit Sowchosen und Kolchosen zu schaffen, die einen ruinieren das Staatsvermögen, die anderen hungern und verwünschen ihr Leben. Eigentlich klappt nichts. Wenn es doch einfach so wäre: Ein agrarisches Land, das Geld hat die Regierung, die den Bürgern auf dem Markt das Getreide abkauft und damit handelt, wie sie es für richtig hält. Statt der Kaufleute und ihrer Gehilfen gingen Sowjetbeamte über den Markt. Es gäbe genügend Brot. Man lebte ungezwungener, hätte weniger Ausgaben und Plackerei, und es gäbe nicht die Sklaverei der Kolchosen. Aber darauf kommen sie erst in hundert Jahren. Einstweilen gefällt ihnen das Kommandieren. Die Ernte wird in die Stadt gebracht, und aus der Stadt bringt man unter Verwünschungen 500 Gramm Brot pro Esser nach Hause. Und hungert und plagt sich.

17. April

Es fällt leichter Schnee, ist ziemlich kalt. Und gestern roch es schon ganz nach Frühling, die Stare flatterten fröhlich um ihre Kästen. Also bleibt sich Jewdokija treu: Die Kälte hält an. Seit Mariä Verkündigung friert es jeden Morgen. Noch dreißigmal

Morgenfrost. Ich arbeite im Kolchosbüro. Ungewohnt und unangenehm ist mir, daß die Leute zusammenhocken, rauchen und schwatzen und einen bei der Arbeit stören. Vertrödelte Zeit. Saburow ist ein guter Mensch, aber er verschleppt die Arbeit tagelang. Ich bin an die Werksirene gewöhnt, und es langweilt mich, den ganzen Tag herumzusitzen und auch noch am Abend kommen zu müssen. Ich schwanke noch immer. Mal sehen. Gestern habe ich es Arseni mit dem Riemen gegeben, weil er um Geld gespielt hat: Es gibt dieses Spiel «Tschika». Der Junge heulte: «Papa, verzeih, ich tue es nicht mehr.» Ich habe ihn wohl sehr geschlagen, weil er sich naß gemacht hat. Natürlich tat er mir leid, aber das muß man bekämpfen.

19. April
Noch immer friert es. Ich habe von Bergen, einem Fluß und von Bewegung geträumt. Wir fahren. Eine Station. Rechts eine wunderschöne Kirche. Ob das ein Gefängnis ist? Ich habe Angst davor.

1. Mai
Diese Träume haben mich so erschreckt, daß ich meine ganze Schreiberei weggeräumt und bis zum 1. Mai durchgehalten habe. Scheinbar war nichts Besonderes, sondern alles bloß nächtliche Phantasie. Der 1. Mai. Karsamstag: Kälte, Morgenfrost. Die Stare bauen sich ihr Nest; Jäger bringen Enten heim, aber der Frühling ist doch kalt. Die Gefahr einer Überschwemmung ist noch nicht vorbei. Es ist trocken geworden. Zum Feiertag werden Festdekorationen u. ä. aufgestellt. Heute protzen die Werktätigen mit ihren Produktionsziffern. Gestern habe ich die Artillerie gesehen. Alles tadellos, solide. Die Rote Armee ist wirklich stark und vielleicht unbesiegbar. Lisa bäckt

Plinsen und erhitzt sich furchtbar: Alles ärgert sie. Ich habe mich in der Nacht ausgeruht und fühle mich erträglich. Ich wollte das Buch von Gladkow[50] lesen, habe es aber schon einmal gelesen. Unsinn. Ich bin in die Genossenschaft eingetreten. Wenn auch verraucht, doch nicht schlimmer als in der Fabrik. Wir versuchen, im Kolchos zu arbeiten.

Ostern. Ein schöner warmer trockener Tag. Wir hatten satt und gut zu essen. Mit Lisa habe ich fast alle Verwandte besucht. Mischa spielte zwei Chopinwalzer, und ich weinte. So stark schnitt es mir in die Seele von den Klängen des unsterblichen Chopin. Der Walzer op. 7 ist voller sanfter Trauer, voll tiefempfundener Liebe zur unwiederbringlichen Vergangenheit. Ich würde das so gerne in Worten ausdrücken, wie all diese Töne der zerquälten Seele nah und verständlich sind. Ich weinte und konnte mich kaum beruhigen. Ein gewaltiger Eindruck, fast erschütternd. Ich habe diesen Walzer auch schon früher gehört, aber damals kannte meine junge Seele noch nicht so viel Leid und konnte die Gedanken des Komponisten noch nicht aufnehmen. Chopin kennt die menschliche Seele und drückt das durch seine Musik ergreifend aus. Und Mischa spielt einfach gut und versteht den Sinn dieser Musik. Ich wollte die ganze Zeit zu dieser Musik im Takt sprechen. Mit schönen Worten über die Vergangenheit. Meine Seele verzehrt sich in Sehnsucht danach, so abstoßend grob und verlogen ist die Gegenwart! ... Wir sprachen über die Deutschen. Ein grobes Volk, aber wieviel hervorragende Menschen hat es hervorgebracht: Beethoven, Chopin, Goe-

---

50 *das Buch von Gladkow* – wohl der Roman «Zement» (1925, dt. 1927) von Fjodor Gladkow (1883–1958), der den industriellen Wiederaufbau der NEP-Zeit (Zeit der «Neuen Ökonomischen Politik» in den zwanziger Jahren) propagiert.

the, Wagner und noch viele andere. All das sind wirklich geniale Menschen, und Genies werden nicht in minderen Rassen geboren.

5. Mai

Es ist ein trüber kalter Frühling. Auch wenn es nicht mehr friert, so denkt doch das Laub noch nicht daran, sich zu entfalten. Ich habe im Garten gegraben. Werde sehr müde. Bin eben 50 und nicht 25, und eine halbe Hungerration ist kein guter Motor. Satt und stark sind heutzutage längst nicht alle. Das Leben ist, nach den Zeitungen zu urteilen, furchtbar leer und langweilig: Kein Ton über das Leben sonst, kein Hoffnungsschimmer. Die Kriegskommissare allerdings prahlen, haben auch allen Grund. Aber wir haben doch immer geprahlt und trotzdem verloren. Die Großen, sie sollen hochleben! Dank für das glückliche Leben. Davon, wie man im Ausland den 1. Mai feiert, machen die Zeitungen viel Aufhebens, aber von den eigenen Reizen kein Ton. Raffiniert, die Maschine, und lebenstüchtig.

9. Mai

Heute nacht hat es ziemlich viel geschneit und tags alles aufgewirbelt. An unserem Staketenzaun ist eine 1 m hohe Schneewehe. Hat das ganze Bild verdorben. Die Enten und Gänse sind zurückgekehrt, weil im Norden grimmiger Frost herrscht. Heute haben sich die Stare verborgen, und alles Vogelgezwitscher ist verstummt. Unser Haus hat es durchgepustet. Ich habe noch einmal Bissiges über das Werk an die Redaktion geschickt. Irgendwann falle ich noch auf die Nase: Sie sehen darin eine Verleumdung ordentlicher Menschen. Es wäre sicher vernünftiger, überhaupt zu schweigen. Aber es ist wie bei der Krätze: Man hält es nicht aus. Was soll man machen? Ich gewöhne mich langsam an den neuen Dienst. Ich bin wohl nicht unnötig von der Fabrik weggegangen. Aber wir leben trotzdem nicht normal: warten ständig auf etwas. Wenigstens packt einen die Macht der Erde: Die Hälfte des Gartens haben Genja und ich bereits umgegraben. Die Sonne wärmt, aber der Wind ist kalt. Einen Garten zu haben ist offenbar nicht so schlecht: Eine gute Familie kann sich auch mit dem Spaten ernähren. Die letzten Tage waren irgendwie belastend: Ich fühle mich wie zerschlagen. Möglich auch, daß es schlechtes Wetter gibt. Jetzt spüre ich so etwas sehr. Alles geht seinen Gang. Im Genossenschaftsbüro gibt es nur viel Machorka, sonst nichts. Da kommen also die «Herren», rauchen eine, oder eher zwei, verstänkern alles, spucken auf den Boden und gehen wieder befriedigt. Was soll man da machen?!

26. Mai
Ich habe mich mit dem Garten gequält: Zusammen mit Genja habe ich zweimal das ganze ziemlich große Stück Land umgegraben. Ich schlafe wenig, esse nicht genug, bin deshalb gereizt, schimpfe mit Lisa und den Kindern, die auch ohnehin schon viel Scherereien haben und Schweres durchmachen. Es ist warm geworden. Die letzten Tage hätte es regnen müssen, aber es geht ein irrsinniger Wind, und der Regen kommt einfach nicht. Jetzt stürmt es so, daß es Sägespäne von der Decke rieselt und man Angst hat, daß es gleich den Rahmen herausreißt. Abends gehe ich jetzt zum Fluß, um Brennholz zu machen: Schon wieder muß man an den Winter denken. Gestern lief in Moskau die erste Verlosung der letzten Anleihe. Hätte es doch wenigstens eine unserer Obligationen getroffen! Aber wohin denn! An diesem abgelegenen Ort geht das Glück irgendwie immer vorbei … Träumen wir wenigstens davon.

6. Juni

Hitze. Ich habe frei. Statt auszuruhen bin ich schrecklich müde, weil ich auf dem Basar war und über den Trödelmarkt gelaufen bin. Das Volk lebt! Frißt und säuft. Es ist alles in Ordnung. Unsere Piloten sind auf dem Nordpol gelandet, und davon machen wir jetzt viel Aufhebens. Sie schwimmen auf den Eisschollen am Nordpol, bekommen außerordentliche Zulagen, fliegen zurück, das dumme Volk überschüttet sie mit Blumen, und als Resultat muß der Staat seinen Ausgabenplan für wissenschaftliche Entdeckungen erhöhen und ein bis zwei Kopeken vom armen fluguntüchtigen Teufel draufschlagen. Was hat man vom Schwimmen auf den dicken Eisschollen am Nordpol? Meiner Ansicht nach nichts. Aber es wird geprahlt, jede Menge Fotos, bedeutende Leute in der Zeitung! Na ja, sollen sie ihren Spaß haben.

19. Juni

Endlich haben wir unser Unwetter bekommen. Die stark ausgetrocknete Erde schmatzt einem unter den Füßen. Die ganze Natur freut sich über den Regen: Die Gräser sind erfrischt und warten auf Sonnenstrahlen, um sich zu entfalten und zu blühen. Die Vögel sind verstummt, aber kaum kommt die Sonne raus – fangen sie wieder an, zwitschern fröhlich mit neuer Energie. Die Kinder haben ihre Prüfungen abgelegt. Haben gute Noten. Jetzt wollen wir unsere Arbeitseinheiten abarbeiten. Ach die liebe Zeit.

Ich habe eine Korrespondenz mit Labuta angefangen. Es gibt schon gewisse Chancen, mich dorthin schicken zu lassen. Warten wir es ab, mal sehen, mal überlegen.

Heute habe ich geträumt: Ich fing einen Karpfen, der silberne Schuppen und einen Schwanz wie ein Auerhahn hatte. Ein Traum mit Vorbedeutung. Die GPU hat eine ganze

Gruppe hochgestellter Spitzel entlarvt, unter die auch Marschall Tuchatschewski [51] geraten ist. Wie üblich – erschossen. Die Französische Revolution wiederholt sich. Weniger Fakten als Verdächtigungen. Fremde (Revolution), schlag die Unsrigen!

30. Juni

Wir haben wirklich sommerliche Hitze, selbst ich bekomme kaum Luft. Nach dem Regen wächst das Gras und das Getreide üppig. Uns geht es immer gleich, wir essen uns nie satt. Aber noch schlagen wir uns durch. Speziell ich amüsiere mich ein bißchen: gehe manchmal in die Stadt, esse etwas nebenher. Stehle es der Familie. Das kommt dabei heraus. Um uns ordentlich zu ernähren, bräuchten wir mindestens je 35 Rubel pro Tag, während wir pro Kopf 5 bis 10 Rubel ausgeben ... Ist das vielleicht viel? 400 gr. Fleisch: 3 Rubel. 100 gr. Fett: 1,50 Rubel. Und Buchweizen? Und Zucker? Und Milch? Was nützt das Aufzählen! Nicht umsonst sehe ich aus wie Haut und Knochen. Gott sei gepriesen: Wir hungern jetzt den dritten Fünfjahrplan. Und wieviel sollen noch kommen? Alles ist gut, ist in Ordnung ...

Nicht umsonst strengen sich die Piloten so an: Es geht nicht um die Eroberung des Pols, sondern um besseres Essen. Man hat ihnen doch außer der hübschen Bezahlung eine Prämie von 25 000 Rubel gegeben. Ein Jahr lang kennen sie keine Not!

51 *Marschall Tuchatschewski* – Michail Nikolajewitsch Tuchatschewski (1893–1937), einer der führenden Generäle, hatte mit Trotzki die Rote Armee aufgebaut; 1920 Sieger im Polenfeldzug, 1921 Niederschlagung des Kronstädter Matrosenaufstands, wurde 1937 wegen angeblicher Spionage für Deutschland (die SS unter Heydrich hatte gefälschte Dokumente lanciert) mit vielen hohen Offizieren hingerichtet: Die erste «Säuberungs»welle in der Armee – siehe auch S. 130.

Ganz richtig heißt es einmal bei Gorbunow[52]: «Vom guten Leben fliegst du nicht weg.» Sie fliegen, bekommen Geld, küssen sich. Nach San Francisco sind sie ohne Zwischenlandung über den Pol geflogen. Stalins Direktive ist erfüllt. Sie sind Sieger! Die letzten Tage sind die Zeitungen voll von diesem Flug. Die Piloten sind außer ihrer speziellen Qualifikation noch unter die Schriftsteller gegangen: Wodopjanow hat sogar ein Stück geschrieben: «Der Traum des Piloten.» Ja, die haben etwas zu erzählen. Jedenfalls sind es keine Kutscher. Aus irgendeinem Grund steht in der letzten Nummer nichts über die Helden. Sie sind zum Empfang beim Präsidenten gefahren. Sie werden anständig essen und über einen Dolmetscher Reden halten. Vermutlich, ich schreibe das nicht aus Neid: Dieser Erfolg berauscht mich nicht. So ein Mensch bin ich eben – ohne «beflügelnde» Phantasie und Begeisterung.

8. Juli

Die Zeit, wie sie fliegt! Manchmal ist mir ganz beklommen. Wir fliegen doch tatsächlich immer. Fliegen und leben. Schmetterlinge und überhaupt Insekten wecken die Liebe zum Fliegen. Es hat Regen gegeben und Gewitter. Die Heuernte hat zur Musik des Regens begonnen. Alles geht seinen Gang. Ich habe auch hier eine Tarnkappe gefunden. Ob es mir damit bessergeht, weiß ich nicht. Auf dem Tisch liegen kleine Brotrationen. Zum Geräusch des Regens schlafen meine Kinder, müde vom Unkrautjäten gestern. Der Samowar beginnt zu summen. Vor dem Fenster tschilpt ein unzufriedener Spatz: Er mag kein Regenwetter. Wir setzen das Eheleben fort. Es ist scheint's alles in Ordnung. Aber wenn es noch Zuwachs gibt,

52 *Gorbunow* – Iwan Fjodorowitsch Gorbunow (1831–1895), Schriftsteller und Schauspieler, beliebter Anekdoten- und Märchenerzähler.

wäre das schlecht. Übrigens, wie Gott den nächsten Tag gibt, gibt er auch Nahrung. Irgendeine. Wir leben doch irgendwie?! Es war schon schlimmer, und wir haben es überstanden, und so kann man doch leben. Ich muß mich für den Dienst fertigmachen, der mich immerhin doch ernährt. Alles ist ruhig am Schipkapaß[53]. Die glücklichen Bürger der UdSSR unterzeichnen mit ungewöhnlicher Begeisterung Anleihen für die Verteidigung. Auch mir haben sie 100 Rubel weggenommen. Es schüttet. Jetzt wird wohl einiges auf den Feldern verfaulen. Na gut, essen wir eben Verfaultes. Dafür langt die Begeisterung.

22. Juli

Statt Hitze haben wir beinahe Frost, morgens braucht man Handschuhe. Schon ein paar Tage lang haben wir Nordwind. Wir arbeiten viel auf dem Feld, ich habe keine Zeit zum Schreiben. An so einen Sommer kann ich mich nicht erinnern, wo es im Juli zu kalt war, um ohne Pelz zu schlafen.

27. Juli

Nach der unzeitgemäßen Kälte ist es endlich wieder warm geworden, jetzt geht ein warmer Regen, und wir bekommen Pilzwetter. Ich sammle Arbeitstage und schimpfe mit den Kindern wegen ihrer Untüchtigkeit. Natürlich ist es unnötig: Die Bescheidenheit meiner Kinder ist mir mehr wert als Roheit. Aber würden diese Bastarde meine friedlichen Kinder nicht am liebsten zerfleischen?! Wir leben ein Hungerleben.

53 *Schipkapaß* – Paß im Hohen Balkan, legendär seit dem russisch-türkischen Krieg 1877, wo er von den Russen erobert und in verlustreichen Kämpfen ein Jahr lang gehalten wurde; ein Schlüsselereignis für die russisch-bulgarische Freundschaft, da in Bulgarien mit diesem Krieg mehr als 400 Jahre Türkenherrschaft beendet wurden.

Auf der Rückseite: «Dieses Tagebuch wurde mir bei der Hausdurchsuchung abgenommen. Es besteht aus 40 Blatt.» Und darunter die Unterschrift: «Arschilowski».

29. August 1937.

«Ein epochales Jahr»

Chronik des Jahres 1937 –
zusammengestellt nach der Zeitung
«Iswestija» und den Aufzeichnungen
des Kolchosbauern
Ignat Danilowitsch Frolow

Über Ignat Danilowitsch Frolow ist wenig bekannt. Sein Sohn, Timofej Ignatjewitsch Frolow aus dem Dorf Werchneje Choroschewo, Bezirk Kolomna in der Moskauer Region, übergab das Tagebuch im Herbst 1965 Mitarbeitern der Lenin-Bibliothek, die damals im Rahmen einer ethnologischen Expedition über Land fuhren.

Das vollständige Tagebuch, das wir hier nur auszugsweise publizieren, beginnt am 20. März 1936 (2. April 1936 neuen Stils) und endet am 31. Oktober 1939 (13. November neuen Stils). Frolow richtet sich darin konsequent nach dem alten Julianischen Kalender, der dreizehn Tage hinter dem nach der Revolution in Rußland eingeführten Gregorianischen Kalender zurück ist. Daraus ergibt sich die unterschiedliche Datierung der «Iswestija»-Artikel und der Tagebucheintragungen Frolows (hier kursiv abgedruckt), die jeweils denselben Tag betreffen.

Freitag, 1. Januar: Das vergangene Jahr wird als gewaltige Kolumne bedeutender Ereignisse in den Annalen des Sozialismus verzeichnet werden. Die epische Einfachheit und festlich gehobene Stimmung unseres Alltags, die Erhabenheit und Schönheit unserer Feste, die Begeisterung der Lieder der Ukrainer und Kosaken, die Kühnheit von Tschkalow, Lewanewski, Kokkinaki und Jumaschow[1]. Die Tapferkeit der Grenzoffiziere Agejew und Karazupa[2] und der Mut Nikolai Ostrowskis[3] sind dort festgehalten. Jedes Ereignis ist durch ein unsichtbares Band mit einem künftigen verknüpft, vom Sturm auf die Bastille zieht es sich zur «Ode an die Freude» und von der «Ode an die Freude» zu den pathetischen Klängen der Neunten Symphonie anläßlich der Annahme der Stalinschen

1 *Tschkalow, Lewanewski*... – sowjetische Piloten, deren Leistungen in jener Zeit kultisch verehrt wurden. So flog Waleri Pawlowitsch Tschkalow gemeinsam mit anderen in 56 Stunden zum ersten Mal im Direktflug von Moskau nach Kamtschatka.

2 *Agejew und Karazupa* – Grenzoffiziere. Nikita Fjodorowitsch Karazupa (* 1911) beispielsweise diente seit 1932 bei den Grenztruppen und war laut Sowjetenzyklopädie im Laufe seines Dienstes bei den Grenztruppen an «120 Zusammenstößen mit Schmugglern und Diversanten beteiligt und nahm 467 Grenzverletzer fest». Er wurde dafür hoch dekoriert.

3 *der Mut Nikolai Ostrowskis* – Nikolai Alexejewitsch Ostrowski (1904–1936), Autor des autobiographischen, die Partei verherrlichenden Romans «Wie der Stahl gehärtet wurde», eines der verbreitetsten Werke der Sowjetliteratur, arbeitete in seinem letzten Lebensjahr, durch fortschreitende Lähmung bettlägerig und blind, an dem unvollendet gebliebenen Roman «Die Sturmgeborenen» (siehe auch S. 421).

Verfassung[4]. Die Sonne unserer Epoche wird ihre wohltuenden Strahlen weiter aussenden, und ein neuer Gorki[5], ein neuer Pawlow[6], ein neuer Karpinski[7] werden heranwachsen, die Tribüne des Kreml werden Zehntausende Polina Ossipenkos und Praskowja Kowardaks[8] betreten, in den Fabrikhallen werden Hunderttausende Makarows und Masjajews[9] ihren Mann stehen, und Millionen sowjetischer Frauen werden sich in Dankbarkeit des Mutterhilfsgesetzes[10] erinnern. Der Wind

4 *Annahme der Stalinschen Verfassung* – Die neue Verfassung wurde im Dezember 1936 vom 8. Sowjetkongreß angenommen. Stalin charakterisierte diese Verfassung, die jene aus dem Jahre 1924 ablöste, als «demokratischste Verfassung der Welt». Sie garantierte den Sowjetbürgern – auf dem Papier – unter anderem Religionsfreiheit, Presse-, Rede- und Versammlungsfreiheit sowie das Recht zur Demonstration.

5 *ein neuer Gorki* – Maxim Gorki (eigentlich Alexej Maximowitsch Peschkow; 1868–1936), russischer Schriftsteller. Sein Roman «Die Mutter» (siehe Stawski, S. 223) gilt als erstes Werk des sozialistischen Realismus. Gorki, der seit 1921 im Ausland lebte, kehrte 1931 in die Sowjetunion zurück und war Vorsitzender des 1934 gegründeten Schriftstellerverbandes. Die Umstände seines Todes sind ungeklärt. Vermutlich wurde er auf Weisung Stalins durch ärztliche Intervention umgebracht.

6 *ein neuer Pawlow* – Iwan Petrowitsch Pawlow (1849–1936), Physiologe, vor allem bekannt durch seine Untersuchungen zur höheren Nerventätigkeit bei Mensch und Tier und die Unterscheidung von unbedingtem und bedingtem Reflex. Erhielt 1904 den Nobelpreis für Medizin.

7 *ein neuer Karpinski* – Alexander Petrowitsch Karpinski (1846–1936), Geologe und Geograph, Autor von Veröffentlichungen über die Geographie des europäischen Teils Rußlands bzw. der Sowjetunion, insbesondere der Uralregion. Von 1917 bis 1936 Präsident der Akademie der Wissenschaften der UdSSR.

8 *Polina Ossipenko und Praskowja Kowardaks* – Polina Ossipenko (1907–1939), sowjetische Pilotin, stellte 1936 bis 1938 fünf Flugweltrekorde (in Langstreckenflug und Höhenflug) für Frauen auf. P. Kowardaks konnte nicht ermittelt werden.

9 *Makarow und Masjajew* – bekannte Stachanowarbeiter (siehe S. 44).

10 *Mutterhilfsgesetz* – Durch dieses Gesetz wurde die Abtreibung, die

der Geschichte wird die schändlichen Spuren der trotzkistisch-faschistisch-terroristischen Bande[11] für immer verwehen, der Regen wird die Erde von ihrem eklen Blut reinwaschen, und Millionen Menschen werden vorwärts schreiten und die mit Haß und Schande bedeckten Namen in den Staub treten. Dieses historisch bedeutsame Jahr ist übervoll von Ereignissen. Es ist zu bedeutsam, als daß 365 Tage in ihm Platz hätten. Es umfaßt viel mehr – es ist ein epochales Jahr!

*

Fast eine Viertelmillion Tannen wurden allein in der Hauptstadt in der Neujahrsnacht entzündet. Die Neujahrstanne[12] ist zum Symbol für die ausgelassene, funkelnde Freude der Jugend unseres Landes geworden. Sie stand im Mittelpunkt der Neujahrsfeste, Maskenbälle und Tanzvergnügen. Auch im Klubhaus des Kautschukwerkes drehten sich die Gäste im Tanz. Man tanzte zu den Klängen einer Jazzband, eines Blasorchesters, zum Klavier, zum Akkordeon und zu Radiomusik. Geheimnisvolle Masken eilten durch den Turnsaal, wo eine festlich geschmückte Tanne buchstäblich bis zur Decke reichte. Sektgefüllte Gläser erklangen ... Genau um zwölf Uhr

1920 per Dekret gestattet worden war, verboten, wurden Scheidungen erschwert und Familien durch höhere finanzielle Zuwendungen unterstützt.

11 *trotzkistisch-faschistisch-terroristische Bande* – Es handelt sich hierbei um den ersten Moskauer Schauprozeß (Prozeß der Sechzehn; 18. 8.–24. 8. 1936). Unter den Angeklagten befanden sich u. a. Grigori Sinowjew und Lew Kamenew. Sie wurden beschuldigt, ein «terroristisch-trotzkistisch-sinowjewistisches Zentrum» gebildet zu haben. Alle sechzehn Angeklagten bekannten sich schuldig, in Kontakt zu Trotzki gestanden zu haben und an der Ermordung Kirows beteiligt gewesen zu sein sowie eine Verschwörung gegen Stalin und andere Sowjetfunktionäre geplant zu haben. Sie wurden zum Tode verurteilt und am 25. August 1936 hingerichtet.

12 *Neujahrstanne* – Die Tanne als Symbol des Weihnachtsfestes war lange Zeit verboten. Zum Jahreswechsel 1935 / 36 wurde sie erstmals wieder erlaubt.

wurden sie von Hunderten Händen all derer erhoben, die auf das Wohl der glücklichen Heimat trinken und den ersten Toast zu Ehren jenes Mannes ausbringen wollten, dessen Name in die Geschichte eingehen wird als der Name des Schöpfers der großen Charta des Sozialismus.

19. Dezember: Trübes Wetter und Südwestwind. Es ist warm, tröpfelt sogar ein wenig vom Dach.

Montag, 4. Januar: Es naht der Tag, an dem das ganze Sowjetvolk eines schmerzlichen Ereignisses in der Geschichte der Menschheitskultur gedenkt – des tragischen Todes des großen Nationaldichters Alexander Sergejewitsch Puschkin [13], der von Agenten der reaktionären Adelsclique, mit dem russischen Zaren an der Spitze, ermordet wurde.

22. Dezember: Trübes Wetter und Südwestwind. Es ist warm. Am Tage fiel ein wenig nasser Schnee. Heute sind wir zur Mühle gefahren und haben die letzte Zuteilung Roggen und Weizen gemahlen, 310 Kilogramm, wovon sie 30 Kilogr. behielten, bleiben 280 Kil. oder 17 Pud.

Sonntag, 24. Januar: Im Gerichtssaal haben sich die besten Vertreter der Sowjetöffentlichkeit versammelt. An den Jackettaufschlägen der Stachanowarbeiter [14], Flieger und Wissen-

---

13 *Puschkin* – Alexander Sergejewitsch Puschkin (1799–1837), bedeutender russ. Dichter, stand wegen seiner politischen Unbotmäßigkeit unter der persönlichen Zensur des Zaren. Starb an den Folgen einer Verletzung im Duell.

14 *Stachanowarbeiter* – siehe S. 44.

schaftler blinken die Orden. Die Schriftsteller A. N. Tolstoi, Lion Feuchtwanger, Fadejew [15] u. a. sind unter den Anwesenden. Mit unversöhnlichem Haß, unüberwindlicher Verachtung und unausssprechlichem Abscheu blicken sie auf die Angeklagten. Der Platz für die Sowjetpresse ist überfüllt. Die etwa dreißig Korrespondenten der größten ausländischen Presseagenturen und Zeitungen haben ihre Plätze bereits lange vor Eröffnung der Verhandlung eingenommen. Auch viele Vertreter des diplomatischen Corps sieht man im Saal, darunter den amerikanischen Botschafter, Herrn Davis, den französischen Botschafter, Herrn Coulondre, und andere. Werden Pjatakow, Sokolnikow,

15 *A. N. Tolstoi, Lion Feuchtwanger, Fadejew* – Alexej Nikolajewitsch Tolstoi (1883 – 1945), russischer Schriftsteller, Autor so bekannter Romane wie «Der Leidensweg» und «Peter der Große». War zunächst als Gegner der Bolschewiki emigriert, dann aber als Smenowechowze (von «die Wegmarken wechseln» – so nannte man die Emigranten, die in den zwanziger Jahren zurückkehrten und sich auf eine bedingte Zusammenarbeit mit den Bolschewiki einließen) 1923 wieder zurückgekehrt. Er konnte sich mit seinem opportunistischen Taktieren durch die Stalinzeit hindurch halten. Nach dem Tode Gorkis 1936 Vorsitzender des Schriftstellerverbandes.
    Lion Feuchtwanger (1884 – 1958), deutsch-jüdischer Schriftsteller, Autor so bekannter Romane wie «Jud Süß», «Der jüdische Krieg», «Exil». 1933 während einer Vortragsreise in den USA Verbrennung seiner Bücher in Deutschland und Ausbürgerung. Unternahm 1936/37 eine Reise in die Sowjetunion, während der er sich von der Propagandamaschinerie täuschen ließ. Seine Eindrücke sind in dem Buch «Moskau 1937. Ein Reisebericht für meine Freunde» wiedergegeben.
    Alexander Alexandrowitsch Fadejew (1901 – 1956), Schriftsteller und sowjetischer Kulturfunktionär, seit 1934 im Vorstand des Schriftstellerverbands. Von 1939 bis 1954 Sekretär bzw. Generalsekretär des Schriftstellerverbands. Autor u. a. von «Die Neunzehn» und «Die Junge Garde». Übte als dogmatischer Stalinist bis zu Stalins Tod eine ideologische Steuerungsfunktion in der Literatur aus und war verantwortlich für Verfolgung und Tod zahlreicher Schriftsteller. Beging 1956 (nach dem 20. Parteitag und den Enthüllungen Chruschtschows zu den Verbrechen der Stalinzeit) Selbstmord.

Radek, Serebrjakow, Liwschitz, Muralow, Drobnis, Bogus-
lawski und die neun anderen all diese ungeheuerlichen Verbrechen zugeben?[16] Die Vernehmung des Angeklagten Pjatakow,
die am Morgen begann, wird im Laufe der Abendverhandlung
fortgesetzt. Die Fragen des Generalstaatsanwalts der UdSSR,
Gen. Wyschinski[17], wirken wie das Skalpell eines Chirurgen,
der diesen lebenden Leichnam seziert.

*11. Januar: Es ist noch immer schönes trockenes Wetter mit Nordwind.
Am Morgen hatten wir 28 Grad Frost. Heute haben wir zum ersten
Mal Mist aus dem Pferdestall auf das Kohlfeld bei der Brücke gebracht.*

Dienstag, 26. Januar: «Als einfachem Kolchosbauern fällt es
mir schwer, die passenden Worte zu finden, um all das auszudrücken, was ich hier im Gerichtssaal empfinde. Ich möchte
eines sagen: Ich hätte nicht einmal im Traum gedacht, daß die
Erde derartige Verbrecher hervorbringen kann. All das, was sie
getan haben und noch tun wollten, hat mich so erschüttert, daß
ich allen zurufen möchte: ‹Tod euch verfluchten Mördern.› Es
fällt mir schwer, die Fassung zu bewahren. Als Kolchosbauer
habe ich natürlich mit besonderer Aufmerksamkeit verfolgt,
daß Trotzki und seine Bande die Kolchosen auflösen wollten.
Folglich, sage ich zu mir, wollten sie dich, Iwan Iwanowitsch,
zwingen, wieder als Knecht zu arbeiten. Das aber darf nie geschehen!» Iwan Iwanowitsch Widjuschonkow, Kolchosbauer
des Artels[18] «Bolschewik», Leningrader Gebiet.

16 *Pjatakow, Sokolnikow, Radek ...* – Es handelt sich hierbei um den zweiten Moskauer Schauprozeß, siehe S. 69.
17 *Wyschinski* – siehe S. 69.
18 *des Artels* – Genossenschaft.

13. Dezember (sic): Schönes Wetter mit Nordwestwind, 20 Grad Frost. Heute haben wir alle Pferde zur Musterung nach Sandyri ge-bracht. Manja war wieder wegen Kohl in Kolomna, sie hat (2 Pud) 30 Kilogr. für 50 K. gekauft, insgesamt 15 Rubel.

Donnerstag, 28. Januar: Das Zentrale Exekutivkomitee der Union der Sozialistischen Sowjetrepubliken beschließt: Dem Volkskommissar für Innere Angelegenheiten der UdSSR, Gen. Jeschow [19], Nikolai Iwanowitsch, wird der Titel Oberster Kommissar der Staatssicherheit zuerkannt.

15. Januar: Schönes Wetter mit Nordwind, starker Frost, 20 Grad. Im Kolchos wird noch immer Mist auf die Gemüsebeete gefahren. Auf dem Markt kostet das Heu heute 20 R. das Pud.

Sonnabend, 30. Januar: Lion Feuchtwanger [20]: «Der zu Ende gegangene Prozeß ist psychologisch, politisch und historisch betrachtet von außerordentlichem Interesse. Ganz klar sind westlichen Menschen die letzten Ursachen dessen, was die Angeklagten getan haben, vor allem die letzten Gründe ihres Verhaltens vor Gericht, nicht geworden. Mögen die Taten der meisten dieser Männer den Tod verdient haben: durch

19 *Jeschow* – Nikolai Iwanowitsch Jeschow (1895–1940), 1936 bis 1938 Volkskommissar für Innere Angelegenheiten, Oberster Kommissar der Staatssicherheit von 1937 bis 1938. Im Dezember 1938 vom Posten als Volks-kommissar des Inneren abgelöst und zunächst noch mit dem Volkskommissa-riat für Wassertransportwesen betraut, dann verhaftet und im Sommer 1940 erschossen.

20 *Lion Feuchtwanger* – In seinem damals weitverbreiteten Buch «Moskau 1937. Ein Reisebericht für meine Freunde», dem das Zitat entnommen ist, verleiht Feuchtwanger seiner Überzeugung von der Schuld der Angeklagten Ausdruck.

Schimpfworte und Empörungsstürme, so begreiflich diese sind, werden diese Männer charakterologisch nicht erledigt. Ihre Schuld und ihre Sühne westlichen Menschen klarzumachen, bedürfte eines großen Sowjetdichters. Der Prozeß hat gezeigt, daß ein Schritt nach rechts einen Schritt hin zum Krieg bedeutet. Die historische Bedeutung des Prozesses besteht eben darin, wie er das aufzeigt. Er hat ein neuerliches Hindernis gegen den Krieg aufgerichtet.»

17. Januar: Schönes, sonniges Wetter und Nordwind. Starker Frost mit 35 Grad. Heute wurde kontrolliert, ob wir auf den Krieg vorbereitet sind.

Donnerstag, 4. Februar: In den nächsten Tagen wird die Radio-Telefon-Verbindung Moskau–Chabarowsk in Betrieb genommen. Diese längste Radio-Telefon-Verbindung der UdSSR überwindet ca. 7000 Kilometer. Sie ist so konstruiert, daß die Gespräche mit einem gewöhnlichen Empfänger nicht mitgehört werden können. Ein dreiminütiges Gespräch kostet 15 Rubel.

22. Januar: Das Wetter heute morgen war nicht besonders kalt, 10 – 8 Grad Frost und leichter Südostwind, trübe. Heute morgen um 5³/₄ Uhr hat die Kuh gekalbt. Sie hat das Kalb 287 Tage ausgetragen. Den letzten Wurf hatte sie am 10. April. Heute ist Manja wegen Heu für den Kolchos nach Kolomna gefahren und heute, am 22. Januar nach altem Kalender, starb um 5 Uhr früh Iwan Sacharowitsch Stepanow im 72. Lebensjahr an einem chronischen Magenleiden. Schon lange hatte sein Magen keine Nahrung mehr aufgenommen, lediglich Flüssigkeit.

Freitag, 10. Februar: Schriftsteller und Arbeiter, Kolchosbauern und Wissenschaftler, Rotarmisten, Schüler, Lehrer – Millionen Menschen haben sich in unserem Land auf das bedeutsame Jubiläum, den hundertsten Todestag Puschkins, vorbereitet. Sie haben erneut seine Werke gelesen und sich, erfüllt von seinem Genius, freudig zu eigenem Schaffen inspirieren lassen. Die Puschkintage werden überall als echtes Volksfest begangen.

Rostow am Don: Ein Radiogramm, das in Tuapse vom vor der kalifornischen Küste liegenden Tanker «Batumi» einging, teilt mit, daß sich die Mannschaft auf einen Festabend zu Ehren des Puschkinjubiläums vorbereitet. Auf dem Tanker «Emba», der zur Zeit im Schwarzen Meer liegt, wurden ein spezielles Puschkinbulletin und ein Album herausgegeben, in dem Materialien über Puschkin gesammelt sind. In Tuapse selbst bereitet man sich im neuen Kulturpalast auf einen großen Puschkinabend vor. Die Matrosen und ihre Frauen werden Ausschnitte aus «Jewgeni Onegin», «Boris Godunow» und «Poltawa» zur Aufführung bringen.

28. Januar: Wieder gutes Wetter mit starkem Wind und Frost. Um 2 Uhr fuhren wir mit dem Heu aus Lowzew ab. 7 Fuhrleute, darunter auch ich. Die erste Nacht zum 28. verbrachten wir in einer Erdhütte bei den Heuschobern.

Donnerstag, 11. Februar: Die Einwohner von Detskoje Selo[21] begrüßten begeistert den Beschluß des Zentralen Exe-

---

21 *Detskoje Selo* – (Kinderdorf), wie das frühere Zarskoje Selo (Zarendorf) bei Sankt Petersburg seit 1918 hieß, weil man die Palastgebäude als Kindererholungsheim nutzte; zum Puschkin-Jubiläum 1937 wurde es erneut umbenannt – in Puschkin, da A. S. Puschkin das Lyzeum von Zarskoje Selo besucht hatte.

kutivkomitees über die Umbenennung der Stadt in Puschkin. In der Trikotagenfabrik «Zweiter Fünfjahrplan», in der Maschinenfabrik, dem Eisenbahnwerk, in Sanatorien und Ferienheimen wurden feierliche Meetings abgehalten. Am 11. Februar findet ein erweitertes Plenum des Gebietskomitees der KPdSU (B), des Gebietssowjets und des Gebietskomitees des Komsomol gemeinsam mit Stachanowarbeitern zu Leben und Werk A. S. Puschkins statt.

29. Januar: Schönes Wetter, der Wind hat etwas nachgelassen, auch weniger Frost als gestern. Wir waren noch mit dem Heu unterwegs und kamen abends gegen $^1/_2$ 6 zu Hause an. Die Nacht zum 29. haben wir in Pirogi verbracht.

Mittwoch, 17. Februar: Zwei Uhr nachts. Ein betrunkener Alter sitzt auf dem Boden eines Geschäfts und redet liebevoll auf einen von der Straße hereingelaufenen Hund ein. Ein anderer Betrunkener, von oben bis unten beschmutzt, drückt sich in der Ecke an einen Heizkörper und schlummert. An den Ladentischen und an der Kasse herrscht Hochbetrieb. Die Verkäufer können sich vor Erschöpfung kaum noch auf den Beinen halten und kommen nur mit Mühe mit all den ihnen entgegengestreckten Bons[22] zurecht. An die Reihenfolge hält sich niemand mehr, die Kunden sind unruhig, die meisten schwer angetrunken. Immer wieder gibt es Ärger. Dem einen hat man eine Flasche aus der Hand geschlagen, die Scherben klirren auf dem Boden, es gibt eine Schlägerei. Im Geschäft ist es dunstig

22 *entgegengestreckten Bons* – In der Sowjetunion war es üblich, zunächst die gewünschte Ware an der Kasse zu bezahlen und sie sich erst dann mit dem Bon beim Verkäufer geben zu lassen.

und verräuchert, es riecht nach vergossenem Schnaps. Und wo geht das alles vor sich? In der Gorkistraße in Moskau … zwei Schritte vom Moskauer Stadtsowjet entfernt … Und auch in anderen Spätverkaufsstellen Moskaus das gleiche Bild.

4. Februar: Schönes Wetter mit leichtem Südostwind und etwas Frost, 5 Grad, wenn die Sonne scheint, tropft es vom Dach.

Sonnabend, 20. Februar: In jedem Haus, jeder Fabrik, jeder Schule und jedem Betrieb versammeln sich die Menschen, um langsam und gramgebeugt zum Säulensaal [23] zu schreiten. Die Fahrgäste von Straßenbahn und Metro geben ihr Fahrtziel auf und streben zum Säulensaal, sowie sie vom Tod des großen Revolutionärs Sergo Ordschonikidse [24] erfahren. Passanten erkundigen sich, warum die Fahnen gehißt wurden und schlagen ebenso den Weg zum Säulensaal ein. Die Straßen vor dem Haus der Gewerkschaften sind erfüllt von langsam sich vorwärts bewegenden Menschen. Niemand spricht ein Wort. Das Leid ist zu plötzlich über uns gekommen. Arbeiter, Rotarmisten, Schüler, Ingenieure, Wissenschaftler – sie alle trifft man hier. Stundenlang schieben sie sich voran, denn die Warteschlange ergießt sich mehrere Werst weit in die Straßen. Sie streben dem Saal zu, dessen mattweiße Säulen von schwarzen Bändern zerschnitten sind, so als wollten sie den Kummer der verstörten Herzen wiedergeben.

23 *Säulensaal* – Der im Empirestil erbaute Säulensaal im Haus der Gewerkschaften (im Gebäude des ehemaligen Adelsklubs) gilt als der schönste Saal Moskaus. Hier wurde 1924 der tote Lenin aufgebahrt und nach ihm – bis in die jüngste Gegenwart – führende Sowjetfunktionäre. In den dreißiger Jahren wurden im Säulensaal die Schauprozesse abgehalten.
24 *Ordschonikidse* – siehe S. 77.

*7. Februar: Bedeckter Himmel mit starkem Südostwind und Schnee-
sturm, 10 Grad minus, bei so heftigem Wind ist es sehr kalt.*

Sonntag, 28. Februar: Nach Fadejew trat B. Pasternak[25] ans
Rednerpult und erklärte, daß er sich ungeachtet seiner zahlrei-
chen Fehler, Mißverständnisse und Irrtümer sowohl in seinem
dichterischen Werk als auch in seinen mündlichen Äußerungen niemals für berechtigt gehalten hätte, sich den Massen in
dem Sinne entgegenzustellen, wie das Gen. Fadejew formuliert
habe. Mit all meinen Gedanken – erklärte Pasternak – bin ich
auf Ihrer Seite, auf der Seite unseres Landes und der Partei.
Dann ging Gen. Pasternak auf das schändliche, im Ausland
publizierte antisowjetische Pasquill von André Gide[26] ein und
berichtete zornig und empört, wie aufdringlich Gide die Begegnung mit ihm gesucht hätte. Eines Tages sei er in seiner
Wohnung erschienen und hätte den erfolglosen Versuch unternommen, Material für sein geplantes schmutziges, verleumde-
risches Pamphlet zu erhalten. «Unsere Einstellung gegenüber
Pasternak ist durchaus nicht feindlich», sagte der anschließend

25 *Pasternak* – Boris Leonidowitsch Pasternak (1890–1960), bedeutender
Dichter und Prosaiker, Autor des Romans «Doktor Schiwago». 1958 sollte
ihm der Nobelpreis für Literatur verliehen werden, den er aber wegen der dadurch ausgelösten großen Hetzkampagne gegen ihn nicht annahm. Ausschluß
aus dem Schriftstellerverband und bis zu seinem Tode verfemt. Die hier zi-
tierten Äußerungen Pasternaks illustrieren seine schwierige Position in den
dreißiger Jahren.
26 *Gide* – André Gide (1869–1951), französischer Schriftsteller, erhielt
1947 den Nobelpreis für Literatur. Sein bekannter Bericht «Retour de
l'URSS» entstand nach seiner Reise in die Sowjetunion 1936. Nach der Publikation dieses Buches stand er im Mittelpunkt von Hetzkampagnen, sowohl
in der Sowjetunion als auch von seiten der KP Frankreichs, deren Mitglied er
zeitweilig war.

auftretende W. Kirschon[27]. «Wir glauben ihm, wenn er sagt, daß er voll und ganz auf der Seite von Partei und Volk steht. Er ist ein begabter Dichter, doch er lebt in allzu abgeschiedenen Verhältnissen, außerhalb der alltäglichen sowjetischen Wirklichkeit. Dies muß er begreifen und aufhören, in dieser Beziehung ein ‹besonderer› Dichter zu sein, ohne natürlich seine schöpferische Eigenart zu verlieren.»

15. Februar: Schönes Frostwetter mit leichtem Nordwestwind, 10 Grad minus. Heute kam ich aus Moskau zurück, um 2 Uhr nachmittags.

Montag, 15. März: 135 Waggonladungen Apfelsinen und 95 Waggonladungen Zitronen aus Spanien[28] sind im Laufe der Monate März und April in Moskau und im Moskauer Gebiet in die Geschäfte gelangt.

2. März: Trübes , warmes Wetter und Südostwind, kein Frost, auf der Straße und auf den Höfen ist es matschig, von den Dächern tropft es vom tauenden Schnee.

27 *Kirschon* – Wladimir Michailowitsch Kirschon (1902 – 1938), Dramatiker und Literaturfunktionär, der maßgeblich für den Terror gegen Schriftsteller verantwortlich war, dem er schließlich selbst zum Opfer fiel.
28 *aus Spanien* – Während der 2. spanischen Republik und des spanischen Bürgerkrieges gewährte die Sowjetunion den Republikanern vielfältige Hilfe (Lieferung von Militärgerät, Ausbildung von Polit-, Polizei- und Militärfunktionären und Entsendung von verschiedenartigsten Spezialisten sowie später Unterstützung der Internationalen Brigaden). Im Gegenzug wurden Naturalien aus Spanien in die Sowjetunion geliefert.

Sonntag, 21. März: Bei der Durchführung der Wahlen der Parteiorgane muß folgender Beschluß des Plenums des ZK der WKP (b) vom 27. Februar 1937 unbedingte Beachtung finden: «Es ist untersagt, bei den Wahlen der Parteiorgane en bloc abzustimmen. Abgestimmt werden soll für jeden Kandidaten einzeln, so daß jedes Parteimitglied die uneingeschränkte Möglichkeit hat, sowohl einzelne Kandidaten abzulehnen als auch der Kritik zu unterziehen.»

«Nach der Diskussion der Angelegenheit Bucharins und Rykows[29] hat das Plenum des ZK festgestellt, daß die rechten Abweichler gemeinsam mit den Trotzkisten und Sinowjewanhängern eine Räuberbande bilden, die sich die Aufgabe gestellt hat, den Kapitalismus in unserem Lande wieder einzuführen.» Aus der Rede des Genossen Schdanow[30] über die Bilanz des Plenums des ZK der WKP (b).

8. März: Schönes, ruhiges Wetter mit leichtem Morgenfrost, warm, tagsüber hat es wieder stark getaut, und die Straßen sind aufge-

29 *Angelegenheit Bucharins und Rykows* – Nikolai Iwanowitsch Bucharin (1888–1938) und Alexej Iwanowitsch Rykow (1881–1938), führende Sowjetfunktionäre, enge Kampfgenossen Lenins. Im Februar 1937 verhaftet und später Hauptangeklagte des dritten Moskauer Schauprozesses (Prozeß der Einundzwanzig) im März 1938. Sie wurden beschuldigt, einen «rechten antisowjetischen trotzkistischen Block» gebildet, Verschwörungen gegen Lenin und Stalin vorbereitet sowie Kirow, Kuibyschew und Gorki ermordet zu haben. Darüber hinaus waren sie der Sabotage und des Hochverrats angeklagt. Zum Tode verurteilt und erschossen.

30 *Schdanow* – Andrej Alexandrowitsch Schdanow (1896–1948), führender Parteiideologe, von 1934 bis 1948 Erster Sekretär des Parteikomitees von Leningrad, Schlüsselfigur der sowjetischen Innenpolitik, maßgeblich beteiligt an der Durchführung der «großen Säuberungen»; verantwortlich für die stalinistische Kulturpolitik und die Kampagne gegen «formalistische» und «kosmopolitische» Kultur nach dem Zweiten Weltkrieg.

weicht. Heute bin ich wieder nach Kolomna zum Holzholen gefahren.
Ich habe $^1/_2$ Kubikmeter mitgebracht.

Dienstag, 23. März: Heute, am 23. März, sagen die Bolschewiki zur Wolga: «Stopp!», und der kraftvolle Fluß bleibt hilflos an der Betonmauer stehen.[31]

10. März: Schönes, sonniges Wetter mit Südostwind, warm, auf den Feldern taut der Schnee. In den Hohlwegen strömt das Wasser. Heute sind wir wieder nach Kolomna gefahren, um Heu für die Kolchosbauern und Hafer für den Kolchos zu holen. Ich bin heute in Kolomna gewesen, um einige Sachen zu kaufen. Ich habe Sandpapier für 44 K., Tomatensamen für 75 K., einen Laib Schwarzbrot 1 R. 78 K., 3 Brötchen 1 R. 08 K., 2 Äpfel 80 K., 3 Päckchen Senfpulver 1 R. und zwei Gläser Kaffee 70 K. und rotes Pulver für 32 K. gekauft.

Freitag, 26. März: In Komsomolsk am Amur werden in den Geschäften Salatgurken verkauft. Es sind die ersten Erzeugnisse des Gewächshauses im unlängst errichteten Gartenbaubetrieb.

13. März: Trübes, nebliges Wetter mit starkem Südostwind. Es ist warm und frostfrei. Der Schnee auf den Feldern ist fast völlig geschmolzen. Mit dem Schlitten kann man nun nicht mehr fahren. Heute haben wir und viele andere im Dorf den Keller abgedichtet. Aber im Kolchos sind die Kartoffeln im Gemüselager vollgelaufen. Das Wasser stieg bis zu $^1/_2$ Arschin hoch wegen ihrer Nachlässigkeit,

31 *Wolga* – Bericht über die Einweihung des Wolga-Don-Kanals. Für die Schiffahrt war der Kanal seit dem 15. Juli 1937 befahrbar.

sie waren nicht imstande, den Schnee beizeiten wegzuschaffen und das Schmelzwasser abzuleiten. Heute ist Mutter nach Kolomna in die Kirche gegangen, sie fastet, denn wegen der Schneeschmelze konnte der Geistliche nicht hierher nach Lukerino kommen, auch wegen seiner schwachen Gesundheit. Heute hat man uns allen die Pässe abgenommen[32], um sie umzutauschen, und auch die Lieferverträge zur Fleischverarbeitung mußten zur Überprüfung abgegeben werden.

Sonnabend, 3. April: TROTZKI[33], Iwan Iwanowitsch, gebürtig aus Peski im Charkower Gebiet, gibt seine Namensänderung in GRANOWSKI bekannt. SINOWJEWA[34], Jewgenija Michailowna, gebürtig aus Kiew, heute wohnhaft in Charkow, gibt ihre Namensänderung in KLIMOWSKAJA bekannt. TROTZKI, Wladimir Alexandrowitsch, gebürtig aus Kolotowiza, Leningrader Gebiet, wohnhaft in Moskau, gibt seine Namensänderung in KARPINSKI bekannt.

21. März: Das gleiche Wetter wie gestern. Heute ist Manja mit dem Arbeiterzug nach Schurowo gefahren, um Sauerkraut zu kaufen. Sie hat 15 Kil. für 8 R. 40 K. mitgebracht, für 56 Kop. das Kilogr.

---

32 *Pässe abgenommen* – siehe S. 49.

33 *Trotzki* – siehe S. 27.

34 *Sinowjewa* – Abgrenzung gegen Grigori Jewsejewitsch Sinowjew (1883–1936), einem der Führer der Oktoberrevolution, zentrale Gestalt der kommunistischen Führungsriege in den zwanziger Jahren. War nach Lenins Tod neben Stalin und Kamenew beteiligt an der Entfernung Trotzkis von der Macht. Fiel schließlich selbst dem Terror Stalins zum Opfer (siehe auch S. 111).

Sonntag, 4. April: In Anbetracht der zutage getretenen Dienstverstöße kriminellen Charakters des Volkskommissars für Post- und Fernmeldewesen G. G. Jagoda[35] beschließt das Präsidium des Zentralen Exekutivkomitees der UdSSR: 1. G. G. Jagoda vom Amt des Volkskommissars für Post- und Fernmeldewesen zu entbinden. 2. Die Angelegenheit G. G. Jagoda den Untersuchungsorganen zu übergeben.

22. März: Schönes Wetter, Morgenfrost bei leichtem Nordwind. Tagsüber hat es wieder getaut, in der Sonne war es warm. Heute ist Manja 12 Liter Milch verkaufen gegangen. Sie hat sie für 1 R. 20 K. verkauft und das Geld für die nötigsten Lebensmittel ausgegeben.

Sonnabend, 17. April: Noch vor einigen Jahren gab es im Grenzgebiet vieler Nachbarstaaten Dörfer, deren Bevölkerung einzig vom Schmuggel in die Sowjetunion lebte. Heute gibt es das nicht mehr. All das steht in direktem Zusammenhang mit dem wachsenden Wohlstand in unserem Land. Der starke Rückgang des Schmuggels ist außerdem auch dadurch zu erklären, daß unsere Grenze fest verschlossen ist.

4. April: Wolkig und Südostwind, kalt, aber frostfrei. Im Kolchos wird schon gesät – eine Futtermischung aus Hafer und Erbsen auf dem Herbstacker. Mit dem Dreiuhrzug haben wir heute Liduschka ins Krankenhaus gebracht. Es ist noch trocken, kein Regen.

35 *Jagoda* – Genrich Grigorjewitsch Jagoda (1891–1938). Seit 1924 stellvertretender Vorsitzender der OGPU; 1935 Oberster Kommissar der Staatssicherheit, 1934 bis 1936 Volkskommissar für Innere Angelegenheiten, 1936 bis 1937 Volkskommissar für Post- und Fernmeldewesen. Jagoda wurde im dritten Moskauer Schauprozeß (2.–13. März) der Mittäterschaft im «rechten trotzkistischen Block» beschuldigt und hingerichtet.

Sonntag, 9. Mai: In Swerdlowsk tragen einige Kinder heute spanische Namen. Kürzlich hörten wir in einer öffentlichen Anlage, wie eine Kinderfrau einen kleinen Jungen José rief. Sie erzählte uns, daß seine Eltern ihn zu Ehren des spanischen Bolschewiken José Díaz [36] so genannt hätten. Die Reinemachefrau des Studenteninternats A. N. Ponomarjowa gab ihrer Tochter den Namen Dolores [37].

26. April: Bedeckter Himmel, den ganzen Tag regnete es in Strömen und es wehte ein kalter Ostwind. Die Erde ist sehr gut durchfeuchtet. Heute ist Sonntag! Die Woche nach Ostern. Fedot Danilowitsch ist aus Moskau zu Besuch gekommen. Im Kolchos ist heute ein freier Tag, wir haben nicht gearbeitet.

Montag, 10. Mai: Was sind das für Mütter, die ihre Kinder im Stich lassen? Meist sind es Hausangestellte, Putzfrauen oder Zugereiste. Die Kinder entstammen einer Zufallsbekanntschaft, sie haben keinen Wohnraum, eine neue Hausarbeitsstelle ist mit einem Kind nicht zu bekommen, aufs Dorf zu fahren ist auch kaum möglich ... So legen sie ihre Kinder auf dem Bahnhof oder in einem Hauseingang ab und beobachten dann heimlich, wohin man sie bringt.

---

36 José Díaz – (1896–1942), seit 1932 Generalsekretär der Kommunistischen Partei Spaniens, 1942 in Tbilissi (angeblich) aus dem Fenster gesprungen.

37 *Dolores* – Dolores Ibarruri, genannt La Passionaria (1895–1967), spanische Kommunistin und Stalinanhängerin, an der Liquidierung linksgerichteter Kämpfer im spanischen Bürgerkrieg und an den «Säuberungen» unter spanischen Kommunisten in Moskau beteiligt.

27. April: Morgens war es wolkig, wir hatten Nordwind und es war kalt, tagsüber klarte es auf, es war sonnig und warm. Weil es dann aber stark geregnet hat, konnten wir die Kartoffeln nicht setzen.

Sonnabend, 15. Mai: Im Gebiet von Gorki haben sich wegen der dortigen historischen Besonderheiten mehr Nester eines religiösen Obskurantismus erhalten als in irgendeiner anderen Gegend. Hier gibt es noch eine große Zahl aktiver Kirchen und verschiedener Sekten, eine Vielzahl von Popen, Mitglieder von Kirchenräten, Überbleibsel von Kloster-«Kadern» usw. Die Geistlichkeit und ihre Aktivisten sind hier mit allen Mitteln – und oft erfolgreich – bestrebt, ihren Einfluß auf die Massen zu verstärken. Dies haben die Ostertage kürzlich bewiesen. Die Kirchenvertreter wirkten im Kotscherginsker Dorfsowjet (Balachninsker Bezirk) durch ihre provokatorische Agitation derart auf den Vorsitzenden des Sowjets und den Kolchosvorsitzenden ein, daß diese den 1. Mai zum Arbeitstag erklärten und den 2. Mai – Ostern – zum Feiertag. Dadurch erreichten die Kirchenvertreter natürlich, daß die Saatarbeiten des Kolchos für drei bis vier Tage unterbrochen wurden. In Ananjewo bot der Ortspope dem Dorfsowjet seine Dienste als Leiter des Kolchosklubs an. Er begründete das damit, daß er schließlich ein gleichberechtigter Bürger sei und es im Dorf keine Kulturarbeit gäbe ...

2. Mai: Schönes Wetter, es ist warm, sogar heiß, nachmittags ein kräftiges Gewitter und Regen von Südwesten her.

Dienstag, 1. Juni: Das ehemalige Mitglied des ZK der WKP (b) J. B. Gamarnik[38], der sich in Kontakte zu antisowjetischen Elementen verstrickt hat und offensichtlich seine Entlarvung fürchtete, hat am 31. Mai seinem Leben durch Selbstmord ein Ende gesetzt.

*

Gestern sind nach langjährigem Auslandsaufenthalt der bekannte russische Schriftsteller A. I. Kuprin[39] und seine Frau mit dem Transeuropa-Expreß aus Paris in Moskau angekommen. «Ich bin der sowjetischen Regierung unendlich dankbar, daß sie es mir ermöglicht hat, in die Heimat zurückzukehren. Die Trennung von meinem Heimatland hat mir all die Jahre viel Schmerz bereitet.»

19. Mai / 1. Juni: Schönes Wetter, warm bei mäßigem Südwestwind. Heute war ich im Dampfbad von Bobrowo, habe einen Besuch beim Schwiegervater meiner Tochter gemacht und bei Jegoruschka übernachtet.

Mittwoch, 9. Juni: Die Redaktion hat einigen Gewerkschaftsmitgliedern die Frage gestellt, warum sie über längere Zeit keine Mitgliedsbeiträge gezahlt haben. Hier die Antwort von I. E. Starschi, Hausmeister des Hauses Malaja Bronnaja Nr. 26: «Sehen Sie sich mein Mitgliedsbuch an. Ich habe tat-

---

38 *Gamarnik* – Jan Borissowitsch Gamarnik (1894–1937), General, 1937 Oberkommandierender der Politverwaltung der Roten Armee, wurde der Beteiligung an der «Tuchatschewski-Verschwörung» (siehe auch S. 130) bezichtigt und beging Selbstmord.

39 *Kuprin* – Alexej Iwanowitsch Kuprin (1870–1938), russ. Schriftsteller, der 1919 in die Emigration ging. Seine Rückkehr in die UdSSR im Jahre 1937 wurde propagandistisch ausgenutzt.

sächlich bereits seit einigen Monaten keinen Beitrag bezahlt. Aber bin ich etwa schuld daran? Ich habe ja schon ein halbes Jahr lang kein Gehalt bekommen. Und was hat meine Gewerkschaft getan, um von der Wohnungsbaugenossenschaft pünktlich mein Gehalt einzufordern? Nichts!»

26. und 27. Mai: Schönes, sonniges Wetter mit viel Tau am Morgen. Tagsüber heiß und Nordwind. Heute am 27. bin ich gegen 8 Uhr abends aus Bespjatowo heimgekommen.

Donnerstag, 10. Juni: Moskauer Gebietskonferenz der WKP (b): Die Umgestaltung muß auf der Grundlage erhöhter Wachsamkeit erfolgen, auf der Grundlage der Entfaltung der Selbstkritik und der strengen Einhaltung der innerparteilichen Demokratie. Wir dürfen nicht vergessen, daß wir von Feinden umgeben sind. Gen. Chruschtschow[40] ruft zur strengsten Einhaltung des Parteigeheimnisses auf, zum entschiedenen Kampf gegen alle Schwätzer, Dummköpfe und Leichtsinnigen. Leider gibt es bei uns noch viele Schwätzer, die weder Staats- noch Parteigeheimnisse wahren können. Mancher, dem man etwas im Vertrauen mitteilt, trägt es sofort weiter, sagte Gen. Chruschtschow unter allgemeinem Beifall.

28. Mai: Himmelfahrt! Schönes Wetter, nachmittags war es wolkig, sehr warm und ruhig, Regenwolken zogen auf, aber es regnete nicht. Im Kolchos arbeiteten wir heute nicht, machten frei.

40 *Chruschtschow* – Nikita Sergejewitsch Chruschtschow (1894–1971), Sowjetfunktionär, von 1953–1964 Erster Sekretär des ZK der KPdSU. Seit dem Bürgerkrieg in verschiedenen führenden Funktionen in der Ukraine. Von 1935 bis 1938 Erster Sekretär des Moskauer Stadtkomitees. Danach Erster Sekretär des ZK der Kommunistischen Partei der Ukraine.

Freitag, 11. Juni: Die Untersuchung der Fälle der zu unterschiedlicher Zeit durch das NKWD Inhaftierten M. N. Tuchatschewski, I. S. Jakir, I. P. Uborewitsch, A. I. Kork, R. P. Eideman, B. M. Feldman, W. M. Primakow und W. K. Putna[41] ist abgeschlossen, und die Akten sind dem Gericht übergeben worden. Die oben aufgeführten Personen werden der Verletzung des Militärgeheimnisses (Fahneneid), des Verrats der Heimat, des Verrats der Völker der UdSSR sowie des Verrats der Arbeiter-und-Bauern-Armee beschuldigt. Alle Beschuldigten bekannten sich hinsichtlich der ihnen zur Last gelegten Verbrechen voll und ganz schuldig. Die Verhandlung findet heute, am 11. Juni, unter Ausschluß der Öffentlichkeit vor dem Obersten Gericht der UdSSR statt.

*

Auf Beschluß des Gebietskomitees der Kommunistischen Partei der Ukraine in Kiew wurde ein Einheitsparteitag zur Frage der Sicherung von Staats- und Parteigeheimnissen abgehalten. Die Kommunisten der Gebietsparteiorganisation des Kiewer Landkreises brachten einen Fall von empörendem Leichtsinn zur Sprache: Jeder Bürger kann ins Landgebietsparteikomitee gehen und alle nur erdenklichen Angaben über die technische Ausstattung der Maschinen-Traktoren-Stationen und andere wichtige Informationen erhalten.

41 *Tuchatschewski, Jakir* ... – Marschall Michail Nikolajewitsch Tuchatschewski und führende Generäle der Roten Armee waren der Spionage, des Hochverrats und der Teilnahme an einer konterrevolutionären faschistischen Verschwörung gegen die sowjetische Regierung angeklagt. Sie wurden zum Tode verurteilt und hingerichtet. Die Rote Armee verlor während der «großen Säuberungen» neun Zehntel aller hochrangigen Kommandeure und 35 000 Offiziere (von insgesamt 80 000).

Sonnabend, 12. Juni: Die Spione Tuchatschewski, Jakir, Uborewitsch, Kork, Eideman, Feldman, Primakow und Putna, die sich den Todfeinden des Sozialismus verkauft haben, wagten es, ihre verbrecherische blutige Hand gegen das Leben und Glück eines Hundertsiebzigmillionenvolkes zu erheben, das die Stalinsche Verfassung geschaffen hat. Das Urteil des Gerichts stellt einen Akt der Humanität dar und schützt unsere Heimat und die fortschrittliche Menschheit vor den blutrünstigen Ungeheuern der bourgeoisen Spionage. Unser Land, das einmütig forderte, die Achterbande der Spione vom Erdboden zu vertilgen, begrüßt heute mit Genugtuung das Gerichtsurteil. Tod durch Erschießen! So lautet das Urteil des Gerichts. Tod durch Erschießen! Dies ist der Wille des Volkes.

29. und 30. Mai. Ruhiges, schönes Wetter, es ist heiß und es weht ein ganz leichter Nordwind. Im Kolchos ist das Mistausbringen beendet, sie brennen die Zwiebelfelder ab und haben mit der Grasmahd an den Wegen und Feldrainen begonnen.

Dienstag, 15. Juni: Gen. Stawski[42] erstattete Bericht über die Sitzung der Parteigruppe des sowjetischen Schriftstellerverbandes: «Unsere Aufgabe ist es», erklärte er, «jene Methoden aufzudecken, deren sich der Feind bediente, um seine Schädlingsarbeit auf dem Gebiet der Literatur zu führen. Der Feind wird immer wieder versuchen, die Literatur zu unterminieren. Aufgabe der Parteiorganisation ist es, zu lernen, rechtzeitig Diversanten aufzuspüren und zu entlarven. Im Zuge unserer

---

42 *Stawski* – Wladimir Petrowitsch Stawski (1900–1943), sowjetischer Literaturfunktionär – siehe sein Tagebuch in diesem Buch.

Untersuchungen haben wir einen völligen Verfall und direkte Sabotage in der Arbeit der Redaktion der Zeitschrift ‹Nowy Mir›[43] feststellen müssen. Als Beispiel möge die Tatsache genügen, daß in der Juniausgabe der Zeitschrift kein einziger Artikel über Gorki erschienen ist, obwohl sich in diesem Monat sein Todestag zum ersten Mal jährt.»

2. Juni: Bedeckter Himmel mit starkem Nordwind. Es ist kalt. In Sommerkleidung aufs Feld zu gehen ist unmöglich, man muß eine Wattejacke anziehen. Es hat auch hin und wieder leicht geregnet. Im Kolchos mähen sie jetzt Gras und Klee und brennen die Zwiebelfelder ab.

Mittwoch, 16. Juni: Als Reaktion auf die Wühltätigkeit der faschistischen Spione haben sich die Werktätigen mit der Bitte an die Regierung gewandt, Obligationen auszugeben, um die Verteidigungsbereitschaft unserer Heimat zu stärken.

3. Juni: Schönes, sonniges Wetter bei starkem Nordwind, kühl. Ich bin heute in den Wald gefahren, um 1 Kubikmeter Espenholz zu holen. Und heute sind wir mit dem Holzabfahren aus diesem Wald fertig geworden.

Dienstag, 22. Juni: Der Auftrag des Genossen Stalin und der Regierung der UdSSR ist erfüllt: Eine einmalige Tat wurde in der Geschichte der Luftfahrt vollbracht – der Direktflug Mos-

---

43 *Zeitschrift «Nowy Mir»* – führende Literaturzeitschrift, gegründet 1925, seit 1947 Organ des sowjetischen Schriftstellerverbandes. Wladimir Stawski war von 1937 bis 1940 Chefredakteur.

kau–Nordpol–Nordamerika. Ein Menschheitstraum hat sich erfüllt.

9. Juni: Schönes, sonniges Wetter bei leichtem Nordostwind. Es ist heiß. Den zweiten Tag schon wird im Kolchos bei Kamenka mit Mähmaschinen Klee geschnitten. Die Frauen häufeln Kartoffeln. Wir haben heute bei uns auf dem Hof begonnen, das Gras zu mähen. Es steht so gut wie selten.

Mittwoch, 23. Juni: «Das Sowjetland jubelt. Unsere bolschewistischen Flieger haben eine neue Seite in der Geschichte der internationalen und sowjetischen Luftfahrt aufgeschlagen! Sie haben der ganzen Welt ein weiteres Mal gezeigt, zu welchen Wundern an Heldentum und Können die Söhne des großen sowjetischen Heimatlandes fähig sind», erklärten die Mitarbeiter des Volkskommissariats der Leichtindustrie der UdSSR. «Euer Beispiel spornt uns zu noch besserer Arbeit an», schreiben die Arbeiter der mechanischen Werkstätten der Kalinin-Bleiwerke in Tschimkent an die Genossen Tschkalow, Baidukow und Beljakow. «Der Flug unserer geliebten Helden auf der zweiten Stalinschen Route ist die beste Antwort auf die Machenschaften der Volksfeinde», erklärte Genosse Tschelidse, Arbeiter der Schuhfabrik in Tbilissi.

10. Juni: Schönes, ruhiges Wetter, es ist heiß und es weht ein leichter Nordostwind.

Donnerstag, 24. Juni: Auf Beschluß des Moskauer Stadtkomitees der Kommunistischen Partei / WKP (b) wird in der Woche vom 19. Juni bis 1. Juli in den Betrieben, Institutionen und

133

Bildungseinrichtungen Moskaus ein Tag der politischen Schulung veranstaltet, der die Werktätigen mit den Zielen und Methoden sowie der praktischen Durchführung von Sabotage, Spionage und Diversion der ausländischen Spionagedienste und ihrer rechtstrotzkistischen Agenten vertraut machen soll.

11. und 12. Juni: Schönes, sonniges, ruhiges und sehr heißes Wetter, uns steht eine Dürre bevor. Wenn Gott uns doch ein bißchen Regen schicken würde, andernfalls vertrocknet das ganze Gemüse. Wir waren heute am 12. im Wald hinter Kamenka, um Gras zu mähen und Klee zusammenzuharken. Von uns fuhren Timotschka und Manja mit. Dieses Jahr gibt es eine sehr gute Heuernte, so gut wie selten!

Montag, 12. Juli: Heute findet auf dem Roten Platz in Moskau eine Sportparade statt. 45 000 der besten Sportler des Landes nehmen daran teil, darunter Mitglieder von Amateursportklubs, Sportler der Arbeiter-und-Bauern-Armee, Flieger, Fallschirmspringer, Marschblöcke der Jungen Pioniere und Radsportler. Die Parade der Amateursportler wird vom Klub «Lokomotive» eröffnet. Darauf folgen die Sportler von «Torpedo», «Prawda», «Bauarbeiter», «Pfeil», «Motor», «Tempo» und «Roter Konditor».

29. Juni: Heute ist der Tag der Apostel Peter und Paul. Den ganzen Tag hatten wir schönes Wetter, sonnig und heiß, mit leichtem Südwestwind. Den ganzen Tag über wendeten die Kolchosbauern das Heu und die grüne Brache. Es ist eine große Menge geschnittenes Gras und Brache.

Sonnabend, 17. Juli: Wegen Stillstandszeiten der Mähdrescher infolge mangelnder Arbeitskräfte, daraus folgender unterlassener Entladung des Korns und der Verringerung des Ernteertrages mit dem Ziel, den Staat zu betrügen, wegen wissentlicher Zulassung von Ernteverlust an Korn und schlechter Arbeitsorganisation beim Abfahren des Getreides hat der Volkskommissar für Sowchosen der UdSSR, Genosse N. N. Demtschenko, den Direktor des Sowchos «Dorenburg», Pawlow, von der Arbeit entbunden und dem Gericht übergeben.

4. Juli: Trübes Wetter. Vom frühen Morgen an bis zum späten Abend regnete es, mit geringen Unterbrechungen. Zeitweilig sehr stark, mit Blitz und Donner. Die Straßen verwandelten sich in Schlamm, die Erntearbeiten mußten eingestellt werden. Gestern abend sind Schwester Sanja, ihre Quartierwirtin Alexandra Iwanowna und deren Sohn Fedja mit dem Arbeiterzug aus Moskau eingetroffen. Sie werden einige Tage bei uns zu Gast sein, nur Sanja fährt morgen wieder zum Dienst zurück nach Moskau.

Sonntag, 18. Juli: Das Zentrale Exekutivkomitee der UdSSR beschließt: Für herausragende Erfolge bei der Leitung des NKWD in Erfüllung der von der Regierung gestellten Aufgaben wird Genossen N. I. JESCHOW[44] der LENINORDEN verliehen.

5. Juli: Sonntag! Vormittags hat es geregnet, aber dann klarte es auf und wir hatten schönes Sommerwetter ohne Regen. Nach dem Mittagessen gingen wir das ganz verdorbene Heu in Hocken setzen. Ich

44 *Jeschow* – siehe S. 115.

habe heute für das Regal 50 R. bekommen. Sanja ist wieder nach Moskau gefahren.

Mittwoch, 21. Juli: Das Zentrale Exekutivkomitee der UdSSR beschließt: Für erfolgreiche Arbeit bei der Konsolidierung der revolutionären Rechtsordnung und der Organe der Staatsanwaltschaft wird Genossen A. J. WYSCHINSKI der LENINORDEN verliehen.

8. Juli: Feiertag der Gottesmutter von Kasan. Schönes, sonniges Wetter und sehr warm und ruhig, es lag viel Tau. Wir haben heute im Kolchos 6 Kilo Kohl für 3 R. gekauft.

Mittwoch, 4. August: In der Serpuchowskaja-Straße Nr. 20 befindet sich ein Lebensmittel- und Feinkostgeschäft. Bereits am Eingang schlägt einem übler Geruch entgegen. Ein schmutziger Ladentisch. Ein zerbrochenes Glas mit schmutzigen Rosinen; auf der Ware – Glassplitter. Vor aller Augen klebrige Rosinenmasse. Wenn man genauer hinsieht, stellt man fest, daß sich einige Rosinen bewegen. Es sind Fliegen! ... Wir haben doch inzwischen eine sowjetische Verkaufskultur. Weshalb gibt es denn noch immer solche «Geschäfte»?

22. Juli: Mittwoch. Schönes, sonniges Wetter mit kräftigem Ostwind. Es ist warm. Wir mähen und binden immer noch Weizen. Heute nacht haben wir Roggen gedroschen.

Dienstag, 10. August: In Anderma, am Ufer der Karasee, sind die Rentierhirten aus dem Volk der Nenzen zusammengekommen, um hier ihren Nationalfeiertag, den Rentiertag, zu begehen. Das Fest wurde mit großer Begeisterung gefeiert. Sportliche Wettkämpfe wechselten sich mit Versammlungen ab, auf denen die Nenzen Vorträge über die internationale Lage und das neue Wahlgesetz hörten.

28. Juli: Schönes, ruhiges, warmes Wetter mit ganz leichtem Ostwind.

Mittwoch, 11. August: Die jungen Leute im Kolchos des Dorfes Guty erinnern sich kaum noch an den reichen Kulaken[45] Alexander Archipenko. Archipenko und seine kulakische Brut sind schon lange aus Guty verschwunden. Die Gutyjaner wissen, daß die Welle der Kollektivierung den Kulaken damals aus dem Dorf gespült hat und er es nicht wagen wird, jemals zurückzukehren! Und tatsächlich ist er weder nach einem Jahr noch nach zwei oder fünf Jahren zurückgekommen. Nicht ins Kolchos-Guty wollte er, sondern tief in die Susemsker Wälder, der Wald wurde seine neue Höhle. Unter der Maske eines Waldarbeiters hat er sich nun auf dem guten Waldboden niedergelassen. In kurzer Zeit standen wieder sechs Kühe, drei Kälber und etwa zehn Schweine in seinen Ställen. Allein Getreide sät dieser seltsame «Arbeiter» jährlich auf einer Fläche von mehreren Hektar aus, zwölfmal mehr als die Kolchosmitglieder auf ihren individuellen Landstücken. Archipenkos Sippe ist ihm in den Wald gefolgt und hat sich hier niedergelassen. Dies ist kein Einzelfall. Auch die Siedlungen «Erde», «Sowchos» und «Städtchen» haben sich in die Wälder verkrochen.

45 *Kulaken* – siehe S. 19.

29. Juli: Schönes, sonniges, heißes Wetter. Die Getreideernte ist in vollem Gange. Der Weizen wird direkt vom Feld zum Dreschen gebracht, der Hafer mit Mähmaschinen geschnitten. Heute haben wir 129 Kilo und 600 g Weizen und 116 Kilo 200 g Roggen im voraus bekommen. Wir haben alles gemahlen und erhielten noch 9 Garben Stroh.

Freitag, 20. August: «B-W-A». Diese drei rätselhaften Buchstaben prunken gewöhnlich auf den allerheruntergekommensten und unansehnlichsten Einrichtungen unserer Städte. Sie stehen für: «Bade- und Wäscheanstalt», worunter einem seltsamen Mißverständnis zufolge auch Friseure zählen. Wir bauen neue Häuser mit Bädern und Wohngebietswäschereien. Aber noch immer muß die Mehrheit der Städter ins öffentliche Badehaus gehen und sich allmonatlich damit herumschlagen, daß ihre Wäsche gewaschen wird. Welches Recht haben die Verantwortlichen der Stadtsowjets, diese Tatsache arrogant zu ignorieren? Es geht doch um ganz einfache Dinge: daß die Wasserhähne nicht das heiße Wasser nach allen Seiten verspritzen, daß die Entlüftung funktioniert, daß jederzeit kaltes und heißes Wasser vorhanden ist, daß es sauber und angenehm ist, daß die Kunden freundlich, fürsorglich und aufmerksam behandelt werden. Das ist alles.

7. August: Es ist bedeckt, gegen 10 Uhr regnete es ziemlich stark. Der Regen unterbrach die Erntearbeit. Seit Anfang August wird die Wintersaat – Roggen und Weizen – ausgebracht.

Donnerstag, 2. September: Nachdem er sich in seinen anti-sowjetischen Machenschaften verstrickt hatte und offenbar fürchtete, vom ukrainischen Volk für den Verrat der Interessen der Ukraine zur Verantwortung gezogen zu werden, hat der ehemalige Vorsitzende des Rates der Volkskommissare Ljubtschenko am 30. August seinem Leben durch Selbstmord ein Ende gesetzt.

20. August: Morgens bedecktes Wetter und Nordwind, die Wolken verzogen sich dann aber, und nach 10 Uhr wurde es sonnig und warm. Nach dem Mittagessen ist Olja heute in die Pilze gegangen. Sie hat einen ganzen Korb bis oben voll mit verschiedenen Pilzen gesammelt.

Sonnabend, 4. September: Dort, wo noch unlängst die Mauern und Türme des Strastnoj-Klosters standen, türmen sich Ziegelhaufen und Bauschutt. Bis zum 20. September sollen die Abrißarbeiten beendet sein und mit der Asphaltierung des neuen Abschnitts des Puschkinplatzes begonnen werden, dessen Fläche sich dadurch verdoppelt. Das Arbeitstempo der Abrißarbeiten jedoch ist außerordentlich unbefriedigend. Im Zentralen Park der Kultur und Erholung gehen die Bauarbeiten des Puschkinufers – einer der schönsten Uferanlagen Moskaus – zu Ende.

22. August: Schönes, sonniges Wetter mit starkem Nordwestwind. Es ist warm. Viele Äpfel sind vom Baum gefallen. Olja ist wieder in die Pilze gegangen, wieder hat sie viele nach Hause gebracht – einen ganzen Korb voll Steinpilze. Im Kolchos fahren sie den Hafer von den Feldern, stellen ihn zum Trocknen auf. Sie haben 400 Puppen gebunden.

Donnerstag, 30. September: Gestern hat die Erste Muster-Druckerei der OGIS (Vereinigung der Staatsverlage) die Arbeit an der Heraugabe des Lehrbuchs «Kurzer Lehrgang der Geschichte der UdSSR»[46] unter der Redaktion von Prof. A. W. Schestakow in einer Auflage von 1 600 000 Exemplaren abgeschlossen. Die Stachanowarbeiter der Druckerei haben die Arbeit zwei Tage vorfristig abgeschlossen. 100 000 Lehrbücher sind in besserer Ausstattung (in Lederoleinband) erschienen. Die Druckerei hat auch vorfristig den Quartalsplan der Herausgabe von Lehrbüchern für Grund- und Mittelschulen erfüllt. Die Schüler erhalten 18 Millionen gebundene Bücher.

17. September: Morgens hatten wir wieder leichten Frost, tagsüber aber war es schön, die Kartoffelernte hat begonnen.

Sonnabend, 2. Oktober: Ischim (Omsker Gebiet). «Mehr Verleumdungskampagnen» – diese Devise vertreten die feindlichen Elemente. Der Pope im Dorf Karasulo hat die zentralen Zeitungen abonniert (die Lesehalle, nebenbei gesagt, tut dies nicht) und veranstaltet Lesungen daraus. Beim Lesen entstellt er den Text und «kommentiert» das Gelesene verleumderisch. Durch eine kurze Replik oder eine weitschweifige Erläuterung verleiht er dem Text einen entgegengesetzten Sinn. Der Dorfsowjet jedoch ist entzückt von seinem Popen: Da seht doch, was für ein Bewußtsein er hat! Man könnte Dutzende Beispiele

---

46 *«Kurzer Lehrgang der Geschichte der UdSSR»* – Die «Geschichte der KPdSU (B) – Kurzer Lehrgang», im Oktober 1938 erschienen, galt lange Jahre als die kanonische Darstellung sowjetischer Geschichte, die den Stalinkult rechtfertigte.

anführen, auf welche Weise die feindlichen Elemente versuchen, sich in die Wahlvorbereitung «einzuschalten». Der Feind nutzt jedes Mittel, um seinen Einfluß auf die Kolchosbauern auszuüben.

19. September: Nachts hat es ein wenig geregnet, morgens war es bedeckt, tagsüber verzogen sich die Wolken aber und es wurde schön und windstill. Heute haben sie uns noch 4 Fuhren mit großen Kartoffeln gebracht, 1455 Kilo, also 87 Pud, das zweite Mal, daß wir so viel bekommen haben.

Freitag, 8. Oktober: Im Leningrader Werk «Rotes Dreieck» ist die Produktion von gegossenen Galoschen erweitert worden. Im vierten Quartal sollten 2600 Paar produziert werden. Tests haben gezeigt, daß sie viel haltbarer sind als geklebte.

25. September: Schönes, warmes Wetter, gegen Abend begann es sich zu beziehen und um die neunte Stunde regnete es. Heute haben sie uns noch einmal 2 Fuhren, 638 Kilogramm oder 39 Pud großer Kartoffeln gebracht, mit zwei Pferdefuhrwerken.

Sonnabend, 9. Oktober: «Unsere wichtigste Aufgabe besteht darin, Sabotageakten zuvorzukommen und den Saboteuren das Handwerk zu legen. Lassen Sie mich dazu einige Worte sagen: Bis heute herrscht die Auffassung vor, daß man an abschüssigen Schichten nur mit dem Vorschlaghammer arbeiten kann und mechanische Werkzeuge hier nicht anzuwenden sind. Das ist durch und durch falsch. Diese Abwehrhaltung gegenüber der Mechanisierung muß überwunden werden. Wir müssen damit beginnen, in den Schächten mit abschüssigen Schichten

Schrämmaschinen einzusetzen. Genosse Kaganowitsch[47] hat den Vorschlag unterbreitet, vier derartige Maschinen einzusetzen. Wir planen zehn von ihnen einzusetzen.» Aus der Rede der Genossin Kartaschewa, Leiterin des Trusts «Artjomkohle», auf dem Kongreß der Stachanowarbeiter und Aktivisten des Donezker Gebiets (in Gorlowka).

26. September: Schönes, warmes Wetter, auf der Tenne wird gedroschen. Hafer und Kartoffeln sind eingebracht, die Rüben geerntet, abgefahren und eingemietet.

Freitag, 15. Oktober: Zu den Feiertagen[48] werden viele neue Süßigkeiten, Tabakwaren und Parfümerieerzeugnisse in den Verkauf gelangen. So stellt die Moskauer Fabrik «Bolschewik» die Kekssorten «Glückliche Kindheit» und «Union» in hoher Qualität her. Die Kekse werden in hübsch gestalteten Schachteln verkauft. Die Fabrik «Roter Oktober» produziert den Bonbon «Pionier», die Pralinen «Sowjetpol» u. a. Die Leningrader Samoilowa-Süßwarenfabrik liefert Pralinen in schön gestalteten Schachteln (u. a. mit der Darstellung des sowjetischen Pavillons auf der Pariser Weltausstellung). Zum Festtag werden 197 Millionen Zigaretten von der Zentralen Tabakfa-

---

47 *Kaganowitsch* – Lasar Moissejewitsch Kaganowitsch (1893–1992), Volkskommissar für das Transportwesen und später Volkskommissar für Schwerindustrie (bis 1939), Mitglied des Politbüros von 1938 bis 1947, Vizepräsident des Rates der Volkskommissare; maßgeblich an den «großen Säuberungen» und an der Entfaltung des totalitären Stalinismus beteiligt (Industrialisierung und Zwangskollektivierung).
48 *Zu den Feiertagen* – gemeint sind die Feierlichkeiten anläßlich des 20. Jahrestages der Oktoberrevolution (25. Oktober 1917 bis 7. November nach dem neuen Kalender).

142

brik hergestellt. In großer Anzahl wird es Geschenkpackungen mit Eau de Cologne, Parfüm, Seife und Puder geben.

2. Oktober: Bedecktes, kaltes Wetter, morgens war starker Frost und am Tage hat es bei Nordwestwind immer wieder geschneit, wir ernten den Schwarzkümmel, schneiden und fahren Kohl vom Feld und putzen ihn vertragsgemäß.

Sonntag, 17. Oktober: Gestern wurde das Revolutionsmuseum der UdSSR in Moskau nach der Renovierung wiedereröffnet. Die einzelnen Abteilungen wurden entsprechend den Vorgaben des Genossen Stalin, die er in seinem Brief an die Herausgeber des Lehrbuchs zur Geschichte der UdSSR formuliert hat, neu gestaltet.

4. Oktober: Das Wetter ist wieder schön mit leichtem Frost, es weht ein Südwestwind.

Mittwoch, 20. Oktober: Dieser Tage öffnet in Leningrad eine Kleinkunstbühne ihre Pforten. Sie wird Vaudevilles, kleine Operetten, aktuelle Parodien, lyrische Szenen, Heldenmonologe usw. inszenieren. Künstlerischer Leiter des Theaters ist der verdiente Künstler I. Dunajewski[49].

7. Oktober: Schönes Wetter mit leichtem Morgenfrost bei Nordwestwind. Wir dreschen noch immer Hafer und bringen den Kohl vom Feld.

49 *Dunajewski* – Isaak Ossipowitsch Dunajewski (1900–1955), sowjetischer Komponist bekannter Lieder, Operetten und Filmmusiken.

Sonnabend, 23. Oktober: Auf der Wahlversammlung der Vertreter des Stalinschen Wahlkreises der Stadt Moskau haben die Werktätigen einstimmig Jossif Wissarionowitsch Stalin zum Kandidaten für den Unionsrat bestimmt.

*

Tbilissi. Vom Gebäude der Tbilissier Zweigstelle des Marx-Engels-Lenin-Instituts ist heute das Gerüst abgenommen worden. Die Fassade wird von 16 monumentalen dunkelgrauen Marmorsäulen geschmückt. Der Sockel des Gebäudes ist mit dunkelgrauem Granit verkleidet. An der Giebelwand sieht man figürliche Darstellungen, die einzelne Passagen aus dem Brief der Werktätigen Georgiens an den Genossen Stalin illustrieren. Des weiteren ein Basrelief mit den Köpfen von Marx, Engels, Lenin und Stalin. Die Möbel wurden speziell für das Institut angefertigt.

19. Oktober: Schönes, sonniges Wetter, morgens gab es ein wenig Frost, tagsüber aber war es warm, bei sehr leichtem Südwestwind. Heute dreschen wir Weizen und haben vertragsgemäß vier Fuhrwerke Kohl abgefahren. Heute ist mir ein Unglück widerfahren – ich habe mir mit dem Stemmeisen tief in die rechte Hand geschnitten.

Sonntag, 7. November: «Meine Glückwünsche der Sowjetunion zum zwanzigsten Jahrestag. Ich grüße auch alle Leser der ‹Iswestija›. Ich beglückwünsche die sowjetische Filmindustrie zu ihren Erfolgen. Herzlichst Ihr Charlie Chaplin.»

25. Oktober: Es ist bedeckt, leichter Nordwestwind, nicht besonders kalt und trocken. Ich war heute in Kolomna zur Demonstration, und wir haben bei Sanja und Jegoruschka gefeiert. Habe bei Sanja übernachtet.

Mittwoch, 10. November: Ungeachtet des schlechten Wetters und der 400 m tief hängenden Wolkendecke tauchten gegen drei Uhr nachmittags am 7. November über dem Roten Platz die ersten Flugzeuge auf. Mehr als 300 Flugzeuge – ausschließlich moderne Hochgeschwindigkeitsmaschinen aller Typen – nahmen an der Militärparade teil. Im Unterschied zu den vorangegangenen Jahren waren nur Maschinen der neuesten Modelle vertreten, moderne Hochgeschwindigkeitsbomber, Düsenjäger und Aufklärungsmaschinen. Die Flugzeuge flogen ungeachtet der heftigen Turbulenzen in akkurater Formation: Die einzelnen Maschinen bildeten – wie durch ein unsichtbares Band miteinander verbunden – am Himmel die siegreich dröhnende Aufschrift «XX UdSSR». Die Flugschau anläßlich des zwanzigsten Jahrestages der Großen Sozialistischen Oktoberrevolution hinterließ einen Eindruck von Kühnheit und Stärke, Geschwindigkeit und hoher Meisterschaft.

*

Gori. Am 8. November fand die feierliche Eröffnung des auf Initiative des Gen. Berija[50] restaurierten Hauses statt, in dem Jossif Wissarionowitsch Stalin seine Kindheit verbracht hat. Das kleine Häuschen mit seinen zwei winzigen Zimmerchen ist in der Gestalt, die es vor einem halben Jahrhundert hatte, wieder hergerichtet worden. Über dem Häuschen wurde ein Pavillon aus Granit und farbigem Stein mit einem Glasdach und schwarzen Marmorsäulen errichtet. Von der Mitte des Pavillons aus hat man einen wunderbaren Blick auf die Fassade

---

50 *Berija* – Lawrenti Pawlowitsch Berija (1899–1953), führender Sowjetfunktionär, von 1931 bis 1936 Erster Sekretär des ZK der KP in Transkaukasien und Georgien, 1938 Volkskommissar des Inneren und damit Chef des gesamten Polizei-, Nachrichten und Sicherheitsdienstes, einer der Hauptverantwortlichen der «großen Säuberungen». Nach Stalins Tod 1953 gestürzt und als Volksfeind erschossen.

des Häuschens, auf die zwei Fenster und die Eingangstür. Mehr als 2000 Menschen waren bei der Eröffnungsveranstaltung des Gedenkmuseums anwesend.

28. Oktober: Bedecktes Wetter, Morgennebel, aber warm, es hat ein paarmal gedonnert und etwas geregnet, gegen Abend regnete es stärker, hörte aber bald wieder auf, nachts hat es nicht mehr geregnet.

Dienstag, 23. November: Das verdiente Akademiemitglied Trofim Denissowitsch Lyssenko [51], Direktor des Odessaer Instituts für Selektion und Genetik, ist im Neu-Ukrainischen Wahlkreis des Odessaer Gebiets als Kandidat für den Unionsrat aufgestellt worden. Akademiemitglied Lyssenko, Fleisch vom Fleische seines Volkes, bestes Beispiel eines parteilosen Bolschewiken, ist ein glühender Patriot seines Heimatlandes. Auf dem zweiten Allunionskongreß der besten Kolchosbauern sagte er: «In unserer Sowjetunion werden nicht Menschen, sondern Organismen geboren, Menschen werden bei uns gemacht – Traktoristen, Techniker, Maschinisten, Akademiker, Wissenschaftler. Einer dieser Menschen bin ich, ich wurde nicht als Mensch geboren, sondern zum Menschen gemacht. Und so zu fühlen macht mehr als glücklich.» – «Bravo, Genosse Lyssenko, bravo!», diese Worte des Genossen Stalin klangen auf dem Kongreß als höchstes Lob für die bedeutenden Verdienste des Revolutionärs und Wissenschaftlers. Und

51 *Lyssenko* – Trofim Denissowitsch Lyssenko (1898–1976), Agrarbiologe, leitete das Moskauer Institut für Genetik der sowjetischen Akademie der Wissenschaften. Entwickelte eine «dialektisch-materialistische Vererbungslehre», der zufolge erworbene Eigenschaften vererbt werden sollen. Seine Glorifizierung ging einher mit der Verfolgung andersdenkender Wissenschaftler.

gemeinsam mit Stalin ruft das gesamte Sowjetvolk seinem Akademiker zu: «Bravo, Genosse Lyssenko, bravo!»

10. November: Tim hat einen Sohn bekommen. Auf Wunsch der Eltern haben sie ihn Anatoli genannt. Die Geburtsurkunde wurde in altem Stil abgefaßt. Das Wetter ist bedeckt, leichter Südostwind, nicht kalt, es ist warm.

Mittwoch, 24. November: Stalino. Eine Gruppe ausländischer Delegierter besuchte in Gorlowka den allseits bekannten Hauer des «Kotschegarka»-Schachts, J. P. Jermakow. Gestern gingen die Delegierten mit Jermakow unter Tage, um sich selbst zu überzeugen, wie die Stachanowbergleute arbeiten. In Anwesenheit der ausländischen Gäste stellte Jermakow einen neuen Rekord auf. Er baute in einer Schicht 180 Tonnen Kohle ab, das sind 1288 Prozent des Plans.

11. November: Bedecktes Wetter, sehr warm mit leichtem Frost, aber ohne Schnee. Ich war heute in dem Dampfbad von Bobrowo. Heute sind wir mit 9 Fuhrwerken zum zweiten Mal nach Kamenka gefahren, um Klee zu holen.

Freitag, 26. November: Am 24. November hörten Millionen Werktätige die Radiosendung, die dem Sekretär des ZK der Kommunistischen Partei, dem Volkskommissar für Innere Angelegenheiten der UdSSR und Kandidaten des Unionsrates des Gorki-Leninschen Wahlkreises (Stadt Gorki), Genossen Nikolai Iwanowitsch Jeschow, gewidmet war. Der Schauspieler W. N. Jachtonow las eine Erzählung über das Leben und die revolutionäre Tätigkeit N. I. Jeschows. Im literarisch-musikalischen Programm gab es des weiteren: das «Poem über den Volkskommissar Jeschow» des Volkssängers von Kasachstan, Dschambul, «Gedanken über die Heimat» des Volkssängers von Dhagestan, Suleiman Stalski, Gedichte von Perez Markisch[52], den «Woroschilowmarsch», «Wir stehen auf Wacht» und «Lied über den Heldenmut» der Komponisten Iljin, Listow und Fere.

13. November: Bedecktes, aber ruhiges und warmes Wetter, ohne Schneefall, der Schlittenweg ist ausgebessert, und unser Kolchos fährt noch immer Klee aus Kamenka.

Sonnabend, 27. November: In Moskau ging ein Telegramm mit folgendem Wortlaut ein: «An Walentina Grisodubowa, Gorki – Fliegerstaffel, Moskau – Wybornaja. Liebe Genossin Grisodubowa! Die Kolchosbauern und -bäuerinnen des Tschuisker Wahlkreises der Kirgisischen SSR haben beschlossen, Sie als Kandidatin für einen Sitz im Nationalitätensowjet aufzustellen. Wir bitten Sie, diese Kandidatur anzunehmen. Bitte kommen Sie mit dem Flugzeug zu uns. Das Flugfeld ist bereits vorbereitet.»

«Ich bin tief gerührt von dem Vertrauen», schreibt Grisodubowa, «das Sie mir entgegengebracht haben. Ich verstehe dieses Vertrauen folgendermaßen: Ich werde unserem großen Volk, der Kommunistischen Partei, unserem geliebten und teuren Vater, dem bedeutendsten Menschen unserer Epoche,

---

52 *Markisch* – Perez Davidowitsch Markisch (1895–1952), jiddischer Dichter, Dramatiker und Romancier. Während des Zweiten Weltkriegs Mitglied im Jüdischen Antifaschistischen Komitee, wurde 1949 verhaftet und 1952 gemeinsam mit zahllosen anderen jüdischen Künstlern und Intellektuellen umgebracht.

148

dem Genossen Stalin, treu ergeben sein. Ich werde all meine Kraft einsetzen, um gegen die Bande der Trotzkisten und Bucharinisten, faschistischen Spione, bürgerlichen Nationalisten und anderer Konterrevolutionäre zu kämpfen und unsere Heimat zu verteidigen ... Hätte ich wohl in alter Zeit jemals Fliegerin werden können? ... Meine Mutter war Näherin, mein Vater Arbeiter. Wir kamen gerade so aus. Die Sowjetmacht hat mir nicht nur ermöglicht, Fliegerin zu werden, sondern auch dazu beigetragen, daß ich vier Weltrekorde brechen konnte. Und solche wie mich gibt es in unserem Lande Tausende.»

*

Kolchosbauern eines Dorfes im Odessaer Gebiet haben einen Wandermönch namens Staroschuk festgenommen. Er verbreitete überall wirres Zeug über das «Ende der Welt». Der Mönch verband seine Prophezeiungen vom baldigen Ende der Welt mit antisowjetischer Propaganda und rief dazu auf, Popen in die Sowjets zu wählen.

14. November: Bedecktes Wetter, aber nicht besonders kalt, mit schwachem Südostwind und leichtem Frost.

Mittwoch, 1. Dezember: Die Nachrichtenredaktion des Rundfunks veranstaltet heute um 18 Uhr 30 Moskauer Zeit eine Radiosendung zum Gedenken an Sergej Mironowitsch Kirow[53]. Die Sendung wird über den Kominternsender ausgestrahlt.

53 *Kirow* – Sergej Mironowitsch Kirow (1886–1934), führender Sowjetfunktionär, seit 1926 Parteisekretär von Leningrad, enger Mitarbeiter Stalins. Seine Ermordung am 1. Dezember 1934, die höchstwahrscheinlich von Stalin inszeniert worden war, löste den Terror der «großen Säuberungen» aus.

18. November: Wieder bedecktes Wetter und leichter Südwestwind. Nicht kalt, es hat die ganze Zeit leicht geschneit, sie fahren noch immer Klee.

Sonnabend, 11. Dezember: Der Moskauer Stadtsowjet hat dem Trust, der mit dem Abriß und der Verlegung von Gebäuden betraut ist, den Vorschlag unterbreitet, in den nächsten Tagen mit dem Abriß der Häuser in der Gorki-Straße zwischen dem Hotel «Moskwa» und der Manege zu beginnen. Diese Arbeiten sind Teil des Projektes zur Errichtung des Prospekts Palast der Sowjets. An Stelle der abgerissenen Gebäude ist vorgesehen, ein Denkmal für Pawlik Morosow[54] zu errichten.

28. November: Nachts und gegen Morgen war es stürmisch, es wehte ein starker Südwestwind, es gab auch Schneesturm mit Glatteis, tagsüber ließ der Wind nach und es wurde wärmer, im Haus war es sogar feucht, heute war ich im Werksdampfbad von Strujew.

54 *Pawlik Morosow* – Der von der Sowjetpropaganda zum Kultobjekt erhobene Pawlik Morosow liefert ein berühmtes Beispiel für die während des Stalinismus geforderte «revolutionäre Wachsamkeit». Er hatte als Zwölfjähriger seinen Vater, den ehemaligen Vorsitzenden des Dorfsowjets, wegen «Kollaboration mit den Kulaken» denunziert. Der Vater und weitere Kolchosmitglieder wurden daraufhin erschossen. Pawlik wurde später von anderen Dorfbewohnern erschlagen. Er wurde postum als Held und Märtyrer glorifiziert.

Montag, 20. Dezember: Im Meyerhold-Theater[55] fand eine Parteiversammlung statt, bei der der Artikel des Gen. Kerschenzew und andere Presseveröffentlichungen diskutiert wurden. Die Versammlung hat ein weiteres Mal gezeigt, welche Rückständigkeit und stickige Atmosphäre in diesem Theater herrschen. Echte Selbstkritik hat es auch dieses Mal nicht gegeben. Während der gesamten sowjetischen Öffentlichkeit bewußt ist, daß alle Versuche fehlgeschlagen sind, Meyerhold auf den richtigen Weg zurückzuführen, haben die Parteimitglieder des Theaters nichts Besseres zu tun gewußt, als ihn zu bitten, seine Tätigkeit fortzuführen. So hat die Versammlung beschlossen, das Komitee für künstlerische Angelegenheiten zu bitten, W. Meyerhold von seinen Verpflichtungen als Direktor zu entbinden, ihn aber als künstlerischen Leiter des Theaters in seinem Amt zu belassen. Was für eine schädliche, prinzipienlose Entscheidung! Die Parteiorganisation des Theaters hat aus den Presseveröffentlichungen nicht die nötigen Schlüsse gezogen, sondern sich lediglich auf formale Kritik beschränkt und im Prinzip den schändlich bankrott gegangenen Theaterleiter verteidigt.

7. Dezember: Bedecktes Wetter mit ordentlichem Südostwind, warm und feucht, mehrere Male hat es zu regnen angefangen, von den Dächern taut es stark, es herrscht weiterhin Tauwetter.

---

55 *Meyerhold-Theater* – Wsewolod Emiljewitsch Meyerhold (1874–1940), einer der bedeutendsten Regisseure seiner Zeit, bekannt für sein antiillusionistisches Theater, mit dem er die Theaterarbeit revolutionierte. Sein Theater wurde 1938 geschlossen, er selbst als «Formalist» verteufelt, 1939 verhaftet und 1940 nach schweren Folterungen erschossen.

Freitag, 31. Dezember: Die Felix-Dserschinski-Kommune[56] für obdachlose Kinder in Charkow feiert ihr zehnjähriges Bestehen. Während dieser Zeit sind fast tausend ehemals obdachlose Kinder in ein geregeltes Leben zurückgekehrt. Heute leben mehr als 2500 Kinder in der Kommune.

*

Das zu Ende gehende Jahr 1937 wird als das historische Jahr der großen Stalinschen Verfassung des siegreichen Sozialismus in die Annalen der Geschichte eingehen. Als das Jahr, in dem das gesamte sowjetische Volk bei den Wahlen zum Obersten Sowjet der UdSSR vor der Weltöffentlichkeit seine politisch-moralische Einheit demonstriert hat. Dieses Jahr hat die große Kraft unseres Landes gezeigt, eines Landes, in dem der Mensch tatsächlich frei ist. Und diese sich immer weiter festigende Kraft können weder Feinde noch die trotzkistisch-bucharinische Bande von Spionen, Diversanten und faschistischen Agenten ins Wanken bringen. Das kommende Jahr wird ein Jahr weiterer bemerkenswerter Siege des Sozialismus werden. Das große Sowjetvolk überschreitet frohen Muts die Schwelle dieses Jahres, um unter der Führung der Partei Lenins und Stalins den Aufbau des großartigen Gebäudes des Kommunismus und der lichten Zukunft der gesamten Menschheit fortzusetzen.

18. Dezember: Bedecktes Wetter mit leichtem Frost um 10 Grad minus und Reif auf den Bäumen. Im Kolchos fahren sie noch immer Mist aus dem Pferdestall auf die Kartoffelfelder.

---

56 *Dserschinski* – Felix Edmundowitsch Dserschinski (1877–1926), Gründer der Tscheka, Organisator des «Roten Terrors». Von 1919 bis 1923 Volkskommissar des Inneren und gleichzeitig Volkskommissar für das Verkehrswesen.

«Mein Leben
ist leer
geworden»

Tagebuch von
Galina Wladimirowna Stange

Galina Wladimirowna Stange wurde 1885 in Leningrad als Tochter eines Ingenieurs geboren. Nach dem Schulabschluß absolvierte sie ein pädagogisches Studium. 1903 heiratete sie Dmitri Alexandrowisch Stange, der zur Zeit des Tagebuchs Professor am Moskauer Elektromechanischen Institut für Eisenbahnwesen (MEMIIT) war. Sie hatte vier Kinder, drei Söhne und eine Tochter, und drei Enkelkinder. Bereits vor der Revolution leistete Galina Stange ehrenamtliche Tätigkeit. So organisierte sie Amateurtheateraufführungen für Schulkinder, bereitete warme Mahlzeiten für Studenten der Eisenbahnerschule, arbeitete während des Ersten Weltkrieges als Krankenschwester in einem Lazarett. In den schwierigen Zeiten nach dem Krieg, während der Revolution und des Bürgerkriegs, mußte sie diese ehrenamtlichen Aktivitäten ganz aufgeben, um für ihre große Familie zu sorgen.

Von 1922 bis 1934 lebte die Familie im Dorf Udelnaja, wo Galina Stange zeitweilig Mitglied des Dorfsowjets war. 1934 siedelte die Familie nach Moskau über.

Sie führte ihr Tagebuch, das sie «Erinnerungen» nannte, im Hinblick auf spätere Leser («damit spätere Generationen erfahren, wie wir gelebt haben …») von 1932 bis 1938. Die hier wiedergegebenen Textauszüge beziehen sich auf die Zeit von Mai 1936 bis März 1938. Das Tagebuch befindet sich heute im Russischen Staatsarchiv für Kunst und Literatur in Moskau.

2. Mai 1936

Nach einem langen Arbeitstag haben Mitja* und ich heute abend beschlossen, einen Spaziergang durch das feiertägliche Moskau zu unternehmen. Es ist gar nicht so einfach, in diesen Tagen abends spazierenzugehen! Ganz Moskau ist auf den Beinen, und alle Straßen und Plätze sind voller fröhlicher, festlich gekleideter Menschen. Überall Festbeleuchtung, von allen Seiten ertönt Musik. Die Straßen sind liebevoll geschmückt, das Zentrum aber stellt alles in den Schatten! Die Maler haben all ihre Phantasie eingesetzt, um die zentralen Plätze nach dem diesjährigen Thema «Eine glückliche Kindheit» zu gestalten. Stalin ist sehr kinderlieb und tut tatsächlich alles, damit Kinder eine glückliche Kindheit haben. Kürzlich wurde übrigens ein Kindertheater eröffnet, im Gebäude des ehemaligen

---

* Galina Stange benutzt in ihrem Tagebuch für ihre Angehörigen verschiedene Kosenamen. Ehemann Dmitri: Mitja, Mitjajetschka, Papanetschka.

Tochter Irina: Irunetschka, Irunka.

Schwiegersohn Boris: Borja.

Söhne – Boris: Borja, Wladimir: Wow, Wowa, Wowik, Jewgeni: Schenja, Schenjurka.

Schwiegertöchter – Dina: Dinotschka, Walentina: Walja, Tatjana: Tanja.

Enkelkinder – Andrej: Andrjuscha, Alexander: Sascha, Saschenka.

Schwester Olga: Olja, Oljunja.

Neffe Anatoli: Tolja, Toljascha.

2. MChAT[1]. Das Ensemble des Theaters ist in die Provinz geschickt worden, da es den Ansprüchen nicht genügte, das Gebäude wurde sofort dem Kindertheater zur Verfügung gestellt.

Die Leitung des Theaters hat Natalija Saz[2]. An der Innengestaltung waren Irina und ihr Mann, unsere jungen Maler, beteiligt.

5. Mai

Heute bin ich zur Akademie der Wissenschaften gefahren, um zu erfahren, wie es um unser Datschaprojekt steht. Im Herbst 1935 ist Mitja Mitglied in der Datscha-Baukooperative bei der Akademie der Wissenschaften geworden. Er war dazu als Mitglied des Präsidiums der Verkehrskommission der Akademie der Wissenschaften berechtigt. Jetzt können wir hoffen, daß wir irgendwann ein eigenes, wenn auch kleines Häuschen mit Garten bekommen, nicht weit von Moskau, bei der Station «42. Kilometer» der Kasaner Eisenbahnlinie.

13. Mai 1936

Seit einigen Tagen verfolgt das ganze Land mit großem Interesse in den Zeitungen die Anfänge einer bemerkenswerten Frauenbewegung, die die Frauen der Chefs des Volkskommissariats für Schwerindustrie initiiert haben. Sie veröffentlichten

1 2. MChAT – Zweites Moskauer Akademisches Künstlertheater, bestand von 1924 bis 1936 (in der Nachfolge des 1912 von K. S. Stanislawski gegründeten 1. MChAT).

2 Natalija Saz – Natalija Iljinitschna Saz (1903–1990?), Theaterleiterin und Schauspielerin, eine der Begründerinnen des ersten sowjetischen Kindertheaters. Verfasserin zahlreicher Stücke, Opern- und Ballettlibretti für Kinder. In ihrem Auftrag schrieben A. N. Tolstoi das Stück «Das goldene Schlüsselchen» («Burattino») und S. S. Prokofjew das musikalische Märchen «Peter und der Wolf». In den späten dreißiger Jahren wurde sie inhaftiert und verbrachte viele Jahre in Arbeitslagern.

einen Aufruf, sich dieser Bewegung anzuschließen, worauf die Ehefrauen der Chefs des Volkskommissariats für Verkehrs- und Transportwesen – NKPS – und des Straßenbaus sofort reagierten.

Ganz unerwartet bin auch ich Mitglied in dieser Initiativgruppe geworden. Ich saß gerade zu Hause und war mit meinen üblichen Familienproblemen beschäftigt, als die Sabelina kam und mir den Vorschlag unterbreitete, an einer Diskussionsrunde einiger Damen des NKPS teilzunehmen, die der Bewegung beitreten wollten. Natürlich habe ich zugesagt.

Nachdem wir kurz unsere Absichten besprochen hatten, verfaßten wir einen Brief an den Leiter der Politabteilung des NKPS, Genossen Simin, in dem wir unserem Wunsch Ausdruck verliehen, uns der gemeinschaftlichen Arbeit zur Verbesserung der Lebensbedingungen der Mitarbeiter der Verkehrsbetriebe anzuschließen. Wir baten Simin, uns so bald wie möglich zu empfangen, weil wir ihm den Brief persönlich überbringen wollten. Es war bereits elf Uhr abends, als wir bei seinem Sekretär vorsprachen, doch die späte Stunde hielt uns nicht zurück, da wir alle wußten, daß die NKPS-Leitung bis zwei oder drei Uhr morgens arbeitet.

(…) Simin war sehr zuvorkommend, ließ uns an einem großen Tisch Platz nehmen, bot uns Tee und Gebäck an, berichtete kurz über die Art und Weise der Organisation und machte uns mit der Frauenbeauftragten Sypatschowa bekannt. Morgen um fünfzehn Uhr werden wir die weiteren Schritte mit ihr besprechen.

Wenn ich zurückdenke, wird mir deutlich, daß ich mich schon immer gern gesellschaftlich engagiert habe, aber das war noch vor der Revolution, darüber später. Nach der Revolution verlief das Leben für meine große Familie unter derart schwierigen Bedingungen, daß alle Energie darauf verwendet werden mußte, jegliche Unbill von der Familie fernzuhalten. Dennoch habe ich mich auch damals mehrfach bemüht, ehrenamtliche Arbeit zu leisten. Vor allem, als wir in Udelnaja lebten und man mich in den Dorfsowjet gewählt hatte. Dort arbeitete ich aber nicht lange mit, weil mich die offensichtlichen Bestrebungen kränkten, die «Aristokratin», für die man mich damals hielt, aus dem Dorfsowjet hinauszudrängen. Deshalb bat ich, mich von dieser Aufgabe zu entbinden. (...)

Später wollte man mich immer wieder für die Klubarbeit gewinnen, doch wegen absoluten Zeitmangels mußte ich ablehnen. 1932 habe ich einmal im Klub von Udelnaja anläßlich des 8. März[3] einen sehr schönen Abend organisiert. Unglücklicherweise gab es aber an diesem Tag einen schrecklichen Schneesturm, so daß alle Anstrengungen umsonst waren – der Abend mußte abgesagt werden. (...)

Bald darauf zogen wir nach Moskau in ein Haus des NKPS in der Nowaja-Basmannaja-Straße. Dieses Haus hatte einen wunderbaren Leiter – ein hochdekoriertes Parteimitglied. Er organisierte sofort einen Hausfrauenzirkel und stellte einen schönen Raum für den «Roten Winkel»[4] zur Verfügung.

Der «Rote Winkel» ist eine Art Klub, ein Ort, wo sich die Einwohner eines Bezirks – in diesem Falle unseres Hauses – treffen können, wo man arbeiten oder sich entspannen kann.

Es wurden noch eine ganze Reihe Zirkel ins Leben gerufen, in denen die Hausfrauen ihre politische Bildung verbessern, musizieren, singen und handarbeiten können, zum Beispiel ein Zirkel der OSOAWIACHIM[5], wo Woroschilow-Schüt-

3 *8. März* – der 1910 auf Initiative Clara Zetkins auf der 2. Internationalen Konferenz der Sozialistinnen in Kopenhagen begründete Internationale Frauentag.
4 *für den «Roten Winkel»* – siehe Seite 32.
5 *OSOAWIACHIM* – «Gesellschaft zur Förderung des Flugwesens und

zen⁶ und Kader für die chemische Zivilverteidigung ausgebildet werden. Ein Zirkel des Bezirksverbands des Roten Kreuzes, einer zur Liquidierung des Analphabetentums, ein weiterer zum Schutze der Kinder und andere. Ich besuchte die Kurse der medizinischen und chemischen Zivilverteidigung und besitze heute zwei Abzeichen über den Abschluß dieser Ausbildung. Gern wäre ich auch Mitglied der Erste-Hilfe-Station unseres Hauses geworden, aber leider erlauben mein Alter – 51 Jahre – und mein Gesundheitszustand (mein krankes Herz) eine derart schwere körperliche Arbeit nicht. Dennoch fühle ich mich verpflichtet, stets wachsam gegenüber Feinden zu sein, von denen es nicht wenige gibt. Aus diesem Grunde habe ich beschlossen, im Herbst einen Krankenpflegekurs zu besuchen.

14. Mai, morgens

Gestern abend habe ich mich vom Enthusiasmus der anderen mitreißen lassen, mir ein Herz gefaßt und bin der Frauenbewegung beigetreten. Heute morgen jedoch überkamen mich Zweifel, ob meine physischen Kräfte dem überhaupt gewachsen wären und ich das leisten könnte, was von mir gefordert wird und was ich leisten möchte.

abends

Gegen acht Uhr waren wir im Sitzungssaal. Es ist ein wunder-

des Luft- und Gasschutzes», die 1927 gegründet wurde, um die Zivilverteidigungsbereitschaft der Bevölkerung zu befördern. Ihre Aktivitäten betrafen beinahe alle Bereiche des Alltags. 1939 waren etwa 12 Millionen Menschen Mitglied dieser Gesellschaft.
  6 *Woroschilow-Schützen* – nach Kliment Jefremowitsch Woroschilow (1881–1969), Marschall der Sowjetunion seit 1935 und Politiker. Organisierte gemeinsam mit F. Dserschinski die Tscheka; 1925 bis 1940 Volkskommissar für Verteidigung, später stellv. Vorsitzender des Rates der Volkskommissare, von 1946 bis 1953 Ministerpräsident der UdSSR.

schöner, geschmackvoll möblierter Raum. Pogrebinski aus der Politabteilung, der unsere Versammlung leitete, war schon da. Wir wählten eine vierzehnköpfige Initiativ-Exekutiv-Untergruppe, die die Verbindung zur Politabteilung und der Ortsparteigruppe halten soll. Anschließend informierte Pogrebinski uns über die materielle Basis unserer Arbeit. Das NKPS verfügt demnach über: Arbeiter- und Lehrlingswohnheime, drei Kindergärten, Kinderkrippen, Pionierlager, Kantinen, Büffets, Alphabetisierungszirkel, ein Landschulheim in Malachowka, Med-Punkte, Laienspielgruppen, geschmackvoll gestaltete Arbeitsplätze, Blumen, gepflegte Vorgärten, schön gestaltete Gebäude des NKPS, Rote-Kreuz-Stationen, OSOAWIACHIM, Bibliotheken, Werkstätten – so zum Beispiel für Rechenmaschinen, einen Fuhrpark, die Zeitung «Sirene», Schulen, ein Haus des Sports und das Kindererholungsheim Belimag bei Anapa. Nachdem er all das aufgezählt hatte, stellte ich die Frage, ob es denn auch ein Heim für Invaliden und ältere alleinstehende ehemalige Mitarbeiter der Verkehrsbetriebe gäbe. Er antwortete, daß er zu seiner Schande gestehen müsse, darüber nichts zu wissen. Anschließend begannen wir festzulegen, wer auf welchem Gebiet arbeiten möchte. Ich nannte meinen Namen und sagte, daß ich gern für die Wohnheime zuständig wäre. Darauf er: «Ah, Stange! Von Ihnen erwarten wir viel, denn Ihr Gatte ist ja eine hochgestellte Persönlichkeit.» Bei diesen Worten fühlte ich, wie es mich vor Freude heiß überlief, charakterisierten sie doch meinen lieben «Papanetschka» so gut. Andererseits bekam ich Angst – werde ich überhaupt imstande sein, die in mich gesetzten Erwartungen zu erfüllen? «Noblesse oblige!» Morgen werde ich mit der Arbeit beginnen und mich bemühen, den Platz auszufüllen, von dem Pogrebinski sprach. Ich habe mich mit der Aktivistin unseres Hauses Grosdowa zusammengetan, morgen um 10 Uhr gehe ich zu ihr.

17. Mai

Gestern bat man mich in unser Institut zu einer Vorbespre-chung beim Parteiorganisator des Instituts, wo über die weitere Entwicklung der Frauenbewegung beraten wurde. Ich wurde gebeten, auf der Vollversammlung ein Referat über die Bedeu-tung dieser Bewegung zu halten.

Ich fürchte, daß ich dazu nicht in der Lage bin, ich habe ja noch nie im Leben vor so vielen Menschen gesprochen – außer vielleicht damals beim Theater.

Jetzt will ich versuchen, die Gedankensplitter zu Papier zu bringen, die in meinem Kopf Gestalt annehmen.

«Genossinnen, gestatten Sie mir einige Worte über die Frauenbewegung, die nach und nach überall in unserem Land entstanden ist und großen Schwung besitzt ... Wie Sie sehen, bin ich schon alt, aber diese wunderbare Bewegung hat mich derart mitgerissen, daß ich nicht ruhig beiseite stehen kann. Mein Gefühl sagt mir, daß ich mein – wenn auch unbedeuten-des – Leben auf dem Altar unseres Vaterlandes darbringen muß. Laßt uns mit kleinen Schritten beginnen, denn aus Bä-chen werden schließlich auch Ströme ...» usw.

19. Juni

Die Sonne hat sich verfinstert. Alexej Maximowitsch Gorki ist gestorben[7].

27. August

Jetzt hat also meine ehrenamtliche Arbeit begonnen! Offen ge-sagt, habe ich zwar angenommen, daß es demnächst losgeht, aber nicht gedacht, daß es so schnell gehen würde. Zwei Mo-nate lang habe ich mit großer Begeisterung gearbeitet. Ich war

7 *Gorki ist gestorben* – siehe S. 110.

in meinem Element und fühlte mich ungeachtet meiner Müdigkeit sehr wohl. Ich habe einiges geleistet und könnte noch vieles schaffen, doch es ist mir nicht vergönnt! Die Lebensumstände lassen nicht zu, daß ich auch nur einen Schritt vom Pfad der häuslichen Pflichten abweiche. Am 15. August ist Borja ein Sohn geboren worden, und weder er noch wir haben eine Haushaltshilfe, und er hat nicht einmal eine annehmbare Wohnung. Ein einziges Zimmer von 10 qm. Es ist unmöglich, dort die Möbel, Dinotschka, das Neugeborene, die Windeln und die Badewanne unterzubringen. Um den 15. September herum soll er eine Wohnung bekommen, bis dahin müssen sie auf der Datscha wohnen.

Ich kann sie ja nicht ohne jede Hilfe allein lassen. Die Unglücklichen tun mir sehr leid, und ich muß ihnen in dieser schweren Zeit beistehen.

Ich habe beschlossen, meine geliebte Arbeit aufzugeben und mich wieder mit Kochen, Geschirr und Windeln zu befassen.

Selbst für meine persönlichen Dinge bleibt mir kaum Zeit.

Jetzt scheint es eine Möglichkeit zu geben, unsere Wohnung gegen eine bessere zu tauschen, aber ich fürchte, wir haben wegen der Geburt des Kindes den Zeitpunkt versäumt. Meine Stimmung ist miserabel, und wenn ich nachdenke, dann packt mich eine derartige Verzweiflung, daß ich den Tränen nahe bin.

Der Reihe nach:

Boris ist ein wunderbarer Mensch, klug, begabt, außerordentlich gewissenhaft in seiner Arbeit, aber dennoch kommt er im Leben nicht zurecht.

Zum ersten Mal geheiratet hat er mit zwanzig, Irinas Freundin Olga Bajewa. Sie haben eine Tochter, Ninotschka, ein reizendes Mädchen. Olga ist ein sehr guter Mensch, eine wunderbare Mutter, eine schöne Frau, sie arbeitet gern, ist couragiert, doch sie hat einen teuflischen Charakter, genau wie ihre Mutter. Gemeinsam quälten sie Boris sieben Jahre lang, schließlich ließen sie sich scheiden. Nach anderthalb unerfreulichen Jahren heiratete er zum zweiten Mal, mit noch weniger Erfolg, eine junge, recht interessante und auch nicht dumme Frau. Doch weder von ihrer noch von seiner Seite aus war ein Fünkchen Liebe im Spiel. Außerdem stellte sich heraus, daß sie von schwacher Gesundheit war und keinerlei Neigung hatte, eine Familie zu gründen. Ohne Liebe hatten sie sich zusammengetan und ohne Liebe trennten sie sich schließlich voneinander. Wieder quälte er sich allein herum, bis er Dina begegnete und sie heiratete.

Jetzt sind sie bereits zwei Jahre verheiratet, es sieht so aus, als liebten sie sich, doch sie haben es nicht leicht. Borja arbeitet in dunklen, ungesunden Räumen und hat seine Gesundheit bereits ruiniert, sogar sein Gehör ist in Mitleidenschaft gezogen. Er hat sich verschiedenen Behandlungen unterzogen, doch mit geringem Erfolg. Weil er schlecht hört, legt man ihm, ungeachtet all seiner guten Eigenschaften und großen Kenntnisse, bei seinem beruflichen Fortkommen Steine in den Weg. Er arbeitet als kommissarischer Leiter bei der Bahnhofsverwaltung mit einem Gehalt von 700 Rubeln, weitere Aussichten hat er bisher nicht. Es quält und kränkt ihn sehr, daß man sein Vorwärtskommen ständig behindert. Das Geld reicht natürlich nicht, denn 200 Rubel gibt er ja schon seiner Tochter Ninotschka. Er bemüht sich, eine nach Stundenlohn bezahlte Arbeit zu finden, aber das ist heute schwierig. Sie haben große Geldsorgen. Er hat es schwer, lebt ärmlich, und ich kann ihm nicht helfen und quäle mich nur.

Das Söhnchen haben sie Andrej genannt. Ein prächtiger Junge, er wächst und gedeiht wunderbar. Dina kümmert sich sehr um ihn, sie ist geduldig und liebevoll.

28. August 1936

Irunetschka hat auch ein schweres Leben. Sie ist Malerin und mit ihrem Kommilitonen Boris Schatilow verheiratet. Sie haben damals geheiratet, als Mitja inhaftiert war[8] und es uns sehr schlecht ging, so daß ich sie weder ausstatten konnte, wie es sich gehört, noch mit Geld unterstützen.

Sie zogen bei Boris' Eltern ein, in ein winziges Zimmerchen, in dem man nur sitzen oder stehen konnte, an einen Schritt zu gehen war nicht zu denken.

In diesem Zimmerchen wohnten sie zwei Jahre, ein Wunder, daß sie dabei nicht verrückt geworden sind. Sie lebten in großer Armut, entwarfen für ein paar Groschen Muster für Taschentücher, doch aus Stolz baten sie niemanden um Hilfe, sondern mühten sich ständig, irgendeine Arbeit zu finden. Nach zwei Jahren schließlich bekamen sie ein recht hübsches Zimmer. Aber ein einziges Zimmer für zwei Maler! Und jeder hat seine Staffelei, seine Utensilien! Mit einem Wort, sie behindern sich gegenseitig sehr bei der Arbeit. Außerdem haben sie keinen Platz für ein Hausmädchen, alles müssen sie deshalb allein machen, obwohl sie sich jetzt eine Hilfe leisten könnten.

Meine arme Kleine muß kochen, saubermachen, flicken und stopfen, Geschirr spülen und all den anderen Haushaltskram und noch dazu für den Lebensunterhalt sorgen, und für das Wichtigste, in ihrer Kunst weiterzukommen – was ihr alles bedeutet –, ist sie zu nervös und müde. Außerdem hat Boris einen schwierigen Charakter, er ist grob, egoistisch und eifersüchtig.

Mittlerweile ist Irunetschka eine anerkannte Künstlerin, die

8 *als Mitja inhaftiert war* – 1928, höchstwahrscheinlich im Zusammenhang mit Stalins Verfolgung der technischen Intelligenz Ende der zwanziger Jahre, Genaueres darüber ließ sich nicht ermitteln.

in der Presse gelobt wird. Sie ist mit ihren Arbeiten in allen Ausstellungen vertreten und erhält ein monatliches Fixum in Höhe von 500 Rubel vom Staat. Sie hat einen Staatsauftrag für ein großes Bild zum 20. Jahrestag der Oktoberrevolution bekommen und schon mehrere Bühnenbilder entworfen.

5. Oktober 1936
Jetzt ist der langerwartete Tag Wirklichkeit geworden! Heute ist unser lieber Wow mit seiner Familie aus dem Fernen Osten gekommen.

Wow, mein geliebter, vergötterter Sohn, die liebe bescheidene Waljuscha und der wunderbare kleine Sanetschka!

Wie ich euch liebe, wie Papa und ich uns über euch freuen, wir wollen alles tun, damit ihr euch wohl fühlt, und euch helfen, so gut wir können.

Es ist nur schade, daß wir nicht in der Lage sind, euch gute Bedingungen zu schaffen.

Welch ein Glück, daß wir wieder alle zusammen sind. Wowas Leben im Fernen Osten mit seiner nicht abgeschlossenen Ausbildung lastete wie ein schwerer Stein auf uns. Das ist nun zum Glück vorbei.

15. Oktober 1936
Nun war ich also in Rostow, und jetzt, auf dem Rückweg, rekapituliere ich, was sich in diesen viereinhalb Tagen alles ereignet hat.

Am 10. holte mich die Vorsitzende des Frauenrates Perfiljewa morgens ab, um mich in die Politabteilung zur Frauenbeauftragten Genossin Perepetailo zu bringen, die mich freundlich begrüßte. (...)

Zunächst besuchten wir die Lenin-Lokomotivwerke.

Man hatte die Frauen über unser Kommen informiert, sie

empfingen uns am Werktor und brachten uns zu dem Raum, den ihnen das Werk zur Verfügung gestellt hat.

Ein recht großes Zimmer, das mit Losungen und Blumen geschmückt ist. In der Mitte ein großer Tisch, bedeckt mit einem roten Tuch. Hier erwartete uns bereits der Frauenrat in voller Besetzung und die Stenographin.

Sie begrüßten mich sehr freundlich, plazierten mich in der Mitte, und der Fotograf machte eine Aufnahme. Ich berichtete ihnen vom Zweck meiner Reise, darauf folgten Vorträge jeder Aktivistin-Brigadierin über ihre Arbeit.

Ich hörte fünf Stunden lang zu und machte mir Notizen. Ohne Pause, so daß ich furchtbar erschöpft war. Danach führten sie mich durch das Werk, durch die einzelnen Abteilungen, ich sollte mit eigenen Augen sehen, was sie bisher im Werk und auf dem Betriebsgelände geleistet hatten. Ich sah mir alles an und war gerührt, mit welcher Fürsorge die Frauen sich um die Arbeiter und ihren Arbeitsplatz kümmerten. Inzwischen haben sich die Arbeiter an die Anwesenheit von Frauen im Betrieb gewöhnt. Jetzt sehen sie in uns fleißige Helferinnen und begrüßten uns herzlich und freundlich. Zwischen dem Referat und dem Rundgang durch die Abteilungen gingen wir in die Kantine, wo wir ein schmackhaftes, gutes Essen bekamen. Die Kantine ist geräumig, sauber, weiße Wachstuchdecken auf den kleinen Tischen, Vorhänge, Blumen, das Personal in weißen Kitteln und große weiße Handtücher an den Waschbecken. Alles ist vorbildlich organisiert.

Im ersten Stock befindet sich ein schönes Café, wo es abends Akkordeonmusik gibt. Es dunkelte bereits, als wir das Werk verließen, bis zum Auto begleitet vom gesamten Frauenrat. Als wir das Werkstor passierten, überreichten mir die Frauen einen Blumenstrauß. Die Blumen stammten von den Beeten, die sie selbst auf dem Werksgelände angelegt hatten, dort, wo vorher nichts als Gerümpel und Schrott gelegen hatte. Die Freude über meinen Besuch wollte kein Ende nehmen. «Wir freuen uns so sehr, daß man sich für unsere Arbeit interessiert», sagten sie. «Jetzt werden wir mit noch größerem Elan arbeiten.»

«Übermitteln Sie der Genossin Sypatschowa unsere Grüße und richten Sie ihr aus, daß wir gern öfter Besuch bekämen.» Am nächsten Tag fuhren wir wieder in die Leninwerke und besichtigten die Kinderkrippen, die Wohnheime für das reisende Bahnpersonal, die Baustelle des Kindergartens für 100 Kinder und das Geschäft beim Haus «Gigant». Projektierung und Einrichtung dieses Geschäftes wurden ausschließlich von Frauen konzipiert und realisiert. Es steht unter ihrer ständigen Aufsicht, damit die Warenlieferungen fristgemäß erfolgen und Mißbrauch unterbunden wird. Wieviel Liebe und Energie die Frauen in all diese Arbeit investiert haben (...). Vom Werk fuhren wir zurück zur Stadt, um uns das Kinderheim und die Roten Winkel der Eisenbahnerhäuser anzusehen, wo Frauen mit den Kindern arbeiten. In beiden Einrichtungen führten uns die Kinder zunächst ein kleines Programm vor, und danach folgten Referate des Frauenaktivs. Ich saß sechs Stunden dort, ohne einmal aufzustehen, und schrieb fast die ganze Zeit mit. Ein wunderbarer Eindruck. Die Kinder im Kinderheim sind gesund und fröhlich – sie sangen und tanzten. Sie sind höflich, sauber und liebevoll angezogen. Die Perfiljewa vergöttern sie, nennen sie «unser Mütterchen». (...)

Als ich ging, baten sie mich, den Genossen Stalin und L. M. Kaganowitsch[9] Grüße zu überbringen. Ich lachte und weinte zugleich, als ich diese von der Straße aufgelesenen Kinder betrachtete, die jetzt so fröhlich sind, gesund und gut gekleidet.

9 *L. M. Kaganowitsch* – siehe S. 142.

Rührend ihre Arbeiten, so akkurat und liebevoll gebastelt. Von hier ging es gleich ins Theater. Ein prunkvolles, großes Theater. Äußerlich macht es vielleicht einen etwas überladenen Eindruck, doch im Innern ist es bescheidener, dafür aber sehr geschmackvoll in Form und Farbe. Auch die Schauspieler sind gut.

Die halbe Nacht über habe ich geschrieben. Am nächsten Tag stand wieder die Besichtigung von Krippen, Wohnheimen und eines Sanatoriums für 400 Kinder auf dem Programm. Die Krippen und Wohnheime sind wunderschön. In solchen Krippen muß sich ein Kind natürlich wohler fühlen als zu Hause, für alles ist vorgesorgt. Das Sanatorium aber hat mich vollends in Erstaunen versetzt. Die kleinen sauberen Bungalows befinden sich in einem schönen Garten außerhalb der Stadt. Reizende Kleidung, Pyjamas und viel Spielzeug. Man merkt gar nicht, daß man sich in einer medizinischen Einrichtung befindet. Die Schlafsäle, Spielzimmer, Speiseräume, einer immer schöner als der andere, sind mit viel Überlegung möbliert. Es gibt Ärzte aller Fachrichtungen, und einmal pro Monat kommen Professoren zur Konsultation. Eine Laborantin haben sie auch. Die zwei- bis vierjährigen Kinder nehmen während ihres Sanatoriumsaufenthaltes bis zu vier Kilogramm zu. Die Fenster sind mit Fliegengittern versehen und stehen offen, dennoch ist es überall sehr warm, da stark geheizt wird. Auch der Duschraum ist wunderbar ausgestattet. Ich erfuhr, daß man jetzt die an Masern erkrankten Kinder nach dem neuesten Erkenntnisstand mit Antimasernserum vom Menschen impft. Und noch etwas: Täglich erhalten die Kinder frische Obst- und Gemüsesäfte: aus Moosbeeren und anderen Beeren, verschiedenen Früchten, aus Mohrrüben und Kohl. Ein Glas pro Tag. Ich muß unbedingt meinen Enkeln auch solche Säfte geben.

Vom Sanatorium aus fuhren wir gleich zur Perepetailo in die Verwaltung und arbeiteten dort bis elf Uhr abends.

Nach Hause zurückgekehrt, setzte ich mich aufs Bett und schrieb die ganze Nacht hindurch. Ich war derart müde, daß ich gar nicht mehr weiß, wann ich eingeschlafen bin. Als ich gegen Morgen erwachte, brannte das Licht, meine Papiere und Unterlagen waren über das Bett verstreut, und den Bleistift hielt ich noch in der Hand. Ich stand rasch auf und schrieb weiter. Danach zur Verwaltung, wo ich alles mit der Maschine abtippte, das Material sortierte und für die Fahrt verpackte. Ich arbeitete bis zur letzten Minute, und dann bat mich noch der Leiter der Politabteilung zu sich. Wie gut, daß ich redegewandt bin, denn wir kamen miteinander ins Gespräch. Er war sehr liebenswürdig, bedauerte, daß ich die Station Kawkaskaja nicht besucht hatte, und lud mich ein, im Frühling unbedingt wiederzukommen und diese Station zu besichtigen, da die Frauen dort hervorragende Arbeit leisteten. Ich dankte ihm, sagte aber, das hinge nicht von mir ab. «Wenn man mich wieder delegiert, komme ich sehr gern.» Darauf er: «Wir werden darum bitten, daß man Sie delegiert.» Ich scheine also einen guten Eindruck hinterlassen zu haben.

Dann fuhr ich direkt zum Bahnhof. Für den Schnellzug bekam ich keine Karte mehr, so daß ich mit dem Personenzug fahren mußte, und da sitze ich nun. Wie schön, daß die Mitreisenden sympathisch sind.

25. Oktober

Heute hat Wanjuschka Geburtstag, aber ich war den ganzen Tag nicht zu Hause. Die Familie nimmt mir wahnsinnig übel, daß ich tagelang nicht da bin. Sie lachen über mich und wollen sogar Karikaturen über mich zeichnen. Besonders Wowa ist mir böse. «Wir sollten unsere Koffer packen und nach Chabarowsk zurückfahren.» Ich weiß nicht, was ich tun soll – ich kann doch weder die Arbeit noch die Familie aufgeben. Mor-

gen müßte Saschkas Anmeldung für die Krippe beim Ortsko-
mitee abgegeben werden. Walja möchte das unbedingt. Es fällt
ihr schwer, sich mit ihm abzugeben, ich aber verstehe nicht,
wie man ohne die geringste Notwendigkeit sein Kind fremden
Leuten anvertrauen kann, einzig und allein, um mehr Freihei-
ten zu haben.

31. Oktober

Es klappte nicht, Sascha in der Krippe unterzubringen. Nun
werde ich meine Zeit zwischen Familie und Arbeit aufteilen
müssen, was ich bereits tue. Eine derartige Doppelbelastung ist
sehr anstrengend, ich bin müde und gereizt.

1. November

Ich war bei der ersten Vorführung der Amateurgruppe, die vom
Frauenrat organisiert worden war. Es war nicht besonders – die
üblichen Vorführungen von Amateuren. Manche waren interessant. Die Frauenjazzband war ganz gut.

Walja nimmt mir übel, daß ich ihr wenig helfe – ich sehe
und spüre das. Doch was soll ich machen, wenn ich kaum Zeit
habe.

13. November

Am Abend fand in unserem Haus eine Versammlung anläßlich
der Organisation der Bürgerwehren statt. Ich wurde ins Komitee der Russischen Sektion des Roten Kreuzes gewählt. Ich
zeichnete mit einigen Rubeln für die Unterstützung der Kinder
und Frauen in Spanien [10].

---

10 *Unterstützung der Kinder und Frauen in Spanien* – siehe S. 121.

4. Dezember 1936

Als ich heute von der Dienstreise zurückkam, war Wowik nicht da. Er ist nach Jalta gefahren.

Das NKPS möchte ein Buch über die Arbeit der Frauen im Transportwesen herausgeben. Material liegt bereits viel vor, aber es reicht noch nicht aus. Um es zu vervollständigen, hat man mich auf Reisen geschickt. Ich war in Wladikawkas (jetzt Ordschonikidse), in Machatschkala, in Grosny, in Prochladnaja. Immer mit der Frauenbeauftragten der Nordkaukasischen Eisenbahn. Ich habe viel Material mitgebracht, weiß aber nicht, ob es etwas taugt. Das bereitet mir große Sorgen. Es wäre mir sehr unangenehm, wenn der Auftrag nicht erfüllt wäre – obwohl das ja nicht von mir abhängt. Schließlich kann ich ja nichts mitbringen, was es nicht gibt oder was man mir vorenthalten hat.

Von zu Hause gibt es auch nichts Erfreuliches zu berichten. Meine Söhne, Borja und Schenja, sind erschöpft, sehen schlecht aus, von Wowa keine Nachricht. Von Olja kam wieder ein trauriger Brief – Tolja ist beinahe an einer eitrigen Angina gestorben, sie leiden schreckliche Not. Was soll ich tun, wie helfen, ich weiß es nicht. Geld haben wir fast keins. Mitja arbeitet viel zuviel. Die Schwiegertöchter nörgeln. Walja sagt: «Ich habe mich entschlossen, mit Sascha nach Chabarowsk zu gehen, soll Wladimir hierbleiben und zu Ende studieren, bis zum Diplom. Dies Leben hier befriedigt mich nicht, ich möchte arbeiten. In Chabarowsk kann ich das tun, weil sich dort meine Mutter um Sascha kümmern wird.»

Zu meiner Zeit haben Mütter so nicht gedacht und ihre Kinder nicht in fremde Hände gegeben, zum Beispiel in Krippen, sondern sie haben ihre Kinder selbst aufgezogen. Gibst du zu bedenken, daß Kinder sich in den Krippen leicht eine Infektion zuziehen und sterben können, erhältst du zur Antwort:

171

«Das ist eben die natürliche Auslese. Übersteht das Kind die Krankheit, ist es gut, wenn nicht, kannst du auch nichts machen.» So denken also die heutigen Mütter! Wie furchtbar das in meinen Ohren klingt, bin ich doch zu jeder Zeit bereit gewesen – bis zum heutigen Tag –, mein Leben für jedes meiner Kinder herzugeben.

Tatjana aber ist ganz und gar unerträglich. Sie hat einen häßlichen, groben und aufsässigen Ton an sich und benimmt sich entsprechend. Wie ich höre, arbeitet Schenja jeden Tag bis vier oder fünf Uhr früh. Und das, weil sie ihn drängt, sein Studium früher zu beenden. Das hat mich sehr aufgebracht. Aber was soll man machen. Geduld, Geduld und nochmals Geduld, doch die habe ich nicht. Tatjana hetzt Schenja gegen mich auf und Walja auch. Jetzt benimmt sich sogar Schenja schlecht gegen mich. Ach, sei's drum, irgendwann werden sie es bereuen.

Mein Leben ist irgendwie leer geworden. Nein, nicht leer, es ist ausgefüllt, aber mit fremden Angelegenheiten, nicht meinen eigenen. Was mir teuer ist, tritt immer mehr in den Hintergrund. Ich habe die Kinder zur Welt gebracht, habe sie aufgezogen, und jetzt störe ich nur noch. Ich sollte mich zusammennehmen und sie überhaupt nicht mehr beachten.

Irunetschka aber ist meine ganze Freude. Sie ist ein guter Mensch, liebevoll und fürsorglich. Allerdings leben wir ja nicht so eng zusammen, vielleicht würden wir auch Probleme bekommen, wenn wir zusammenwohnen würden. Mein einziges Glück ist mein Mitjajetschka. Da stimmt alles. Auf ihn kann ich mich verlassen, mein ganzes Leben lang. Er belügt mich nicht und hört auch nicht auf, mich zu lieben. Für ihn bin ich die einzige auf der ganzen Welt, wie auch er für mich der einzige ist … Bloß Zeit haben wir nicht füreinander, immer trennt uns die Arbeit. Nur selten sehen wir uns, und dann sind wir beide müde.

Wahrscheinlich verübeln mir Walja und Tanja, daß ich ein Leben voller interessanter Aufgaben führe, sie aber zu Hause sitzen, Walja wegen des Kindes, Tatjana, weil sie derart faul ist, daß sie überhaupt nichts tun will, als sich herauszuputzen, zu amüsieren und zu flirten.

6. Dezember 1936

Gestern abend wurde die neue Stalinsche Verfassung[11] angenommen. Ich will hier nichts weiter dazu sagen, außer daß ich eine ebensolche Begeisterung fühle wie das ganze Land.

Seit dem Morgen gibt es Demonstrationen, die Menschen sind fröhlich, überall ertönt Musik, es wird gesungen, die Straßen sind voller Menschen, Zelte mit verschiedenen leckeren Dingen wurden aufgestellt, sogar Tische mit weißen Tischdekken und allen möglichen Erfrischungen zu niedrigen Preisen. Am «Roten Tor» habe ich mit eigenen Augen einen kochenden Samowar gesehen.

Zur Demonstration bin ich nicht gegangen, da ich meiner Haushaltshilfe freigegeben hatte, so daß ich mich selbst um den Haushalt kümmern mußte. Es hatte sich sehr viel Arbeit angesammelt.

25. Dezember 1936

Am 18. Dezember war ich ins NKPS zur Vorsitzenden der Kommission beim Volkskommissariat für die Frauenbewegung, der Genossin Kablutschko, geladen worden. Man teilte uns mit, daß das NKPS eine Abordnung zur Konferenz der Frauen der Kommandeure der Roten Armee delegieren will, die am 20. Dezember im Kreml eröffnet werden soll.

Die Delegation sollte aus 100 Frauen und 50 Kindern beste-

---

11 *die neue Stalinsche Verfassung* – siehe S. 110.

hen, darunter auch wir und speziell ich als Vertreterin des *MEMIIT*.

Dann wurde das Programm für unseren Auftritt festgelegt: Einmarsch mit dem Lied «Groß ist mein Heimatland»[12], danach hält die Frau des Maschinisten Kriwonos eine Rede, und anschließend überreichen wir die Geschenke: einen Panzerzug und einen Sanitätswaggon. Danach ziehen wir aus dem Saal und singen den neuen, noch nirgends abgedruckten Marsch der Eisenbahner «Bahn und Armee sind Brüder». Unser gesamter Auftritt soll Zeugnis davon ablegen, daß Armee und Verkehrswesen tatsächlich brüderlich verbunden sind.

Den Panzerzug sollen die Ordensträgerinnen Kriwonos und Troizkaja tragen, den Sanitätswaggon die, die das Erste-Hilfe-Abzeichen und die Rote-Kreuz-Binde besitzen. Da ich sowohl das Erste-Hilfe-Abzeichen als auch das Abzeichen der Flug- und Chemiewaffenabwehr besitze, bat man auch mich, den Waggon zu tragen. Natürlich habe ich mich sehr darüber gefreut, denn das ermöglicht es mir, unsere Regierung ganz aus der Nähe zu sehen, vor allem Stalin, den ich ja so sehr liebe.

Am folgenden Tag begannen die Proben. Ich hatte bereits an zwei Proben teilgenommen und war zur dritten erschienen, als die Kablutschko mich zu sich rief und mir mitteilte, daß ich weder den Waggon tragen noch der Delegation angehören würde, ich bekäme eine Gästekarte für den Kreml für die hinteren Plätze.

Natürlich ist auch das eine große Ehre und zeugt von großem Vertrauen, dennoch kränkt es mich, daß man mich so behandelt, mich vor allen Frauen aus der Delegation ausschließt! Es kränkt mich und ist mir sehr peinlich. Als ich die Karte ab-

---

12 «*Groß ist mein Heimatland*» – das «Lied von der Heimat» – «Pesnja o rodine», siehe S. 35.

holen ging, erklärte man mir den Grund: Man hätte die Delegation verkleinert, und ich sei ja schließlich keine Vertreterin des NKPS, sondern des MEMIIT. Ich konnte mich lange nicht beruhigen, doch eine eilige Arbeit für den Kindergarten ließ mich die Sache für eine Weile vergessen. Am Morgen des folgenden Tages war ich in Angelegenheiten des Kindergartens unterwegs und konnte deshalb nicht zu den Vormittagssitzungen gehen. Ich schaffte es lediglich zu den Abendveranstaltungen um sechs Uhr, und erst bei der Abschlußveranstaltung verbrachte ich einen ganzen Tag im Kreml.

Da ich wahrscheinlich bei uns im MEMIIT über das Gehörte sprechen und folglich einen Bericht schreiben muß, will ich jetzt nicht näher auf die Reden eingehen, sondern lediglich über meine Eindrücke schreiben.

Auf dem Weg zum Kreml stellte ich mir vor, wie beeindruckend es sein würde, wenn ich in den Saal käme und die ganze Regierung vor mir sähe. Tatsächlich jedoch war es ganz anders. Mein Platz lag weit vom Präsidium entfernt, und da der Saal riesengroß ist, konnte ich bei meiner Kurzsichtigkeit nichts und niemanden deutlich erkennen. Ich sah lediglich die Umrisse einer Gruppe Menschen, einzelne Gesichter konnte ich nicht unterscheiden.

Doch die Tatsache, im Kreml zu sein in diesem historischen Saal, erfüllte mich mit Stolz.

Ich hörte aufmerksam zu und schrieb soviel mit, wie ich konnte. Den stärksten Eindruck hinterließ bei mir jener Augenblick, als die Delegation der Kinder der Kommandeure der Moskauer Garnison hereinkam und Stalin ihnen die Hände entgegenstreckte, sie zu sich auf die Tribüne zog und zwei der Kinder umarmte, ganz väterlich, warm und herzlich. Das war so rührend anzusehen, daß mir sogar die Tränen in die Augen traten. Die Kinder trugen weiße Matrosenanzüge – ein schöner Anblick. Angeführt wurde der Zug von einem hübschen vierzehnjährigen Mädchen, hinter ihr ein Militär und und eine stattliche Frau, beide mit Bestenabzeichen. Darauf folgten die Banner und dann die Kinder, dem Alter nach, die größeren voran. Sie trugen ein Geschenk – das Modell eines Lehrflugzeugs, das sie selbst gebastelt hatten. Außerdem Blumen und alle möglichen Spielsachen, sogar einen Teddybär und eine Puppe. Es war sehr ergreifend und schön. Auch die anderen Delegationen waren gut gestaltet, sie brachten die unterschiedlichsten Geschenke: die Delegation der Schwerindustrie ein Flugzeugmodell und Order für ein echtes Ausbildungsflugzeug, die Delegation der Binnenschiffer ein schönes Schiffsmodell. Und ein Meer von Blumen, Bändern, Wimpeln usw., Musik, Gesang und lang anhaltende Hurrarufe.

Am vorletzten Tag der Konferenz hatte ich wieder ein kränkendes Erlebnis. Abends hörte ich beim Verlassen des Saals, daß im NKPS eine Versammlung stattfindet, zu der alle zusammengerufen worden seien, selbst aus dem Kreml. Ich regte mich fürchterlich auf, warum man mir nicht Bescheid gegeben hatte. Zu Hause erkundigte ich mich, ob nicht irgend jemand angerufen hätte, keiner wußte etwas, und die Hausangestellte schlief bereits. Ich mußte mich damit abfinden, daß ich wohl bei dieser Veranstaltung aus irgendeinem Grund nicht erwünscht war. Doch am nächsten Morgen sagte die Hausangestellte: «Galina Wladimirowna, Sie sollten gestern ins NKPS kommen, zu einer Konferenz, aber ich habe gesagt, daß Sie nicht zu Hause sind.»

Ich war sehr verärgert über das Verhalten meiner Familie, die sich absolut nicht für meine Angelegenheiten interessiert, ebenso über die Frauen, die meine Anwesenheit bei gewissen Anlässen offenbar nicht wünschen. Und der Anlaß war tatsächlich außergewöhnlich – Lasar Moissejewitsch Kaganowitsch hatte die Frauen zu einer zwanglosen Zusammenkunft geladen, ein gutes und offenes Gespräch mit ihnen geführt und ihnen Vorgaben für die künftige Arbeit gegeben.

Es empörte und ärgerte mich, ich geriet sogar mit meiner Freundin in Streit, die auch nicht daran gedacht hatte, mich zu informieren.

Die Konferenz der Frauen der Kommandeure der Roten Armee endete am 23. abends, und am 24. Dezember gab Kaganowitsch für alle ein Bankett im Klub, an dem er auch selbst teilnahm. Er mischte sich unter die Gäste, gab sich unkompliziert und redete ganz einfach. Er hörte sich die Lieder an, sah den Tanzenden zu und tanzte sogar selbst, und anschließend erkundigte er sich, wer denn getanzt habe. Ganz kameradschaftlich.

Ich saß an Lasar Moissejewitschs linker Seite, und da ich ihn zuvor noch nie gesehen hatte, betrachtete ich ihn sehr genau. Er hat ein recht angenehmes Gesicht und wunderbare, ausdrucksvolle Augen. Vor allem aber strahlt er eine große und Klugheit aus, aber auch Unnachgiebigkeit und Willensstärke. Und wenn er lacht, sieht man seine Güte.

Er sprach unter anderem darüber, wie die moderne Frau sein sollte, über ihre Beziehung zur Familie und zur gesellschaftlichen Arbeit, darüber, daß es keine Frauen geben sollte, die nicht arbeiteten, und darüber, daß wir die internationale Lage berücksichtigen sollten, um jederzeit bereit zu sein, unsere an die Front gezogenen Männer, Brüder und Söhne zu ersetzen. (…)

Nach diesem Empfang wurden überall in den Transportbetrieben Versammlungen abgehalten, auf denen über die Vorgaben von Lasar Moissejewitsch referiert wurde.

Folgendes hat Lasar Moissejewitsch Kaganowitsch auf dem Empfang der Frauen der Chefs des Transportwesens gesagt:

(Ich war nicht dort, habe die Informationen von Sabelina.)

1. Fürsorge für unsere Männer: gut für sie zu kochen, keinen Kummer bereiten, eine angenehme Atmosphäre schaffen, für gute Stimmung in der Familie sorgen, ihnen wirkliche Erholung gönnen.

2. In unserer Bewegung gibt es, genau wie im Eisenbahnverkehr, eine Hauptstrecke und Nebenstrecken, die die Hauptstrecke nicht behindern dürfen. Unsere vordringlichsten Aufgaben sind die Betreuung der Kindereinrichtungen, Fragen des Alltags, Liquidierung des Analphabetentums und Hebung des kulturellen Niveaus. Wenn wir überschüssige Kräfte haben (wie Waggons, die überladen sind), so können wir auch in die Produktion gehen. Er will uns nicht zurückhalten, doch es soll nicht unser wichtigstes Ziel sein.

3. Wir sollen nicht zulassen, als zusätzliche parteilose Mitarbeiter ausgenutzt zu werden, damit wir nicht die Arbeit erledigen, die die bezahlten Mitarbeiter tun sollten. Ich möchte, daß Sie Prozente des Kapitals sind und nicht als Ergänzung zur Erfüllung der Norm gesehen werden. In einem derartigen Falle hätten wir ja von Ihrer Bewegung keinerlei Gewinn – sie wäre dann lediglich eine Ergänzung dessen, was die Männer nicht geschafft haben. Ich würde Sie gern als Inspektoren sehen, die die Schwachstellen aufdecken und darüber berichten.

4. Das wichtigste in Ihrer Bewegung sind Sie selbst. Ihre kulturelle, politische und allgemeine Entwicklung. Lernen Sie, spezialisieren Sie sich und erreichen Sie, daß Sie notfalls in der Lage sind, Ihre Männer zu ersetzen.

5. Über die Schaffung eines Aktivs. Unsere Bewegung wird erst dann bedeutsam sein, wenn alle Frauen in die Arbeit einbezogen sind.

Wir sollen verschiedenste Zirkel bilden, lernen und andere unterweisen. Die Arbeit soll fröhlich sein und Freude bereiten.

Ihr Männer müßt begreifen, daß es auch euch nützt, wenn eure Frau aktiv ist. Dann werdet auch ihr euch sicherer fühlen. All das habe ich natürlich sehr verkürzt notiert, nur das Wesentlichste.

27. Dezember

Das Jahr neigt sich dem Ende zu. Es war ein sehr schweres Jahr für mich. Die Familie klagt darüber, daß ich selten zu Hause bin. Sie tun mir leid, aber was soll ich denn machen? Ich bin doch noch nicht zu alt und möchte noch ein eigenes Leben führen. Meine Kinder habe ich großgezogen, und das nicht schlecht. Ich habe meine Pflicht gegenüber der Familie erfüllt und möchte die wenigen Jahre, die mir noch bleiben, für mich selbst nutzen – und der Familie helfen, das will ich immer freudig tun.

1. Januar

Das neue Jahr begann traurig. Mitja ist an Grippe erkrankt. Und heute ist auch Dina krank geworden – sie hat sich erkältet oder bei Mitja angesteckt und bekam gleich hohes Fieber und Schüttelfrost. Borja ist furchtbar erschrocken, er rief mich an. Ich ging gleich zu ihnen und war entsetzt: Sie liegt im Bett, die Arme, und weint.

«Ich bin völlig erschöpft», sagt sie. «Ich kann einfach nicht mehr.» Wie soll sie auch nicht weinen, wo sie mit allem vollkommen allein ist. Das Kind, Windeln waschen, mit dem Kind spazierengehen, Essen kochen, saubermachen. Sie leben auf 10 qm, eine Kinderfrau können sie nicht einstellen, weil sie sie nicht unterbringen können.

Jetzt, wo Dina krank ist, hat Borja keinen Platz zum Schlafen. Sie haben zwar ein Klappbett, aber keinen Platz, es aufzustellen. Borja hat beschlossen, drei Sofakissen auf den Boden zu legen und darauf zu schlafen. Es graut einen, wenn man bedenkt, wie die Menschen im allgemeinen und Ingenieure im besonderen heutzutage leben.

Ich habe von einem Ingenieur gehört, der mit seiner Frau auf 9 qm lebt. Als sie Besuch von seiner Mutter bekamen, hatte er überhaupt keinen Platz mehr zum Arbeiten. Also stellte er die Lampe auf den Boden und legte sich selbst unter dem Tisch auf den Bauch und arbeitete in dieser Stellung – aufschieben konnte er die Arbeit nicht, sie war dringend.

Ich habe diesen Fall aufgeschrieben, damit es die, die nach uns leben, lesen und eine Vorstellung davon bekommen, was wir durchgemacht haben.

8. Januar

Borja hat endlich ein 20 qm großes Zimmer bekommen. Heute ziehen sie um. Leider ging es nicht ohne Scherereien ab, als sie das alte Zimmer übergaben.

15. April 1937

Gerade haben wir Schenja zum Zug gebracht. Er fährt nach Taschkent auf Dienstreise. Ich bin ganz verzweifelt darüber, denn jetzt kann er seine Prüfungen nicht mehr ablegen. Irgendeine unaufschiebbare Aufgabe des NKPS, dabei hätte er in zwei Wochen seine letzten Prüfungen, danach die Diplomarbeit, und nun ist alles zunichte gemacht worden.

Die Dienstreise dauert einen Monat, ob er aber nach einem Monat zurückkommt, ist ungewiß.

Wie haben wir auf diese Prüfungen gewartet, diesen Abschluß, unter solchen Qualen errungen! Wie viele Willensanstrengungen, Opfer und Kraftakte waren nötig, um dieses Ziel zu erreichen. Wir haben uns so gefreut, nein, eigentlich trauten wir uns nicht einmal, uns zu freuen, damit Schenja nicht noch im letzten Moment sein Studium abbricht.

Und so ist es nun gekommen – zwei Wochen vor dem Ende haben sie ihn vom Studium freigestellt und auf Dienstreise geschickt. Mir fehlen die Worte, um meinen Kummer auszudrücken. Überhaupt bin ich so niedergeschlagen wie schon lange nicht mehr. Wladimir macht mir große Sorgen. Mit aller uns zur Verfügung stehenden Überzeugungskraft haben wir ihn dazu bewegen können, aus dem Fernen Osten zurückzukommen, um seine Ausbildung zu beenden, und nun, ein halbes Jahr nach seiner Rückkehr müssen wir feststellen, daß daraus nichts geworden ist. Er kann und will nicht wie ein Student leben, der vom Vater unterstützt wird. Das Leben hinter Büchern, in anstrengenden Seminaren, ohne eigene finanzielle Mittel, bedrückt ihn derart, daß er buchstäblich dahinsiecht. Er ist mager, blaß, mürrisch, ganz offensichtlich leidet er sehr, und ich habe längst aufgegeben, ihn von einer Rückkehr nach Chabarowsk abzuhalten. Anscheinend träumt er nur noch davon, er schickt ein Telegramm nach dem anderen dorthin, hat bisher aber noch keine Antwort erhalten. Er quält sich schrecklich, bereut, daß er von dort weggegangen ist, und hat nur einen Wunsch – zurückzukehren.

Er will seine Ausbildung nicht beenden, verschließt die Augen vor der Zukunft, die ihm nichts als eine Arbeit als Techniker bieten kann, denn bei all seinen Kenntnissen und Erfahrungen besitzt er doch kein Diplom.

Er tut mir so schrecklich leid, daß es mir fast das Herz zerreißt. Wie ich ihm helfen kann, weiß ich nicht. Ich bereue schon, daß ich ihn überredet habe, alles stehen- und liegenzulassen und herzukommen. Hier kann er natürlich nicht mit einer ähnlichen Stellung wie dort rechnen.

Wenn er wenigstens eine kluge Frau hätte, die erkennen würde, wie wichtig es ist, eine höhe Bildung zu haben. Wenn sie in der Lage und willens wäre, eine angenehme Atmosphäre in der Familie zu schaffen und ihren Mann zu unterstützen. Walja ist aber ganz einfach ein törichtes Mädchen, das es satt hat, mit dem Kleinen zu Hause zu sitzen und in der Rückkehr nach Chabarowsk für sich die Chance eines ungebundenen Lebens sieht. Hier nörgelt und zankt sie die ganze Zeit und verschlimmert so Wladimirs Laune nur noch mehr.

Mein Gott! Was ist das alles für ein Unglück! Wie kann ich meinem geliebten Sohn bloß helfen?

Heute, bei einem dieser sich ewig wiederholenden Gespräche, sagte er etwas ganz Grauenhaftes:

«Ich halte das alles nicht mehr aus. Ich gehe zugrunde. Ich bin vom Leben ausgeschlossen. Leben – das sind doch ständig wechselnde Eindrücke, ich aber habe überhaupt keine Eindrücke.»

Wie furchtbar, daß er seine Situation so sieht! Was kann ich nur tun, um ihm zu helfen? Wenn ich ihn anschaue, wächst mein Kummer mit jedem Tag. Manchmal denke ich, wenn ich keine ehrenamtliche Arbeit leisten, mich um Sascha kümmern und damit Walja vom Kind entlasten würde, wäre alles vielleicht anders.

Das wäre aber wirklich ein sehr großes Opfer!

Warum soll denn ich, die ich doch vier Kinder großgezogen und ein derart schweres Leben gehabt habe, noch jetzt, mit 53 Jahren, wo es zur Neige mit mir geht, dem eigenen Leben entsagen, um der Frau meines Sohnes die Möglichkeit zu geben, so zu leben, wie es ihr gefällt. Für mich wäre das ein derart großes Opfer, daß ich nicht weiß, ob ich noch einmal – ein letztes Mal – die Kraft aufbringe, den Wunsch nach einem eigenen Leben zu unterdrücken. Ich würde vor allem Walja das Leben erleichtern, während mein liebster Wow weiter leiden würde und niemand wüßte, wie das alles enden wird.

Nein ... soll er lieber zurückfahren und sich sein Leben

nach eigenem Ermessen einrichten. Hier hat er keine Arbeit, sitzt zu Hause und beschäftigt sich mit seinem Fach im Fernstudium, da er ja nicht gleich einen Studienplatz bekommen konnte.

So ein Leben ohne jegliche äußeren Eindrücke ist natürlich schwer für einen jungen Menschen, und er versteht es auch nicht, sich das Leben schöner zu gestalten. Walja ist ihm darin auch keine Stütze – sie jammert nur in einem fort und verstärkt seinen Kummer noch.

Mein Liebling, fahr zurück, wenn du möchtest. Für Papa und mich ist das sehr traurig, aber wenn es dich glücklich macht, wollen wir uns zufriedengeben. Mach es, wie du willst. Ich ertrage es nicht, dich in einer derartigen Verfassung zu sehen.

8. Mai 1937

Seit fast einem Monat habe ich nichts mehr in mein Heft geschrieben, ich hatte keine freie Minute. Keinen Tag bin ich vor zwei oder drei Uhr nachts ins Bett gekommen, die letzten Tage sogar erst gegen vier oder fünf, und in der Nacht vor dem 1. Mai habe ich im Kindergarten durchgearbeitet und bin erst morgens um acht Uhr nach Hause gekommen. Die Räume mußten zum 1. Mai geschmückt werden, wir hatten viel zu tun. Ich habe ein Panneau mit Blumen für den Gemeinschaftsraum gemalt, eine ukrainische Hütte aus Sperrholz und zwei Autoräder gebastelt und die gesamte Ausgestaltung der Räume geplant und angeleitet. Ich habe Sonnenblumen aus Holzabfällen gemacht. Es ist alles ganz gut gelungen und hat den Gästen gefallen, aber die Freude an der Arbeit ist mir vergangen wegen dieser widerwärtigen Atmosphäre von Karrierismus, die überall herrscht. Die Sucht, einander die Erfolge streitig zu machen und sich selbst zuzuschreiben, ist derart abstoßend, daß ich sogar schon erwogen habe, die Arbeit ganz hinzuwerfen und zu Hause bei meiner lieben Familie zu bleiben.

Doch so leicht geht das auch nicht – vor kurzem hieß es, der Kongreß der Frauen der Chefs des Transportwesens finde wie geplant am 30. Juni statt, und wieder sind alle wie aufgescheucht und treiben zur Eile an. Ich habe unsere Verpflichtungen im sozialistischen Wettbewerb überprüft und festgestellt, daß noch einiges zu tun ist, andernfalls bringe ich unser ganzes Kollektiv in Verruf. Dann dachte ich, meine Idee, Lasar Moissejewitsch ein von uns Frauen handgemaltes Service zu überreichen, wäre inzwischen hinfällig geworden, aber das erwies sich als Irrtum. Gestern rief mich die Saiontschkowskaja an und sagte, daß es dabei bleibt. Jemand müßte in die Porzellanfabrik von Duljowo fahren, um die Details zu besprechen. Wir haben unsere vorbereiteten Skizzen genommen und sind heute dorthin gefahren. Die Werkleitung empfing uns freundlich, lobte unsere Skizzen und machte natürlich auch einige Anmerkungen dazu. Wir besprachen alles und wurden anschließend durch die Werkstätten geführt, in denen das Porzellan bemalt wird. Ich habe mit großem Interesse zugehört und mir alles angesehen und bin überzeugt, daß wir mit der Arbeit zurechtkommen und ein schönes Service herstellen werden. (...)

Das ist natürlich alles sehr interessant und macht mir Freude, doch wie soll es zu Hause weitergehen? Denn dort geht alles drunter und drüber. Da ist zuerst die schreckliche Geldnot, der Haushalt ist vernachlässigt, und außerdem gräme ich mich sehr wegen Wowa. Er ist so unglücklich und leidet darunter, von unserer Unterstützung abhängig zu sein. Die Abreise nach Chabarowsk hat sich leider zerschlagen, seine Stelle ist bereits besetzt und vorläufig keine andere passende in Sicht.

Der arme Junge ist furchtbar niedergeschlagen, auch seine Gesundheit bessert sich nicht. Kein Arzt weiß, was mit ihm los ist. Morgen wird ihm wieder Blut abgenommen, warten wir ab, was dabei herauskommt.

Mir ist sehr schwer ums Herz, und das Geld reicht auch nicht mehr. Morgen will ich meinen Pelzmantel verkaufen (er ist ja auch schon sehr abgetragen) und ein Kleid, anders komme ich bis zum Gehaltstag nicht aus.

Unser Leben ist alles andere als fröhlich, obwohl wir uns doch den Umständen nach eigentlich freuen müßten. Wir haben ja so prächtige Kinder. Aber sie haben alle Probleme, die ihnen das Leben schwermachen.

Borja ist halb taub, was es ihm, der doch so talentiert ist, unmöglich macht, sich beruflich weiterzuentwickeln. An Geld herrscht großer Mangel.

Irunka hat sich künstlerisch sehr weiterentwickelt. Gemeinsam mit Pimenow und Wassiljew (beide bekannte Maler) hat sie ein Wandgemälde für die Pariser Weltausstellung[13] gemalt. Morgen wird es nach Paris abgeschickt. Sie müßte sich eigentlich freuen, aber statt dessen ist sie niedergeschlagen, weil ihr Mann und sie sich immerzu streiten. Er ist wohl eifersüchtig auf Pimenow und auf ihren Erfolg.

Schenja wurde aus seinen Prüfungen gerissen und nach Taschkent geschickt, um dort den Fortgang der Arbeiten zu überwachen. Glücklicherweise kommt er bald zurück, so daß es wohl doch keine allzu großen Auswirkungen auf sein Studium und die Diplomarbeit haben wird. Sicherlich hat er viel Interessantes zu erzählen. Von meiner Schwester habe ich

---

13 *Pariser Weltausstellung* – bezieht sich auf das Wandgemälde «Die Stachanowbewegung» im sowjetischen Pavillon der Pariser Weltausstellung 1937.

lange nichts mehr gehört und mache mir große Sorgen. Die arme, arme Oljunetschka, wie schwer sie es hat. Wenn sie doch wenigstens gesund wäre, aber sie ist in einer schrecklichen körperlichen Verfassung und hat weder Zeit noch Geld, sich behandeln zu lassen.

Wir, oder vielmehr Mitja, helfen ihr, schicken ihr mitunter etwas Geld, aber wir haben ja selbst kaum etwas und eine große Familie – Papanetschka, ich, Wowa mit Frau und Kind und Schenja und seine Frau. Jeder Sohn bekommt 100 Rubel und wird von uns vollständig unterhalten. Und dann müssen wir auch noch regelmäßig Geld für den Datschabau einzahlen, und das ist nicht wenig.

16. Mai 1937
Gestern abend bin ich zu Olja nach Leningrad gefahren. Die Arme ist schwer erkrankt, und Schenja (unsere Cousine) hat sie in die psychiatrische Abteilung des Bechterew-Krankenhauses einweisen lassen. Ich habe mich furchtbar aufgeregt – sie ist doch ganz allein, hat weder Geld noch Arbeit, braucht also sowohl finanzielle als auch moralische Unterstützung.

Geld hatte ich zwar keines, aber Serjoscha hat mir etwas für sie mitgegeben. Ich habe meinen Pelzkragen und die Seidenjacke verkauft und auf diese Weise etwas zusammenbekommen. Ich will ein oder zwei Tage bei ihr bleiben und bin sehr unruhig, in welchem Zustand ich sie vorfinden werde. Die Arme tut mir so unsäglich leid. Ich habe alles stehen- und liegengelassen und bin abgefahren, obwohl ich sowohl bei meiner ehrenamtlichen Arbeit als auch zu Hause dringende Angelegenheiten zu erledigen habe. In zwei Wochen sollen wir nun endlich die langersehnte und so schwer ersparte Datscha bekommen. (…)

Wie bei all diesen Genossenschaften gab es auch in unserer

Genossenschaft «Der Akademiker» Probleme, die Datschas entsprechen nicht dem Standard, der uns versprochen wurde. Sie sind nicht winterfest, haben weder Öfen noch Zaun, Eiskeller oder Schuppen. Trotzdem freuen wir uns und hoffen, daß wir mit Hilfe unserer Söhne und des Geldes, das Mitja für die Publikation seiner Vorlesungen erhält, die Datscha bald vernünftig ausstatten können. Dann wird endlich Ruhe in unsere Herzen einziehen, da wir wissen, daß wir im Alter unser Plätzchen haben, von dem uns niemand vertreiben kann.

Jetzt träume ich davon, einen Garten anzulegen, und versuche mich von allen anderen Verpflichtungen freizumachen, um meine Kräfte und all meine Aufmerksamkeit auf unser Stückchen Land zu konzentrieren.

Ich habe augenblicklich sehr viel zu tun – am 30. Juni findet die Konferenz der Frauen der Chefs des Verkehrswesens statt, und wir bereiten uns darauf mit allen Kräften vor. Im Institut muß ich meinen Verpflichtungen hinsichtlich des sozialistischen Wettbewerbs unseres Frauenrates mit dem Frauenrat des Leningrader Instituts nachkommen und im NKPS gemeinsam mit der Saiontschkowskaja das Service für Lasar Moissejewitsch bemalen. (...)

Jetzt bin ich also im Krankenhaus. Ich habe einen Passierschein für die Station 7 bekommen, wo Olja liegt. Ich sitze im Korridor und warte auf den Arzt. Gerade eben hat eine Kranke einen Anfall bekommen. Es war furchtbar! Ich bin so erschrocken! Als ich dann über den Korridor ging, hörte ich plötzlich, wie mich Olja ruft. Als ich mich umdrehte, sah ich sie im Bett liegen. Dann sprach ich mit dem Arzt. Er erlaubte mir, zu Olja zu gehen, konnte mir aber nichts Genaues über ihre Krankheit sagen, da sich «die Kranke im Stadium der Untersuchung befindet. Genaueres wissen wir erst in fünf Tagen.» Dann kam Schenja, und gemeinsam gingen wir zu Olja. Am Morgen hatte man ihr eine Rückenmarkspunktion gemacht, deshalb mußte sie auf dem Bauch liegen, mit dem Gesicht nach unten.

Wir unterhielten uns mit ihr und freuten uns sehr über unser Wiedersehen. Olja geht es schon besser, nur ist ihr noch immer schwindlig. Die Kopfschmerzen aber haben nachgelassen. Schenja will mir am 20. schreiben, was die Ärzte beschließen, Olja wird wohl anderthalb Monate lang im Krankenhaus bleiben müssen.

Am Abend bin ich nach Moskau zurückgefahren. Ich habe die ganze Zeit geschlafen, denn gleich nach der Ankunft muß ich ja wieder zur Arbeit. Ich werde noch zu Hause frühstücken und dann in den Kindergarten gehen, weil die Inventur fertiggestellt werden muß. Jetzt genieße ich die wunderbare Twerer Landschaft, die an meinem Fenster vorbeizieht. Ein Meer von blühenden Faulbeerbäumen und wilden Apfelbäumen. Heute weiß ich, daß die Faulbeere trockenen Boden liebt, deshalb gibt es bei uns auch nicht so viele.

17. Mai

Als ich Twer (heute Kalinin)[14] erblickte, kam mir die Erinnerung an zwei Abschnitte meines Lebens. Die erste – als ich noch jung war und die Bjelozerkowzys, unsere Freunde, besuchen fuhr. Wir waren eng befreundet und vermißten einander sehr, wenn wir nicht zusammen waren. Es hatte sie aus Polozk nach Twer verschlagen, wo B. P. arbeitete. Er war dorthin versetzt worden. Wenn ich zu ihnen fuhr, machte ich mich schön, war fröhlich, wir tanzten und waren vergnügt in ihrer herrlichen Wohnung oder vertrieben uns die Zeit in ihrem großen Garten.

Damals war B. P. Chef des Streckenabschnitts der Twerer

14 *Twer* – 1931 in Kalinin umbenannt, seit 1990 wieder Twer.

Eisenbahnlinie und Mitja Ingenieur für besondere Aufgaben beim Leiter der Polessker Eisenbahnen in Wilna.

Die zweite Periode, das war schon nach der Revolution im Hungerjahr 1920[15]. Im Frühjahr machte Mitja eine Dienstreise in den Kaukasus und brachte von dort Salz mit, das es nirgends gab. Wir wollten Kartoffeln setzen, aber es gab keine Saatkartoffeln. Deshalb fuhr ich nach Twer, um Salz gegen Kartoffeln einzutauschen. Damals konnte man gegen Salz eintauschen, was man nur wollte.

Ich nahm Borja mit, das Salz und Säcke. Borja stand auf dem Markt und bewachte die Säcke, während ich über den Markt lief und Salz gegen Kartoffeln tauschte. Wenn ich etwas bekommen hatte, brachte ich es zu Borja und lief wieder los. So ging es den ganzen Tag, wir tauschten fünf Säcke Kartoffeln ein. Unter Aufbietung all unserer Kräfte schleppten wir sie zum Zug, luden sie selbst ein (Borja war damals 15 Jahre alt) und fuhren im Triumphzug nach Hause. Zwei Tage später begannen wir damit, die Kartoffeln zu setzen, alles mit unseren eigenen Händen, nur zum Pflügen nahmen wir ein Pferd, da das Stück Land bei unserer Datscha groß war – fast eine halbe Desjatine.

Damals fuhren viele Menschen wegen Äpfeln nach Twer, uns aber stand der Sinn nicht nach Äpfeln, wir waren kaum in der Lage, unsere große Familie zu ernähren, und litten immer wieder Hunger. Die ganze Hungerzeit über mußte ich auf der Suche nach Brot über Land fahren, doch darüber später, denn eben kommen wir in Moskau an.

Neben mir im Abteil sitzt eine Familie, die nach Sewastopol

15 *Hungerjahr 1920* – die verheerende Hungersnot 1920/21 als Folge von Krieg, Bürgerkrieg und Mißernten, vor allem im Wolga-Kama-Gebiet, der etwa fünf Millionen Menschen zum Opfer fielen.

fährt – der Mann, die Frau, die Kinderfrau und drei Kinder, das eine drei Jahre, die beiden anderen etwa neun Monate, es sind Zwillinge. Sie weinen und nörgeln, die Eltern kommen überhaupt nicht zur Ruhe, besonders der Papa. Von den dreien ist er überhaupt die beste Kinderfrau. Es sieht komisch aus, aber heutzutage gehen Väter oft am besten mit ihren Kindern um.

13. Mai 1937
Schenja ist gerade von der Dienstreise zurückgekehrt. Er ist braungebrannt und fröhlich und erzählt, was er unterwegs gesehen hat.

Über die Gegend sagt er, daß Mittelasien sich, seit wir dort waren, sehr verändert hat. Neue Häuser, Straßenbahnen, die alten Häuser werden abgerissen, Schleier sieht man aber noch häufig. Einer Frau haben sie den Schleier unter Schenjas Mithilfe abgenommen. Die Arbeiter haben Fahrräder, die meisten besitzen ein Grammophon. Sie haben viel Geld und können damit nicht umgehen. Das Gesetz, das ihnen das Trinken von Alkohol verbietet, ist in Vergessenheit geraten, und nun trinken sie fürchterlich viel.

Ich habe mich entschlossen, ehrenamtlich in unserer Datschakooperative «Der Akademiker» mitzuarbeiten. Vielleicht bekommen wir unsere Datscha dann schneller. Zum 1. Juni soll sie fertig sein.

Wird sich unser Traum wirklich erfüllen?

Am 25. muß ich ins Werk nach Duljowo fahren, um das Service für Lasar Moissejewitsch zu bemalen. Außerdem muß ich unbedingt nach Leningrad, um Olja aus dem Krankenhaus zu holen, ihre Wohnung vorzubereiten und Geld für sie zu besorgen.

Wie soll ich das bloß alles schaffen?

8. Juli 1937

Auf der Versammlung des NKPS zur Vorbereitung der Geschenke und Handarbeiten für die Ausstellung konnten wir uns
lange nicht entscheiden, was für ein Geschenk wir anfertigen
sollten. Zunächst kam von der Politabteilung der Vorschlag,
eine Karte des Eisenbahnnetzes der Union zu sticken, während
ich vorschlug, ein Service mit Motiven aus dem Transportwesen zu bemalen. Mein Vorschlag wurde einstimmig angenommen. Zum Bemalen des Services wurde eine Brigade aus drei
Personen – Saiontschkowskaja als Leiterin, mir und der Lapina
gebildet. Die Politabteilung erklärte jedoch später, daß ich dem
Frauenrat des MEMIIT angehöre und nicht dem des NKPS,
weshalb sie mich wieder aus der Brigade ausschlossen.

Das Service wurde in der Porzellanfabrik Duljowo unter
Anleitung von Fachleuten bemalt. Jetzt ist es fertig, doch ich
konnte an diesem herrlichen Projekt leider nicht mitarbeiten.

Aber schließlich war es meine Idee, und ohne mich hätte es
auch kein Service gegeben.

24. August 1937

Seit dem 22. August ist L. M. Kaganowitsch nicht mehr unser
Volkskommissar, er wurde Volkskommissar für Schwerindustrie. Warten wir ab, was nun aus uns und unseren Frauenräten
wird, denen Lasar Moissejewitsch so viel Aufmerksamkeit geschenkt hat.

Wird der Kongreß stattfinden, und was wird aus unserem
wunderbaren Bild? Wie wird sich unser neuer Volkskommissar, Genosse Bakulin, uns gegenüber verhalten?

Den kleinen Bericht, den ich über unsere Arbeit verfaßt
habe, «Ein gesticktes Bild», (...) ist in der Zeitung «Dser-
schinski-Aktivist» erschienen, ich habe sogar ein Honorar erhalten – 10 Rubel.

2. September 1937

Heute hat das Zentrale Exekutivkomitee[16] einen Beschluß über den verstärkten Kampf gegen Spionage, Diversion und Schädlingstätigkeit veröffentlicht und die Höchststrafe für die obengenannten Delikte auf 25 Jahre Haft festgelegt. (...)

24. September 1937

Im Juni diesen Jahres wurde der Bau des Kanals fertiggestellt, der die Moskwa mit der Wolga verbindet. Dort, wo man einst die Erde pflügte, wo man Pilze und Beeren sammelte, fahren jetzt Dampfer und Lastkähne. Wir waren heute den Kanal anschauen. Borja hat uns Karten für das Schiff des Sojus-Trans-Projekts besorgt (das ist das Unternehmen, in dem er arbeitet). Wir genossen die Fahrt, schade, daß sich ausgerechnet heute das Wetter verschlechterte und es kalt war. Es war schön, dieses herrliche, grandiose Bauwerk anzuschauen, vor allem, weil seine äußere Gestaltung so geschmackvoll ist. Sehr schön ist auch der Flußbahnhof in Chimki, der von weitem wie Spitzenklöppelei aussieht. Vor den Abfertigungsgebäuden blüht ein ganzes Blumenmeer, und überhaupt sind an allen Schleusen und Anlegestellen Blumenbeete, die mit viel Geschmack angelegt wurden. (...)

Aus Gesprächen von Mitreisenden

Den Anfang der Unterhaltung habe ich nicht gehört. Dann sagte er: «Ich gehe doch nur in die Kirche, führe aus, was ich in diesen Stunden zu tun habe, erhalte dafür Bezahlung und gehe wieder. Mit einem Wort, das, was ich tue, unterscheidet sich in

---

16 *Zentrale Exekutivkomitee* – Ausführendes Organ des Kongresses der Sowjets, 1936 im Ergebnis der neuen Verfassung durch den Obersten Sowjet ersetzt.

nichts von dem, was Sie tun. Der Protodiakon hat eine wunderbare Stimme und vertragen kann er auch eine Menge. Kommst du zu ihm, trinkt er ein paar Gläser und fragt dann: Was soll ich dir vorsingen? Und wenn er dann loslegt, stellt er alle in den Schatten. Eine tolle Stimme.»

«Und weshalb hat er sein Talent nicht für etwas anderes genutzt??» – «Weil er aus einer Familie von Geistlichen stammt und aufs geistliche Konservatorium geschickt wurde. Sie haben es eben nicht anders gewußt.»

«Bei uns in der Nachbarschaft wohnen einige alte Frauen, zu denen immer ein Geistlicher kommt. Er spricht zwölf Sprachen und schreibt auch Bücher in zwölf Sprachen. Er ist hier in Moskau gemeldet. Glauben Sie, daß er einfach so herumreist? Nein, er agitiert. Dem einen sagt er: Kommen Sie, ich werde Sie trauen. Zum anderen: Ich taufe Ihre Kinder. Und hat Erfolg damit. Vor kurzem hat er zwei Kinder getauft, einen Vierjährigen und einen Achtjährigen.

Die Kinder sind groß und verständig, erzählen alles: Er, sagen sie, hat uns die Fersen gesalbt usw. Stellen Sie sich das mal vor – einen Pionier zu taufen. Sie kennen doch die Kirche ‹Zur unverhofften Freude› in der Marinskaja. Wissen Sie, daß diese Kirche fünfundzwanzigtausend Rubel für die Spanier[17] gespendet hat! Mich würde ja mal interessieren, woher die so viel Geld haben!»

«Na, woher schon. Die Leute gehen doch in die Kirche, da kommt das Geld her! Und sie müssen doch auch demonstrieren, daß sie nicht gegen die Sowjetmacht sind. Also spenden sie.»

Bei diesen Worten mußte ich aussteigen und weiß nicht, was weiter geredet wurde. Schade.

17 *für die Spanier* – siehe S. 121.

5. Oktober 1937, abends

Heute abend fand bei uns im MEMIIT der Rechenschaftsbericht über die in diesem Jahr geleistete Arbeit im Institut statt.

Der Institutschef hielt ein ausführliches Referat über die politische, wissenschaftliche, pädagogische und wirtschaftliche Situation am Institut. Bei den einzelnen Fachrichtungen unterschied er drei Kategorien: drei ausgezeichnete, manche befriedigende und der Rest unbefriedigend. Dann erklärte er, daß der Lehrstuhl für Lokomotivwirtschaft, den Professor Dmitri Alexandrowitsch Stange leitet, der führende und beste Lehrstuhl des Instituts sei. Auf diese Worte folgte ein derartiger Applaus, wie ich ihn in den Mauern unseres Instituts noch nie gehört habe – der Saal vibrierte förmlich. Ich saß in der zweiten Reihe, blickte aufs Podium, wo mein lieber Mitjajetschka im Präsidium saß, und mein Herz stockte und explodierte vor Freude und Stolz.

Dann ging er auf die Lebens- und Arbeitsbedingungen am Institut ein und sagte, daß der Frauenrat unseren Professoren und Dozenten eine große Hilfe gewesen sei und ihnen großen Nutzen gebracht hätte, insbesondere die Arbeit der Genossinnen Syromjatnikowa, Kornejewa, Bogdanowa, Stange und Priwalowa. So kam es, daß wir beide, Mitja und ich, erfolgreiche Arbeit geleistet hatten und daß wir beide vor dem versammelten Institut gelobt wurden. Es war so schön und tat so gut, Mitja aber saß traurig da und sah schlecht aus. Als der offizielle Teil zu Ende war, fragte ich ihn, warum er an einem so schönen Tag traurig sei. «Ich bin so müde», sagte er, «daß mir nicht nach Freude zumute ist.» Wir blieben nicht zum Konzert, sondern fuhren nach Hause.

Zu Hause brachten wir Papanetschka ins Bett und riefen sofort den Arzt. Der Arzt diagnostizierte eine Herzschwäche wegen Überarbeitung. Er verordnete ihm absolute Ruhe und fünf Tage Bettruhe und danach einen längeren Urlaub.

Ich bin völlig durcheinander und sorge mich sehr um Mitjajetschka. Es schmerzt mich, wenn ich mir vorstelle, daß die Überlastung ihm seine Lebenszeit verkürzen könnte. Er hat in diesem Jahr weder Urlaub genommen noch ist er zur Kur gefahren. Den ganzen Sommer über hat er bis zu zwanzig Stunden pro Tag gearbeitet, ohne sich auch nur eine freie Minute zu gönnen. Diese Überlastung hängt mit der Publikation seiner Vorlesungsmaterialien in zwei Teilen zusammen. Den ersten Teil hat Mitja während seiner Gefängnishaft[18] vom Oktober 1928 an geschrieben, beendet hat er ihn im Jahre 1930. Der Titel lautet «Berechnung von Zugmaschinen». In diesen Tagen sollen noch zwei weitere Bücher erscheinen – Teil eins und zwei seiner Vorlesungsreihe «Depotwirtschaft und Nutzung von Lokomotiven». Den ersten Teil dieses Buches hat Mitja ebenfalls im Gefängnis begonnen und die Arbeit daran später nach und nach fortgesetzt. Seit Herbst 1935 hat er dann ständig daran gearbeitet. Der zweite Teil ist in den Jahren 1936/37 entstanden – in Zusammenarbeit mit einigen anderen Autoren, von denen einer unser Borja ist. Er hat den Teil über die Versorgungswege geschrieben. Wie stolz ich bin, solch einen Sohn zu haben, der bereits im Alter von 32 Jahren Koautor seines Vaters, eines Professors, ist.

Das Schreiben und die Überarbeitung dieser Bücher stellte eine furchtbar starke Belastung dar, denn unser damaliger Volkskommissar L. M. Kaganowitsch hatte einen festen Erscheinungstermin festgesetzt.

Als die Verantwortlichen von Glawlit[19] (der Zensur) Mitjas

18 *während seiner Gefängnishaft* – siehe S. 164.
19 *Glawlit* – Hauptverwaltung für Angelegenheiten der Literatur und der Verlage, die Zensurbehörde, deren Tätigkeit sich auf die Kontrolle von Herstellung und Verbreitung sämtlicher Druckerzeugnisse und die Verbreitung von Informationen durch Massenmedien erstreckte.

Arbeit gelesen hatten, lautete der Kommentar: «Ihr Buch, Professor, ist ein Goldschatz.»

[Hier ist ein Brief von Galina Stange an ihren Mann eingefügt.]

Mein geliebter Mitjajetschka!
Heute ist schon der 28., und ich habe noch immer keinen Brief von Dir. Ich mache mir große Sorgen. Von mir gibt es bis jetzt nur eine Neuigkeit zu berichten: Ich muß meine ehrenamtliche Arbeit aufgeben. So geht es einfach nicht weiter, ich kann unmöglich nur als Mitglied gelten und nicht arbeiten, an Arbeit ist aber im Augenblick nicht zu denken. Saschenka kränkelt die ganze Zeit, höchstwahrscheinlich wird es noch eine Weile so weitergehen, denn zuerst war seine Temperatur nicht erhöht, jetzt aber hat er Fieber und starken Husten. Das war auch zu erwarten, wo er doch jeden Morgen stundenlang nackt umherspringt.
Am unangenehmsten ist mir, daß ich meine Kolleginnen in diesen schweren Zeiten im Stich lasse. Wegen meiner Verpflichtungen in den Krippen und im Kindergarten müßte ich den ganzen Tag dort sein, aber ich schaffe es nicht einmal hinzugehen. Ich habe lange nachgedacht und bin zu dem Schluß gekommen, mich in mein Schicksal zu fügen. Ich muß Geduld haben, bis Sascha groß ist.
Sonst gibt es nichts Neues. Gerade war der Arzt bei Saschenka und hat eine Bronchitis festgestellt.
Ich will versuchen, irgendwo Geld aufzutreiben, meines ist ausgegeben.
Ich küsse Dich innig, mein Liebster, wie sehr ich Dich liebe!
Galina
28. 10. 37

28. November 1937

Bereits seit zwei Monaten läuft der Wahlkampf. Überall Meetings, Diskussionen, Wahlversammlungen, Agitatoren kommen ins Haus, über Radio werden Gedichte und Lieder zur Wahl gesendet.

Bei uns passierte dieser Tage eine interessante Geschichte: Tanja sagte zu Schenja, sie verstehe überhaupt nicht mehr, wen sie wählen solle, deshalb sei es ihr ganz egal, wen sie wähle. Darauf ging Schenja sofort zum Telefon, rief im Wahlbüro an und fragte, ob es nicht irgendeine Zeitung oder Broschüre über die bevorstehenden Wahlen gäbe. Es sei hier eine Bürgerin, die sich in dieser Angelegenheit nicht auskenne, man könne es ja nirgendwo nachlesen. Sie versprachen, ihm Material zukommen zu lassen. Bereits am nächsten Morgen kam eine Agitatorin ins Haus und erklärte Tanja und unserer Hausangestellten Frossja der Reihe nach alles über die Wahlen. Diese Sorgfalt und Bereitschaft, zu kommen, wenn man gebraucht wird, hat mich beeindruckt.

6. Dezember

Ich bin wieder unterwegs nach Udelnaja und will etwas über die Fahrt aufschreiben. Heute fahre ich, um ein Zimmer für Olja zu suchen. Wenn man ihre Aufenthaltserlaubnis bei Tante Tanja nicht verlängert, weiß sie nicht mehr wohin, dann steht sie auf der Straße. Ich weiß, daß mein Vorhaben fast aussichtslos ist, aber ich will es dennoch versuchen. Ich würde Olja sonst nach Moskau holen. Das wäre mir tausendmal beruhigender, und Toljascha könnte natürlich auch hier zur Schule gehen. Vom Gehalt könnten wir das Zimmer natürlich nicht bezahlen, also müßte ich etwas dazuverdienen.

Ich könnte in verschiedener Weise Stoffe bemalen, damit kann man sehr gut verdienen, doch irgendwie bekomme ich keine Aufträge. Ich bin umhergelaufen, habe nachgefragt, doch nirgends klappte es. Sicher braucht man «Beziehungen», die habe ich aber nicht. Im «Künstler» sagten sie mir: «Bis Januar stellen wir niemand mehr ein.» Woanders geben sie dir soviel Arbeit, wie du willst, aber man muß mit eigenen Farben arbeiten, und die zu bekommen ist heute außerordentlich schwer. So habe ich keine Möglichkeit, etwas dazuzuverdienen. Die Leiterin unseres Kindergartens möchte in Urlaub fahren, findet aber keine entsprechende Vertretung. Sie bat mich, sie für zwei Monate zu vertreten. Wenn ich einverstanden bin, verdiene ich in dieser Zeit 600 Rubel, aber ich habe furchtbare Angst. Ich habe doch so wenig Erfahrung auf dem Gebiet der pädagogischen Arbeit. Wahrscheinlich muß ich zuvor ins pädagogische Kabinett gehen und mich darauf vorbereiten.

Seit einiger Zeit bin ich mit der Organisation der Krippen an unserem Institut beschäftigt. Eine sehr dringende Arbeit, deren Großteil ich bereits erledigt habe. Es bleibt aber noch viel zu tun. Bereits zwei Tage lang arbeite ich schon am Voranschlag für die Möblierung. Es ist eine schwierige und zeitraubende Angelegenheit. Aus diesem Grunde habe ich auch in den letzten Tagen überhaupt nichts aufgeschrieben.

Schenjas Angelegenheiten stehen gut – in drei Monaten wird er sein Studium beenden. Augenblicklich arbeitet er an seiner Diplomarbeit. Er sitzt buchstäblich Tag und Nacht, spannt lediglich an den freien Tagen aus, aber auch das nicht gänzlich, einen Teil des Tages arbeitet er auch. Überhaupt hat Schenja in den letzten Jahren sehr viel gearbeitet, denn er bekommt ja erst seit Januar dieses Jahres ein Stipendium, zuvor hat er nichts gehabt, außer den hundert Rubeln, die er von Papa bekam. Also mußte er neben dem Studium arbeiten. Tanja und er kleiden sich gern gut und gehen auch gern aus, und für all das braucht man Geld. Also blieb ihm nichts anderes übrig.

Aber desungeachtet ging alles gut, sowohl im Studium als auch beim Armeedienst. Vom Regimentskommandeur erhielt er zwei Ehrenurkunden und zwei Bücher zum Abschluß seiner Ausbildung, und im Institut sagte der Institutsdirektor, daß er «ein hervorragender Student» sei.

In diesem Herbst hat er an der Projektierung der BAM[20] mitgearbeitet und in den ihm zur Verfügung gestellten Unterlagen einen schweren Fehler entdeckt. Er informierte die entsprechenden Stellen darüber, man stritt mit ihm, aber er konnte beweisen, daß er recht hatte, obwohl er als Student es ja mit ausgebildeten Ingenieuren zu tun hatte.

Schenja ist nicht nur fähig, sondern auch sehr begabt und hat ein gutes Herz, und wenn man noch bedenkt, daß er hübsch und fröhlich ist, so wird jeder sagen, daß mein Schenja ein sehr wertvoller Mensch ist.

Aber mit Tanja ist das etwas ganz anderes. Wie Schenja ist auch sie hübsch und fröhlich, aber schrecklich oberflächlich. Sie interessiert sich lediglich für Kleidung und Zerstreuungen und sonst nichts auf der Welt. Sie ist nicht unbegabt, kann alles, wenn sie nur will, arbeitet aber nur dann, wenn sie sich dadurch Wünsche erfüllen kann. So hat sie zum Beispiel 1935 den ganzen Winter hindurch auf Bestellung Tag und Nacht Damenkragen aus Wolle gehäkelt. In den Läden gab es keine Wolle zu kaufen, so ging sie auf den Markt, kaufte alte gehäkelte Sachen, trennte sie auf, wusch und färbte sie und häkelte

---

20 *BAM* – Baikal-Amur-Magistrale, die zweite Transsibirische Eisenbahnstrecke, die Sibirien mit dem Fernen Osten verbindet. Die Bauarbeiten, die in den dreißiger Jahren begonnen wurden, konnten erst in den siebziger Jahren abgeschlossen werden.

Kragen und Jäckchen daraus. Den Winter über verdiente sie so viel, daß sie sich ein Fahrrad für 750 Rubel, einen Seidenmantel für 350 und noch andere Kleinigkeiten kaufen konnte. Sonst aber ist sie ein großer Faulpelz. In diesem Herbst hat sie zum vierten Mal einen Anlauf genommen, um ihre Ausbildung zu beenden. Das hat mich sehr gewundert. Seit fünf Jahren wohnt sie nun schon in Moskau und hatte nie Lust zu studieren, jetzt aber, wo Schenja dabei ist, seinen Abschluß zu machen und aller Voraussicht nach in die Provinz gehen muß, ist bei ihr der Wunsch entbrannt zu studieren. Wahrscheinlich will sie um jeden Preis in Moskau bleiben. Nach drei Monaten war aber die Begeisterung verflogen, sie wurde furchtbar faul und macht nun absolut überhaupt nichts mehr. Ich denke, sie ist nicht charakterstark genug, um den Abschluß zu machen.

11. Dezember, abends

Ich habe gerade versucht, die Rede Stalins zu hören, die im Radio übertragen wurde. Er hielt sie aus Anlaß der Wahlen zum Obersten Sowjet. Leider gab Saschenka keine Ruhe, so daß ich nur einzelne Sätze mitbekam, die ich mir notiert habe:

«Ich möchte Ihnen versichern, Genossen, daß Sie sich auf den Genossen Stalin getrost verlassen können ...» – «Sie können darauf zählen, daß der Genosse Stalin seine Pflicht gegenüber der Arbeiterklasse ... und der Intelligenzija erfüllt.» – «Sie wissen ja selbst, daß es in jeder Familie ein schwarzes Schaf gibt» – «Unentschlossene Menschen sind unbeständig – wie das Sprichwort sagt: Weder für Gott noch für den Teufel ein Schürhaken.» – «Vermitteln Sie Ihren Deputierten den Gedanken, daß sie dem großen Lenin nacheifern sollen ...»

Stalin spricht sehr langsam, macht Pausen, außerordentlich schlicht, so einfach, daß einem jedes Wort ins Bewußtsein

dringt. Ich glaube, es gibt niemanden, der nicht in sich aufgenommen hätte, was er sagt.

Mir gefällt das sehr, ich mag keine hochtrabenden, hohlen
Reden, die lediglich auf den Effekt abzielen.

12. Dezember, 6 Uhr 30 Minuten am Morgen
Ich bin soeben von den Wahlen zurückgekehrt und möchte no-
tieren, wie es war.

Mitja, Wowa, ich und unsere Hausangestellte Frossja hatten
gestern abend verabredet, daß wir gleich zu Beginn der Wahlen
gehen wollten, d. h. um sechs Uhr morgens. Mitja weckte uns,
wir zogen uns rasch an und überlegten auf der Treppe, daß wir
auf der Straße wohl die ersten sein würden. Es zeigte sich aber,
daß schon viele Leute zu den Wahllokalen unterwegs waren.
Unser Wahllokal befindet sich im Haus Nr. 14 in der Nowaja
Basmannaja, unserer Straße, im NKPS-Klub, in den gleichen
Räumen, in denen uns im vergangenen Jahr L. M. Kaganowitsch empfangen hat. Die Räume sind festlich geschmückt
mit Losungen und Blumen. Auf Tischen und Stühlen liegen
Bücher und Zeitungen aus, die einen Bezug zu den Wahlen haben.

Als wir zehn Minuten vor Beginn der Wahlen dort anka-
men, waren wir 25 Personen im Gebäude. Ich wäre gern die erste an der Tür gewesen, doch es war mir irgendwie peinlich, so
setzte ich mich mit Mitja, Wowa und Frossja an einen Tisch.
Wir hatten uns gerade gesetzt, da kam ein Bürger auf Mitja zu
und sagte, er sei von der Zeitung «Iswestija» und interessiere
sich für die Namen der Wähler. Offenbar hatten Mitjas drei
goldene Sterne seine Aufmerksamkeit erregt. Er fragte nach
seinem Namen, seinem Beruf und der Arbeitsstelle und seit
wann er dort arbeitet. Danach standen Mitja und ich an der
Tür des angrenzenden Raums. Die Tür war geschlossen, doch

als es sechs Uhr schlug, öffnete sie sich, und die Wähler traten ein. Ich ging mit Wowa und Mitja mit Frossja – sie hatte ihn als ihren Bevollmächtigten gewählt, da sie selbst Analphabetin ist.

Überall stehen Wahlhelfer und weisen einem den Weg. Im zweiten Raum steht ein Tisch, an dem die Wahlunterlagen ausgegeben werden: Umschläge und zwei Bögen (ein weißer und ein blauer), auf dem die Namen der Kandidaten unseres Bezirks – Bulganin[21] und Kabanow – stehen. Im angrenzenden Raum befinden sich die Wahlkabinen. Dort steckt man die Wahlzettel in die Umschläge und verschließt sie, außerdem gibt es hier zwei Wahlurnen, in die man sie einwirft.

Nachdem wir unsere Stimmen abgegeben hatten, gingen wir hinaus und gratulierten einander.

Ich weiß nicht genau, warum ich plötzlich so ergriffen war, ich mußte sogar einen Augenblick lang mit den Tränen kämpfen. Vielleicht, weil ich heute nur zwei Stunden geschlafen habe? Wahrscheinlich aber deshalb, weil wir unter den allerersten Wählern dieser weltweit einzigartigen Wahl waren.

Im gleichen Gebäudekomplex gab es auch einen Aufenthaltsraum mit einem Tannenbaum und Spielzeug für die Kinder, die von ihren Müttern für die Zeit des Wahlvorgangs dort abgegeben werden konnten.

Zu Hause unterhielten wir uns noch lange über unsere Erlebnisse.

---

21 *Bulganin* – Nikolai Alexandrowitsch Bulganin (1895–1975), Sowjetfunktionär, bekleidete in den dreißiger Jahren leitende Positionen im Partei- und Staatsapparat, 1937 Mitglied des ZK, 1938 bis 1941 stellv. Vorsitzender des Rats der Volkskommissare, später Verteidigungsminister und 1955 Ministerpräsident. 1958 amtsenthoben und aus dem Politbüro sowie aus dem ZK ausgeschlossen.

14. Dezember 1937

Neulich kam Borja vorbei und erzählte, daß seine Arbeit «Der Bahnhof und die neuen Methoden der Stachanowarbeiter[22] im Verkehrswesen», die er bei der Allunionsgesellschaft für Ingenieurwesen eingereicht hat, prämiert worden sei. Er habe eine Urkunde und eine Geldprämie von 1500 Rubel bekommen. Borja ist zufrieden, ich aber bin einfach glücklich.

Der arme Serjoscha ist in großen Schwierigkeiten. Er hat Vera und das Kind vorerst hiergelassen und wollte ihr das Fahrgeld schicken, sobald er angekommen wäre und das Umzugsgeld bekommen hätte.

Wie sich aber herausstellte, haben die Leute dort schon zwei Monate keinen Lohn mehr erhalten, so daß er ohne einen Groschen dasitzt und nirgendwo Geld auftreiben kann, um es Vera für die Fahrkarte zu schicken. Und sie ist dermaßen töricht, daß sie ihm in einem fort schreibt und vorjammert, wie schlecht es ihr hier geht.

Natürlich hat sie es nicht besonders gut, aber es geht ihr bisher auch nicht schlecht. Serjoscha ist von all dem nervlich furchtbar angegriffen, er schläft überhaupt nicht mehr und kommt einfach nicht auf die Beine. Heute kam eine Karte seiner Kollegen, in der sie Vera schreiben, sie solle irgendwo Geld auftreiben und so schnell wie möglich abreisen, da Serjoscha in sehr schlechter Verfassung sei. Sie fürchten, er könne Nervenfieber bekommen. Das ist alles so schrecklich. Morgen werde ich mit dem Brief der Kollegen zu Serjoschas Vorgesetzten gehen und sie auffordern, Vera Geld für die Fahrkarte zu geben, könnte doch sonst durch ihr Verschulden eine ganze Familie zugrunde gehen – Serjoscha dort und Vera mit dem Kind hier. Wie furchtbar leid mir Serguschka tut. Und ich kann Vera auch

---

22 *Stachanowarbeiter* – siehe S. 44.

wirklich nicht helfen – wir sind selbst in schrecklichen Geldnö-
ten.

Ich habe schon beschlossen, daß wir keine Silvesterfeier machen und das Geld, das ich dafür zurückgelegt hatte, Vera für
die Reise mitgeben.

Meinen Söhnen ist Stalin im Traum erschienen. Borja hat
davon geträumt, daß Stalin uns zu Hause besucht und sich einfach freundschaftlich mit uns unterhalten habe.

Und am gleichen Tag träumte Schenja, daß er Stalin vor
dem Überfall eines Banditen geschützt habe.

Was diese Träume wohl bedeuten mögen?

19. Dezember 1937

Schon seit einigen Tagen möchte ich meine Gedanken niederschreiben, aber ich finde einfach keine Zeit dazu. Unsere
Haushaltshilfe hatte zwei freie Tage, so daß ich buchstäblich
alles allein machen mußte: kochen, aufräumen, einkaufen gehen. Es gibt jetzt bei uns herrliche Geschäfte, sowohl was die
Ausstattung als auch das Angebot betrifft.

In den Fleisch-, Fisch-, Obst- und Gemüse- und Delikateß-
abteilungen gibt es ein großes Angebot erstklassiger Ware. Mit
dem Fleisch hapert es allerdings noch ein bißchen, aber nur
manchmal. Geflügel, Hammel und Fisch sind in großer Auswahl vorhanden. Und all die vielen Konserven, von denen wir
früher nicht einmal vom Hörensagen wußten. Alle möglichen
Halbfertigprodukte sehr guter Qualität. Um Zeit zu sparen,
kaufe ich sie ständig. Selbst heiße Bouillon für 40 Kopeken die
Tasse kann man kaufen. Lediglich Milchprodukte, besonders
Butter, waren im letzten Monat schwer zu bekommen, doch
ich hoffe, daß sich das bald ändert.

Natürlich will ich nicht behaupten, daß alle Geschäfte in
Moskau so luxuriös sind, natürlich nicht, lediglich die soge-

nannten Vorzeigegeschäfte, doch in jedem Fall haben sich die Läden in den vergangenen zwanzig Jahren völlig verändert und sind nicht mehr wiederzuerkennen. In allen Geschäften, insbesondere in den Lebensmittelläden, herrscht Sauberkeit und Ordnung, und alle Verkäufer tragen weiße Kittel. Die meisten Lebensmittelgeschäfte haben bis elf Uhr geöffnet. Es gibt sogar einige, die bis drei Uhr früh offen sind.

Mit Schuhen, Kleidung, Wäsche und Stoffen sieht es schon sehr viel schlechter aus. Im vergangenen Jahr und selbst noch in diesem Sommer gab es genügend Ware, doch seit dem Herbst ist es schwer geworden, zu bekommen, was man braucht. Wie das zusammenhängt, weiß ich nicht, doch ich hoffe, daß es ein vorübergehender Engpaß ist. Die Leute kaufen sehr viel, und buchstäblich alle Läden sind voll. Es gibt sogar Geschäfte, die speziell Glas und Kristall oder Waren aus Kunststoff führen, wie Knöpfe, Schnallen, Armbänder, Kämme, sogar Teetassen und anderes. Wenn man an die ersten Jahre nach der Revolution zurückdenkt und an das Warenangebot zu dieser Zeit, ist man ganz überwältigt bei dem Gedanken, was in diesen zwanzig Jahren alles erreicht wurde.

Oder nehmen wir zum Beispiel unsere Kinos und vergleichen sie mit denen vor der Revolution. Die meisten Moskauer Kinos sind luxuriös ausgestattet. Sie haben Buffets, es wird Jazz gespielt. Und unsere Filme begeistern die Menschen sogar im Ausland, sowohl wegen ihres Inhalts als auch wegen der unvergleichlichen Ausführung. Wenn man nur solche Filme wie «Tschapajew», «Peter I.» und besonders den neuesten Film «Lenin im Oktober»[23] nimmt, so vergißt man einfach, daß

---

23 *«Tschapajew»*, *«Peter I.»*, *«Lenin im Oktober»* – «Tschapajew», Film von G. und S. Wassiljew (1934) (siehe auch S. 60). «Peter I.» (1937), Film von Wladimir Petrow nach dem Roman von Alexej Tolstoi. «Lenin im Oktober» (1937), Film von Michail Romm.

man im Kino sitzt und nicht Teil dessen ist, was man sieht. Mitja und ich haben uns diesen Film angesehen. Er hat Lenin einmal von ganz nahem gesehen und sagt, daß die äußere Ähnlichkeit gut getroffen sei.

Ich habe ja schon geschrieben, daß sich Borja auf Bahnhöfe und Eisenbahnknotenpunkte spezialisiert. Diese Arbeit ist mit Fragen der Geheimhaltung verbunden, aus irgendeinem Grunde aber wird Borja nicht in diese Fragen einbezogen. Dieser Umstand behindert ihn sehr in der Arbeit, denn er kann ja, ohne über alles im Bilde zu sein, die anstehenden Probleme nicht richtig lösen, außerdem beeinträchtigt ihn das auch psychisch sehr. Er fühlt sich durch das Mißtrauen um ihn herum ungerechtfertigt gekränkt, und da er sich kennt und seine Stimmung sehr leidet, hat er beschlossen, Stalin zu schreiben. Ich mache mir große Sorgen deshalb, denn wer weiß, wie das alles endet.

27. Dezember

Heute wurde Mitja offiziell der Titel Doktor der Wissenschaften verliehen. Die Sekretärin kam aus der Versammlung, gratulierte ihm und sagte: «Wenn Sie wüßten, wie man Sie gelobt hat!» Dann kam ein Professor heraus, der noch nicht lange bei uns ist, und sagte: «Wie sehr Sie hier alle lieben! Und ich schließe mich an.»

Wie schön ist es für mich, das alles zu hören.

30. Dezember 1937

Das neue Jahr steht vor der Tür. Jeder Betrieb und jede Familie schließt nun die Angelegenheiten von 1937 ab und bereitet sich auf das Fest vor. Heute haben alle einen Tannenbaum, es gab aber auch einmal eine Zeit, da waren sie streng verboten. Ich erinnere mich noch, wie gern wir damals in Udelnaja einen

Baum geschmückt hätten, es aber nicht wagten. Heute wird alles getan, damit sich die Kinder über den Baum freuen. In allen Betrieben, Kindergärten, in den Familien und sogar in den Parks und auf den Plätzen stehen herrliche Tannen, und in den Geschäften wird jetzt Baumschmuck verkauft, der sich – sowohl was die Menge als auch die Qualität betrifft – sehr verbessert hat. Noch im vergangenen Jahr bekam man ihn schwer – es gab wenig und sehr schlechte Qualität, und Schenja und Tanja haben selbst etwas gebastelt. Jetzt habe ich viele wunderhübsche Sächelchen gekauft und werde den Baum für die Enkel zum Neujahrstag damit schmücken.

31. Dezember, nachts

Mitja und ich haben das neue Jahr mit Walja und Wowa sehr bescheiden gefeiert. Wir haben uns beglückwünscht, die Kerzen am Baum angezündet, zu Abend gegessen, das war alles. Gegen drei Uhr kamen Schenja und Tanja nach Hause, sie haben mit Freunden gefeiert. Schenja war furchtbar betrunken, ich habe ihn noch nie in einem derartigen Zustand gesehen. Er war bleich wie der Tod, ganz kalt, und sein Puls war fast gar nicht mehr zu spüren. Ich bin so erschrocken, daß ich bis jetzt noch nicht einschlafen konnte und immer wieder nach ihm sehe. Auf diese Weise kann man doch auch sterben.

Die heutige Jugend kann überhaupt nicht trinken – das einzige, wozu sie fähig sind, ist, sich bis zur Bewußtlosigkeit zu betrinken, aber genußvoll trinken, das können sie nicht.

Ich weiß nicht, was ich machen soll, um Schenja diese Trinkerei abzugewöhnen.

15. Januar 1938

Die Zwischenprüfungen unserer Studenten sind in vollem Gange. Tanja ist bereits in zwei Fächern durchgefallen, hat eine Angina bekommen und das Studium aufgegeben. Walja hat alle Prüfungen mit «befriedigend» bestanden und schnitt heute sogar mit «sehr gut» ab. Wowa hat alle Prüfungen mit «sehr gut» bestanden. Das sind eben ernsthafte Menschen, sie werden natürlich bestehen. Sie arbeiten buchstäblich Tag und Nacht, sind abgemagert und schrecklich blaß geworden, sie können einem furchtbar leid tun. Ich setze meine ganze Hoffnung auf die zwei Wochen Urlaub nach den Prüfungen. Sie müssen sich dann unbedingt richtig erholen.

Irunetschka fährt morgen nach Leningrad, wo sie zusammen mit Pimenow und ihrem Mann Boris den Vorhang für eine Aufführung im Michailow-Theater malen werden. Sie fahren für anderthalb Wochen dorthin. Irunka hat mir versprochen, Olja zu besuchen. Schenjurka sitzt Tag und Nacht über seiner Diplomarbeit. Borja ist zu ihm ins Institut als Berater eingeladen worden. Schenja unternimmt bereits Schritte, um bei der BAM angestellt zu werden – nach Abschluß seines Studiums möchte er dort gern an der Projektierung mitarbeiten. Auch Tanja möchte mitfahren.

Ich habe schon geschrieben, daß Mitja gleichzeitig Doktor der technischen Wissenschaften und Student im letzten Studienjahr im Institut für Marxismus-Leninismus ist. Gestern hat er die Zwischenprüfung abgelegt und vom Dozenten folgende Belobigung erhalten: «Ein sehr gescheiter Vortrag!» Ich finde, es ist eine unglaubliche Frechheit, bei einem Doktor der technischen Wissenschaften von «Gescheitheit» zu sprechen. Aber zum Teufel mit ihm, vielleicht ist er ja nur dumm.

Meine Angelegenheiten stehen schlecht, sowohl die ehrenamtliche Tätigkeit als auch die Hausarbeit, alles geht irgendwie schief. Ich müßte mich zusammenreißen, habe aber keine Kraft mehr. Glücklicherweise hat der Frost etwas nachgelassen, nun ist es ein wenig leichter, all die Wege zu bewältigen und auch Sascha aus dem Kindergarten abzuholen. Der Frost des letzten Monats hat mich furchtbar mitgenommen.

Irgendwie verlassen uns die Frauen eine nach der anderen, natürlich nicht ohne Grund – sie gehen weg, weil ihre Männer unser Institut verlassen. Ich fürchte, bald wird niemand mehr für irgendeine Arbeit zur Verfügung stehen. Gesundheitlich geht es mir auch nicht besonders. Immer öfter habe ich Kopfschmerzen und Schwindelanfälle, zum Auskurieren bleibt aber keine Zeit.

24. Januar 1938

Das Bezirkskomitee der Hochschulen erwartet von unserem Frauenrat, daß wir mit den Kindern ein Programm erarbeiten, mit dem sie auf der Kinderolympiade auftreten können, die Anfang März stattfinden soll.

Irgend etwas Althergebrachtes wollen wir nicht aufführen, deshalb haben wir die Idee entwickelt, das musikalische Märchen «Limpopo»[24] einzustudieren. Es ist bisher noch nirgends aufgeführt worden, die Rechte daran besitzt der Radiosender.

Ich bin heute zum Rundfunkkomitee gegangen, zur Kinderabteilung, und habe dort um die Partitur gebeten. Noch ist die Angelegenheit nicht endgültig geregelt, aber höchstwahrscheinlich geht alles in Ordnung. Der Komponist hat bereits sein Einverständnis erklärt.

---

24 «Limpopo» – musikalisches Märchen für Kinder nach dem Märchen in Versen «Doktor Aibolit» von Kornej Iwanowitsch Tschukowski (1882 – 1969).

28. Januar 1938

Gestern abend waren Mitja und ich bei einer Versammlung unserer Datscha-Baukooperative. Endlich hat man uns die 18. Parzelle zugesprochen und versprochen, die Datscha zum Mai fertigzustellen. Jetzt haben wir wieder Hoffnung geschöpft, daß unsere dreijährigen Anstrengungen zu einem guten Ende führen. Vielleicht erfüllt sich nun doch unser Traum und wir haben im Alter unser eigenes Fleckchen? Auf dem Heimweg versuchte ich Mitja zu überreden, während der Ferien weniger zu arbeiten. Da wurde er plötzlich böse und begann mich auf der Straße in übelster, vulgärer Weise anzuschreien. Ich war völlig schockiert. Was ist bloß in ihn gefahren? Wenn es die Nerven sind, muß er in Behandlung gehen. Wenn er die Beherrschung verloren hat, muß er sich zusammennehmen. So aber geht es nicht... Ich war sehr gekränkt. Tief in meinem Innern jedoch bin ich beunruhigt. So hat er sich noch nie benommen.

17. Februar 1938

Wir leben in einer bedeutenden Zeit. Heute wurde im Institut auf einem Festakt die Bilanz des ersten Semesters gezogen. Unter stürmischer Begrüßung und ebensolchem Applaus wurde Mitja für seinen Lehrstuhl das «Rote Banner» überreicht, das jedes Jahr weitergegeben wird. Jetzt trägt sein Lehrstuhl (dessen Leiter er ist) den Ehrentitel Rotbannerlehrstuhl.

Ich habe eine Auszeichnung für die ehrenamtliche Arbeit erhalten (eine Aktivistenurkunde). Das ist alles so schön, daß ich keine Worte finde.

Schenjurka hat nun sein Projekt abgeschlossen, und ich schreibe seinen Begleittext dazu ab.

Meine arme Oljunja zieht am 25. oder 26. von Leningrad nach Udelnaja. In Leningrad können sie und Tolja absolut nirgends bleiben, während sie in Udelnaja eine zwar kümmerliche Unterkunft, doch immerhin ein Dach über dem Kopf gefunden haben. Wolodja hat seiner Mutter für den Transport der Möbel und ihre eigene Fahrkarte etwas Geld geschickt, so daß es wenigstens finanziell einigermaßen geht.

Ich fühle mich in letzter Zeit sehr schlecht und merke, daß ich die Arbeit werde aufgeben müssen, und das wird mir wohl sehr schwer fallen.

Ich will es noch einmal überdenken.

24. Februar 1938

Heute habe ich im Kindergarten das Bühnenbild für die Aufführung zum 20. Jahrestag der Roten Armee gemalt – ein Meer mit einem Schiff und darüber ein Flugzeug. Es war sehr schwierig, ist aber gut gelungen.

Ich fühle mich sehr schlecht – ich habe Brechreiz und Schwindelanfälle.

1. März 1938

Heute habe ich die ehrenamtliche Arbeit aufgegeben, zwar nicht für immer, wie ich es vorhatte, aber für eine längere Zeit. Mit meiner Gesundheit geht es immer mehr bergab, und zu Hause ist immer mehr zu tun. Saschenka hat schon zwei Wochen lang Bronchitis und geht nicht in den Kindergarten, Walja ist den ganzen Tag im Institut, so daß ich bei ihm bleiben muß.

Am 26. kamen meine arme Oljuscha und Tolja, und ich muß sie nun unterbringen.

Der Frühling naht, wir müssen die Angelegenheit mit der Datscha forcieren.

All das muß ich tun, aber wann? Auch im Institut gibt es viel Arbeit.

Also mußte ich die ehrenamtliche Tätigkeit aufgeben, was ich auch unter großen Schmerzen getan habe. Ich bin sehr traurig und mache mir Sorgen, wer die begonnenen Arbeiten weiterführen wird.

Am 25. Februar haben wir im Kindergarten den 20. Jahrestag der Roten Armee gefeiert. Es war eine sehr schöne Feier, besonders gelungen war mein Bühnenbild.

Nach den Vorführungen und der Bewirtung der Kinder gab es Tee für die Pädagogen und die eingeladenen Vertreter der Institutsleitung. Die Leiterin der Pädagogikabteilung wollte mich kennenlernen und lobte mein Bühnenbild, nannte es künstlerisch, geschmackvoll und voll Phantasie, was den Kindern viel Anregung für ihre eigenen Arbeiten geben könne. Überhaupt waren die Gäste begeistert und sagten es mir auch.

Nach dem Tee wurde unsere Brigade beglückwünscht, man dankte uns und überreichte jeder von uns – Schumskaja, Neimaier und mir – einen Blumenstrauß. Das ist alles sehr bewegend und hat mich innerlich aufgewühlt.

Ich habe mich nun gänzlich vom Kindergarten verabschiedet, denn falls ich meine Arbeit wieder aufnehmen sollte, dann nicht im Kindergarten, sondern in der Krippe.

2. März 1938

Heute hat der Prozeß gegen den rechten trotzkistischen Block[25] begonnen. Ich werde darüber nichts schreiben, da ich die Zeitungsausschnitte sammle, denen man alles entnehmen kann.

---

25 *Prozeß gegen den rechten trotzkistischen Block* – dritter Moskauer Schauprozeß, siehe S. 122.

«Der Kreml leuchtet»

Tagebuch von
Wladimir Petrowitsch Stawski

Wladimir Petrowitsch Stawski, eigentlich Kirpitschnikow (1900–1943), Schriftsteller und Literaturfunktionär. Der Arbeitersohn aus Pensa machte eine exemplarische Karriere: Er war seit 1918 Mitglied der Kommunistischen Partei und wirkte im Bürgerkrieg als bolschewistischer Kommissar. Als proletarischer Schriftsteller wurde er 1928 Funktionär in der RAPP, der russischen Vereinigung proletarischer Schriftsteller. Während des 1. Fünfjahrplans beteiligte er sich im Rahmen der Zwangskollektivierung bzw. der Entkulakisierung vor allem an der Getreidekonfiszierung in der Kubanregion, was ihm Stoff für seine (beschönigenden) Erzählungen lieferte. Anfang der dreißiger Jahre wurde er von der KP mit der Organisation des Schriftstellerverbands betraut, als dessen Präsidiumsmitglied er vornehmlich für die Parteikontrolle innerhalb des Verbands zuständig war.

Nach Gorkis Tod (1936) wurde er Generalsekretär des Schriftstellerverbands, als dessen «Henker» er in die Geschichte eingegangen ist: Er trägt erhebliche Verantwortung für die Opfer der «großen Säuberung» unter den Schriftstellern[1]. 1937 wurde er auch Abgeordneter des Obersten Sowjet und 1937 bis 1940 Chefredaktur der Literaturzeitschrift

---

1 *unter den Schriftstellern* – so sorgte er zum Beispiel mit dem folgenden Brief an Jeschow für die erneute Verhaftung von Ossip Mandelstam, einem der bedeutendsten russischen Lyriker dieses Jahrhunderts, die dieser nicht überlebte:

«Nowy Mir». 1938, wohl im Zusammenhang mit der Entmachtung Jeschows, wurde er abgesetzt und mußte eine Zeitlang fürchten, selbst in die Mühlen der «Säuberung» geraten zu sein. Von der Annexion Polens 1939 an arbeitete er als Kriegsberichterstatter für die «Prawda» und kam dabei im November 1943 in Welikije Luki ums Leben.

«Streng geheim
Sowjetischer Schriftstellerverband
Leitung
16. März 1938
An den Volkskommissar für Innere Angelegenheiten, Genossen Jeschow, N. I.
Sehr geehrter Nikolai Iwanowitsch!
In Schriftstellerkreisen gibt es erregte Diskussionen über das Problem Ossip Mandelstam. Wie Sie wissen, wurde Ossip Mandelstam wegen seiner unverschämten und verleumderischen Gedichte und seiner antisowjetischen Agitation vor drei bis vier Jahren nach Woronesch verbannt. Diese Frist ist inzwischen abgelaufen. Jetzt lebt er mit seiner Frau bei Moskau (außerhalb der ‹Zone›).
Tatsächlich hält er sich jedoch häufiger bei seinen Freunden, in erster Linie Literaten, in Moskau auf. Sie unterstützen ihn, sammeln Geld für ihn, machen ihn zum ‹Märtyrer›, den genialen, verkannten Dichter. Für seine Verteidigung haben sich unter anderem Valentin Katajew und I. Prut öffentlich und energisch eingesetzt.
Um die Situation O. Mandelstams zu erleichtern, wurde ihm Unterstützung durch den Literaturfonds gewährt. Aber das ist ja keine Lösung für das Problem Mandelstam.
Es geht nicht nur und nicht so sehr um ihn, den Autor der unverschämten und verleumderischen Gedichte über die Parteiführung und die sowjetische

Stawskis Tagebuch, aus dem wir hier Auszüge aus den Jahren 1938 bis 1939 wiedergeben, befindet sich heute im Russischen Staatsarchiv für Kunst und Literatur in Moskau.

Nation insgesamt, als vielmehr um die Einstellung einer Gruppe namhafter sowjetischer Schriftsteller zu ihm. Deshalb wende ich mich an Sie, Nikolai Iwanowitsch, mit der Bitte, uns zu helfen. In letzter Zeit hat O. Mandelstam eine Reihe von Gedichten geschrieben. Einen besonderen Wert stellen sie allerdings nicht dar, nach einhelligem Urteil von Genossen, die ich bat, sich mit ihnen vertraut zu machen (...).

Nochmals bitte ich Sie, uns bei der Lösung des Problems Ossip Mandelstam zu helfen.

Mit kommunistischem Gruß,

W. Stawski»

(Zitiert nach W. A. Schentalinski, Raby Swobody w literaturnych archiwach KGB [Sklaven der Freiheit in den Literaturarchiven des KGB]. Paris, Moskau 1995; dt: Das auferstandene Wort, München 1996)

Über G. I. Serebrjakowa, die bekannte Autorin des Romans «Die Jugend von Marx» (1934–1935), 1936 als Frau eines Volksfeinds verhaftet, nach zwanzig Jahren aus dem Lager entlassen, äußerte er:

«In unserer Mitte lebte die Serebrjakowa, eine geschworene Feindin. Wir haben sie als Genossin aufgenommen, haben nicht die Feindin in ihr erkannt ... Die Wachsamkeit mancher Genossen hat so weit nachgelassen, daß den Arbeiten der Serebrjakowa viele Diskussionsabende gewidmet wurden. Wir haben den Feind eigenhändig unterstützt ... Nun haben wir Leute wie die Serebrjakowa ausgeschlossen, aber wer garantiert uns, daß sich in unserer Mitte nicht weitere eingeschworene Feinde der Arbeiterklasse befinden?» (Aus: «Literaturnaja Gaseta» vom 27. August 1936)

1. Januar 1938

Datscha an der Schodnja. Ein grauer, trister Morgen blickt durch die Ritzen im Fensterladen. Eine Wand von grauen Tannen zieht sich am Haus entlang. Es hat geschneit – feiner trokkener Pulverschnee. Die Wege sind völlig verschneit. Ich ging nach draußen – es war warm, die Wolken hingen tief. Pulverschnee von jungfräulicher Reinheit. Was wohl unsere Wolfsjäger machen? Jetzt hat die Jagd ja erst richtig begonnen! Wahrscheinlich schicken sie ein Telegramm. Ich gehe im Garten spazieren. Der Tag ist rasch angebrochen. Und es schneit und schneit. Auf den Tannenzweigen häuft sich weißer Schnee. Und wie leicht es sich atmet!

Nach dem Frühstück sind wir spazierengegangen. Über die Straße zu dem Flüßchen. Das Hinabsteigen durch den Schnee erwies sich als gar nicht so einfach. Alles still! In der Ferne zwitscherte eine Meise, eine Saite wurde angeschlagen, und lange stand dieser liebe zärtliche Ton in der Luft.

Am Flüßchen war der Schnee feucht geworden, wie grünliches Wachs. Wir arbeiteten uns vor zum Damm … Das Eis lag in großen Blöcken auf dem Wasser. Schon von weitem konnte man das Rauschen der Schleuse hören. Das Wasser inmitten von Eis und Schnee, wie ein großes Fenster sieht es aus. Es strömt und ist so rein, heiter, flink.

Wir überquerten den Damm, stiegen in den Wald hinauf und bogen rechts in den Waldweg ein.

Es schneit immer noch, verweht die Spuren. Dort ist eine Füchsin gelaufen, hat ihre Spuren in einer durchbrochenen Naht aufgesteppt. Und da ein frecher Hase! Ach, was für einen Haken er geschlagen hat, über vier Meter zur Seite! Offenbar vor seinem Bau. Und der Fuchs? Wieviel Leben, einfaches und bewegtes Leben gibt es selbst im Winter in diesem scheinbar toten Wald.

Unter dem Gebüsch das Spurenmuster einer Maus. Etwas weiter weg sprang ein Eichhörnchen von Tanne zu Tanne. Und wie still es jetzt im Wald ist, es geht nur ein schwacher Wind: Die leichten biegsamen Birkenäste wispern miteinander. Wunderbare Birken gibt es da: mal diese weißen streitsüchtig-stolzen, mal solche mit einem rosa Schimmer auf ihrer Rinde, als ob sie sich für etwas schämten. Und man freut sich darüber, wie über einen vertrauten Menschen. Vergangenes Jahr im März standen hinter Dmitrowo ebensolche rosaroten Birken am Bach. Und der Bach sang mit silberheller Stimme ...

Als wir nach Hause zurückkehrten, hörte es auf zu schneien. Und der Tag begann sich aufzuheitern. Unmittelbar vor unseren Augen hoben sich die Wolken, wurden immer dünner, und hinter ihnen ahnte man den blauen Himmel.

Gegen Abend klarte es auf. Die Sonne ging feurig unter, leider verschlief ich es und verpaßte den Sonnenuntergang.

Aber nach dem Essen sah ich zum Fenster hinaus: Über den Birken ein halber Mond. Das gibt wieder Neuschnee.

Um sechs Uhr verblaßten die Sterne und es gab so starken Frost, daß der Schnee unter den Füßen knirschte und es noch weit zu hören war.

Die Schneehauben auf den Tannen blitzen, funkeln, auf dem gefegten Weg sind – von den Füßen aufgedrückt – die

Schneezeichen, wie Sonnenflecken im Juli. Die Bäume werfen dunkelblaue Schatten. Im Garten unter den Bäumen herrscht blaue Finsternis. Aus dem Kamin über dem Haus steigt leicht rosafarbener Rauch auf. In den undichten Fensterläden Lichtstreifen, eine vertraute, gemütlich-warme Ruhe geht von der Wohnung aus. Bevor ich hinausging, sah ich nach, ob genügend Brennholz im Ofen war: Die goldene Hitze der Kohlen. Und vom Mond und den Schneehauben und vom Ofen und dem Rauch und dem bläulichen Schimmern der Sterne fächerte es mir die Kindheit ins Herz, die unendlich teure und unwiederbringlich ferne ...

Ich streife um die Datscha, wie eine Wand drücken sich die vom Schnee befreiten Tannen, Birken und Eichen ans Haus. Meine geliebten drei Eichen aus der einen Wurzel. Wie Drillinge stehen sie auf der Wiese vor den Fenstern. Drüben auf der anderen Straßenseite sind die Tannen hoch und dicht – sie ragen in den Himmel und erinnern mich an Tschetschenien oder Dagestan, wo die breitschultrigen Berge genauso schlafen und den halben Himmel bedecken.

Die Nacht schreitet übers Land – die Neujahrsnacht, die Jubelnacht. Die Große Bärin rechts vom Polarstern mit umgekippter Schöpfkelle – ob sie tanzt?

Und der ganze Himmel ist so sternenklar und erklingt gleichsam im Frühlingsklang.

Moskau, den 29. März. 12 Uhr
Die Sonne steht hoch im Zenit. Autos rasen vorbei, und vorbei rasen die blitzenden Flecke auf den Dächern. Deutlich im Sonnenlicht die Silhouetten der Passanten auf dem Asphalt des Platzes, deutliche Schatten. Ein violettes, in eins geschmolzenes Häusermassiv. Davor ein niedriges Häuschen, das Dach sonnenbestrahlt, grauer Rauch steigt auf.

Autos hupen. Die nachdenkliche Silhouette Puschkins. Hinter ihm am Himmel die Konturen der Baustelle[2].

Moskau, den 31. März

Am Morgen – noch an der Schodnja. Wie immer öffne ich den Fensterladen, das dichte Grün der Tannen schlägt mir in die Augen und über ihren Wipfeln – das klingende Himmelsblau. Nelka lief durch den Garten, das Kätzchen hinter ihr her. Plötzlich schrie Nelka laut, fuchtelte mit den Armen und die Katze verschwand. Ich konnte nicht einmal sehen, wohin sie verschwunden war. Um Nelka schwänzelte unser Schäferhund Alma. Jetzt sind sie alle verschwunden … Da kommt Nelka gelaufen und klettert auf einen Baum, holt von dort die Katze herunter, nimmt sie unter ihre Jacke. Die Augen des Tiers sind voller Entsetzen. Olga und ich gingen voraus. Und Ljusja schloß sich uns an. Auf der Brücke über die Schodnja blieben wir stehen. Im Tal wehte ein scharfer Wind. In der Nacht hat es kräftig gefroren, der Wasserspiegel hat sich um 30 Zentimeter gesenkt. Gestern blieb eine Eisscholle zwischen zwei abgebrochenen Pfählen hängen. Jetzt ragt sie in die Luft, gemasert, merkwürdig blitzend. (…)

Auf der Fahrt nach Moskau las ich den Roman «Mut» von Ketlinskaja[3]. Aus welchem Material sie schöpft! Und was für eine kühne Disposition! Gleich zu Anfang führt sie ein Dut-

---

2 *die Konturen der Baustelle* – Im Zuge der damaligen Umgestaltung des Moskauer Stadtzentrums wurde u. a. auch das Strastnoi-Kloster am Twerskoi-Boulevard (Gorki-Straße) abgerissen und an seiner Stelle der Filmpalast «Rossija» errichtet.

3 *Ketlinskaja* – Vera Kasimirowna Ketlinskaja (1906–1976), Schriftstellerin, seit 1920 aktive Komsomolfunktionärin. Ihr hier erwähnter Roman «Der Mut» (1938), in dem die Entstehung des neuen Menschen dargestellt werden sollte, wurde seinerzeit viel beachtet.

zend Helden in den Roman ein. Und es gelingt ihr, ihnen Individualität zu verleihen. Gut gelungen ist Tanja, die ihre Kindheit in der Garderobe verbracht hat. Gut auch Andrej Kruglow, der Kommunist, der sich eine Woche vor der Abreise verliebt. Insgesamt breitet sie auf 60 Seiten so viel Material aus, daß es jedem anderen von uns Literaten für drei Romane gelangt hätte! Wie es bei ihr wohl weitergeht?

In der Redaktion von «Nowy Mir»[4].

Zwei Uhr. Irgendwie verrücktes Wetter! Um 12 Uhr war es klar. Dann kam eine kalte graue Wolke. Über dem Platz wirbelte weißes Schneegestöber. Die Passanten schlugen die Mantelkragen hoch. Dann wieder Sonne. Und blauer Himmel – aber da kommen schon wieder graue Schwaden.

13. August 1938

Seit heute morgen tagen Unionssowjet und Nationalitätensowjet gemeinsam. Danach in der Redaktion von «Nowy Mir». Abends wieder Nationalitätensowjet. Eine gewichtige Frage: über den Schiffsbau. Der Redner – Volkskommissar R. – zog zwar viel interessantes Material heran, konnte aber nicht mitreißen. Man hatte Mühe, ihm zuzuhören.

Nach dem Referat – Begegnungen im Korridor. Tandit[5]. Auch mit ihm hochinteressante Gespräche. Er bereitet sich auf sein Referat «Organisationsprinzipien des Bolschewismus» vor.

«Wolodja, nenne mir Beispiele aus dem Leben – Beispiele von Selbstaufopferung. Weißt du, man kann leicht vom Hel-

---

4 *Nowy Mir* – siehe S. 132.

5 *Tandit* – Lew Borissowitsch Tandit, Autor eines Pamphlets «Der Triumph der Lehre Lenins und Stalins von der Diktatur des Proletariats» (1934) und Herausgeber von «Die Satzung der Partei – unverzichtbare Grundlage des Parteilebens: Eine Sammlung von Aufsätzen» (1938).

dentum im Krieg, im bewaffneten Kampf erzählen, vom Heldentum des bolschewistischen Untergrunds. Ich werde Beispiele aus dem Leben der Führer nehmen, von Mucius Scaevola erzählen. Du kennst ihn doch?»

«Wie er seine Hand im Feuer verbrannte?»

«Ja, genau! Ich weiß nicht, ob er wirklich gelebt hat. Aber auch wenn dieses Bild von Menschen erdacht ist, ist es großartig. Was für eine Verstandes- und Willenskraft, zum Beweis die eigene Hand zu nehmen und zu verbrennen. Das ist doch ein erstaunliches, ein ungewöhnliches Beispiel. Doch was für ein Beispiel von Selbstaufopferung würde man aus unserem Leben anführen, daß auch der Maler oder Tischler sagt: Das könnte ich auch!» – «Paß auf, ich will dir was erzählen. Ich erinnere mich, 1934 war irgend etwas bei mir in der Gruppe nicht in Ordnung. Die Fragen kamen nur zögernd. Zur gleichen Zeit tagte auch ein Plenum der KPK. Ich schrieb LMK[6] eine Notiz: ‹Muß Sie unbedingt sprechen.› Er las die Notiz, lächelte kaum merklich. Dann warf er mir einen Blick zu und nickte. Nach der Sitzung – um ein Uhr nachts – war ich noch da. Er kam vorbei, legte mir die Hand auf die Schulter: ‹Los geht's!› Wir gingen in sein Arbeitszimmer im ZK. Eine Gruppe Kommissionsmitglieder – wie viele von ihnen sind, nebenbei gesagt, jetzt (unleserlich).

‹Genossen, laßt uns die Resolution redigieren!› Und die Arbeit begann. Wie sorgfältig LMK die Worte wählte und die Formulierungen präzisierte!

Etwa 4 oder 5 Uhr morgens – ein Anruf von oben. LMK nimmt den Hörer ab: ‹Walerian[7]? Grüß dich. Zur Getreide-

6 *LMK* – Lasar Moissejewitsch Kaganowitsch, siehe S. 142.
7 *Walerian* – offenbar Walerian Wladimirowitsch Kuibyschew (1888–1935, vermutlich vergiftet), Altbolschewik, 1922 Mitglied des ZK und 1927

Troika[8]? Fangt schon mal an, ich komme gegen Morgen.› Und alle lächelten freundlich. Durch die großen Fenster brach der frische Moskauer Morgen an. Ich sah, auf den Bäumen beim Glockenturm lärmten die Spatzen. Man hörte das Rauschen des Wassers aus dem Sprengwagen – sie reinigten den Asphalt. ‹Er kommt gegen Morgen!›

LMK fährt mit der Arbeit fort. Dann gibt er Anweisungen. Verabschiedet sich. ‹Ihr macht weiter, ich muß noch woandershin.› Im Pulk gehen wir mit ihm raus ins Zimmer seiner Mitarbeiter. Auf dem großen Tisch stehen Gläser mit kaltgewordenem Tee, belegte Brote. LMK schnappt sich eins und verschlingt es hastig. Dann ein zweites, ein drittes. Dann bricht er in dröhnendes Gelächter aus. ‹Und ich denke immer, weshalb brummt mir der Kopf. Hab doch tatsächlich heute vergessen, zu Mittag zu essen!› Gefällt dir das Beispiel?» frage ich Tandit.

«Wie oft habe ich das schon erlebt», lacht er, «aber ich kann das nicht erzählen. Schreib du es auf, und ich erwähne dich, wenn ich es zitiere. Zum Teufel mit euch Schriftstellern. Weshalb muß ich meine Beispiele in der Geschichte suchen? Ich brauche ein Beispiel für Selbstaufopferung, muß einen Bolschewiken bei der Arbeit zeigen, also nehme ich Maxim Gorkis Roman[9] ‹Die Mutter› – den Bolschewiken Pawel.»

des Politbüros der KPdSU (b), 1926 bis 1930 Vorsitzender des Obersten Volkswirtschaftsrats und 1930 bis 1934 der Staatlichen Plankommission, war maßgeblich am Aufbau der Planwirtschaft beteiligt.

8 *Getreide-Troika* – Dreierkomitee zur Konfiszierung von Getreide im Rahmen der Zwangskollektivierung. 1930 geschaffen.

9 *Maxim Gorkis Roman* – «Die Mutter» (1906 engl. im amerikanischen Exil erschienen): Es geht darin um das Schicksal von Pelageja Wlassowa und ihrem Sohn Pawel, einem Arbeiter, der zum gläubigen Sozialisten wird und sein Leben dem revolutionären Kampf widmet, mehr und mehr unterstützt von der Mutter, die schließlich, als der Sohn bei der Maidemonstration verhaftet wird, die rote Fahne weiterträgt. Der Roman wurde zum klassischen

«In bezug auf die Schriftsteller hast du recht. Doch jetzt zur Selbstaufopferung. Dazu muß man die Frage umfassender stellen. Weshalb Selbstaufopferung? – Schöpferische Tätigkeit, das ist die Grundlage unseres Lebens, Kreativität. Kreativität überall, wo du hinschaust, leuchtende, begeisternde Beispiele. Du hast da eine wichtige Frage berührt. Warte, da fällt mir noch etwas ein:

Frühjahr 1931. Mai. Die Sowchose ‹Chutorok›. Ich arbeitete mit einem Kommunisten von der Kooperative in der Traktorbrigade. Wir halfen dort aus, lernten. Es gab noch Frost, war kalt. Die Traktoristen arbeiteten hervorragend. Nachts saß ich einmal mit dem von der Kooperative zusammen. Vollmond. In der Steppe das Getöse der Traktoren. Zur Arbeit – Lieder. Gut.

Plötzlich sagt mein Kollege: ‹Was bringt die Traktoristen eigentlich dazu, so zu arbeiten? Es ist kalt, sie sind hungrig. Das ist doch schwer.›

‹Aber erlaube mal! Du hast doch selbst erzählt, wie du bei Koltschak[10] im Untergrund gearbeitet hast, und wie sie dich enttarnt und verurteilt haben.›

‹Ja! Aber ich habe mein Leben ja auch der Revolution gewidmet. Ich habe mich bewußt auf all das eingelassen.›

‹Und weshalb sprichst du dasselbe den Traktoristen ab, den jungen Leuten?›

Und weißt du, Lew» – ich wandte mich an Tandit –, «ich habe direkt den Feind in ihm gespürt, den Fremdling. Das hat sich ja auch in der Folge, nach zwei, drei Jahren, erwiesen!»

«Prima! Das ist ein überzeugendes Beispiel. Du mußt es niederschreiben, Wladimir!»

Beispiel des sozialistischen Realismus, der 1934 als verbindliche Methode für Literatur und Literaturkritik ausgegeben wurde.
10 *Koltschak* – siehe S. 14.

«Beispiele gibt's, soviel du willst. Da, hör mal. Einmal unterhielt ich mich ... Moment mal. Siehst du diesen abgemagerten, gebeugten Piloten? Schau mal hin, was er für eine Kehle hat.»

Nicht weit von uns geht Balanow[11], Held der Sowjetunion, vorüber. Gebeugt, hager, ein langes Gesicht mit kräftiger Nase und breitem Kinn; der Mund – nicht groß, eine dicke Unterlippe. Hohe Stirn und die Haare zurückgekämmt. Seine Augen sind hellblau, fast ein bißchen grau. Auf der Brust der Leninorden. Der Rotbannerorden.

Neulich habe ich ihn begrüßt.

«Einen guten Tag, Landsmann!»

«Hallo.»

An der rechten Hand fehlen Zeige- und Mittelfinger, an der Kehle hat er eine tiefe Narbe: an beiden Seiten des Adamsapfels ein Eingangs- und Ausgangsloch.

«Du weißt doch? – Er wurde in der Luft getroffen und setzte den Kampf trotzdem fort, schoß mehrere faschistische Flieger ab, landete nach der Schlacht noch sicher und verlor dann blutüberströmt das Bewußtsein.»

«Toll! Aber das alles sind Ausnahmeerscheinungen unter besonderen, heroischen Bedingungen. Gib mir Beispiele aus unserem Leben, leuchtende Beispiele von Heldentum und Selbstaufopferung.»

«Jetzt sind eben Heroismus und Selbstaufopferung nicht mehr üblich, ohne Kreativität sind sie im alltäglichen Leben unmöglich! Das ist es doch! Ich sage dir geradeheraus: Es geht um die Kernfragen des Lebens! Ich denke – ER wird sich in nächster Zeit sicherlich zu diesen Fragen äußern.

11 *Balanow* – Nikifor Fedotowitsch Balanow (1909–1981), Kriegspilot im spanischen Bürgerkrieg.

«Ja! ER beschäftigt sich mit Philosophie. Ihn interessiert die Frage nach der Rolle der Persönlichkeit. Und das ist sehr, sehr wichtig heute. Du weißt ja – die materiellen Probleme bei uns sind gelöst.»

«Ich sage dir – Geld haben die Maschinenarbeiter mehr als genug.»

«Siehst du! Und Rechtsfragen löst die Stalinsche Verfassung. Das ist alles klar. Aber – wenn einer sechs bis sieben Stunden in der Produktion gearbeitet hat. Was dann?»

«Das ist es eben! Dann heißt es lernen! Und weißt du, eine gewichtige Rolle bei alledem kommt der Kunst zu. Wir haben ja keine Vorstellung, was für eine gewaltige Rolle die Kunst in unserer neuen Gesellschaft spielt.»

Ich begleite ihn durch den Kreml. Die Sonne brennt auf die Wände. Plötzlich kommt ein leichter kühler Hauch auf, ein Windchen. Die Nähe des Wassers. Der Himmel ist irgendwie besonders blau! Die Häuser vom anderen Moskwaufer leuchten im Sonnenlicht. Der ganze Kreml leuchtet.

Dichtes uraltes Grün der Tannen an der Brüstung vor dem großen Kremlpalast.

Mein Vaterland, geliebtes Vaterland!

14. August 1938. Moskau

Heute hat ein neuer Lebensabschnitt[12] begonnen. Und all das ist so unerwartet, einfach und zugleich kompliziert.

Gestern war ich bei P. N. Pospelow[13]. Ich sagte ihm ganz of-

---

12 *ein neuer Lebensabschnitt* – als Stawski von seinen Aufgaben als Generalsekretär des Schriftstellerverbands entbunden wurde. Die Redaktion der Zeitschrift «Nowy Mir» blieb ihm, doch offensichtlich war er eine Zeitlang nicht sicher, ob er nicht selbst in die Mühlen der «Säuberung» geraten war.

13 *Pospelow* – Pjotr Nikolajewitsch Pospelow (1898–1979), Journalist, damals in der Redaktion der «Prawda», Mitglied des ZK.

fen: «Meine Stimmung ist schlecht. Im Schriftstellerverband schätzt man mich falsch ein. Glaub mir, Petro, und denk daran. Noch ein, zwei Jahre – früher oder später kommt heraus, wie sie mich, den Stalinanhänger und Bolschewiken, vernichten wollten. Und auch, wer mich vernichten will. Wenn mich der Verband unterstützte, dann wäre das etwas ganz anderes.»

Er war voller Mitgefühl, sagte aber nichts: Die übliche Zurückhaltung, Vorsicht. Dann:

«Du mußt schreiben, Wolodja! Schreiben kannst du. Und zwar gut. Das sieht man doch allein schon an deinem Artikel über Gorki – wer immer ihn gelesen hat, alle lobten ihn. Mach die Redaktion von ‹Nowy Mir› und schreib.»

Macht keinerlei Andeutungen. Aber an seinen Augen sehe ich, daß er voll im Bilde darüber ist, was läuft, was geredet wird, hervorragend informiert.

«Das Lehrbuch der Geschichte der Partei[14] – es wird vom Genossen Stalin redigiert. Zum Herbst soll es rauskommen.»

«Dann wird es auch wirklich ein Lehrbuch!»

Von Pjotr rief ich über die Kremlleitung Nikitin an.

Er: «Wo bist du abgeblieben?»

Ich: «Ganz in der Nähe.»

Nikitin: «Komm her. Ins Sektionssekretariat.»

Abends ging ich zu ihm in den Großen Kremlpalast.

Da sitzt er, ein müdes Gesicht, ganz verschwitzt – dauernd zieht er sein schönes weißes Seidenhemd zurecht.

«Wie ist die Stimmung?»

«Ganz gut. Hab mich ein bißchen erholt.»

«Schreib! Du mußt jetzt schreiben.»

«In den Verband mag ich jetzt nicht gehen. Muß ich unbedingt?»

14 *Lehrbuch der Geschichte der Partei* – siehe S. 140.

«Laß es bleiben! Sollen die sechs dort zurechtkommen.»

«Und wie soll das gehen?»

«Irgendwie – sie kreuzen auf, lösen einander ab.»

«Wann kommt der ZK-Beschluß über den Schriftstellerverband?»

«Bald, in diesen Tagen, vielleicht noch während der Arbeit der Sektion.»

«Was für Veränderungen gibt es an dem Projekt?»

«Es ist auf fünf Seiten erweitert. Es müsse populärer geschrieben werden, sagte Schdanow[15], dem die ganze Angelegenheit übergeben worden ist.»

«Was wird mit der Führung?»

«Es soll ein Präsidium aus 15 Personen geben. Einen ständigen Präsidiumssekretär ...»

«Wer?»

«Fadejew[16].»

«Aha. Und weiter?»

«Ihm werden ständige Vorstandsmitglieder zugeordnet.»

«Ich kann also davon ausgehen, daß ich mit dem SSP nichts mehr zu tun habe?»

«Ja. Schreib.»

«Und was ist mit ‹Nowy Mir›?»

«Mach die Redaktion. Wir haben nicht vor, dort irgendwelche Veränderungen vorzunehmen. Das Redaktionskollegium müßt ihr erweitern.»

«Gut. Dann besprechen wir das und machen unsere Vorschläge vom Redaktionskollegium aus?»

«In Ordnung. Nur zu.»

«Ich würde gerne reisen – nach Gorki, an den Kuban!»

---

15 *Schdanow* – siehe S. 122.
16 *Fadejew* – siehe S. 113.

«Na dann los! Du hast doch jetzt weniger Verpflichtungen ... Wir haben beschlossen, dir Erholung zu gönnen.»

«Dafür bin ich dankbar.»

«Du siehst, wir unterstützen dich!» Er lacht. Ein schlauer Kerl. Ach, wie mir Mechlis[17] fehlt. Er hätte das besprochen und alles geradeheraus gesagt, ohne dieses Lächeln, dieses Gekicher. Dann kam er auf die Zeitschriften zu sprechen. Jermilow ist von «Krasnaja Now»[18] abgesetzt worden, weil er den Roman «Fahrkarte in die Geschichte»[19] von Schaginjan abgedruckt hat. Dieser Roman hatte schon «Nowy Mir» vorgelegen, war von Krupskaja und Dmitri Uljanow[20] positiv rezensiert worden. Nur auf Drängen von Fadejew gab ich ihn an «Krasnaja Now» weiter – Schaginjan hatte ihnen diesen Roman schon früher versprochen. Er enthält eine verzerrte Dar-

17 *Mechlis* – Lew S. Mechlis (1889–1953), stalinistischer Ideologe, damals Chefredakteur der «Prawda», als Leiter der politischen Verwaltung der Armee weilte er im Sommer 1938 gerade in Chabarowsk, wo er als Verantwortlicher die «Säuberungen» in der Armee in Fernost durchführte, gilt überhaupt als einer der Aktiven bei «Repressierungsmaßnahmen».

18 *«Krasnaja Now»* – (Rotes Neuland, 1921–42) ursprünglich führende «dicke» Literaturzeitschrift, in der bedeutende Werke veröffentlicht wurden, veränderte später unter wechselnder Redaktion ihr Gesicht und wurde immer mehr gleichgeschaltet: schon durch das ehemalige RAPP-Mitglied W. W. Jermilow, der dann durch Fadejew abgelöst wurde.

19 *«Fahrkarte in die Geschichte»* – (richtig «Fahrkarte durch Rußland», 1938) Roman von Marietta Sergejewna Schaginjan (1888–1982), nach ablehnender Kritik so nicht mehr veröffentlicht, bildete die Grundlage für den 1958 erschienenen Roman «Die Familie Uljanow», den 1. Band einer Lenin-Trilogie.

20 *Krupskaja und Dmitri Uljanow* – Nadeschda Konstantinowna Krupskaja, die Witwe, und Dmitri Iljitsch Uljanow, der jüngere Bruder Lenins, hatten den Roman positiv besprochen; dennoch wurde er verworfen, weil er den Anforderungen von 1938 an das Leninbild nicht mehr entsprach: Der Leninkult war zu einem Bestandteil des Stalinkults geworden, Lenin durfte nur in Verbindung mit «seinem besten Schüler» (Stalin) erwähnt werden.

stellung Lenins (der als ganz und gar unrussischer Mensch[21] gezeigt wird). Das ZK faßte den Beschluß:

«Der Roman ist zu konfiszieren.

Schaginjan eine strenge Rüge vom SSP zu erteilen.

Krupskaja auf ihren Irrtum hinzuweisen.

Jermilow – abzusetzen.»

Die vom SSP erzählten, Referent beim Präsidium des SSP sei Fadejew gewesen.

Und dann kam wieder etwas Neues: Schaginjan erhielt einen strengen Tadel. Und der Verweis ging nicht nur an Jermilow, sondern auch an Fadejew selbst. Als ich von Nikitin hörte, daß Fadejew ständiger Funktionär des SSP geworden ist, begann sich tief in meiner Seele etwas wie Mitleid mit ihm zu rühren. Denn für ihn als Schriftsteller ist das doch einfach schlecht, äußerst schlecht.

Von Nikitin – zur Sektionssitzung. Ein riesiger Saal, durchflutet vom weichen Sonnenlicht in den mattierten Kronleuchtern. Vorn, hinter dem Präsidium, in einer Nische eine Statue Iljitschs[22] in voller Lebensgröße.

Es tagte der Nationalitätensowjet.

Wieviel neue Leute die Partei delegiert hat! Hinten sitzt [Bilja Misostrjachowa?] aus der Kabardei. Ein sonnenverbranntes Gesicht. Die Zöpfe um den Kopf gewunden. Leicht schrägstehende Augen und die typischen schmalen Lippen – alle Kennzeichen der Nationalität. Aber auch – ein graues europäisches modisches Kostüm. Und auf der Brust – der Leninorden und das Zeichen der Deputierten.

---

21 *ganz und gar unrussischer Mensch* – Schaginjan weist erstmals auf Lenins kalmykische und jüdische Vorfahren hin.

22 *Statue Iljitschs* – Iljitsch ist der Vatersname von Wladimir Iljitsch Lenin; in dieser Benennung Lenins drückt sich besondere Zuneigung aus.

Neben mir – Schura Artamonowa von den Erdölraffinerien in Grosny. Hinter ihr Sulejmanow aus dem Aul (...), der bekannte Brigadier, auch mit dem Leninorden. Am Morgen sah ich Alexej Stachanow[23]. (...) Ein ruhiges, schlichtes sommersprossiges Gesicht, der Blick klar und wach, Aufmerksamkeit heischend. Mächtige breite Schultern, weshalb er leicht gebeugt wirkt. Nikita Isotow[24] ist größer als Stachanow. Aber mir scheint, Alexej Stachanow wetteifert an Stärke mit ihm.

Doch was für ein ruhiges Selbstvertrauen haben sowohl Stachanow als auch Nikita Isotow, Bilja und Schura und all die anderen! Dieses Zutrauen in ihre Kraft, ihren Mut, ihre Kühnheit. Man kann es nur schwer mit Worten wiedergeben, aber wie stark, mächtig und ruhig ist man, wenn hinter einem die hundertsiebzig Millionen des mächtigen Sowjetvolkes stehen!

Alle interessieren sich lebhaft, brennend für die Ereignisse im Fernen Osten[25]. Aber – keinerlei Unruhe, keine Panik. «Unsere Leute haben es ihnen gegeben und schlagen sie noch weiter!»

Auf der Sitzung wurde das Budget diskutiert. Bei uns im Nationalitätensowjet klingen die Siege irgendwie klarer und deutlicher durch die Zifferkolumnen hindurch.

23 *Stachanow* – siehe S. 44.
24 *Nikita Isotow* – Stachanow-Bergarbeiter.
25 *Ereignisse im Fernen Osten* – der sowjetisch-japanische Grenzkonflikt am Chassansee (südlich von Wladiwostok) vom 29. Juli bis 11. August: Japan, das damals die Mandschurei besetzt hatte, suchte die Sowjetunion seit 1936 in häufigen Grenzscharmützeln zu provozieren, letztlich mit dem Ziel einer Eroberung von sowjetisch Fernost, aber auch, um die Schlagkraft der sowjetischen Armee in Fernost, in der gerade «Säuberungen» durchgeführt wurden (vgl. S. 249), zu erproben. Einer der schwersten und außerordentlich verlustreichen Konflikte waren die Kämpfe am Chassansee, bei denen es den sowjetischen Truppen unter Marschall W. K. Blücher jedoch schließlich gelang, die Japaner vom sowjetischen Territorium zu vertreiben. Blücher wurde kurz danach verhaftet, er starb an den Folgen der schweren Folterungen.

Die Delegierten der Ukraine, Turkmeniens, Aserbaidschans nehmen das Budget an. Und erzählen von ihren Republiken. Diesen Erzählungen – von Kämpfen und Siegen – hören die Delegierten voll Begeisterung zu.

Wie ein roter Faden zieht sich durch alle Reden: Wenn von dem 125-Milliarden-Budget 27 Milliarden für die Verteidigung zuwenig sind, dann geben wir eben noch soviel dazu wie nötig!

Abends nach der Sitzung war ich im ZK. Die erste Frage galt dem Fernen Osten. Wir untertreiben, wenn wir schreiben, daß wir 400 Mann geschlagen haben. Nach meinen bescheidenen Berechnungen haben wir dort nicht weniger als eine Division vernichtet. Und wie heldenhaft unsere Leute kämpfen!

Einem Verwundeten wurde befohlen: Zurück ins Lazarett. Er antwortet: Ich kann nicht! – Aber das ist ein Kampfbefehl! – Er steht stramm und sagt wie gestanzt: Als Bürger der UdSSR kann ich das Schlachtfeld nicht verlassen! Ich fühle mich gut. Ich diene der Revolution. Da ist sie, die fertige Erzählung. Über diesen Soldaten werde ich eine Erzählung schreiben. Und auch über den anderen, den Madrider Beobachter. Damit beginne ich mein neues Leben als Schriftsteller.

Wie ist doch alles unerwartet gut ausgegangen – man glaubt es kaum, daß sich alles so gefügt hat!

Ich fragte damals Nikitin:

«Gibt es mir gegenüber irgendwelche Beanstandungen?»

«Nein! Schreib nur. Wir haben beschlossen, dir Erholung zu gönnen und Zeit zum Schreiben.»

«Und dann?»

«Das wurde nicht besprochen. Schdanow sagte: Das beraten wir mit Genossen Stalin.»

Da verschlug es mir doch den Atem. Was konnte ich denn noch wünschen? Und doch gab es tief in meinem Inneren Zweifel, eine leichte Trübung, Kränkung. Ich sagte das sowohl Pospelow als auch [Tandit?]. Und der eine wie der andere schimpfte, und zwar völlig zu Recht. Besonders [Tandit]:

«Bei dir steht es doch zum besten. Sie wollten dich verschlingen, hetzen, rausschmeißen. Nichts ist daraus geworden! Du bist doch gut davongekommen, mit Würde. Mach jetzt die Redaktion weiter, aber vor allem: schreib. Wie glänzend du begonnen hast. Deine Bücher waren in aller Munde. Das Publikum interessiert sich nicht für den Schriftstellerverband, aber daß Stawski nicht schreibt – das interessiert alle. Weshalb schweigt er? Hat wohl keinen Stoff mehr?»

In diesem Moment klingelte das Telefon. Der Sekretär des Parteikomitees Epstein bittet um ein Referat über die Organisationsprinzipien des Bolschewismus.

«Es kommen 390 Personen.»

«Und seien es auch nur 20 oder 30 – wie viele braucht der Kommunist? Es ist doch das höchste Glück, wenn man den Menschen von Lenin und Stalin erzählen kann.»

«Da möchte ich gern zuhören.»

«Besser nach der Sitzung. Ich muß mich vorbereiten. Ich möchte nicht, daß die Leute bei meinem Referat einschlafen.»

Und zu mir: «Ich kann zu jeder Zeit bei Tag und bei Nacht einen Vortrag über die Organisationsprinzipien des Bolschewismus halten. Da bin ich in meinem Element. Aber ich muß mich vorbereiten. Prägnante, geistreiche Fakten zusammenstellen. Daß es auch amüsant wird.»

Und was für eine Kraft, Ruhe und Zuversicht von ihm ausgeht. Ein Prachtkerl, dieser [Tandit].

Eines der Argumente zu meiner Beruhigung: «Was willst du, Wladimir! Für mich war es schwerer, als ich das ZKP verließ! Mich hatten sie dort zum Trotzkisten gestempelt[26], doch ich kämpfte und wurde allseits rehabilitiert – aber du? Was ist dir schon passiert? Ist doch alles in Ordnung, du mußt dich jetzt nur zusammenreißen und etwas Starkes schreiben!»

Er ist jetzt im SPK, Assistent des 1. Vorsitzenden L. M. Kaganowitsch.

«Ich weiß nicht, woher ich die Kräfte nehme! Ich habe gerade mal zwei Stunden geschlafen, und schon wieder kocht es im Kessel! Woher nur die Kräfte?»

«Von IHM!»

«Stimmt. Und wie einen das packt. Du siehst das gesamte Leben des Landes: wie die Massen leben und wie sie geführt werden. Alles spürst du, bist am Puls der Zeit. Das ist interessant, Wladimir.»

«Da kann ich dich nur beneiden und mich freuen!»

Und ich freue mich von ganzem Herzen für ihn!

Dann redeten wir über all das andere. Auch über Fadejew.

«Was schreibt er? Nichts!»

«Aber die Skizzen über die Tschechoslowakei sind interessant!» sagte ich.

«Das stimmt! Nur gibt es hier mehr zu sagen! Solche Skizzen kann jeder Journalist schreiben. Von Kolzow[27] und seinen spanischen Tagebüchern dagegen habe ich eine sehr hohe Meinung. Ich habe mir die Fahnen genommen und gelesen – von Dolores, von José Díaz[28], von einem Gespräch über den

26 *zum Trotzkisten gestempelt* – Der Vorwurf des Trotzkismus war gleichbedeutend mit dem des Hochverrats.

27 *Kolzow* – Michail Jefimowitsch Kolzow (1898–1940), Schriftsteller und damals einer der bekanntesten Journalisten, wurde kurz nach der Veröffentlichung seines «Spanischen Tagebuchs» 1938 verhaftet und am selben Tag wie Meyerhold verurteilt und erschossen (siehe S. 151).

28 *von Dolores, von José Díaz* – siehe S. 126.

Genossen Stalin. Und in diesem kargen Dialog, hastig und abgerissen, entsteht ein äußerst lebendiges Bild, ein Porträt zweier Menschen und der Ausdruck unserer aller Liebe zu Stalin. Wie wunderbar und weise sind seine Worte, die man dem kranken José Díaz überbracht hat: ‹Für dich ist jetzt deine Gesundheit die wichtigste Front.›

Darin liegt doch die ganze Zartheit dieses größten Genies der Menschheit gegenüber einem Kämpfer für den Kommunismus, einem Mitstreiter, einem Verwandten, einem Genossen! Und die ganze Weisheit des Führers. Du bist Kommunist, dir stellt die Geschichte die größten Aufgaben. Deine Gesundheit ist auch eine Kampfesfront. Auch da muß man stark sein und siegen. All das geht dir im Kopf herum, als wäre es deine eigenste Angelegenheit!»

Und da fällt mir ein, was Fjodor Bykow erzählte: «Lasar Moissejewitsch [29] riet mir in einem Gespräch, auf meine Gesundheit zu achten. Stand auf, zog an seinem Hosengürtel: Schau, ich werde nicht dicker. Aber sowie ich an meinem Gürtel merke, daß ich zunehme – gleich mache ich mehr Gymnastik. Die Partei braucht doch meine Gesundheit, meinen Organismus. Ich muß ihn in idealer Arbeitsverfassung erhalten.»

Auch Matwej Nikiforow redete mit mir:

«Man muß vorsichtiger sein mit dem Trinken! Ich hab nichts gegen ein Gläschen Cognac. Ich selbst trinke gern. Aber ich kenne mein Maß. Was hat dich so dick gemacht? Ich bin doch älter als du, aber schau!» – und steht auf, zieht mit Genugtuung an seinem Hosengürtel. Ein wohlgenährter Körper, aber Fett oder Bauch – nein. Man sieht, er ist durchtrai-

---

29 *Lasar Moissejewitsch* – Lasar Moissejewitsch Kaganowitsch, siehe S. 142.

niert: «Man muß Gymnastik treiben. Wie ich das mache? Daran liegt es eben, mein Lieber!»

Werte Genossen! Ich kann mit Stolz sagen: Der Alkohol ist vollkommen aus meinem Leben gestrichen. Und das Nikotin ebenfalls. Und ich schaffe Ordnung bei mir, und zwar richtig.

Da bin ich doch ins Schreiben gekommen. Ich möchte auch über [Sch?] und [Mironow?][30] schreiben. Aber offenbar geht nicht alles auf einmal.

19. August 1938. Moskau

Wie viele Eindrücke sich anhäufen! Ich muß irgendwie mehr Disziplin halten und meine tägliche Arbeit intensivieren, mehr schreiben. In diesen Tagen habe ich mir nur Notizen gemacht, aber die Hauptsache – die Vorstudien zur großen Arbeit – vor mir hergeschoben. Und wie ich sie machen soll, weiß ich noch nicht. Das ist alles so schwierig, so kompliziert. Und es nachlässig zu machen, was hätte das für einen Sinn?

Heute auf der Sitzung wurde der vierte Tagesordnungspunkt abgeschlossen – über die Staatsbürgerschaft der UdSSR. Das Gesetz ist bereits angenommen. Was für ein erregendes, faszinierendes Thema. Und so muß man es beginnen: «Ich, ein Bürger der Sowjetunion.» Nein, das klingt zu sehr nach Katajews «Ich, ein Sohn des arbeitenden Volks»[31]. Aber nicht das ist

30 *über [Sch] und [Mironow?]* – vermutlich Schiwarow, Nikolai Christoforowitsch gemeint, einer der Spezialisten für Schriftsteller beim NKWD; ebenso Mironow, Alexander – in Führungsposition beim NKWD, beide haben sich während der «großen Säuberung», z. B. bei den Verhören des Dichters Nikolaj Kljujew, besonders hervorgetan.

31 *«Ich, ein Sohn des arbeitenden Volks»* – (1937) die stark autobiographisch gefärbte Erzählung von Valentin Petrowitsch Katajew (1897–1986) spielt im Bürgerkrieg.

das Wesentliche, wesentlich ist, daß man den Titel eines Bürgers der UdSSR selbst außerordentlich aufgewertet hat. Wie begeistert hätte sich Maxim Gorki dazu geäußert! Warum nur schweigen wir? Auf welche Themen warten wir noch …? Das ist doch bereits Stoff für eine fertige Erzählung. Die Grenze in Fernost, ein Gefecht, ein Rotarmist ist verwundet, verläßt aber das Schlachtfeld nicht, man befiehlt es ihm, und doch geht er nicht weg, seine Begründung: Ich bin ein Bürger der Sowjetunion!

Bemerkenswert die Erzählung «Phantasie» von Baidukow [32] heute in der «Prawda». Sowjetische Weitstreckenbomber vernichten während eines Sturms das Marinegeschwader des Gegners. Einer der Bomber wird abgeschossen, in dem die ukrainische Besatzung aber noch todesmutig und entschlossen auf ein Ziel zuhält, einen gegnerischen Kreuzer, und ihn abstürzend durchschlägt. (…)

Über den «Tag der Luftfahrt» gestern. Mir fehlen die Worte, um all die Erlebnisse wiederzugeben. Ein äußerst schmerzlicher Gedanke, der irgendwo in der Tiefe meiner Seele aufkam und immer stärker wurde: Warum bin ich nicht mehr jung? Warum habe ich mich nicht schon früher um meine Gesundheit, meinen Organismus gekümmert? Und wie viele wertvolle Stunden habe ich vergeudet – im Rausch? Plötzlich kommt einem das schmerzlich zu Bewußtsein. Ich liege auf einem Haufen Tannenzweige, die Nadeln stechen mir ins Gesicht. Über dem Kopf die endlose Weite des Märzhimmels. Sterne glänzen. Und dann? Dann eine wilde Fahrt, die Stadt. Doch dort, dieser Augenblick unter dem Himmel, in der

---

32 *Baidukow* – Georgi Filippowitsch Baidukow (*1907), Pilot und Erzähler, die genannte Erzählung gehört wohl zu seinen damals vielgelesenen «Aufzeichnungen eines Piloten» (1938).

kristallklaren Frühlingsnacht – ist bitter, ein bitterer Vorwurf ... Aber das läßt sich nicht wiedergutmachen. Und ich muß jetzt etwas tun, um meine Gesundheit zu pflegen und möglichst wiederherzustellen. Etwas stimmt nicht mit meinen Augen, dem rechten – mit Mühe erkenne ich die Gesichter im Präsidium ... Was ist das für eine Qual!

Jetzt also über den Tag der Luftfahrt. Morgens tauchte von Osten her über den Tannen und Birken eine dunkelblaue Wolke auf. Leichter Wind. Jedes Blättchen zitterte.

Der erste klingende Tropfen reißt sich los, dann der zweite, sie brennen auf dem Körper. Ich laufe vom Volleyballplatz ins Haus. Der Regen hat ein dichtes Netz ausgebreitet – über die Fensterscheiben läuft es in Strömen. Ob der Feiertag wohl platzt? Die Wolken wandern nach Moskau. Der Himmel ist in Wolken gehüllt, aber sie stehen sehr hoch. Vielleicht verziehen sie sich wieder?

Ich fahre mit Fedja. Von der Kurve nach Nagornoje an unzählige Autos. Es ist erst ein Uhr – und schon ist die Landstraße überfüllt. Wir zählten zweihundert, dann gaben wir auf: «Hätte ich das Benzin dieser Autos – es reichte mir für ein ganzes Jahr.» Bei der Zapfsäule – abbiegen auf die Wolokolamsker Chaussee. Da kommt die Sonne raus. Das frisch gewaschene Laub glänzt. Die Stadt ist belebt. An der Chaussee – Milizionäre, Tschekisten. Hier fahren die Autos bereits in geschlossener Kolonne, man kann weder überholen noch sich hineinzwängen!

Ein hallender Tunnel. Beleuchtet vom angenehm matten Licht zweier Reihen runder Lampen an der Wand entlang. Das ist der berühmte Wolokolamsker Knotenpunkt: Unter dem Tunnel fließt der Fluß durch ein Rohr. Über dem Tunnel der Wolga-Moskwa-Kanal. Seitlich führt die Eisenbahnbrücke über den Kanal. Über dem Tunnel am Kanalhang aus Blumen

Porträts von Lenin und Stalin. Und da ist auch schon der Flugplatz. Von fern winkt ein Milizionär, weist uns zum Tor. Ich stelle den Wagen ab, gehe zum «Dach rechts». Rasch sammelt sich eine Menschenmenge.

Was für ein weiter Blick vom Dach. Mit bewundernswertem Geschmack ist der Platz für dieses Gebäude gewählt. Es steht auf einem Erdhügel rechts von der Wolokolamsker Chaussee und bildet einen Halbkreis. Hinter der Chaussee, hinter dem Dorf Tuschino fällt der Hügel steil ab zu einer Ebene. Das ist das Schwemmland der Moskwa. Es bildet eine gleichmäßig flache Niederung, die an der gegenüberliegenden Seite der Moskwa von den Hügeln vorm Dorf Strogino begrenzt wird. Links verläuft der Bahndamm nach Kalinin. So entsteht ein gewaltiger natürlicher Zirkus. Und so weit das Auge reicht – auf der Ebene rechts und jenseits der Moskwa auf den Hügeln –, überall strömt das Volk, glänzen die Dächer von Hunderten, nein, Tausenden von Autos. Die Menschenmenge verschwimmt zu einem bunten changierenden Fleck. Dort drüben auf der Wiese in geraden Reihen die Flugzeuge, links die Attrappen eines Flugzeughangars. Um den Hügel herum auf Lastwagen die Flak und die Vierlings-Fla-MGs.

In der Luft steht der Autolärm, es weht ein frischer Windhauch. Die Fahnen flattern. Über Moskau hängt eine graue Regenwolke, die Sonne wird immer wieder von Wolken verdeckt. Der ganze Himmel ist in machtvoll heiterer Bewegung.

Mein alter Bekannter [Koschitz?] fängt an zu erzählen, und gleich lästert er. Das ist oft zweideutig und abstoßend. Viele Bekannte. Dort drüben Betal in einer dicken Fellmütze (Karakulschaf), gut gebaut und muskulös. Macht sich über meinen Bauch lustig.

«Wir haben doch einen Vertrag geschlossen – in einem Jahr nehme ich ein Pud ab.»

«Gut. Und wenn wir zweimal zusammen auf Bärenjagd gehen, dann ist das Pud auch weg.»

Ich schaue ihm in die Augen. Ob er mich in die Kabardei[33] einlädt? Zu sich? «Das schreib ich mir auf, Betal!» (Ich ziehe meinen Notizblock heraus und schreibe auf, was er gesagt hat.) Betal darauf: «Nein! Das ist gut, daß du durch das Land reist. Da kannst du viel sehen. Und schreiben.»

«Für mich ist ein Traum in Erfüllung gegangen, Betal!»

Genossen kommen hinzu, Betal stellt mich vor; Bilja [Misostrjachowa?], eine stattliche Frau, mehr als mittelgroß. Leicht schräge Augen, hohe Backenknochen – Kennzeichen ihrer Nationalität. Sie trägt ein Jackett. Und darunter ein langes Kleid aus schwarzer Seide. Gut gewachsen ist sie. Die Beine ein wenig zu dick, aber dafür kräftig, stark. Eine Reiterin! Auf der Brust der Leninorden und das Deputiertenabzeichen.

«Ich wette, eine halbe Million Menschen!» sage ich. «Eine halbe Million?» erhitzt sich Betal sogleich: «Das ist doch bestimmt eine volle Million. Sieh nur, welche Macht, Wladimir, wie? Welche Stärke! Das Volk!» – und energisch schlägt er zu jedem Wort mit der Faust, einer behaarten, starken Faust, in die Luft. Er lacht, und seine großen und breit stehenden weißen Zähne glänzen.

«Wir haben den Mikado auf die Schnauze geschlagen, und die Deutschen kommen auch noch dran.»

«Sind sie schon losgeflogen?»

«Ja, einer nach dem anderen!»

Ballons sind aufgestiegen und in der Ferne verschwunden. Lang, lang ist das Porträt des Genossen Stalin zu sehen – als wäre es ins Blau des Himmels gemalt.

---

33 *in die Kabardei* – die Autonome SSR der Kabardiner und Balkaren im Nordkaukasus.

Eine Flugzeugbrigade steigt auf [OSOAWIACHIM][34]. Die Piloten sind jung. Machen es neben ihrem Beruf. Aber wie gut aufeinander eingespielt sie fliegen. Und das ist doch vor allem die Kunst: «den anderen nicht zu stören», wie es Kaschitz ausdrückte. Und dieses «nicht stören» bedeutet, der Katastrophe vorbeugen. Verblüffend die Figur des «fliegenden Flügels». Man sollte es nicht glauben, daß das Flugzeuge sind. Ein riesiger und irgendwie zottiger Schmetterling – so kommt es einem vor. Doch in der Luft jagen die Flugzeuge eins nach dem anderen leicht dahin. Ein rotes Flugzeug. Kaschitz verkündet: Katja Mednikowa protestiert gegen die männliche Übermacht am Himmel.

Wie rasch man sich daran gewöhnt – man sieht zu, und schon wundert man sich nicht mehr über die Flüge. Dabei ist doch allein schon ein Flugzeug dort oben in der Luft zu halten, in gerader Linie zu fliegen, nur unter großen Anstrengungen zu lernen.

14. September 1938
Auf der Datscha an der Schodnja.

Ich habe meine früheren Aufzeichnungen aufgeschlagen und bin entsetzt. Die letzte – vom 19. August! Vor fast einem Monat. Und was habe ich in der ganzen Zeit geschrieben? Wenn man einmal absieht von dem Dutzend Seiten über Martynow, Dmitri Iwanowitsch vom Kaganowitsch-Werk, zwei Rezensionen und einem Leitartikel mit einer Bilanz der Sitzung – dann habe ich nichts geschrieben. Ich gebe offen zu: Es ist schwierig, ein Schriftsteller zu sein. Heute beim Tee erzählte mir Olga etwas, was einen gewaltigen Eindruck auf mich machte. Folgendes hat sie erlebt: Sie fuhr Taxi. Fühlte sich

34 *OSOAWIACHIM* – siehe S. 158.

schlecht und beschloß, die drei Rubel auszugeben. Auf der Mjasnizkaja sah sie, wie ein Taxi an ihr vorbeifuhr:

«Genosse, können Sie mich fahren?»

«Das geht nicht, Genossin, hier ist keine Haltestelle. Nehmen Sie sich ein Taxi an der Taxihaltestelle.»

«Ich habe es eilig, mir ist nicht gut. Fahren Sie mich.»

«Na, dann muß ich ja wohl.»

Unterwegs unterhielten sie sich. Olga fragt:

«Weshalb arbeiten Sie nicht bei jemandem als persönlicher Chauffeur? Da ist doch mehr und besser zu verdienen.»

Da wirft der Chauffeur ein: «Besser?»

Olga fuhr zurück: so zornig war das Gesicht des Jungen, der Mund schiefgezogen.

«Ich habe mir geschworen, nie mehr fahre ich als jemandes persönlicher Chauffeur!»

«Ja, was ist Ihnen denn da passiert?»

Der Junge platzt gleich los – so etwas gibt es: Wenn sich bei jemandem etwas ansammelt, ist er froh, sich dem ersten besten, der ihn fragt, zu öffnen und alles bis ins kleinste Detail zu erzählen.

«Ich habe bei einem Ingenieur vom Narkomprom[35] gearbeitet. Sie zahlten gut, siebenhundertdreißig im Monat. Anfangs zahlten sie fünfhundert. Aber als ich so sah, wie die leben, beschloß ich, mich zu verdrücken. Ich machte eine Andeutung gegenüber meinem Chef, gleich gab er mir mehr. Ich blieb. Mehrmals ging das so: Ich wollte weg, endgültig, aber sie deckten mich mit ihren Zuschlägen ein. Und was ich da an Schmutz gesehen habe. Mein Chef war offenbar früher ein Arbeiter gewesen, aber das konnte man ihm nicht mehr ansehen. Zog sich ein Jackett mit diesen breiten Schultern an. Kaum hatte er ein

35 *Narkomprom* – Volkskommissariat für Industrie.

Auto, wurde er so richtig ein Schwein. Wie rasch so was geht, man faßt es kaum: Gerade noch hatte man gesehen, daß er Arbeiter war, und jetzt das. Er konnte fahren und fuhr häufig selbst. Da wußte ich gleich: Wenn er selber fährt, dann will er sich irgendwo mit Weibern rumtreiben. Gehst du danach ans Auto – sind die Kotflügel eingedellt, klappern, der Lack ist zerkratzt. Innen – pfui Teufel. Das ist kein Auto, sondern ein Bordell auf Rädern. Am liebsten würde man erst alles mit der Feuerspritze ausspritzen, bevor man einsteigt. Die Chefin, seine Frau, war nicht besser. Hielt sich einen Deutschen, und ich – soll ihn fahren. Dann lernte sie selber fahren. Nahm sich das Auto und auf und davon zu ihrem Deutschen, vielleicht auch zu noch jemand anders. Weiß der Teufel! Einer schlimmer als der andere. Er selbst trieb es mit seiner Sekretärin, mit der Schreibkraft, mit der Kurierbotin wohl auch. Keinen Rock ließ er aus: Er dachte offensichtlich – wenn eine erst mal bei ihm arbeitet, dann mußte sie ihm auch zu Willen sein! Ein Riesenschwein, so was hat der Mensch noch nicht gesehen. Und über die Frau fragt er mich aus, wohin sie gefahren sei, mit wem, und ob sie vielleicht allein gefahren sei. Und sie dasselbe über ihn: Ob er allein gefahren sei? Ihre Visage abgetakelt, geschminkt, die Haare auch auf blond gefärbt, dann verloren sie die Farbe und unten kam das Dunkle raus, pfui, wie ein abgewetztes Schaffell.

Schickt mich hierhin, dahin. Mal mit einem Briefchen, dann auf den Basar. Ja, einmal fand ich im Auto ein Briefchen: Genosse Chauffeur, sagen Sie mir, mit wem sich Ihr Chef rumtreibt. Rufen Sie mich an, und dann stand da die Nummer. Ich werde mich erkenntlich zeigen ...

Woher nur all der Schmutz bei den Menschen, wenn man das bedenkt! Und ich wollte unbedingt weg, aber sie hielten mich immer wieder mit Zuschlägen. Wenn du sie nur siehst,

wird es dir übel. Und untereinander tun sie so lieb und zärtlich ...

Erschießen sollte man sie, auch wenn sie aus der Arbeiter-
schaft sind, damit sie die Luft nicht verpesten. Ich kann nicht
begreifen, wie das kommt: Er ist doch einer von uns. Kaum hat
er die Grenze überschritten, suhlt er sich schon im Dreck wie
ein Schwein mit seinem fetten Rüssel. Bei Arbeitern gibt es
beileibe keinen solchen Dreck. Ja, sie trinken mal, lärmen ein
bißchen – aber so was, das gibt's nicht!»

Diese Erzählung regte mich auf. Erst gestern hatte mir [Do-
ronin] erzählt: «Ich habe in Peredelkino[36] gearbeitet, als die
Datschen gebaut wurden, habe einen Lastwagen gefahren. Eines Abends kommt der Bauleiter, sagt: ‹Könntest du uns Bretter fahren?› – ‹Ja.› – ‹Wieviel nimmst du für die Fuhre?› –
‹Gib mir zehn.› – ‹Einverstanden.› Also fahre ich. Zehnmal
bin ich gefahren. Habe in einem Monat über zweitausend verdient. Und Überstunden hat er mir noch aufgeschrieben – drei
Rubel die Stunde.»

«Und du hast dich nicht geschämt?»

«Wieso geschämt? Die haben doch alle für sich gesorgt. Für
sich und andere, wie es gerade kam.»

«Und Ljaschkewitsch?»

«Ljaschkewitsch?»

«Sag, hat er sich die Datscha – ehrlich aufgebaut? Für fünfhundert Rubel Verdienst, kann man sich da eine Datscha aus
Stein bauen?»

«Was glauben Sie? Als ob man so bauen könnte! Natürlich
hat er zugegriffen. Dort einen Balken, hier Ziegel, den Trans-

36 *Peredelkino* – berühmter Datschenvorort von Moskau, 1935 auf Initiative des Schriftstellerverbands errichtet, der die Häuser Verbandsmitgliedern,
aber auch anderen Künstlern zur Verfügung stellt.

port – kostenlos. Ist doch sein eigener Herr – so hat er gebaut!»

Wie blind und dumm waren doch die Sekretäre des Schriftstellerverbands – Schtscherbakow, Stawski und andere ...

Gegen diese Halunken und Diebe müßte man vorgehen! Bei meiner neuen Arbeit muß ich dieses wichtige Thema unbedingt aufgreifen.

Aber wo anfangen?

Bei der Fabrik? Aber die kenne ich noch zuwenig.

Mit dem Kuban? Aber «Nowy Mir» kann ich vorläufig niemandem überlassen.

Grosny? Auch da muß ich mich erst wieder mit dem ganzen Material vertraut machen.

Außerdem gibt es weitere Pläne: rasch ein Stück über Spanien schreiben und über den Fernen Osten, die Schlachten, den Heroismus der Soldaten an der Besymjannaja-Höhe [37].

Aber noch immer sind meine Privatangelegenheiten nicht geregelt! Und das Jagdthema möchte ich bearbeiten!

Man dreht sich im Kreis.

Doch vor allem will ich damit beginnen, daß ich mir eine strenge Arbeitsdisziplin verordne. Täglich schreiben: Beobachtungen, Überlegungen, alles Eindrucksvolle, Interessante. Komisch: Ich habe die Kraft gefunden, den Alkohol und das Nikotin aus meinem Leben zu verbannen – und wie hat es mich früher doch zu alledem hingezogen – also: Ich habe mit der Gewohnheit gebrochen, aber es ist noch nichts dabei herausgekommen. Doch es wird schon.

Heute fange ich an.

Vorgestern kündigte sich der Herbst an. Gegen Abend fuhren wir über Krjukowo auf die Chaussee nach Pjatnizkoje. Di-

---

37 *Besymjannaja-Höhe* – im Fernen Osten, siehe S. 231.

rekt vor uns über dem ganzen Horizont eine Wolke. Auf der Windschutzscheibe kleine Tropfen. Aber vielleicht können wir den Regen ja umgehen?

Hinter Krjukowo der Weg nach links. Den Straßenrand entlang alte Birken, sie bilden eine dunkle behagliche Allee. Die Straße voller tiefer Schlaglöcher. Wir fuhren über eine Brücke über die Eisenbahn, die Straße wurde nicht besser. Es dunkelte rasch. Im Wald war es vollkommen finster. Die Tropfen fielen immer rascher. Es regnete. An der Waldwiese hielten wir an. Auf der Chaussee nach Pjatnizkoje würde es wohl kaum besser sein. Plötzlich durchbrach ein blaßblauer Blitz die Wolken. Donner grollte. Wir kehrten um. Es war kaum Zeit vergangen, aber schon war der Weg aufgeweicht. Der Wagen schleuderte mal auf die eine, mal auf die andere Seite. Und wie sollte ich von der Brücke auf die Chaussee kommen, über diese behagliche kleine Allee?

Vor der Brücke zu beiden Seiten der Straße Gräben. Das Auto geriet ins Schleudern, ich riß das Steuer herum, bekam den Wagen wieder unter Kontrolle und in Fahrtrichtung. Da, die Anhöhe, der Sand war naß. Links ein Abhang, rechts Steine. Die Räder blockierten, der Wagen wollte bald nach rechts, dann nach links. Uff, endlich die Brücke!

Ich lenkte die Räder durch eine tiefe Fahrspur. Und hatte Angst: zweimal schon war der Wagen aufgeschlagen. Ich öffnete die Tür – Regen schlug mir ins Gesicht, aber so sah man besser. Ich fuhr im ersten Gang, trat oft auf die Bremse, was ein Fehler ist. Plötzlich schleuderte es mich nach links, im letzten Moment trat ich die Bremse und würgte den Motor ab. Die Räder direkt über dem Graben. Rückwärtsgang, vorsichtig fuhr ich in der Fahrspur. Ich konnte es kaum glauben, als ich endlich das Häuschen kurz vor der Chaussee sah. Endlich die Chaussee. Wie gut. Ich steigerte die Geschwindigkeit. Plötzlich ein solcher Blitz, daß es mich geradezu blendete. Ich trat das Bremspedal. Und konnte lange nichts sehen ... Auf der Magistrale, vorne, fuhr ein Laster mit Heu und spiegelte sich vollständig, bis ins Detail, im feuchten Asphalt.

Nach Hause kamen wir tief in der Nacht, der Regen hatte nicht nachgelassen.

Ich habe überhaupt keine Lust, Gymnastik zu machen! Ich konnte mich kaum dazu zwingen, das Haus zu verlassen. Und bis zum Ende der Frühgymnastik wurde ich nicht munter. Der Wind rauscht. Die Birken sind voller gelber Blätter. Die Eichen haben noch ihre volle kräftige Färbung. Das sind meine Lieblingseichen. Es sind drei, die sind zusammen aus einer Eichel gewachsen, Drillinge. Von allen Orten, wo ich gewohnt habe, ist mir dieser am liebsten. Auf meinem Grundstück sind drei solcher Drillinge – hier diese drei Eichen, dann gibt es noch eine Drillingsbirke und eine Drillingstanne: aus je einer Wurzel drei Birkenstämme und drei Tannenstämme. Die Birken und die Tannen sind alt, sehr hoch, wenn man in der Nähe steht, muß man den Kopf weit zurückbeugen, um die Wipfel zu sehen. Abends von der Vortreppe oder aus dem Fenster meines Zimmers sieht man vor dem Hintergrund des Abendhimmels die Tanne und ringsum Birken – wie ein Kupferstich.

Gegen Mittag hatte es alles verweht, der Himmel strahlte in hellem und gleichsam klingendem Blau. Die Schatten vor dem Fenster fallen schräg und lang auf den Boden, die Sonne scheint mehr und mehr von der Seite, nicht wie im Sommer über den Köpfen. Es ist Herbst. Mein achtunddreißigster Herbst. Ich muß kraftvoller und möglichst schnell schreiben!

Mit einer Verspätung von fast einem Monat komme ich dazu, den «Tag der Luftfahrt» zu Ende zu beschreiben.

Im Gedächtnis geblieben ist mir die unüberschaubare Himmelskuppel, die Sonne häufig von Wolken verdeckt, was gut

ist, man kann dann besser schauen. Auf dem Gelände des Flug-
platzes ragen dunkle Gebäude auf – der Hangar. Den stärksten
Eindruck des ganzen Tages hinterließ der Anflug der «feind-
lichen Luftwaffe» auf den zu verteidigenden Flughafen. Wir
alle erlebten diese Minuten sehr intensiv. Das Alarmgeheul der
Sirenen in drei Tonstufen. Danach steigen die Jagdflieger auf.
Rechts hinter den Hügeln hervor kommen im Tiefflug die an-
greifenden Jagdbomber. Ihr Angriff ist nicht abzuwenden.
Doch unsere Jagdflieger stürzen sich aus dem bodenlosen
Himmel auf sie. Schon sind die Jagdbomber durchgebrochen.
Die Vierfach-Maschinengewehre rattern von den Autos.

Jetzt schießt die Flak, schleudert Flammen nach oben, ebenfalls von Autos und von den Sandhügeln. Das hat man vorher
bloß nicht gesehen. Die Jagdbomber fliegen über den Hangar,
von wo eine Riesenflamme aufsteigt, die Erde erzittert unter
einer Explosion, und schwarzer Rauch ballt sich zu einer
Wolke und verdeckt den ganzen Hangar.

Und wieder ertönt die Sirene, die Jagdflieger stürzen sich
zu den fernen Hügeln, den aufsteigenden Bombern entgegen.
Sie tauchten links von der Kirche auf, wie ein Vogelschwarm,
vor dem lichten Lazur. Und schon sind sie da. Die Flakartille-
rie donnert – präzise Schüsse, manche scheinen zu federn. Die
Bomber sind schon weg, weg ist auch der Hangar, dort ballen
sich schwarze Rauchwolken, blitzen Feuer, und auf die Erde
fallen Bretter, Bohlen. Die Ohren schmerzen einem von den
Explosionen. Das ist der Angriff. Gleich danach die Luft-
schlacht. Heulend steigen die Jagdflieger fast senkrecht empor, drehen über den Flügel ab, stürzen sich nach unten und
steigen wieder in den Himmel. Die Aufgabe: den Gegner von
hinten angehen, ihn ins Visier nehmen und eine Maschinen-
gewehrsalve abfeuern. Nein, das sind nicht mehr Maschinen,
das sind Menschen, dort, in der Luft, die das Metall zu einem

Teil ihres Körpers gemacht haben, ihres gefügigen Körpers, der sich nach unten stürzt, von der Seite ebenso rasch wie der Gedanke ... Neben mir der Held der Sowjetunion, Pumpur[38]. Er dreht sich ständig um und sucht den Himmel ab, blickt durch eine Brille. Genau so eine habe ich in Valencia gekauft.

Pumpur ist heiter und lächelt zufrieden. Wenn man ihn ansieht, dann geht einem wieder und mit neuer Kraft Baidukows Artikel durch den Sinn. Die todesmutigen Ukrainer ...

Um fünf Uhr endet das Fest. Ich möchte gar nicht weg. Am Rand des Platzes die Menschenmenge.

1. Januar 1939. 12 Uhr nachts

Schodnja. Erholungsheim.

Was für ein Glück!

Ich habe Silvester gefeiert mit den liebsten und vertrautesten Menschen, die ich habe.

Ljusja, geliebte, Liebe! Wieviel haben wir gelitten, wieviel Kummer gehabt! Doch vor uns liegt jetzt der Weg ins Glück! Ein Weg der Taten und Siege! Alles hängt nur von dir und mir ab. Du mein liebster Mensch. MENSCH mit Großbuchstaben. Ich weiß, jetzt fällt der Schnee von den Tannen und Kiefern. Die Nacht ist dunkelblau und am Himmel nicht ein Sternchen. Aber in deinem und meinem Herzen sind Sterne und der Himmel und das Glück!

Weißt du noch: Beim Urlaub in Kislowodsk – unten – ein Meer von Lichtern und eine solche Stille, daß jeder Seufzer, jede Bewegung in der Luft zu spüren war. Und nur du und ich.

---

38 *Pumpur* – Pjotr Iwanowitsch Pumpur (1900–1942), Kriegspilot, Teilnehmer am spanischen Bürgerkrieg, Held der Sowjetunion, 1938 Luftwaffenbefehlshaber in Fernost, wurde dort zum ersten Mal verhaftet (siehe S. 231), aber bald wieder freigelassen, geriet 1941 endgültig in Stalins «Säuberungs»maschinerie und wurde 1942 erschossen.

Und weißt du noch: Moskau, Dämmerung, und wir baden. Und über uns erklingt das uralte russische Lied. Und die Seele ist so leicht, so weit. Das bist du, meine Geliebte, Vertraute.

Und weißt du noch: Die Nacht, der Mond, die Baumstämme leuchten im Mondlicht, und wir beide allein.

Meine Geliebte! Das ganze Leben steht vor meinen Augen und klopft in meinem Herzen, mein Liebes!

Und ich möchte leben, mit der Epoche, mit Stalin, mit dir, Geliebte, Vertraute!

Wir werden siegen!

Wir werden glücklich!

Ich liebe dich! Geliebte!

24. Januar 1939

Eine Erzählung schreiben: «Der Vater».

Die Handlung spielt auf einer Parteiversammlung.

1. Rechenschaftsbericht des Parteikomitees. Der Direktor.

Martynow – was sie erlebt haben.

Panykin – ihre Biographien.

2. Pause

«Warum hast du nicht das Wort ergriffen?»

«Ich kann nicht und habe Angst.»

Unterhaltungen und Erinnerungen an die alten Herren.

Über L. M. Kaganowitsch

Altes und Neues.

«Und wie ist der Direktor so?»

3. Es läutet. Die Wahlen zum Parteikomitee beginnen.

Akinschin. Mit grauen Schläfen.

«Und wieviel Kinder hast du?»

«Zwei Söhne.»

«Warum so wenig?»

«Hab mich zuwenig angestrengt.»

Lärm, Gelächter.

Der Direktor wird bleich und rot.

Direktor: «Kein Einspruch?»

«Eine Frage.»

«Bitte sehr.»

«Wo ist mein Sohn?»

Martynow und Pankin.

Die Beichte des Direktors.

Streit – ins Parteikomitee darf er nicht.

Aus der Partei ausschließen.

Nein, er geht nicht!!!

Und Reden zur Verteidigung!

Soll man ihn wählen?

6. April

Wie gut, daß der Frühling an Kraft zunimmt. Vorgestern gab's noch einmal Frost, sogar ein wenig Schnee. Und seit heute morgen türmen sich Wolken auf, haben die Sonne verdeckt, und es nieselt ein leichter warmer Regen. Das ist der erste Aprilregen. Schnee liegt nur noch ganz wenig, nur im Wald gibt es noch viel. Er hat sich dort festgesetzt, löcherig, körnig, und schillert bläulich. Auf den Feldern liegt gar kein Schnee mehr, statt dessen braust in jeder Schlucht das Wasser. Die Bäche rauschen klangvoll, übermütig, und auf den nackten schwarzen Ästen und den Starenkästen pfeifen leise – noch nicht mit voller Kraft – die Stare.

Die geliebte, unvergeßliche Kindheit steht mir den ganzen Tag vor Augen. Nicht weit vom Weg läßt eine Ammer ihr Liedchen ertönen. Es kommt einem so vor, als wäre alles grün. In der Senke die Saatkrähen im falben Gras vom Vorjahr. In den Dörfern – in Jelino, Rschawki und Tschernaja Grjas – hängt auf den vom Regen ausgebleichten Zäunen bunte Wäsche und flattert im Wind. Blaue, rote Hemden, feuerrote Unterhemden, gelbe Blusen. Der Wald schweigt noch. Am Weg entlang liegen Schneehaufen. Direkt über ihnen hat eine grüne Weide ihre grausamtenen Weidenkätzchen ausgebreitet.

Mir fiel ein: Sechs Jahre alt war ich damals. An ebenso einem Märztag brachte mich Großmutter aus dem Dorf nach Pensa zu meiner Mutter. Genauso niedrig hing der graue Himmel direkt über dem Pferdegespann. Auf den Wegen standen gelbe Pfützen. Sie brachen mir einen großen Weidenast ab, ganz voller Kätzchen. Abends unterhielt sich meine Mutter mit Großmutter, aber mir war sehr, sehr traurig zumute. Im Haus war es kalt, die ungeweißten Balkenwände waren feucht in den Ecken. Vor den Fenstern heulte ein nasser Aprilsturm. Plötzlich gingen zwei Sirenen los und füllten meine kindliche Seele mit Panik und schrecklicher Wehmut. Ihr ungewöhnlicher Gleichklang wirkte damals traurig und furchterregend auf mich. Bis heute habe ich diesen Klang im Ohr …

Im Wald steht viel Wasser, über dem verharschten Schnee in den Senken gibt es Pfützen, in denen sich die weißen Stämme der Birken wie auf Medaillons gemalt spiegeln.

Im Wächterhäuschen empfing uns Kusmitsch nicht sehr gastfreundlich. Saß da und schrieb Abschußgenehmigungen für die örtlichen Jäger. Neben der Tür hinter dem Vorhang hervor kam die kleine Emilia, ihr Brüderchen German ist noch kleiner, er tobt auf dem Bett hinter der Trennwand herum und führt Selbstgespräche. Das ist auch schon der ganze Wohnraum der Familie von Kusmitschs Sohn Viktor.

Olga fragte: «Wer hat sich denn diese Namen – Emilia und German – für sie ausgedacht?»

«Wer sich das ausgedacht hat? Die Eltern», entgegne ich. Kusmitsch blickt von seinen Papieren auf.

«Ich war dagegen, aber als ob man heutzutage darauf hört! Die Namen sind wirklich irgendwie faschistisch, keine russischen Namen ...»

Moskau, 11. April
Morgens rief Sujew an.

«Waren Sie gestern unterwegs? Ich habe mir schon Sorgen gemacht. Habe bei Ihnen angerufen, einmal, zweimal, dreimal – niemand da, mein Gott! Sie wissen doch, wie es außerhalb der Stadt aussieht? Alle Äste abgeknickt, so ein Schnee, so einen Schneesturm hat es gegeben, den ganzen Frühling hat es zunichte gemacht.»

«Nein, aber soll man jetzt fahren oder nicht? Nach Sawidowo?»

«Nach Sawidowo?» fragte Sujew nach, und seine Stimme ist mißmutig, sehr mißmutig.

Ja, mir ist natürlich lieb, daß Sujew wieder auf die Beine gekommen ist. Wir verabreden uns also für drei Uhr. Vielleicht fahren wir nach Sawidowo. Sujew hat sich dafür verbürgt, daß die Birkhühner ihre Balz auf den Feldbirken haben, und hat sich gleich verplappert.

«Man muß doch schauen, was sich in der Natur tut.»

«Wollen Sie darüber schreiben?»

«Nein doch, was heißt schreiben? Schauen muß man.»

Nach einer Viertelstunde rief Sujew wieder an.

«Wladimir Petrowitsch! Denken Sie daran, daß ich frischen Zander gekauft habe, außerdem ein großes Stück schönes Fleisch, und dann habe ich noch geräucherten Kutum[39], also kaufen Sie nicht zuviel ein. Ich verpacke das alles gut, daß wir es mitnehmen können.»

39 *Kutum* – schuppenloser Fisch vom Kaspischen Meer.

«Was ist los mit Ihnen, Dmitri Pawlowitsch?»

«Jetzt möchte ich Sie einmal einladen! Wissen Sie noch, wie Sie mir zu essen gaben? Iß dich satt! Iß auf Vorrat! Aber jetzt stehe ich wieder fest auf den Beinen.»

Und in seiner Stimme war ein solcher Stolz, eine solche Würde. Ich habe mich direkt gefreut.

17. April 1939

Gestern abend war Sascha Mironow da. Erzählte, daß Jeschows Frau[40] sich mit Veronal vergiftet habe. Man hätte ihr noch den Magen ausgepumpt, sie aber nicht mehr retten können. Die Ärzte wüßten noch nicht, wie Veronal wirke. Jeschow[41] hätten sie auf der Sitzung abgesetzt. (...)

Jeschow hat sich eine ganze Stunde lang gerechtfertigt, hat gebettelt. Aber ER hielt dagegen: «Was du uns angetan hast, ist nicht wiedergutzumachen. Wem hätte man vertrauen sollen, wenn nicht dir?»

Über Scholochow:

«Er setzte sich während der Konferenz ins Archiv und blieb dort. Die Delegierten wurden unruhig:

‹Wo ist er? Wo ist Scholochow?› – ‹Der ist rausgegangen, hat sich entschuldigt. Gesagt, daß er an wichtigen Materialien arbeiten müsse!›»

Und zu mir: «Und dir sage ich: Du sei froh, daß du so gut

40 *Jeschows Frau* – Jewgenija Solomonowna Gladun-Chajutina, die im Oktober 1938 mit der Diagnose «Astheno-depressiver Zustand» in ein Moskauer Vorortsanatorium eingeliefert worden war, wo sie bald darauf durch Luminal zu Tode kam – damals als Selbstmord ausgegeben.

41 *Jeschow* – Nikolai Iwanowitsch Jeschow wurde im Dezember 1938 von seinem Posten als Volkskommissar des Inneren abgelöst und zunächst mit dem Volkskommissariat für Wassertransportwesen betraut, dann, am 10. April 1939, verhaftet und im Sommer 1940 erschossen.

gelandet bist, mit einem Fallschirm. Der Orden – das ist dein Fallschirm. Sei froh und stolz. Die Nerven? Dann ruh dich aus! Nutze jede Minute, lies, geh in Vorlesungen und laß keine aus! Nimm alles in dich auf, und dann, wie es bei Hegel heißt – gib den Reflex ans äußere Leben, schreib ein Buch!

Nerven kuriert man am besten durch Schlaf und frische Luft.

Fahr auf die Jagd, geh spazieren. Dann erholen sich deine Nerven wieder.»

Ein fröhlicher Mensch, immer zu Scherzen bereit. Es ist eine Freude, ihn zu sehen.

«Na, wie geht's dir? Ist es besser geworden? Na also!»

Und ich fühlte mich wirklich bedeutend besser!

Dann kam Lew[42]. Wir amüsierten uns über die Initiativen. Er erzählte von der Sanjanowa, wie man sie entlassen hat: Sie sei zum Direktor einer Schweinesowchose ernannt worden! Und sei tatsächlich hingefahren!

Er erzählte über die Mißwirtschaft im Nordkaukasus. Dann gingen wir zu Angelegenheiten der Literatur über.

Ich sagte, daß «Nowy Mir» mich störe.

«Geh auf keinen Fall weg! Stell dir einen Apparat zusammen. Nimm noch zwei Mann. Aber geh nicht weg. Das ist eine Frage des Prestiges!»

Und ich zu ihm:

«Eines Morgens im Dezember 1932 verschlug es mich in den Waggon von LM[43]. Ich erzählte und erzählte. Er hörte mir aufmerksam zu, dann sagte er, wobei er nachdenklich zum Fenster hinausblickte:

‹Da tun Sie recht daran, daß Sie umherreisen. Danach

---

42 *Dann kam Lew* – vermutlich Lew Mechlis gemeint, siehe S. 229.
43 *LM* – Lasar Moissejewitsch Kaganowitsch.

schreiben Sie darüber, und die Leute sagen: ‚Der ist begabt.‘ Aber wir beide wissen, das ist das Leben selbst!›

Da kam der Sekretär RK herein.

‹Was macht (unleserlich)?›

‹Der schnarcht.›

LM lacht laut.

‹Wie?›

‹Er schnarcht.›

‹Haben Sie das gehört?› wendet sich LM an mich.

Und noch eine Geschichte, wie ich mich einmal mit Scholochow unterhielt.

‹Sie haben uns etwas Großartiges mitgeteilt.›

‹Ich bitte Sie! Das sind doch Geschichten von der Staniza[44]!›

‹Sie können von ihrem Kurgan[45] aus manchmal besser sehen, was im Volk los ist, als wir von hier, aus dem Zentrum!›

Und eine dritte Geschichte. Auf einem Empfang im Sownarkom beklagte sich Leonow[46] darüber, daß man die Schriftsteller so wenig informierte ...

‹Was wollen Sie denn?› unterbrach ihn Molotow[47].

‹Warum nicht uns zu den Sitzungen im Sownarkom einladen?›

‹Bitte sehr. Aber was bringt das? Sie werden an der Sitzung

44 *Geschichten von der Staniza* – Staniza = Kosakensiedlung.

45 *von ihrem Kurgan aus* – Kurgan = Hünengrab.

46 *Leonow* – Leonid Maximowitsch Leonow (1899–1994), Schriftsteller, u. a. Autor der Romane «Die Dachse» (1924) und «Der Dieb» (1927), seit 1934 im Präsidium des Schriftstellerverbands.

47 *unterbrach ihn Molotow* – Wjatscheslaw Michailowitsch Molotow (1890–1986), Politiker und Diplomat, Mitglied von ZK und Politbüro. Enger Mitarbeiter Stalins. Von 1930 bis 1941 Vorsitzender des Rats der Volkskommissare. Danach Außenminister.

teilnehmen. Wir aber erwarten von Ihnen Werke über das, was im Volk, in den Massen vor sich geht!»»

Also, wenn ich mir das vor Augen führe, möchte ich sagen: Ich muß «Nowy Mir» verlassen. Je eher, und mit Anstand, desto besser!

Ich weiß nicht, vielleicht irre ich mich ja, und wenn, dann schlimm und unverzeihlich. Aber gestern schien es mir, als ob [N?] sich um jeden Preis in die Leitung drängt. Es ist ihr so rausgerutscht, als wir gemeinsam den Apparat zusammenstellten. «Du brauchst keinen Sekretär. Ich gehe weg!»

Und dann der Satz: «Wer den Apparat in der Hand hat, ist der wirkliche Leiter.»

Was folgt daraus? Soll ich mit ihr konkurrieren? Wo doch die Hauptsache in meinem Leben das Schreiben ist, schreiben und nochmals schreiben!

Und so schreibe ich tagaus, tagein.

Was für Reichtümer ich in mir selbst entdecke! Recht hatte Mironow gestern: «Du brauchst nirgends hinzufahren! Setz dich hin, schreib, erschließe alles, was sich bei dir angesammelt hat!»

Manchmal bin ich sehr niedergeschlagen – als ob sich mir etwas entzieht, immer mehr entzieht …

Und dabei – wie wunderbar ist doch das Leben! Was für grandiose Siege! Und welch grandioser Kampf steht noch bevor!

Heute in den Zeitungen direkt rührend: Kalinin[48] antwortet Roosevelt auf sein Schreiben an Hitler und Mussolini.

«Ich halte es für meine angenehme Pflicht, Ihnen mein tie-

48 *Kalinin* – Michail Iwanowitsch Kalinin (1875–1946), enger Vertrauter Lenins und Stalins, von 1919 bis 1946 Mitglied des ZK der KPdSU und nominelles Staatsoberhaupt der UdSSR.

fes Mitgefühl auszudrücken, verbunden mit herzlichen Glück-
wünschen ...»

Wieviel Stolz und Freude weckt das in mir.

«Bei den Siegesfeiern der Menschheit»

Tagebuch von
Leonid Alexejewitsch Potjomkin

Leonid Alexejewitsch Potjomkin (*1914), Sohn eines Postangestellten aus dem Kamagebiet, mußte wegen des Todes seines Vaters die Schule vorzeitig verlassen, um seinen Lebensunterhalt zu verdienen. Er hätte gern Philosophie und Literaturwissenschaft studiert, konnte sich jedoch nur am Bergbauinstitut in Swerdlowsk (heute wieder Jekaterinburg) einschreiben, weil er dort auch mit unvollständiger Schulbildung angenommen wurde, und legte 1937 sein Examen als Bergbauingenieur und Geologe ab. Seit 1941 Parteimitglied. 1941 bis 1945 schürfte er im Transkaukasus Kupfer für eine Kupferschmelze; 1945 bis 1948 leitete er eine geologische Expedition auf der Kola-Halbinsel, wo er bedeutende Nickelvorkommen entdeckte. Ausgestattet mit einem Zeugnis, das diese Entdeckung würdigte, wurde er nach Moskau versetzt, wo er an maßgeblicher Stelle in der Verwaltung der metallurgischen Bergbauindustrie tätig war. Von 1965 bis 1975 stellvertretender Minister für Geologie der RSFSR.

Er veröffentlichte zwei Bücher: «An der nördlichen Grenze» (1965) und «Zum Schutz der Bodenschätze und der Umwelt» (1977).

Das hier gekürzt wiedergegebene Tagebuch umfaßt den Zeitraum von 1934 bis 1936. Potjomkins Tagebuch befindet sich im Privatarchiv des Autors.

4. Oktober 1934

Ging zur Literaturvorlesung von Astachow.

Die Aula der chemisch-technischen Fakultät füllte sich mit über 500 Personen. Ein hinkender Professor bestieg das Podium und begann eine Überblicksvorlesung über die Künste. Ich schrieb eifrig mit auf einem Fetzen Papier. Schrieb ihn voll. Erbat mir ein Blatt bei meinem unbekannten Nachbarn. Bekam es. Die Vorlesung brachte mir die sehnlichst erwünschte Nahrung, nichts Primitives, sondern das, wonach ich dürstete. Frische und erquickende Nahrung. Ich erkannte nun das Problem der Künste, die Bewertung einer Reihe von Künstlern, und überprüfte an ihrem Beispiel meine Gefühle, meine Gedanken. Fing Feuer, empfand es als Wohltat, daß meine Gedanken und Wahrnehmungen frisch, wertvoll sind und sofort auf aktuelle Probleme reagieren. Nachdem ich mir schon ein Bild von der fremden Ideologie Jessenins[1] und anderer gemacht hatte, wurde ich nun von Optimismus und Schaffenskraft angesteckt.

1 *der fremden Ideologie Jessenins* – Sergej Alexandrowitsch Jessenin (1895–1925), bedeutender Lyriker bäuerlicher Herkunft. Seine Begeisterung für die Revolution, seine Sehnsucht nach einem bäuerlichen Paradies wich bald der Verzweiflung über die stadtorientierte, bauernfeindliche Entwicklung; nach einem skandalumwitterten Leben beging er im Dezember 1925 Selbstmord. Einer der beliebtesten Lyriker seiner Zeit, wurde er von der konservativen Parteikritik (Bucharin) fast gänzlich aus der Literatur eliminiert, das Jessenintum zum negativen Kriterium gemacht.

Dann über die Philosophie von Demokrit. Mir scheint die griechische Philosophie als Philosophie ungeheuer interessant. Wie lebendig sie doch ist und überhaupt nicht überlebt, sondern real und aktuell. Man kann ihre Gedanken und Schlußfolgerungen nachempfinden, kann sie in sich spüren und überprüfen.

Auch an unserem Institut wird eine Kulturuniversität eingerichtet. Ich führe die Anmeldungen in meinen Gruppen durch. Bin selbst an allen Zyklen interessiert. Allgemeine Geschichte, russische Geschichte, Literaturgeschichte, Wissenschaftsgeschichte, Geschichte und Soziologie der Künste, Kultur der Arbeit, Weitergabe von Erfahrungen der Älteren an die Jugend, Geschichte der Dialektik, der aktuellen Politik und Geographie. Mich wundert, wie kühl und gleichgültig die Studenten darauf reagierten, die meisten, darunter auch akademisch gute Studenten, schrieben sich überhaupt nicht ein. Ich beschränke mein Interesse auf vier Zyklen, aber es zeigt sich, daß man sich nur für einen melden soll, weil sie gleichzeitig laufen. Damit war ich nicht zufrieden. Trotzdem schrieb ich mich in zwei Zyklen ein – Geschichte und Soziologie der Künste und Literaturgeschichte. Ich hörte, wie ein Student zu jemandem sagte: Schreib dich in den Zyklus Musik ein, man muß die Musik verstehen lernen. Das hat mir gefallen. Ich freue mich, werde belohnt durch die Aufforderung, Kultur zu studieren, Kunst zu verstehen, das Schöne zu lieben.

Dem militärischen Unterricht folge ich selbstbewußt und klaren Blicks. Einmal wurde der Dozent, der Leiter der Abteilung Unterricht, dessen Vorlesungen ich für recht kultiviert und gut durchdacht halte, von «diskutierenden» Studenten in die Enge getrieben. Ich erkannte klar, wo die Studenten im Unrecht waren. Ergriff das Wort und legte meinen Gedanken so nachdrücklich und präzise dar, daß er begeistert war: «Das ist richtig. Ein kluger Gedanke. Da haben Sie mir aus der Patsche geholfen.» – «Das stimmt», bestätigten die anderen.

Es gibt keine Todeszuckungen der Ausweglosigkeit, und uns wird kein bedrückendes seelisches Zittern Furcht vor dem Leben, Lebensangst beibringen. Hier gibt es keine Jessenins.

Ich wollte in die erste Vorlesung zur Kulturgeschichte an der Kulturuniversität des UII gehen. Doch zur selben Zeit findet an unserem Institut ein Abend zur feierlichen Eröffnung der Kulturuniversität statt. Ich fahre kurz bei meiner Schwester vorbei, binde mir einen Schlips um und begebe mich zu diesem Abend. Im offiziellen Teil hält der Rektor der Universität, er ist Professor für Gesellschaftswissenschaften an unserem Institut, einen Vortrag über die Kulturuniversität.

Besonders eingeprägt haben sich mir folgende Worte: Wir brauchen Menschen, die an dem riesigen Wissensschatz leicht tragen. Dann wurde getanzt. Der Saal füllte sich mit Paaren. Und die Musik, sie begleitet meine Gedanken, regt sie an, oder ich empfinde in ihr die Gefühle, Gedanken und sogar die Ideologie einer gesunden, starken Jugend; das Ideal mächtiger Energien, der begeisternden schlichten, starken Schönheit des menschlichen Menschen. Das ist nicht die Musik des «Zweifels» eines Glinka[2]. (...)

Abends nach dem taktischen Unterricht fahre ich in die Belinski-Bibliothek zum Literaturzirkel. Er kommt nicht zustande. Gehe zur metallurgischen Fakultät des UII. Erfahre beim Pförtner vom Unterricht an der Kulturuniversität. Im Auditorium fünf Personen. Ich gehe weiter in die Aula und höre einer Komsomolversammlung zu. Der Redner sprach über eine Zeitschrift, die die Literaturfakultät herausgeben

---

2 *eines Glinka* – Michail Iwanowitsch Glinka (1804–1857), russischer Opern- und Liedkomponist.

will. Zurück ins Auditorium. Der Referent ist da, ein dicker Alter mit hoher Stirn.

Acht Hörer. Der Referent meint, wenn die Leute schon gekommen seien und es wünschten, müsse er die Vorlesung auch halten. Fragt, wer in seiner ersten Veranstaltung über Kulturgeschichte gewesen sei. Offenbar nur zwei. Und er wiederholt für uns die erste Vorlesung, reich an konzentrierten Gedanken, voller Kenntnisse die Darstellung des Ursprungs der Familie, der Ehe. Ich schreibe mit, verliere nicht einen Gedanken, überhöre kein einziges Wort und bin zugleich interessiert, leicht hinzureißen. Möchte ihm immer nur zuhören. Empfange begierig die Gabe seines Schatzes an geschliffenem Wissen. Und verlasse die Vorlesung wie neu, erfrischt und gesättigt wie nach einem reichlichen, die Geschmacksempfindungen befriedigenden Essen. (...)

Schrieb mich beim Literaturzirkel an unserem Institut ein. Man schlug mir vor, zur Redaktion der Zeitschrift «Bergmanns Sturmangriff» zu gehen. Das tat ich und wurde vom studentischen Redakteur warm und freundschaftlich empfangen. Wir redeten vertrauensvoll über die literarische Berufung. Er trug mir auf, mein Tagebuch mitzubringen.

Ich brachte es ihm am nächsten Tag. Hatte keine Lust zu lesen und las schlecht. Meine Begeisterung für die Stadt interessierte ihn nicht. Bemerkte irgendwo einen Fehler. Bat mich, über meinen Anfang an der WTUS vorzulesen, aber da gibt es bei mir nur trockene Fakten. Du liest nicht gut, sagte er und nahm mir das Tagebuch aus der Hand. Ich zeigte ihm die Stelle über die Begegnung mit der Schauspielerin, die er lesen sollte. Er las für sich. Ich schlug ihm vor, die Beschreibung meiner Kaukasusreise vorzulesen.

«Halt, zum Teufel, das ist interessant», antwortete er. Dann schloß er das Tagebuch, blickte zu mir auf und sagte: «Potjomkin, du kannst schreiben. Mein erster Eindruck von dir nach diesen Auszügen war schlecht. Aber das da ist etwas anderes. Du schreibst über die allergewöhnlichste Sache, über eine einfache Begegnung mit einer Schauspielerin, und verstehst es, die Aufmerksamkeit zu fesseln, was selbst dem, der die Form beherrscht, nicht immer gelingt. Beim Gespräch stellst du gute Fragen und denkst in die richtige Richtung. Ein interessanter Dialog. Da hast du Stoff für eine Erzählung. Nur, welche Schlüsse ziehst du aus diesem Gespräch, aus dieser Begegnung? Schreib es heraus, überarbeite es, dann wollen wir noch einmal auf die Mängel eingehen. Schlimm aber ist, wie viele orthographische und syntaktische Fehler du noch machst. Schreib das alles noch einmal und lerne.»

Er las mir eine Skizze aus «Bergmanns Sturmangriff» vor und wandte sich an seinen Assistenten: «Geben wir ihm ein Thema.» Der Assistent gab mir das Thema – über die Neuanwerbung. Aber das lag mir nicht, weder physisch noch psychisch. Da sagte der Redakteur: «Wir brauchen Leute aus der WTUS, also denk nach und beschreib uns einen Studententyp. Wenn du einen Rat brauchst, komm her, dann können wir darüber sprechen.»

Mit dieser ersten Beurteilung meiner Arbeit war ich sehr zufrieden. Bisher hatte ich die Formen literarischer Produktion nicht verstanden. Jetzt habe ich erstmals die Struktur, die Komposition der Erzählung begriffen, empfunden. Die Aufgabe, an Thema, Idee und Fabel zu feilen, setzte sich in meinem Kopf fest. (...)

Das Urteil des Redakteurs öffnete mir die Augen für den Aufbau eines literarischen Werks und machte mir das Wesen literarischen Schaffens bewußt. Ich erkenne in mir den kommenden Schriftsteller. Ich weiß, was ich tun muß. Plan und Entwurf sind ausgearbeitet, es bleibt nur noch, ihn auszuführen, zu korrigieren, zu überarbeiten, zu lernen und das Projekt zu Ende zu führen.

Meine Begegnung, die Bekanntschaft mit der Schauspielerin, führte zu folgendem: Jeden Tag nach dem Unterricht im Institut gehe ich in die Kulturuniversität des UII. Ich besuche alle Zyklen dieser Universität: 1) den literarischen, 2) den zur Redekultur, 3) das Praktikum zur modernen russischen Literatursprache, 4) zur Philosophie, 5) zur Geschichte. Dann besuche ich an freien Tagen den Zyklus zur Geschichte und Soziologie der Künste an der Kulturuniversität an meinem Institut. Außerdem bin ich Mitglied im Literaturzirkel der Gebietsbibliothek und stehe dem Literaturzirkel unseres Instituts zur Verfügung.

4. November
Der Parteigruppenorganisator, mit dem ich in der Mensa aß, schlug mir vor, in den Komsomol einzutreten, und informierte mich über die bevorstehende Versammlung der Komsomolgruppe.

5. November
Ich blieb nach dem Unterricht zur Komsomolversammlung. Nach der Rede des Komsomolorganisators über Ergebnisse und Aufgaben der Arbeit der Komsomolgruppe ergriff ich das Wort und wies ruhig und deutlich darauf hin, daß die Komsomolgruppe im sozialistischen Wettbewerb keine führende Rolle spiele, und schlug vor, die Arbeiten der Dreierleitung[3] der Gruppe zu unterstützen und sich aktiv daran zu beteili-

---

3 *Dreierleitung* – Troika, üblicherweise Betriebsleitung, bestehend aus Direktor, Parteisekretär und Vorsitzendem der Gewerkschaft, hier bezogen auf die Komsomolgruppe.

gen. Der Parteigruppenorganisator nahm in seiner Rede auf meine Ausführungen Bezug und führte lediglich Einzelheiten weiter aus. Sie erörterten meinen Aufnahmeantrag eingehend. Diskutierten über die Möglichkeit der Wiederaufnahme von aus dem Komsomol Ausgeschlossenen. Mein Antrag wurde von der Gruppe mit Beifall angenommen. Ich sprach über meine Biographie. Sie machten den Vorschlag, mich mit dem Status eines Arbeiters als Mitglied aufzunehmen. Begannen abzustimmen, einige erhoben beide Hände. Den siebzehnten Jahrestag der Oktoberrevolution feierte ich (als Zwanzigjähriger) erstmals zufrieden mit einer gewissen Würde. Vor allem als ein sich selbst achtender Gewerkschaftsorganisator (Funktionär), dann als einer von zwei Aktivisten, die unter 60 Studenten vom Gewerkschaftskomitee bestätigt worden waren, und schließlich als reiner, ideologisch gefestigter Komsomolze.

Die Oktobertage verbrachte ich bei interessanter Arbeit – mit meinem literarischen Versuch, der jedoch vom Leiter der Literaturabteilung der Institutszeitung so bewertet wurde, daß alle hochgespannten Erwartungen und schwärmerischen Höhenflüge über den Haufen geworfen wurden. Und es blieb lediglich bei der schlichten Bewertung: «Schreiben kannst du.» Durch die Beschäftigung am Institut war es mir nicht mehr möglich, die Vorlesungszyklen an der Kulturuniversität des UII zu besuchen, lediglich den Literaturzyklus besuchte ich weiterhin.

Und doch hat das meinen Arbeitseifer am Institut und für das Institut nicht verstärkt, wie ich mit Bedauern feststelle. Die gewonnene freie Zeit in den Zwischenphasen wurde von mir verplempert, sie kam, was mir verhaßt ist, weder der Arbeit noch der Erholung zugute. Da ich die Gesellschaft einer zu verehrenden Frau entbehrte, die doch so erzieherisch und erleuchtend ist, verfiel ich ab und zu in dumpfes Desinteresse, in das Gefühl, überflüssig zu sein und nicht zu wissen, was tun oder womit sich beschäftigen.

20. Dezember

Ich verfolge schon den zweiten Tag denselben Gedanken, genauer gesagt, das Rohmaterial von Gedanken und Schlußfolgerungen. Vor mir liegt der Brief eines siebzehnjährigen Mädchens an meinen Kameraden, einen sorglos fröhlichen Studenten. Sie hatte Schwierigkeiten beim Lernen an der Grundschule, hat dann aufgegeben und lebt jetzt bei ihrer Schwester und hat sich nicht nur in kultureller, sondern auch in gesellschaftlicher Hinsicht nicht weiterentwickelt, ist sogar in ihrer biologischen Entwicklung zurückgeblieben. Dabei ist sie in ihrem Äußeren interessant. Ihr Brief – der primitiv-naive Ausdruck von Gefühl, das in ihrer Seelenwelt allein zu wachsen und wohl überhaupt zu existieren vermag. Der Mangel an jener Lebenspraxis (die ich an der modernen fortschrittlichen Jugend so schätze), die Unausgewogenheit ihrer Interessen und ihrer inneren Wahrnehmungen, Gefühle, all das bedingt ihre jungfräuliche Naivität im Leben. Entsprechende Impulse habe auch ich verspürt.

Jetzt der nächste Moment.

Eine der Pförtnerinnen unseres Wohnheims ist mir gewogen. Es gibt drei. Sie sind 20 bis 25 Jahre alt und zur Zeit unverheiratet. Äußerlich nicht übel. Ihre Namen – «Marussja», «Njura» – passen zu ihnen. Es ist leicht, auf ihren Frohsinn zu antworten, nebenbei gesagt. Hier sah ich natürliche, lebendige Einfachheit. Wollte in dieser Richtung das Terrain sondieren und sagte der Brünetten mit den großen braunen Augen und dem reinen Gesicht beiläufig: «Komm zu mir, ich bin allein.»

268

«Wenn ich dir trauen kann, komme ich», antwortete sie, aber kam aus irgendeinem Grund nicht. Ich sah das glückliche, zufriedene, gutmütige, warme, ständig strahlend leuchtende Lächeln der anderen, die unbekümmert, frei mit vielen Kontakt hatte. Sie ist zufrieden, glücklich in ihrem Leben.

6. Dezember
Die Beisetzung Kirows[4]. Die Straßen überflutet ein Meer von Trauernden. Ich studiere Kirows Persönlichkeit als führender Revolutionär, als Redner. Als Vorbild, in dem ich mein Ideal sehe.

Beim Plenum des Komsomolkomitees werde ich bestätigt und erhalte meinen Mitgliedsausweis von Lenins Kommunistischem Jugendverband.

Ohne Vorwarnung brachte mich der Komsomolorganisator zum Unterricht des Komsomolzirkels in politischer Schulung. Wir behandelten das Thema Neuwahlen der Sowjets. Ich war nicht vorbereitet. Der Leiter der Gruppe fragte mich, und ich antwortete klar, korrigierte die irrtümliche Auffassung des Genossen, der geredet hatte. Darauf schlug mir der Leiter vor, das Unterthema zusammenzufassen. Einige Tage später, als ich die Institutszeitung in der Gruppe austeilte, sah ich nicht ohne Genugtuung erstmals meinen Namen gedruckt.

Ich ging ins UII zu einem Heinrich-Heine-Abend. Eine große, stattliche Frau betrat die volle Aula. Ganz einfach, ungezwungen und vertraut forderte sie die Hörer auf, enger zusammenzurücken. Ich hörte und erlebte das Leben und Schaffen Heines. Seine bezaubernde, sanfte, freie, weitgespannte künstlerische Begabung machte großen Eindruck auf mich. Nur solch ein künstlerischer Kern ist wahrhaft künstlerisch,

4 *die Beisetzung Kirows* – siehe S. 149.

ästhetisch und steht auf gleicher poetischer Ebene wie die genialen Gedichte.

Aber die Romanzen Heines gefielen mir nicht. «Ich hab im Traum geweinet». Da weint wirklich eine kranke Seele, wie bekannt mir das vorkommt. Weint zwar sanft, fein und edel, und doch weckte sie in mir Ablehnung, ich fühlte, wie mein Gesicht brannte, konnte es nicht aushalten. Dennoch verließ ich diesen Abend in einer unbändigen, stürmischen, selbstzweiflerischen Aufwallung, in mir den großen schöpferischen Maßstab zu finden, zu verlangen, der den bedeutenden Menschen der Vergangenheit gleichkäme. Ich empfand es als persönliche Schande, daß wir in unserer großen Zeit vor dem Hintergrund von Giganten der Vergangenheit klein dastehen. Immer noch halten wir es wie Puschkin: «Wir alle haben ein wenig gelernt, über alles scherzend und irgendwie.»[5] In wenigen Monaten lernten sie damals fremde Sprachen, kannten dreißig Sprachen, und uns unterrichtet man jahrelang, und wir können doch nicht eine. Sie lernten Sprachen und lasen ausländische Literatur, und wir haben nicht einmal das Nötigste gelesen, was die kostbaren Kristalle der kulturellen Reichtümer unserer Literatur ausmacht. Bei einer entsprechenden Unterhaltung entgegnete mir ein Student lachend: «Wen nimmst du dir auch als Beispiel!?»

Nein! Um nicht hinter der Geschichte herzuhinken, um frohgemut, würdig der Zeit und unserer Rolle voranzuschreiten, muß man den Schrittmachern der Vergangenheit vorausein. Man muß bedeutender sein als die Großen der Vergangenheit.

---

5 *«Wir alle haben ein wenig gelernt»* – nicht ganz korrektes Zitat aus Puschkins Versroman «Jewgeni Onegin», Kapitel I, 5.

1935

Sei gegrüßt im Lande des Sozialismus!

Soeben bin ich von einer Komsomolversammlung zurückgekehrt, wo wir die Resolution des IX. Plenums des Zentral-
komitees des Allunionsverbands der Leninschen Kommunistischen Jugend zur politischen Schulung und kulturellen
Massenarbeit des Komsomol durcharbeiteten. Bei der Diskussion ergriff ich das Wort und sprach über den gewaltigen Sinn
und die Bedeutung der Resolution und verknüpfte das mit den
Pflichten in unserer Arbeit, damit wir uns des Ehrentitels einer
fortschrittlichen, aktiven und politisch wachen Jugend würdig
erweisen. Der Verpflichtung, unermüdlich an der Hebung unseres kulturell-theoretischen Niveaus zu arbeiten, in uns das
Ideal des Funktionärs und Theoretikers, des Revolutionärs und
Parteiarbeiters der großen Schule Lenins zu verkörpern!

Aber ich war nicht zufrieden mit meinem Auftritt. Ich redete nicht in frei ausgearbeiteten, spontan sich bildenden Gedanken, vor lauter Ungestüm blieb mein Denken unausge-
feilt, verlor die Klarheit der Worte ihren Sinn. Die Worte
schleppten den Gedanken hinter sich her und fügten sich in
der Luft zu Sätzen. Das war eine Rede ohne Vorbereitung,
und ich muß meine verstärkte Aufmerksamkeit jetzt auf sie
konzentrieren. (...)

Nach dem Unterricht hörte ich das Referat «Über die Sinowjew-Gruppe[6] als Abschaum der Gesellschaft und die Beschlüsse des Stadtkomitees zur Parteiversammlung des Berg-
bauinstituts». Sie spricht gut, parteilich, diese Auge und Ohr
begeisternde junge, bezaubernde Frau, Diplomstudentin an
unserem Institut. Man merkt ihr den ernsthaften, aktiven Par-
teifunktionär an, zugleich aber auch die Bildung, das gepflegte

---

6 *Sinowjew-Gruppe* – siehe S. 111.

Äußere und das Sympathie weckende, zarte weibliche Gesicht. Ein Bild, dem jeder Gesunde nur nachstreben kann. Sie sagte, daß Staat und Partei von den Hochschulen nicht nur Spezialisten erwarten, sondern Bolschewiken, Komsomolzen und gute Funktionäre. Übrigens bemerkte sie, daß «der Mensch eine vektoriale Größe» sei, wichtig sei nicht nur der Umfang des Wissens, sondern auch, worauf dieses Wissen gerichtet sei.

Die Parteiorganisation unseres Instituts erhielt ein zweites Mal eine Lehre. Die erste war wegen der Wolfson-Netschunjewski-Gruppe erfolgt, die offenbar im Suff aus Lust und Dollerei einen Brief an den Genossen Stalin geschrieben hatte, in dem sie eine Änderung der Politik forderte, andernfalls würde etwas passieren. Und jetzt als zweite Lehre – die Parteiversammlung vom 26. Dezember, die ein Ausdruck der Sorglosigkeit, Unbekümmertheit und fehlenden revolutionären Wachsamkeit war. Das Referat über die Sinowjew-Gruppe als Abschaum der Gesellschaft hielt Professor Grebenjow, Lehrstuhlinhaber für Gesellschaftswissenschaften und ehemaliger Deborin-Anhänger[7], der weder widerrufen noch Fehler eingestanden hatte. Nebenbei gesagt, er vermochte mich durch nichts zu fesseln und gefiel mir nicht einmal. Monoton legte er die Fakten chronologisch dar. Man spürte keine Parteilichkeit, es fehlte an revolutionärer Klarheit, Zielstrebigkeit und Begeisterung. Seine Einstellung war nicht durch Schlichtheit und Wärme oder das Mitteilungsbedürfnis des Parteimitglieds gekennzeichnet, sondern von größter Überheblichkeit. Ich erin-

7 *ehemaliger Deborin-Anhänger* – nach Abram Moissejewitsch Deborin (1881 – 1963), Philosoph, in den zwanziger Jahren führender Interpret des dialektischen Materialismus, geriet im Dezember 1930 mit seiner Schule in die Schußlinie, blieb jedoch, nachdem er Selbstkritik geübt hatte, unangetastet.

nere mich noch, wie er mich bei der Prüfung zur Politökonomie wegen eines falsch ausgesprochenen Worts durchfallen ließ. Er trieb einem jede Lust aus, normal zu antworten. So sehr, daß ich an meinen Fähigkeiten in den so geliebten Gesellschaftswissenschaften zu zweifeln begann. Und so schlecht antwortete wie nie zuvor, schlechter ging es gar nicht.

Und nun am 26. konnte er natürlich keine praktischen Maßnahmen vorschlagen, um diese Mißgeburten, die sich unter dem Banner der Partei verstecken, unschädlich zu machen. Er konnte seine Zuhörer nicht zu revolutionärer Wachsamkeit mobilisieren und hielt es auch nicht für nötig, wußte nicht, was er eingestehen sollte, während er doch in seinen eigenen Arbeiten politische Fehler gemacht hat. Auf dieser Versammlung verlangte das Parteikomitee keine Rechenschaft von den Mitgliedern der Gruppierungen über ihren praktischen Kampf gegen parteifeindliches Verhalten. Statt dessen schloß das Stadtkomitee den doppelzüngigen Grebenjow aus der Partei aus, entließ ihn und erteilte dem Sekretär des Parteikomitees einen strengen Verweis. Das Parteikomitee entband den Institutsdirektor Jarudin von seinen Verpflichtungen und bat zugleich das Gebietskomitee, ihn zu entlassen.

Als ich das Referat dieser Studentin und Kommunistin hörte, empfand ich das leidenschaftliche Bedürfnis, mich aufs schriftliche Examen in theoretischer Mechanik vorzubereiten und es schon am 11. Januar abzulegen, was eher unmöglich erscheint – aber ich werde meinen Geburtstag am 12. Januar mit dem Sieg über das größte Hindernis beim Abschluß des 3. Semesters am Institut feiern. Am 8. hörte ich die Oper «Faust». Man braucht diese finstere Stimmung, wenn man die Prüfung in theoretischer Mechanik ablegen will, ohne sich vorbereiten zu können. Erregt und begierig nehme ich die Musik von Charles Gounod in mich auf, denn sie drückt meine Gefühle aus. Weil der Ausdruck der Gefühle und Ideen des Komponisten so reich, so tief und wunderschön ist, daß es meine Gefühle veredelt, entfaltet sich meine Persönlichkeit. Ich träume vom Ideal meiner Persönlichkeit und entbrenne in selbstloser, ungestümer Sehnsucht nach Vollendung, jenem fernen «Vorwärts». Man muß alle seine Möglichkeiten, alle Fähigkeiten anspannen, um nicht zu vermodern, sondern zu brennen, zu lodern und die Menschen zu erleuchten und erwärmen; nur darin liegt Rechtfertigung, Freude und großes Lebensglück.

12. Januar
Meinen 22. Geburtstag begehe ich in feierlicher Stimmung, wie immer bei mir zu Zeiten von Testaten, Examen, Prüfungen. Wenn Bilanz gezogen wird und die Erfolge meiner Arbeit ausgewertet werden. Nach dem Unterricht fuhr ich zu Mama und meiner Schwester ins Uralwerk für Wärmeisolatoren (USTI). Wusch mich im Dampfbad, auf meinen Studentenausweis hin, ohne anzustehen.

Am 12. schrieb ich Tagebuch. Abends sah ich mir den Film «Die fröhlichen Jungs»[8] an, der beim Internationalen Filmfestival in Venedig den ersten Preis bekommen hatte. Lebensfreude und Musikalität machen ihn zu einem angenehmen Schauspiel, das auch im Zuschauer Lebensfreude weckt.

26. Januar
Der Film «Kirow» macht einen außerordentlich wertvollen und starken Eindruck. Das ungeheure Bedürfnis, bei unseren Führern zu lernen, zu leben und zu arbeiten, drückt sich auch

8 *«Die fröhlichen Jungs»* – von Grigori Alexandrow, 1934, nach einem Drehbuch des bekannten Dramatikers N. R. Erdman, der während der Dreharbeiten verhaftet und verbannt wurde.

in dem gigantischen Interesse aus, mit dem alle im Zuschauer- raum mit angehaltenem Atem jeder Handlung, Bewegung der geliebten Führer folgen. Man möchte so ausführlich wie mög- lich das brodelnde, vielschichtige, selbstlos der Sache der kom- munistischen Weltrevolution hingegebene Leben S. M. Ki- rows studieren. Die Filmdokumente konnten nicht sämtliche seiner kolossalen Aktivitäten erfassen, aber in jedem, selbst dem unbedeutendsten Moment lodert die sprudelnde Energie Mironytschs[9] auf. Er ist ein anschauliches Vorbild für bolsche- wistische Arbeit, Führung und hausväterliche Fürsorge. Und seine lebensfrohe, mitreißende Art zu sprechen ist beispielhaft für eine echt revolutionäre, emotional begeisternde Redeweise, deren tiefempfundene Herzlichkeit und Klarheit den Zuhörer fasziniert, indem sie den Sinn der Worte bereichert und die große Bedeutung der Sätze enthüllt. Hier gewinnst du die Überzeugung, daß die Redekunst der Schule Lenins und Sta- lins die erstklassigste, machtvollste und hervorragendste aller Künste ist. In diesem Film erlebst du gemeinsam mit der uns so nahegerückten Regierung den riesigen Verlust, der die Millio- nenkolonnen von furchtlos starken Werktätigen mit unaus- löschlichem Haß auf den Klassenfeind erfüllt. Und du verläßt den Zuschauerraum erfüllt von dem unbändigen Drang, mit demselben hausväterlichen Sorgfalt, Initiative und Energie wie Kirow zu arbeiten.

Ich las das meiner Schwester vor, sie riet mir, es als Rezen- sion an die Redaktion des «Uralarbeiters» zu schicken. Ich wollte meine Schriftstellerei erproben und machte es. Der Film schien mir außerordentlich nützlich.

---

9 *die sprudelnde Energie Mironytschs* – Kurzform des Vatersnamens von Sergej Mironowitsch Kirow (siehe S. 149).

30. Januar

Habe Gleb Uspenskis «Neue Zeiten, neue Sorgen» [10] gelesen. Mit welch deprimierender Abscheulichkeit und vampirartig Blut und Schmutz verströmendem, auswegs- und hoffnungslosem Leiden vergiftete der aufkommende Kapitalismus in Rußland die Beziehungen der Menschen untereinander und ließ ihre Seelen faulen. Und du, Gleb, ließest dich beim Anblick der «Venus von Milo» [11], einem Werk der normalen Kinder Griechenlands, durch den hohen Gedanken besänftigen, daß einst eine Zeit kommen werde, wo die Menschen ebenso schön und frisch wie die Venus von Milo und ihre Beziehungen untereinander edel, klar und durchsichtig wie Kristall sein werden. Ich fühle mein Herz klopfen und Tränen in mir aufsteigen vor Erregung darüber, wie weise dieser Gedanke sich in meinem Leben bewahrheitet, in der großen Zweckmäßigkeit, dem Edelmut der Gesellschaft, die wir schaffen.

Vor mir die Rede des Genossen Molotow über die Arbeit der Regierung in Vorbereitung auf den 7. Kongreß der Sowjets der UdSSR. Wie klar, gerecht, vernünftig und edel ist die Politik der Diktatur des Proletariats. Wie imposant, grandios sind die Erfolge der Politik der vernünftigsten Partei der Menschheit, indem sie für alle Menschen ein fröhliches, lichtes, schönes Leben schafft. Und die überwältigende Mehrheit der Bevölkerung (Millionen) unseres Landes, die bewußt und aktiv

---

10 *Uspenskis «Neue Zeiten, neue Sorgen»* – Gleb Iwanowitsch Uspenski (1843–1902), sozialkritischer Schriftsteller, den Narodniki (Volkstümlern) nahestehend. Seine Skizzensammlung «Neue Zeiten, neue Sorgen» (1873–1878) gilt dem aufkommenden Kapitalismus in Rußland.

11 *Venus von Milo* – In Uspenskis Erzählung «Sie hat aufgerichtet» (1885), die der Betrachtung der Venus von Milo gewidmet ist, ist es der Sinn wahrer Kunst, daß sie den Menschen zur Vita activa im Sinne der Revolution, des «Ins-Volk-Gehens» wie die Narodniki, anregt.

die sozialistische Gesellschaft aufbaut, das sind die neuen Menschen in der Vorgeschichte der Menschheit. Menschen der wahren Geschichte der Menschheit. Das sind die Menschen, von denen der edle, leuchtende Verstand Uspenskis, der von Finsternis umgeben war, träumte.

Dort vor meinem Fenster ist eine Eisbahn, hölzerne Rutschbahnen, bemalt mit den Farben der Lebensfreude und des Frohsinns, der Gesundheit; die Geschicklichkeit und Schönheit der arbeitenden wie der studentischen Jugend und der Erwachsenen bis hin zu den betagten Arbeitern, die sich hier eine nie gekannte Jugend zurückholen. Und aus einem gewaltigen Lautsprecher ergießt sich über die Eisbahn und verweht wieder die wunderbar sanfte, erlesene Melodie der besten Musik, die die Menschheit je geschaffen hat, und die bezaubernd schönen Klänge von Stimmen sowjetischer Künstler.

Wie gern würde ich meine Zeit im Theater mit einem interessanten Mädchen verbringen, einer angenehmen Gesprächspartnerin, Freundin, der ich mein ganzes Herz ausschütten und mit den überschäumenden Gefühlen einer feinen zärtlichen Liebe danken könnte. Nicht mit Grisetten, auch wenn unsere Leute manchmal im Suff die Zeit mit ihnen verbringen. Ich möchte eine ideale Freundschaft, eine edelmütige, wie sie mir in meinen übermächtigen Träumereien erscheint. (…)

Ich las Heine und richtete meine Aufmerksamkeit dabei auf seine Beziehung zu Karl Marx und die besondere Wandlung, die in ihm die Ideologie der einen in die der anderen Klasse bis hin zum revolutionären Proletariat genommen hat. Besonders fesselte mich «Die Jugend von Marx» von Galina Serebrjakowa[12]. Da hat man sowohl die künstlerische Umsetzung der

---

12 *Galina Serebrjakowa* – Galina Jossifowna Serebrjakowa (1905–1980), Schriftstellerin, deren Buch «Die Jugend von Karl Marx» ein Bestseller

Geschichte von der heranreifenden revolutionären Bewegung des Proletariats als auch wertvolles belehrendes Material aus dem Umkreis von Marx. In vielfältiger Weise fand ich hier meine eigenen Ansichten und Gedanken ausgedrückt. Zum Beispiel in dem seelisch-intellektuellen Zustand des jungen Marx. Seine Ansichten zur Freundschaft usw. usf.

In der Straßenbahn, auf der Straße und im Lesesaal beobachtete ich die Menschen und suchte unter ihnen nach einem Freund. Und da am 4. Februar bemerkte ich am Nachbartisch im Lesesaal der Belinski-Bibliothek eine Brünette mit feinen Gesichtszügen in einem blauen Kleid, das ihre volle, aber nicht dicke mittelgroße Figur umhüllte. Ich sah sie an und begegnete zweimal ihren Blicken. Der neben ihr am Tisch Sitzende ging weg, und ich setzte mich zu ihr, sie blickte auf. Ich war entzückt, sie anzusehen, und gerührt. Ich war so erregt, daß ich nicht lesen konnte. «Das ist sie, die ich suchte, ich darf sie nicht entwischen lassen!» fuhr mir durch den Kopf. In Gedanken drückte ich ihr schon meine Zärtlichkeit, Worte der Liebe aus und hielt es doch gleichzeitig für aussichtslos. Sie würde nicht einmal mit mir reden. Als ob sie zuwenig Verehrer hätte. Doch ich würde ihr meine Seele hingeben.

Sie las und exzerpierte ein Chemielehrbuch. Endlich fragte ich sie: «Arbeiten Sie an etwas Speziellem?» – «Nicht unbedingt», antwortete sie und beschenkte mich mit dem klaren ruhigen Blick ihrer braunen Augen. «Hier beschäftigt man sich meist mit dem, was einem am meisten gefällt.» – «Ich befasse

wurde. Als Frau von G. J. Sokolnikow, einem der Angeklagten im Prozeß gegen das «Vereinigte trotzkistisch-sinowjewistische Zentrum» 1936 (siehe S. 111), der zu Gefängnis verurteilt und 1941 erschossen wurde, wurde Serebrjakowa 1936 zur Volksfeindin erklärt, verhaftet und kam nach Kasachstan ins Lager. Vgl. die Rede Stawskis vor Moskauer Schriftstellern (siehe S. 216). Nach 20 Jahren wurde Serebrjakowa rehabilitiert.

mich hier mit allen Disziplinen.» – «Aus der chemisch-technischen Fakultät?» – «Ja, und Sie?» – «Störe ich Sie?» fragte ich. «Ein bißchen.» – «Verzeihung.»

Aber ich konnte nicht lesen. Ein und dieselbe Zeile las ich ein dutzendmal. Schließlich sagte ich ihr, daß unser Institut eine Vorstellung in der Musikkomödie aufgekauft habe, ob sie nicht mit mir hingehen wolle? Dabei redeten wir über Oper und Operette. Und sie sagte: «Ich habe nichts dagegen.»

Ich fragte sie: «Wann gehen Sie nach Hause?»

«Ich mache jetzt Schluß.»

«Ich bin bereits fertig. Ich warte und schlage vor, zusammen zu gehen.»

«Warten Sie nicht auf mich. Ich wohne ganz in der Nähe, so daß Sie mich nicht weit bringen müßten.»

«Werden Sie morgen um fünf Uhr hier sein?» fragte ich.

«Ja», antwortete sie, ein wenig zögernd.

Ich wünsche ihr alles Gute und verlasse beglückt die Bibliothek. Ich fahre in die Mensa und treffe dort Kameraden aus meinem Zimmer und erzähle. «Kaum zu glauben!» bemerken sie. «Was für ein Mut! Den ganzen Tag hast du neben ihr gesessen.» Aufgewühlt fahre ich nach Hause, überdenke alles noch einmal und beschließe, mir morgen früh einen neuen Anzug zu kaufen, damit ich mich feinmachen kann. Zu Hause erzähle ich es Mutter und Schwester. «Sie wird nicht mit ins Theater gehen. Und auch nicht mehr in die Bibliothek kommen», lautet ihre Prognose.

5. Februar

Ich habe mir in der Passage einen Anzug für 109 Rubel gekauft, vom Geld aus der Sparkasse, das ich während der Arbeit gespart hatte. Wie ein Stutzer komme ich in den Lesesaal, sehe sie. Begrüße sie und spreche mit ihr übers Theater.

«Wissen Sie, ich habe es meiner Schwester erzählt, sie wollte mitkommen. Sie ist sehr interessiert», sagte sie lächelnd.

Ich sagte ihr, daß das Institut die Karten doch nicht gekauft habe.

«Dann bekommen Sie auch keine.» – «Doch. Für zwei oder drei?» – «Dann doch zwei.»

Ich setzte mich an einen anderen Tisch, sie fuhr zum Mittagessen. Als sie zurückkam, trafen sich unsere Blicke. Sie lächelt. Bringt mir eine Zeitschrift, lacht, schlägt vor, einen lustigen Artikel zu lesen. Ich lese zurückhaltend, ruhig, fast kaltblütig. Dann gehen wir ins Theater. Wir spazieren in den Pausen Arm in Arm im Foyer. Als wir in der ersten Pause am Geländer standen, kam ein junger Mann auf sie zu, etwas älter als ich, gut gekleidet, und plauderte angeregt mit ihr. Sie erzählte mir, daß dies ein Student aus dem Institut für Bauwesen sei. Ich war gehemmt und unzufrieden mit mir. Die Unterhaltung in dem kompakten, philosophischen Stil wollte nicht recht in Gang kommen.

Als ich die Brünette nach Hause brachte, fragte ich sie, wie sie heiße. «Ist das nicht egal?» fragte sie. «Sina.» Ihre Augen schimmerten. «Wir sehen uns im Lesesaal wieder; zum nächsten Tanzabend im Institut lade ich Sie ein», sagte sie.

Sie wohnte nicht weit, nur über die Straße. Diesmal kehrte ich deprimiert, wie ausgelaugt, nach Hause zurück. Nicht enttäuscht. Aber ich war verstört, mich drückte die Schwierigkeit, der Liebe einer Schönen würdig zu sein. Wenn man ausgeht, muß man tanzen können, geistreich, lebensfroh und leichtsinnig sein, zumal sie doch voller unerschöpflicher Begeisterung und Lebenskraft ist und sich in Gesellschaft zu bewegen versteht.

Morgens stand ich auf, voll von Gedanken über mich und sie, und machte mich ans Schreiben.

Ich schrieb lange und spürte die ziellose, ermüdende Überanstrengung meiner Gedanken. Boris kam auf Skiern, und wir erzählten einander die amüsanten Sujets der Kurzgeschichten, die wir gerade gelesen hatten. Meine Stimmung schlug rasch um, und ich lachte von Herzen über den gesunden, lebensechten Humor, die lächerlichen oder interessanten Abenteuer in unserem Leben. Danach griff ich mir an die Stirn – das war es doch, womit ich Sina gestern wirklich leicht und unterhaltsam hätte amüsieren können!

Morgen beginnt der Unterricht. Mir steht noch viel schwere Arbeit bis zu den nächsten Ferien bevor. Man muß enthusiastisch und spielerisch darangehen. Die abschließende Aktivistendekade des 2. Studienjahres in der allgemeinen Militärausbildung, die mit einer Prüfung endet. Unter dem lebhaften Eindruck meiner Begegnung mit der Brünetten, um ihretwillen ergriff mich ein noch stärkeres Bestreben, ein erwachsener Mensch zu sein, sicher und selbstbewußt zu handeln, moralisch und physisch die Dinge in der Hand zu haben, schön und stark zu sprechen. Ich begeisterte mich für Sport, wollte tanzen lernen und fühlte die Schönheit, das Gelingen, die Lebensfreude. Um ihretwillen zog ich eifrig die Bilanz und wunderte mich, woher ich die Kraft nahm, die mich in diesen Tagen so erfolgreich sein ließ. Vermutlich war es das Bestreben, der Wunsch, ihrer Liebe würdig zu sein, der sich, unbemerkt für mich, in meinem Handeln niederschlug. (…)

Ich machte mich an die Organisation von Tanzgruppen für meine zwei Gruppen. Der Leiter des Klubs stellte die Bedingung, daß nicht weniger als 40 Personen teilnehmen müßten. Doch aus meiner Gruppe schrieben sich nur 15 Personen ein. Ich trug 8 Personen aus der zweiten Gruppe unseres Zugs ein und schlug einem besonders findigen Studenten vor, außerhalb unserer Gruppen zu werben. (…)

An den freien Tagen fuhr ich in den Lesesaal und wartete auf meine Brünette. Aber mein Wunsch, sie zu sehen, erfüllte sich nicht. Wieviel zärtliche Gefühle und Gedanken tobten in mir – könnte ich nur komponieren oder dichten, ich schmeichelte mit meinen Werken den Ohren und entzündete die Herzen der Menschen. Weil ich sie nicht sah, lauschte ich traurig den Stücken aus dem Radio. Ich fühlte mich einsam. Aber ich weiß, daß man als erwachsener Mensch den Tatsachen beherzt ins Auge sehen muß. Wie oft habe ich mir gelobt, nicht über das Leben zu urteilen, sondern zu leben. «Der, der lebt, urteilt nicht über das Leben.» Ich stelle mir ihr klingendes Lachen über meine Gedanken vor, sie, die die Lebenspraxis, die Gesellschaft begriffen hat. Und manchmal kann auch ich lachen.

6. März

Abends im Institut hörte ich eine Vorlesung über Beethoven, bei der Stücke aus seinem Werk vorgetragen wurden. Das reinste Konzert. Über die Musik steckt Beethoven seinen Zuhörer mit seinem mächtigen Willen an. Durch seine wunderbare, frische und kämpferische Musik ließ er auch mich zum siegreichen Kämpfer im Leben werden. Er versetzt einen in jenen herrlichen Zustand, in dem es keine Schwierigkeiten, keine Selbstzweifel mehr gibt, sondern der ganze Organismus angespannt ist, agieren will und blitzartig handelt.

Die optimistisch-revolutionäre Ouvertüre, die mitreißende Kammersymphonie und die wunderbaren Arien. Ich verließ Beethoven, und das Leben in mir brodelte. Wenn ich jetzt meine Brünette träfe, würde ich sie mit der Flamme einer stürmischen Lebensfreude anstecken.

12. März

Ich war wieder im Lesesaal, in Erwartung der Brünetten. Flüchtige Bekanntschaften mit schönen Frauen sind wie wunderbare, begeisternde Träume, unwiederbringlich, unwiederholbar. Nur ein neuer, ebenso schöner, emotional noch stärkerer Traum vermag dann alle Zerrissenheit, die von den vorausgegangenen «Träumen» übriggeblieben ist, aufzuheben. Aber ich weiß nicht, ob mich aus diesem Zustand eine neue Begegnung hätte herausführen können. Ich bin gleichgültig gegenüber anderen, schenke ihnen keine besondere Aufmerksamkeit. Allein die eine hat dich verzaubert, hat diese grenzenlosen Gefühle in dir entstehen lassen. (...)

Ich war in schlechter Stimmung, als ich zur ersten Stunde des von mir organisierten Tanzkurses kam. Studenten anderer Kurse hatten sich mit der Bitte um Aufnahme an mich gewandt, auf 70 Personen war die Gruppe angewachsen. Im vergangenen Jahr habe ich andere getadelt, wenn sie die Disziplin verletzten. Zuweilen kriegte ich Äußerungen mit, daß ich mich wie ein Diktator gebärde, und spürte gewisse Spannungen, eine Entfremdung von den Interessen der Massen. Jetzt gelingt es mir, der Erziehung der Massen eine lebendige, kameradschaftliche Form zu geben. Meine kulturellen Maßnahmen stimulieren die Interessen der Gruppe um mich herum. Sensibel, mit kameradschaftlicher Wärme einem jeden gegenüber, bin ich der Verehrung nicht nur jedes Studenten und jeder Studentin meiner Gruppe sicher, sondern aller, die mich kennen.

Welch allumfassende, vielseitige Schule stellt das Institut doch dar. Hier studiere ich nicht nur, sondern lerne auch, wie man lebt und arbeitet. Und was mir am wichtigsten ist: In mir entsteht ein gesellschaftlich aktiver Mensch.

Nur das strenge Regiment der akademischen Lehre vermag uns zu arbeitsfähigen Menschen zu machen.

24. März

Ich habe anderthalb Monate nichts aufgeschrieben, nur ein paar Notizen in meine Kladde während der Arbeit. Und auch jetzt vor der Prüfung in fünf Tagen habe ich eigentlich keine Zeit, doch mich erfüllt so vieles, daß ich mich zum Schreiben hinsetze. Ängstlich habe ich mich eben noch mit Fragen der Soziologie der Kunst beschäftigt, da erlebe ich im nächsten Moment, daß die kleinen alltäglichen Sorgen aufgehoben werden, daß sich die Höhen eines optimistischen, frohen Lebens zeigen, in seiner Ewigkeit, Allgemeinheit und Ganzheitlichkeit des Großen und Schönen. Je mehr ich mich mit der Philosophie beschäftige, desto stärker empfinde ich den Mangel an einer allgemeinen begrifflichen Basis, einem System konkreten Wissens, und die Notwendigkeit, mir den alles erklärenden Marxismus anzueignen, sowohl in seiner Theorie als auch der Praxis der Kommunistischen Partei, der Geschichte der menschlichen Gesellschaft sowie dem Verständnis der Wissenschaften und Künste.

In Joffes «Synthetischer Geschichte der Kunst» fand ich eine gewisse Übereinstimmung mit meiner Wertschätzung Beethovens, doch mehr noch als Joffe erhebe ich Beethoven als Persönlichkeit wie als Komponist zu meinem Ideal. Sein alles bezwingender Wille in der Musik ist meinem ausschweifenden, zur Attacke ansetzenden Willen verwandt. Als ich zum ersten Mal seine Oper hörte, hinterließen die Arien durch den schwachen stimmlichen Ausdruck des großen, gigantischen Sinns einen enttäuschenden und unbefriedigenden Eindruck bei mir. Ich stellte mir vor und wünschte mir auch, daß die Größe des Sinns ihren Ausdruck in einer besonderen Betonung und vollen Übereinstimmung mit der alles bezwingenden, alles übertönenden Gewalt des Klangs fände. (...)

Ich kam in gehobener, lebensfroher Stimmung, aber auch

etwas verdrießlich von der Tanzstunde zurück. Heute fühlte ich mich wunderbar als Organisator und Leiter der Gruppe.

In den Saal wurde man nur mit Passierschein und nur mit meiner Erlaubnis eingelassen. Deshalb herrschte während der Stunde Ordnung. Ich brannte vor Energie und Begeisterung. Während ich in der vorangegangenen Stunde zu zwei Kameraden grob und aufbrausend gewesen war – es waren 100 statt 70 Personen gekommen –, reagierte ich heute einfühlsam, energisch und herzlich auf jeden. Für meine Energie, Inspiration und innere Wärme wurde ich von allen verehrt, und sogar die gestörte Beziehung zu den beiden Studenten aus der vergangenen Tanzstunde löste sich in Wohlgefallen auf. Während ich in der ersten Tanzstunde noch durch Schüchternheit und in der zweiten durch Ärger befangen gewesen war, sprühte ich heute vor Inspiration und Energie und widerlegte damit meine Schüchternheit und kantige Strenge. Ich erkenne, daß auch die unerwiderte Liebe läutert und sich in eine Liebe zur Gesellschaft insgesamt wandeln läßt, die durch Wechselseitigkeit bereichert wird. (...)

Zweimal sind die Tanzstunden ausgefallen, weil sie mit dem Tanzlehrer falsch verabredet waren und ich einem Helfer vertraut hatte, der meinen Auftrag, die Verabredung zu treffen, nachlässig ausgeführt hatte. Ich ließ mir das eine Lehre sein und habe jetzt selbst die Verantwortung für die Durchführung der Tanzschule auf mich genommen. (...)

Die vergangenen sechs Stunden bei den beiden dreistündigen Tanzkursen tanzte ich mit meiner Schwester. In der ersten Stunde klappte der Walzer überhaupt nicht, aber die anderen Tänze – «Mennon», «Twostep», «Csárdás», «Ku-Ka-Pu» – machten mir Spaß. Nachdem meine Aufregung sich gelegt hatte und ich meine Aufmerksamkeit auf die Musik konzentrieren konnte, machte ich auch nicht mehr die künstlich erlernten, sondern natürliche Bewegungen, in denen sich Musikalität ausdrückt. Und wenn sich die Musik mit den eigenen Bewegungen verband, weckte das in mir ein noch nie empfundenes Gefühl der stürmischen Begeisterung, aber auch der Zufriedenheit und des Vergnügens.

Bei der letzten Tanzstunde gelang mir allmählich auch der Walzer. Doch bei den anderen Tänzen, darunter «Krakowiak», «Spanischer Tanz», empfand ich mich als eleganter, musikalischer.

Und so machte ich mich beharrlich mit der Tanzmusik vertraut und überwand die ererbte musikalische Taubheit. Die Kameraden waren sehr zufrieden mit der Tanzschule. Sie vermittelte uns Grundkenntnisse und führte uns vor allem in das uns so unzugängliche Gebiet der Zerstreuungen ein. (...)

In diesem Studienjahr nahm ich begierig wie nie zuvor all das in mich auf, was das Institut – außer den Wissenschaften – zu bieten hat. Das führte zu Konfrontationen, aber ich ging als Sieger aus den Auseinandersetzungen hervor.

Am Tag nach den Prüfungen gingen wir auf eine Exkursion. Das Wetter war schlecht, wir arbeiteten in Regen und Matsch. Versuchte, meinen Ehrgeiz anzustacheln, ich wollte mich nicht mehr mit meiner kaum wahrnehmbaren Nebenrolle in der Brigade abfinden, die durch den selbstgefälligen, Zwietracht säenden Charakter des Brigadiers eingeengt wurde. Bei der Interpretation des Reliefs auf dem Meßtisch und dem tacheometrischen Polygon, wie sie erst von mir, dann von ihm durchgeführt wurde, zeigten sich dann erste Differenzen.

Der Brigadier bestand auf seinem Plan. Man mußte die Pläne aber aufeinander abstimmen und vereinheitlichen. Gestützt auf Daten, verwarf ich seinen Plan aufs energischste. Er entgegnete, daß sein Plan mit dem wirklichen Relief übereinstimme. Ich ging in das Gelände und überzeugte mich noch einmal, daß meine Horizontalen korrekt waren. Er beharrte auf seiner Meinung, ging zum Gelände und überzeugte den Praktikumsleiter von der Richtigkeit seines Plans. Ich entfaltete den Meßplan, begann von der Kommandohöhe aus seinen Plan auseinanderzunehmen. Der Praktikumsleiter ließ sich überzeugen. Danach gab der Brigadier teilweise nach. Ich ließ nicht locker, bis er mich aufforderte, seinen Plan zu korrigieren. (...)

Aber die Auseinandersetzungen zwischen uns setzten sich fort. Eines Tages kam er zu mir gelaufen und schrie mich an:

«Soll das noch lange weitergehen, Potjomkin?»

«Worum geht's?» antwortete ich beherrscht.

«Diese Hetzjagd, daß ich angeblich nicht arbeite, sondern herumlungere. Noch lange?»

«Weiß ich nicht. Das hängt von Ihnen ab», antwortete ich kaltblütig.

«Nein, das kann so nicht weitergehen. Ich habe Fomitschew angegriffen. Daß ich nicht länger dulde, immer wieder gefragt zu werden, weshalb ich nicht auf Arbeit war.»

Er bat mich, die Dreierleitung einzuberufen. Nachdem ich den Parteigruppenorganisator und den Komsomolorganisator informiert hatte, wurde mein Entwurf für einen Beschluß angenommen. Auf der Gesamtgruppensitzung brachte ich meine Anschuldigungen gegen ihn vor, die Dreierleitung stellte sich auf meine Seite. Sie faßte den Beschluß, den Brigadeführer aus der Gewerkschaft auszuschließen, von den Stoßarbeitern auszuschließen und vom Posten eines Gruppenleiters abzusetzen. (...)

O Leben! Ich habe mich zum ersten Mal im Leben frei, mutig und keck, vielleicht sogar kühn, gereckt und blicke mit triumphierendem Selbstvertrauen auf die Menschen. Ich gehöre jetzt in die erste Reihe der Produktionstechniker. Ich bin nicht nur Mitglied der Produktionsbrigade, ich bin Assistent des Brigadiers. Ich begreife als erster das Neue und gebe es an meine Kameraden weiter. Ich lehne jede falsche Taktik, jedes falsche Verständnis der Produktionsaufgaben entschieden ab. Es ist mir bestimmt, diejenigen hart zu bekämpfen, die sich mir in den Weg stellen. Es gibt keine Kraft oder Persönlichkeit, die sich mir widersetzen könnte, ohne nicht sogleich schonungslos von mir zerschlagen zu werden. Meine Weltanschauung triumphiert. Ich erringe allgemein Anerkennung, wegen meiner Bescheidenheit und Gerechtigkeit sogar von denen, die ich gestürzt habe.

Mit Begeisterung und voller Emotionen spreche ich die Worte S. M. Kirows nach: «Unsere Arbeiterklasse hat das Schicksal der 170-Millionen-Bevölkerung unseres großen Vaterlandes fest in die Hand genommen ...», worin die unbesiegbare Stärke meines Willens liegt, die berufen ist zu triumphieren. Diese Stärke besteht in der größten Gerechtigkeit, genialen Weisheit, Lebenskraft der Klasse und ihres Gehirns, der Partei, zu deren Geschöpf ich herangebildet werde.

Wir sind freie Menschen.

In der Oper läuft unsere letzte Abonnementsvorstellung, es wird «Der Dämon»[13] aufgeführt! Ich fahre in den Lesesaal der Belinski-Bibliothek und wünsche mir jetzt in meiner Festtagsstimmung, Sina zu begegnen. Ich gehe hinein und sehe sie. Bemerke an mir nervöse Erregung. Unterdrücke sie, gehe zu ihr und begrüße sie. Sehe auf ihrem Gesicht weder Staunen noch Freude, noch Mißfallen. Sie setzt ihre Arbeit fort und grüßt zurück. Dann führt sie mit höflichem Lächeln ihr Fingerchen zum Mund, zum Zeichen, daß ich die Arbeitenden nicht stören

---

13 *«Der Dämon»* – Oper von Anton Rubinstein (1875) nach dem Poem von Michail Lermontow (1814–1841).

solle. Ich lade sie in die Oper ein. Sie dankt und sagt, daß sie die Oper bereits gehört habe und leider diesmal gar keine Zeit habe; bald seien die Prüfungen. Ich ging weg und schrieb ihr einen Brief, drückte meine lang angestauten Gefühle aus.

(Aus der gestrichenen Variante:)

«... Meine Kameraden haben mir vorgeworfen, daß ich nur das Erlesene, Reine und Schöne schätze, aber da haben sie nur die äußere Seite bemerkt, doch auch das sollten wir in unserer sozialistischen Gesellschaft voneinander verlangen. Gleb Uspenskis lichter Gedanke in Zeiten des Parasitentums und des gesellschaftlichen Schmutzes, der ihm beim begeisterten Betrachten der Venus von Milo kam, daß eine Zeit kommen werde, wo die Menschen ebenso schön sein werden wie die Venus von Milo. Und wie Marx sagt: Die Beziehungen der Menschen werden transparent und rein werden wie Bergkristall. Das ist die Zeit der sozialistischen Gesellschaft.

Aber der Siegeskranz kann und soll nur der gesellschaftlichen Rolle, der Bedeutung der Arbeit für die Gesellschaft gebühren. Ich möchte mich vervollkommnen, indem ich der Gesellschaft diene; in meinen Erfolgen bei der gesellschaftlich nützlichen Arbeit empfinde ich Zweckmäßigkeit, Glück und Lebensfreude.

Ich weiß, daß ich Sie langweile, aber derart ist die Analyse meiner Persönlichkeit. Und meine Neigung, ein Ingenieur der Seele [14] zu sein, ist mir angeboren.

Unter Freundschaft verstehe ich brüderliche Freundschaft im Sinne ideologischer Übereinstimmung und ausgerichtet

14 *Ingenieur der Seele* – so bezeichnete Stalin den Schriftsteller auf dem Schriftstellerkongreß 1934, bei dem die Schriftsteller auf die Doktrin des sozialistischen Realismus, also auf einen ideologischen Auftrag im Sinne der Partei, festgelegt wurden.

darauf, die Entwicklung einer unabhängigen Persönlichkeit in geistiger Zusammenarbeit bei den gesellschaftlichen Aktivitäten zu unterstützen. Darin liegt ihre Schönheit und ihr Segen, die zu bewahren und zu rechtfertigen ein Prüfstein für Charakter und Herz ist, wie Heinrich Mann sagte.»

(Variante, die sie bekam:)

«Sina! Ihr Bild hat in mir eine neue mächtige Flamme stürmischer Träume entfacht und mir unbändigen Elan im gesellschaftlichen Leben gegeben. Diese Flamme spiegelt sich wie eine Aureole in den ständigen Siegen des zum Triumphe berufenen Willens. Und deshalb möchte ich mit Ihnen nur die schönsten Schätze meiner Gefühle, meiner Gedanken und meiner inneren Welt teilen. Ihren in ihrer Sanftheit reizenden Zügen ist seelische Feinfühligkeit nicht fremd.

Wie offen bin ich doch, aber glauben Sie mir, nur für Sie. Keinem, der Aufrichtigkeit wünschte, gestattete meine Strenge gegen die Menschen, doch mehr noch gegen mich selbst, Zeit zu verschwenden.

Aber fürchten Sie nicht, daß ich mich aufdränge, und nehmen Sie nicht unnötigerweise Zuflucht zur Heuchelei. Ihre Offenheit, und sei sie auch streng, wird mich befriedigen. Verzeihen Sie mir meine Neigung, Ingenieur der Seele zu sein, was mir angeboren ist. Aber Ihnen erlege ich meine Regeln nicht auf, man muß mit mir nicht in meiner Sprache sprechen. Ich schätze jede progressive Tendenz eines Menschen.

Ich wünsche Ihnen ein Ihrer wertes, begeistert-frohes Leben. Mit bergmännischem, kameradschaftlichem Gruß, L. P.»

Begleitete sie, sprach zerstreut über das Ende des Studienjahrs, übergab ihr das Briefchen. Sie zögerte.

«Ich habe Angst, etwas zu nehmen. Haben Sie das geschrieben?» Und mit Interesse und Befriedigung auf dem Gesicht nahm sie es: – «Ich werde es lesen!»

Sie fragte nach meinem Nachnamen. In der Hoffnung auf eine Begegnung morgen schob ich es auf und sagte ihn ihr nicht. Abends ging ich in den Lesesaal, sie war nicht da. Ging mit meiner Schwester ins Theater. Saß in der Aktivistenloge. In der Pause sah ich die zweite mir bekannte Brünette. Als sie mich bemerkte, wurde ihr Gesicht ernst.

In der nächsten Pause traf ich sie. (...) Ich schlug vor, sie nach Hause zu begleiten. «Gut», sagte sie.

Nach der Vorstellung traf ich Sina, umringt von Studenten, die sich ungezwungen unterhielten und laut lachten. Ich hörte, wie jemand sagte: «Leonid haben wir abgehängt.» Ich stellte mich ihnen in den Weg und sprach sie an. Sie antwortete mir, wandte sich dann ab und setzte die Unterhaltung mit den Studenten fort. Ich ging weg. Und sah, wie zwei Studenten sie an der Hand hielten. Sie widersetzte sich, lachte sehr. Am nächsten Tag ging ich mehrmals in die Belinski-Bibliothek. Sina war nicht da.

Ich warf meinen Mantel über die Schultern und lief hinaus in den Wald, dorthin, wo die zweite Bekannte wohnt. Nie zuvor hatte ich solche Kräfte in mir gespürt, das Bewußtsein dessen, was mir fehlt oder was ich nicht zu nutzen verstehe, trieb mich an. Sollen mich die Schönen doch ablehnen. Das schärft meinen Blick und läßt mich entschlossener werden. Ich werde vor niemandem und vor nichts erzittern. Wie bei Grischa Nesnamow wird mein Wille eisern sein und mein Charakter unbesiegbar. Ich fühle mich als allmächtiger Dämon und singe «Und du wirst Königin der Welt sein!»[15] Meine ewige Freundin».

Ich ging ins Kino, sah den Film «Die Piloten» und hörte die

15 *«Und du wirst Königin der Welt sein!»* – Zitat aus Rubinsteins Oper, siehe S. 288.

Rede des Genossen Stalin. Sie machte auf mich einen starken Eindruck durch ihre Schlichtheit, die Vertrautheit durch den mir bekannten nationalen Akzent, und mobilisierte mich zu gesellschaftlich-politischer Aktivität.

Heute habe ich durch meine Initiative einen weiteren Sieg errungen. Die Exkursion in den Kaukasus haben meine Kameraden aufgegeben. Aber ich ließ nicht ab von meiner Initiative. (…) Wir besprechen den Exkursionsplan mit dem Vorsitzenden des Gebietssowjets. Er schlug mir vor, selbständig eine Exkursion, eine Wanderung 140 km über den Kaukasuskamm auf dem Suchumi-Paß zu organisieren. Von Suchumi nach Batum und zurück bis Sotschi per Schiff übers Schwarze Meer. Das käme, die militärischen Freifahrtscheine für den Transport eingerechnet, auf 300 Rubel pro Kopf. Ich erzählte es den Kameraden, aber der Preis ließ sie zurückschrecken.

Da kam mir der Gedanke, mich ans Gewerkschaftskomitee und an den Institutsdirektor zu wenden. Am Morgen stellte ich meinen Vorschlag vor, den besten Aktivisten für den besten Abschluß beim WWP ein Stipendium zu geben. Der Gewerkschaftsvorsitzende billigte ihn, und wir gingen zum Direktor. Ich entwickelte ihm meinen Plan. Er hieß ihn gut. Ich verließ ihn in Hochstimmung und voll der Lebensfreude der neuen Menschen, wie sie im Film «Die Piloten» gezeigt wurden.

10. Juli

Der Lehrgang, an dem wir zum letzten Mal mit den Rechten einfacher Rotarmisten teilnahmen, ging zu Ende. Bin mit den Ergebnissen meines Lehrgangs nicht zufrieden. Habe nicht erreicht, was ich wollte. Ich, der doch über die Presse seine Kameraden ideologisch erzieht und als bester Pädagoge begeistert unterrichtet hat, machte beim Ausscheidungsschießen

Fehler bei der Vorbereitung der Daten und der Feuerführung, die nicht mit meinen Kenntnissen zusammenhingen, sondern mir in meiner Anspannung und Erregung aus Mangel an Wachsamkeit und präzisem Gedächtnis unterliefen. Konnte mich nicht benehmen wie erforderlich: Je ernster die Situation, desto ruhiger und heiterer muß man bleiben. Und so gehöre ich nicht zu den dreien, die berechtigt sind, mit Kampfgeschossen zu schießen. (...)

Vom morgigen Tag an steht ein zwanzigtägiger Lehrgang bei den Zugkommandeuren auf dem Programm. Mit welch innigem Wunsch strebte ich danach, vollgültiger Kommandeur zu werden. Denn ein guter Kommandeur sein heißt eine vollwertige Persönlichkeit sein. Ich halte es für eine Sache der Ehre, den Titel eines Kommandeurs unserer Armee zu tragen. Hier unter den Kommandeuren erblickte ich die würdigsten Leute unserer heroischen Zeit. Es sind lebende Vorbilder der neuen Menschen einer sozialistischen Gesellschaft. Der Menschen bolschewistischen Stammes. (...)

Wie zufrieden bin ich mit dem Lehrgang! Bin ich jetzt doch mittlerer Kommandeur der proletarisch-revolutionären Armee. Mein Herz preßt sich zusammen vor Freude. Ich bin voller Eifer, Ungeduld, mich mit dem Zug zu beschäftigen. Ich befasse mich mit Exerzieren. Meine reine, klare, entschlossene Stimme zieht die Aufmerksamkeit des Zuges auf sich. Ich erkläre. Weise auf Unzulänglichkeiten hin. Mit meiner Stimmung ermuntere ich die Leute. Mit meinem Blick schleudere ich ihnen Schneid, Wachheit in die Augen und sehe, wie in ihnen Funken von Freude und Ehrgeiz aufblitzen. Offenheit und Wärme der Beziehungen. Die Fortgeschrittensten, Aktivsten verehren mich am meisten.

Kein Geschrei und Geschimpfe. Aber Strenge, von gegenseitiger Achtung nicht zu trennen, ihr jedoch absolut nicht unterworfen. Man hat mich zum Diensthabenden unseres Regiments ernannt. (...)

Man muß seine Rolle weiterentwickeln und an die gewachsenen Anforderungen anpassen. Muß seine Arbeit, sich und seine Umgebung achten. Dann ist die Tätigkeit erfolgreich und erfreulich. Das Auferlegte wird erfüllt und übererfüllt.

31. Juli

Uns führte eine Exkursion nach Leningrad. Auch ich bestellte einen Militärfreifahrtschein nach Leningrad und dürstete geradezu danach, die kulturellen und historischen Schätze dieser Stadt und auf dem Wege auch die Moskaus zu sehen und zu begreifen. (...)

Leningrad hinterließ den Eindruck einer Schatzkammer unseres russischen kulturhistorischen Erbes. Inmitten der monumentalen Spuren der Vergangenheit spürt man den radikalen, grandiosen, mächtigen Charakter der Großen Proletarischen Sozialistischen Revolution.

Das ehemalige Zarskoje Selo ein verödeter Park. Menschenleere Alleen. Ein unbewohnter Palast. Verblichene und verrostete Dächer. Graugewordene Fassaden des weißen Palastes. All das vermittelt den starken Eindruck von längst vergangenen Zeiten. Die unwiederbringlich ein für allemal untergegangene Gesellschaftsstruktur mit dem historischen Stempel des Todes. Erloschen ist die falsche, Genies zerstörende «Welt», und eine gerechte Liebe erleuchtet das Denkmal des unsterblichen Puschkin. Wer das Katharinenpalais betritt, schreitet durch zwei Jahrhunderte und ist umgeben vom funkelnden und glänzenden Luxus der Architektur und der ganzen Ausstattung, die die falsche Größe der russischen Despotie geschaffen hat. Peterhof, dieses Paradeschloß der Selbstherrscher, erfreut durch seine Umwandlung in einen heiteren und schönen Erholungsort für die Werktätigen. Erneuert und bereichert kam ich aus Leningrad zurück. Ich bedauerte nicht, Leningrad wieder zu verlassen. Ich empfand Befriedigung durch all die Eindrücke, die ich gehabt hatte. Angenehm wurde mir bewußt, daß ich meinen Reiseauftrag voll ausgeschöpft hatte. (…)

Ursprung meines inneren Lebens war die kindliche Erfahrung von Not. Jedes Frühjahr ging uns das Brot aus. Wir sammelten die letzten «Mäusekrümel» in den Schränken zusammen. Im «Hungerjahr»[16] aßen wir Melde, Krähen und einen bläulichen Lehm. Ich ging zu einem reichen Bauern, tat, als ob ich mit seinem Sohn spielen wollte. Wenn man mir sagte, daß der Sohn nicht zu Hause sei, blieb ich doch stehen und wartete, daß man mir ein Stückchen Brot zusteckte. Aber gegeben haben sie nie etwas. Einmal ging ich in die Mühle. Stopfte mir die Taschen voll Mehl und aß davon. Aber zu Hause hungerte meine Mutter. Eines Nachts nahm ich einen Sack und verließ das Haus. Und meine Mutter verabschiedete mich und flüsterte: «Mein Gott, mein Gott! Laß dich nicht erwischen.» Ich arbeitete mich durchs Gebüsch zur Mühle vor und durchs Wasser zum Rad. Ich drang in die Mühle ein. Am ganzen Körper zitternd schüttete ich das Mehl aus dem Kornkasten. Zu Hause aß ich mich satt an den Fladen, die wir auf dem eisernen Ofen backten, und kroch dann zum Schlafen auf den russischen Ofen.

Wann meine Mutter schlief, wußte ich nie. Sie nähte die ganze Nacht für andere, um das Geld zusammenzuklauben, damit meine Schwester zum Arbeiten in die Stadt fahren konnte. Endlich hatten wir das Geld für die Fahrkarte. Wir gingen vierzig Kilometer zum Hafen. Kein Stückchen Brot.

16 *«Hungerjahr»* – siehe S. 189.

Mutter und Schwester schickten mich los, «um Christi willen» zu betteln. Im ersten besten Dorf streckte ich unter einem Fenster die Hand aus. Da überschütteten sie mich siebenjährigen Jungen mit beißendem Spott und hämischen Beleidigungen. Als ich von einer Frau ein Stückchen Brot bekam, brachte ich es weinend meiner Mutter. Die gesammelten «Almosen» waren für die Schwester auf die Reise. Am Hafen stand ich an der Kasse für die Fahrkarte an. Die Leute hielten ihre Taschen zu, packten mich am Kragen und drängten mich aus der Reihe.

Im Winter ging ich nicht zur Schule – ich hatte keine Kleidung. Vor Kälte hatte ich chronische Bronchitis. Die sorglosen Spiele der Kindheit habe ich nie kennengelernt.

Der Spott und die Verachtung der Menschen mir gegenüber schufen in meiner kindlichen Seele Selbstzweifel, Furcht, Zweifel an meinen Kräften. Ich zitterte vor jeder Tat, düsterer Schmerz umfing meine Seele, gleichzeitig setzte ich damals der Erniedrigung erstmals meinen Stolz entgegen.

Materielle Gewalt gegen die geistige und moralische Freiheit hat von Generation zu Generation ein geistiges Sklaventum erzogen, Stumpfsinn und Willenlosigkeit der Menschen, die zu materieller Armut verurteilt waren. Und sie vererbten das verlorene Gefühl für Menschenwürde, den Glauben an ihre Würde und ihre freie Entfaltung weiter. Ebendas empörte mein Bewußtsein. Ich spornte meinen Willen an zu Empörung und Protest.

In der Grundschule erfüllte es mich mit herzzerreißendem Verdruß, wenn ich sah, wie schwach, kraftlos, äußerlich häßlich, schmutzig und schlechter als alle anderen gekleidet ich war, es vergiftete mein Bewußtsein, und mein Ehrgeiz litt darunter. Ich fühlte, daß ich unter den Menschen der letzte und unansehnlichste war. Bei jeder Schwärmerei für ein bezauberndes Mädchen litt ich im Bewußtsein meiner Erbärmlichkeit und Unwürdigkeit tödliche Qualen. Ich lernte stirnrunzelnd den Wunsch nach Gemeinsamkeit sofort in mir zu ersticken, zugleich aber nach meinem Traum zu streben und an ihn zu glauben: der allgemeinen Wertschätzung und Liebe würdig zu sein. Voller Verachtung und schonungslos riß ich mir die Fetzen anerzogener Fügsamkeit, Erniedrigung und Inaktivität ab. Die Armut und geistige Versklavung der Persönlichkeit zu überwinden – das ist bis heute der Sinn meines Lebens. Das Bewußtsein der eigenen materiellen und geistigen Armut ließ mich nach dem neuen schönen und starken Menschen dürsten. Entrüstung und Verachtung enthalten nur unvollkommen die verändernde Natur, die die Harmonie und Schönheit des Traums Wirklichkeit, Stärke werden lassen. Diese Stärke ließ mich aufschreien – entweder nicht mehr weiterleben oder sich ändern. Diese Stärke der Empörung während der acht Jahre meiner bewußten Existenz stellte mir die Aufgabe, zu kämpfen und zu siegen. Ich wollte nicht nur viel, sondern ich verlangte grundsätzlich von mir, daß ich auch viel konnte. Mein Bewußtsein verlangte das energisch und unumwunden, ungeachtet meiner physischen Möglichkeiten. Es stellte mir die Aufgabe, nicht nur meine physische Natur, sondern auch meinen Charakter, meine Psyche zu ändern.

Da ich außerordentlich sensibel für meine Unzulänglichkeiten war und in mir in erster Linie die negativen Seiten sah und daher ewig unzufrieden war, bemühte ich mich fanatisch, die gewaltigen Forderungen in meiner Realität zu erfüllen. Ich erkannte die besten Züge der menschlichen Persönlichkeit in der Literatur. Mit großer Begeisterung studierte ich sie bei Zeitgenossen. Ich stürzte mich in die Lebenspraxis, zu den Arbeitern, und begegnete unter ihnen neuen Menschen, freien, ehrlichen, einfachen aktiven Menschen mit einem Überfluß an schöpferischer Lebensenergie und größtem Entwicklungspotential. (...)

Eines der wichtigsten Mittel zur Erhöhung der Arbeitsproduktivität ist die normale Fähigkeit zum Entspannen. Sport treiben; sich mit Wasser übergießen. Normaler Schlaf. Pausen bei der Arbeit. Sich angenehme Zerstreuungen verschaffen: Tanzen, Singen, Musikhören, Lernen und Schachspielen.

Der neuen Gesellschaft entsprechen die neuen Menschen, aber die neuen Menschen gehen genauso aus den alten hervor, wie die neue Gesellschaft die alte nicht von allein ablöst, sondern im Kampf und durch Vernichtung des Alten.

Heute bei der Untersuchung wurde ich wegen meiner Neurose vom Sport befreit. In diesem Herbst erfuhr ich die lähmende Wirkung meiner Nervenzerrüttung wie einen Alptraum. Finstere Stimmung vor Übermüdung. Meine nervösen Erregungszustände desorganisierten mich in meiner geistigen Arbeit. Und gerade die Parteiversammlung, auf der ich immer mit meiner Rede geglänzt habe, bereitete mir Qualen im Bewußtsein meiner nervös-psychischen Schwäche. Aber ich gab mich nicht geschlagen. Ich entwickelte die Liebe zum Sport in mir, die Harmonie meiner Beziehungen zum Kollektiv.

Entgegen den medizinischen Anweisungen ging ich nicht nur zu den Turnstunden, sondern auch in eine Sportschule. Die Marschmusik dort drückt die Freude an der Gesundheit, das Glück frohen Muts und die Begeisterung der Jugend aus. Ich mache jeden Tag Turnübungen und reibe mich mit einem feuchten Handtuch ab. (...) Sport ist eine progressive Kraft – die Kraft, die die sklavische Unterwerfung unter den schwachen Körper ablehnt. Ich bin bald der unbesiegbare, vor Energie sprudelnde Herr, bald einer, der sich in der Gewalt der krankhaft sensiblen Seelennot quält. In mir kämpfen zwei

Kräfte gegeneinander. Die Kraft, die in den Zustand der Unterjochung, zu Geistesschwäche, Erregung, Tatenlosigkeit und Erschöpfung führt. Die Kraft, die das Leben in mir leugnet, mich des Lebens in meinem Inneren beraubt. Und die entgegengesetzte Kraft – die Kraft der Frische, Energie und des Selbstvertrauens. Diese Kraft ist das Leben, sein Sieg. Was für eine Freude bereitet einem das Gefühl physischer Stärke. Du fühlst dich als Herr eines gesunden, vor Energie sprudelnden Körpers. Das wunderbare Gleichgewicht der physischen und intellektuellen Kräfte, das dir das Bewußtsein deiner Klarsicht schenkt. Denken und Tun, das ist Blitzesschnelle, ist schöpferische Initiative. Der phlegmatische Gedanke, der in nebligen Wogen schwimmt, gewinnt in der konkreten Aktivität lichte Klarheit. Der Gedanke kennt keine Hindernisse, das Denken keine Verirrungen. Ein frischer, brennender, triumphierender Blick in die Welt. Die Liebe zu den Menschen. (…) Ich suchte das Leben: Ich wollte das Leben empfinden – nur der Sport gibt mir den Lebensimpuls, gibt mir das Empfinden von Lebensfreude. Welches Glück verschaffen mir meine Neigungen. Auf was für fruchtbaren Boden treffen sie in unserer Gesellschaft.

In mir verkörpern sich vier Berufungen. Die zum Ingenieur der Seele, zur Philosophie, zur Politik und zu einer Führungsposition. Der Durst nach tiefsten Erkenntnissen des Wesens der Welt. Eine auf den Grund gehende Neugier und Hartnäckigkeit. Stolz auf eine auf Prinzipien gestützte Politik. Brennend vor schöpferischem Führungswillen. Unbegrenzte Weite, Bedeutung der Aufgaben und Grenzenlosigkeit der Perspektiven. Darin besteht mein Leben, sein Erfolg, seine Freude.

Ich, der ich in der Kindheit keine Freuden kannte, erfahre jetzt die einzige, größte Freude in der schöpferischen Organisation der Arbeit der Studentengruppe. Ich nahm die ganze

Sorge und Verantwortung für die Gruppe auf mich. Ich wählte eine arbeitsfähige Dreierleitung aus und stellte völlige Einmütigkeit in der Gruppe her. In Freundschaft mit der Dreierleitung sollen meinen Ideen nun Taten folgen. (...)

Ich habe der Gruppe die Aufgabe gestellt, nachdem sie in ihren Erfolgen an letzter Stelle steht, zu einer der ersten in der Fakultät zu werden, der ersten im Studienjahr. Ich verpflichtete mich in einem individuellen sozialistischen Vertrag, die Erfüllung des sozialistischen Wettbewerbsvertrags in der Gruppe von 60 auf 90 Prozent zu heben. Dazu mußte ich die Gruppe mobilisieren. Die Erfüllung der Verpflichtungen zum Hauptinteresse, zum Ziel eines jeden Studenten zu machen, gegen eine formale, die Verpflichtung vernachlässigende Einstellung.

Unser Studienjahr versammelte sich gemeinsam mit den Dozenten, der Fakultätsdreierleitung und den Repräsentanten des Partei- und des Gewerkschaftskomitees zur Produktionskonferenz. Alle siebzig begrüßten meine Kandidatur für die Leitung der Konferenz. Meine Rede bei der Diskussion war länger als die des Dekans. Die Schuld für die schlechten Lernergebnisse besonders unserer Gruppe lastete ich dem Dekanat an. Obwohl mir die Einseitigkeit meines Angriffs bewußt war. Aber ich widerlegte die schlechte Einstellung zur Gruppe und die Meinung, daß sie nicht in die Prüfungen gehen könne. Im Schlußwort bestätigte der Dekan meine Argumente und stimmte mir zu. (...)

Endlich brach die langersehnte Zeit an, und ich drang mit Leidenschaft in das Labyrinth der Philosophie ein. Jede Frage kläre ich jetzt mit der Primärquelle und einigen Arbeiten bis zur erschöpfenden Vollständigkeit. Mir fehlt es an Interesse für die anderen Wissenschaften. Der Kontrollarbeit über Festigkeitslehre widmete ich nur wenig Zeit und war mit der Vorbereitung nicht zufrieden, doch die Bewertung der Arbeit – sehr gut – schmeichelte mir durch das Vertrauen in meine Möglichkeiten. Im Seminar über Dialektischen Materialismus gab keiner der sieben Gefragten eine zufriedenstellende Antwort. Der Dozent war empört. Ich erklärte, daß ich Gruppenarbeit vor den Seminaren organisieren wollte. Dazu mußte ich selbst mit dem Üben aufholen, denn als ich mit der Vorbereitung begann, fiel ich bei den Vorlesungen zurück. Morgen muß ich eine Übung über das letzte Thema halten – die antike Philosophie –, wozu es kein Lehrbuch gibt. Ich bin erregt, brenne vor freudiger Erregung. Wühle in den «Geschichten» Griechenlands und der Philosophie. Von drei bis zehn Uhr hatte ich nur die Hälfte des Themas durchgearbeitet. Bestellte mir im Lesesaal ein halbes Dutzend Bücher. Und im Wohnheim beendete ich die Arbeit erst um fünf Uhr früh. Und um sieben Uhr mußte ich mich schon wieder fertigmachen fürs Institut.

Nach dem Unterricht verkündete der Brigadier, daß um acht Uhr abends Unterricht in Dialektischem Materialismus sein wird. Ich gehe nach Hause und lege mich schlafen. Vor dem Unterricht weckt mich eine Studentin. Wir kommen ins Institut, dort haben sich schon fünfzehn Studenten eingefunden. Mit großer Aufmerksamkeit hören sie meinen Ausführungen über die antike Philosophie zu. Ich festige das Gelernte durch Fragen. Wir arbeiteten vier Stunden lang. Nach einigen Tagen bat mich die Gruppe, noch einmal Unterricht zu halten. Es kamen zwanzig Studenten, darunter auch einige aus anderen Gruppen. Ich führe eine «Konferenz» durch. Frage den durchgenommenen Stoff ab. Fast bei jeder Frage muß ich resümieren oder erklären. Und ich merke, wie mir bei diesem Erklären neue Gedanken kommen, ein neuer Sinn der Begriffe sich eröffnet. Mich interessiert der Prozeß des Denkens, plötzlich sage ich, was ich nicht wußte und was ich erst dann wissen (darstellen) kann, wenn ich es gesagt habe.

Nach der «Konferenz» beschenkten sie mich mit Aufmerksamkeit. Die Mädchen hakten sich bei mir ein. Ich hatte keine Handschuhe, und sie ließen mich nicht meine Mappe tragen. Heitere, interessante, hitzige, freundschaftliche Beziehungen brodeln um mich herum. Ich, den keiner mochte und an dem es auch nichts zu mögen gab, dessen Liebe von keinem Mädchen akzeptiert wurde, entbrannte in Liebe zur Gesellschaft und in der lichten Freude der größten Liebe der Gesellschaft. Ich bringe nicht nur das mich bezaubernde Mädchen dazu, mich zu lieben, sondern mich wird die ganze Gesellschaft achten und lieben.

«Deine Konspekte sind ja ein ganzes Buch», meinte das Mädchen zu mir.

«Ich arbeite die Gesetze und Kategorien der Dialektik gründlich durch. Zum Teufel, was sind wir für Menschen, wenn wir die wissenschaftliche Methodologie nicht in unserer praktischen Tätigkeit nutzen können.»

«Du Philosoph!» Begeistert klopfte mir das Mädchen auf die Schulter.

Als der Dozent die monatliche Erfolgskontrolle in Dialektischem Materialismus durchführte, stellte er dem besten Studenten in unserem ganzen Kurs seine Fragen, dem Primus, mit dem ich konkurriere. Er antwortete nicht besonders klar. Der Dozent bewertet ihn mit «gut» und bemerkt dazu: «Die Note muß gerechtfertigt werden.» Dann wendet er sich an mich: «Nun, Potjomkin wird mir sicherlich Freude machen.» – «Natürlich!» antwortet für mich das Auditorium. «Soll ich Ihnen Fragen stellen oder nicht?»

«Unbedingt.» Und er fragt mich nach Hegel. Ich enthülle mit agitatorischer Klarheit und Kraft das Wesen der Hegelschen Philosophie und beginne sie voll Begeisterung logisch zu begründen und zu entwickeln. Da unterbricht mich die

302

zweite Frage. Nach dem ersten überzeugenden Satz, der die Frage sofort erläutert, stellt er noch eine und überlegt, was er mir für eine Note geben soll. Er hat doch dem Auditorium gesagt, daß er eine Fünf[17] nur demjenigen gibt, der «die Sterne vom Himmel holt», nur «Gott selbst», und gibt mir keine. Aber die Studenten schreien «sehr gut, sehr gut!» – «Was soll's, wir sind ja alle Menschen», sagt der Dozent, «ich gebe also einem einzigen aus dem ganzen Studienjahr eine Fünf.» In der Prüfung sagte der Dozent zur Prüfungskommission über mich: «Er weiß alles über den Marxismus. Er hält auch ein zweites Seminar mit der Gruppe ab.» (...)

Daß ich mich in Dialektischem Materialismus ausgezeichnet habe, ist für mich kein glücklicher Zufall – es ist eine unbedingte Notwendigkeit. Ich habe mir seit der Kindheit angewöhnt, zu denken, nachzudenken. Die Fähigkeit zu theoretischem Denken habe ich mir unter Qualen bewußtgemacht. Die herben Entbehrungen trieben mich an, abstraktes Denken zu beherrschen. Ich arbeitete aus eigenem Antrieb zehnmal mehr als für ein «sehr gut» nötig. Ich gebe mich mit meinen Kenntnissen nicht zufrieden. Ich will insgesamt an Kenntnissen und Rede mindestens ebensoviel beherrschen wie der Dozent.

Im großen und ganzen widmete ich das fünfte Institutssemester dem Dialektischen Materialismus, und so gelang es mir, meinen Traum zu verwirklichen – die einzig wahre Philosophie des Proletariats, die allmächtig ist, wie seine Theorie überhaupt, gründlich durchzuarbeiten. Und nebenbei bemerkt habe ich erstmals in meinem Studium in allen Disziplinen bessere Noten.

17 *Fünf* – Die russische Zensurenskala geht von Fünf bis Eins, genau umgekehrt wie die deutsche.

Ich traf ein Mädchen, mit dem ich vor sechs Jahren in Na-
bereschnyje Tscholny zur Schule gegangen war. «Du bist nicht
wiederzuerkennen. Vollkommen verändert!» rief sie. «So un-
zugänglich, mächtig!» Ich begrüßte sie wie eine Schwester.
«Wie fordernd, empfindlich und stolz du bist!» Als wir über
Beziehungen mit Mädchen redeten, sagte sie: «Wie interessant
das Leben ist. Wie schön könnten die Menschen sein. Wie
gern würde ich nicht einfach nur leben, wie es kommt, sondern
kämpfen, leben und siegen.» Sie entdeckte mir ihre Zärtlichkeit und ihr Herz. Und sagte: «Wie edel deine Beziehungen zu
Mädchen sind!» Endlich hat mein empörter Wille den Sieg errungen, und ich wurde nicht mehr übersehen, sondern war nun
derjenige, der Einfluß und Führung in seinen Händen konzen-
triert. Ich bin es, der die anderen dazu bringt, ausschließlich
mir ihre Aufmerksamkeit zu widmen als dem besten Studenten
und Leiter. Ich habe meinen Imperativ erfüllt, den ich mir drei
Jahre vor dem Institut aufgestellt habe – ein Aktivist zu sein in
der Gesellschaft der Studenten. Ich höre über mich: «Ein ge-
sunder und schöner junger Mann.» Das Leben! Ich habe gesiegt!

1936

Ich habe das Jahr 1936 mit Erfolgen im Studium und der gesellschaftlichen Arbeit begonnen. Setzte mir die Losung: Mehr
Leben! Mehr Leichtigkeit in meinem Tun. Man muß die Freuden des Lebens nehmen, sie in sich verkörpern und in den anderen schaffen können. Das, was lebendig ist, ist auch schön.
(...)
Ich traf meine Tante, die ich zehn Jahre nicht mehr gesehen
hatte. Sie war über mich erstaunt, rief: «Was für ein Glück!
Hätte man damals denken können, daß du an einem Institut
studierst?» Hinter der Hülle von Armut hatte sie nicht das

Potential in mir gesehen und nicht erkannt, daß persönliche Würde durch materielle Entbehrungen unterjocht wird.

Nein, das ist kein glücklicher Zufall, daß ich im Institut studiere, es ist die notwendige Folge der sozialistischen Revolution, die uns von unten heraufgeholt und über ihre Köpfe erhöht hat. Wir Kinder der Not sind aufgerufen, die Gesellschaft zu ändern, denn nur wir können sie ändern und gleichberechtigte Herren einer klassenlosen Gesellschaft sein. Unser Wille triumphiert. Das, was unmöglich schien und war, wovon man bei uns nur träumen konnte, das wird jetzt Wirklichkeit.

In der Gesellschaft von Arbeitern kam ich zu der Überzeugung, daß wir nicht nur fähig, nicht ohne die Möglichkeit sind, vollwertige und fortschrittliche Menschen zu sein, sondern im Gegenteil, nur wir Kinder der Not und der unwahrscheinlichen Entbehrungen müssen und können die neue Gesellschaft schaffen. Wir sind berufen, nicht nur eine aktive Rolle im Aufbau der neuen Gesellschaft zu spielen, sondern diesen Aufbau zu leiten. Nur uns ist es gegeben, die ganze übrige Menschheit zu erziehen und ihr zu einer echten Blüte zu verhelfen.

Die Parteiorganisation ernannte mich zum Agitator. Mir fehlen die Worte, meine Freude wiederzugeben. Ist doch der Agitator – mein Ziel, mein Traum. Es gibt keine bedeutendere und schönere Rolle. Voller Begeisterung stürzte ich mich in das Studium dieser großen Kunst bei Lenin, Kirow und anderen Führern der Partei.

Die politische Agitation war ja seit jeher Bestandteil meines Lebens in der Gesellschaft. Als Vierzehnjähriger auf dem Dorf hatte ich mich an langen Abenden mit den erwachsenen Bauern und alten Leuten ernsthaft unterhalten und bei diesen Alltagsgesprächen, ohne es mir selbst bewußtzumachen, die laufende Politik und die Beschlüsse der Partei, der Regierung erklärt. Ich erinnere mich noch, im Winter 1929 im Gespräch mit einem Bauern und einer Bäuerin auf die verbreitete Meinung, daß die Kolchosen sich nicht einbürgern würden, geantwortet zu haben, ich sei überzeugt, daß alle Bauern in Kolchosen sein würden, anders könne man der Armut nicht entrinnen. Am nächsten Tag teilte diese Bäuerin ihren Nachbarn ihren festen Entschluß mit, in den Kolchos einzutreten.

Im Jahre 1931 saß jeden Abend in der Arbeiterbaracke der Teerbrennerei an meiner Pritsche der lebendigste, inspirierteste Kameradenkreis von Arbeitern, im Mittelpunkt waren der Schmied und der Bergmann. Dieser Kreis zollte mir erstmals Beifall: «Wie gut er spricht!» Das war Balsam für mich.

Im Jahre 1932 in Blagodatka, wo ich dank meiner entschiedenen Agitation Gewerkschaftsbevollmächtigter war, führte ich einen sozialistischen Wettbewerb unter allen Schichten durch und erreichte, daß die Arbeiter zu Aktivisten erklärt wurden. Und das zur selben Zeit, als bei den Arbeitern die Meinung verbreitet war, daß sozialistischer Wettbewerb unnötig sei.

April
Bis zum Mai ist alles, was zu tun war, getan. Ich bin frei in die Reihen der Leiter der Fakultät gegangen. Jetzt fügen sich die Umstände so, daß ich aller Wahrscheinlichkeit nach im kommenden Jahr Gewerkschaftsorganisator der Fakultät werde. Ich werde die Fakultät leiten, sie vom letzten Platz wegholen. Das ist eine schwierige und ehrenvolle Aufgabe. Ich habe mich bereits jetzt mit der Fakultät vertraut gemacht, mit ihren Gruppenleitern, und bereite mich auf diese Aufgabe vor.

Mai
Ich höre die sechste Symphonie von Tschaikowski. Wie wunderbar sind ihre Melodien, die das menschliche Freiheitsstreben ausdrücken, aber durch die Despotie der Gesellschaftsord-

nung unterdrückt werden. Die Überlegenheit der unterdrükkenden Kräfte spiegelt sich in der Trauer des Melodrams. In unserem Leben mobilisiert das Melodram – die sensible Wahrnehmung des nicht Erreichten (der Mängel) – zum Kampf, und darin liegt das wahre Glück, denn mit ihm erlangt man das Bessere, er ist im vollen Wortsinn unweigerlich Erfolg, Triumph des Lebens.

Wunderbar bei Tschaikowski ist die Liebe zum Leben. Vor ihrem Hintergrund fühlte ich, daß die Schönheit des Gefühls nicht durch die Primitivität der Leidenschaften verdrängt werden darf. Das Gefühl sollte ästhetische Befriedigung finden. Die Liebe sollte schön sein wie diese Musik.

Am freien Tag, einem sonnigen und frischen Morgen, gehe ich, jemanden von ähnlicher Anmut wie dieser frühe Frühlingsmorgen zu treffen, bezaubernde Gefühle ähnlich der bezaubernden Reinheit des azurblauen Himmels, der gesunden Frische und Weichheit der frühen Strahlen zu wecken. Dies ist die Schönheit der Natur; noch schöner sollte unsere Liebe sein. Ich eile zu ihr, der zärtlich Verehrten, die mein Herz bezaubert hat. Wie leicht berührte sie mich, aber wie reich beschenkte sie mich mit einem Sturm der zartesten Emotionen. Sie beschenkte mein Herz mit der schönsten Melodie der Gefühle. Wie viele künstlerische Sujets weckte sie in meinem Bewußtsein. Ich suche nach einem lyrischen Gedanken im Arsenal der menschlichen Liebe. Und ich gieße mein Gefühl in das neapolitanische Lied «Sagt eurem Mädchen: Ich weiß, die Sonne wird noch leuchten, du meine teure Sonne». Und was erfahre ich – sie hat geheiratet. Ist die Sonne für mich untergegangen? Nein! Die Sonne der Liebe, die von ihr in meinem Herzen entzündet wurde, triumphiert. Ich bin überzeugt von der ästhetischen Liebe. Und ich wünsche ihr eine ebensolche Liebe und wahres Glück mit ihrem Auserwählten.

Juni

Der Umstand, daß ich ein «sehr gut» in den schwierigsten und grundlegendsten Disziplinen bekommen habe (Dialektischer Materialismus, Festigkeitslehre, Geologie der UdSSR), zeigt, daß ich auch in den übrigen Fächern, wenn sie mehr Aufmerksamkeit in mir geweckt hätten, zweifellos ebenfalls «sehr gut» hätte erhalten können. So habe ich den Preis und die Anhebung meines Stipendiums gerechtfertigt. (...)

Ich mache gerade ein Betriebspraktikum bei den Steinkohlelagerstätten und lerne mit aller Leidenschaft die Organisation der Arbeit und die Lagerstätten kennen, was mir für den Bericht mehr als genug gegeben hat. Ich setze mir für das kommende Jahr das Ziel, nur noch mit «Sehr gut» abzuschließen, und nehme mir vor, im Sommer Kartographie durchzuarbeiten und die «Chrestomatie für Geologen» aus dem Englischen zu übersetzen. Auch will ich Lenins Werke in der sechsbändigen Ausgabe durcharbeiten. Ich sollte meiner einzigen Begabung viel Aufmerksamkeit widmen – meiner Leidenschaft für die Gesellschaftstheorie und die gesellschaftspolitische Aktivität. Ich sollte mit der ganzen für mich typischen Gründlichkeit den Leninismus und die Geschichte der Partei durcharbeiten und sollte meine Persönlichkeit auf diesem Gebiet erziehen und in mir die entsprechenden Eigenschaften ausbilden. Ich sollte mich so erziehen, daß ich meine Persönlichkeit, meinen Verstand und mein Herz der Sache der Partei hingebe, aber dazu muß ich noch an Herz und Verstand feilen.

1. Juni

S. F. lernte ich kennen, als ich mich für Elektrotechnik in der Belinski-Bibliothek vorbereitete. Sie erregte meine Aufmerksamkeit durch ihren weiblichen Charme. Ich entbrannte in dem leidenschaftlichen Wunsch, sie kennenzulernen, aber sie unterhielt sich mit jemand anders. Sie bemerkte aber meine beharrlichen Blicke, und wie sie sich später erinnerte, wollte sie meinen Blick prüfen, konnte es aber nicht. Sobald ihr Gesprächspartner verschwunden war, ging ich zu den Zeitungen, die er auf ihrem Tisch gelassen hatte. Sie zog mich in eine Diskussion über das Projekt einer Regierungsresolution zu einem Abtreibungsverbot. Heiter tauschten wir unsere Meinungen aus. Ich lud sie in die Musikhalle ein, sie lehnte ab wegen der Prüfungen in Anatomie, Therapie, Geburtshilfe usw. Wir verließen zusammen die Bibliothek, und ich schlug ihr vor, ins Kino zu gehen. Der Film «Die sieben Mutigen» verband auf interessante Weise die Arbeit der Expeditionen in den Norden mit der Teilnahme eines Geologen und eines Arztes.

6. Juni
Ich traf sie am Morgen mit einem Fliederstrauß, und wir fuhren in den Wald. Sie las und legte mir das Buch über Tuberkulose auf die Brust. Ich hörte zu, fragte sie ab und blickte in die grünen Kronen der Fichten, die so schön vom durchsichtigen Blau des Himmels umrandet wurden. Ich konnte nicht endlos kaltblütig bleiben und sie ihrer Lektüre überlassen. Sie wurde ärgerlich über meine Liebkosungen. «Ich bin generell kühl, ich habe nie jemanden geküßt, nicht einmal meine Mutter.» Sie verbot mir meine Küsse und redete auf mich ein – ihr Kleid, ihr Gesicht seien staubig.

Mein Traum, eine Arbeit zu bekommen, die mir möglichst umfassende praktische Erfahrung garantiert, ist in Erfüllung gegangen. (...) Im geologischen Erkundungsbüro der Minenverwaltung von Beresowskoje nahmen sie mich als hauptamtlichen Bohrer in die Belegschaft auf. Ich wurde vom Vorarbeiter der

Goldindustrie begrüßt, arbeitete in jenem wunderbaren Golderzlager und dem Steinkohlebüro, dessen Arbeit mit «Unionsgold» für den Vorgesetzten, den Chefingenieur, den Geologen und den Oberbohrmeister prämiert wurde. In den Schächten fühle ich mich als mein eigener Herr. Ich lerne die Arbeit im Bergwerk umfassend. Ich erwerbe mir die Fertigkeit zu unterirdischen Vermessungen und zur Dokumentation der Goldschürferei.

Die neuen erhöhten Normen überzuerfüllen und Stachanow-Produktivität in meiner Arbeit zu erringen ist für mich Ehrensache.

Juli
Im ersten Praktikumsmonat war ich ganz davon in Anspruch genommen, die Lagerstätten und die geologische Arbeit kennenzulernen. Ich war begeistert, wie interessant und bedeutungsvoll die Lagerstätten sind. Ich hielt es für ideal und schön, die Norm zu 200 Prozent zu erfüllen. Ich setzte mir das Ziel eines doppelten Plansolls und merkte mir mein Soll für jeden Tag und jeden Schacht vor. In meiner schweren Arbeitskleidung lief ich durch die Hitze von einem Schacht zum anderen, stieg verschwitzt ins kalte Innere der Erde und führte die Vermessungen und die Entnahme der Proben ohne Eile und akkurat aus. Aber abends spürte ich eine Erkältung. Ich fühlte mich erschöpft, statt begeistert wurde ich unzufrieden mit meiner Schwäche. Doch ich stählte meine Haut für den Kampf mit der Erkältung. Ich legte mich in die Sonne, bis ich einen Sonnenbrand hatte, schlief unter freiem Himmel, lediglich in Turnhosen. An freien Tagen ging ich in den Wald zum Fluß. Mit Erschöpfung hatte ich nicht gerechnet, und unbemerkt verging sie auch bei der Arbeit.

Zweimal im Fünftagerhythmus gehe ich meine zwölf

Schächte ab. Die Bohrer, Brigadiere, die bei den tektonischen «Brüchen» der Lagerstätte aus dem Konzept geraten sind, überschütten mich mit Fragen, teilen mir ihre Eindrücke mit und bitten, ihnen zu helfen, die Bedingungen der Ablagerung zu erklären.

Ich brenne vor Leidenschaft, das Geheimnis der Natur im Inneren der Erde zu lüften. Munter und ausgelassen klettere ich vergnügt durch zum Aufstieg ungeeignete Schlupflöcher. Die Steinmassive werfen das Echo meiner Stimme zurück.

Wir sind dazu geboren, ein Märchen wahr zu machen, Raum und Weiten zu überwinden. Die praktischen Daten zeigen mir die Erfüllung der Aufgabe zu 120 Prozent an, aber ich halte es für notwendig, sie zu 150 Prozent zu erfüllen, und nutze dazu jede Möglichkeit, und an den letzten Tagen des Monats schaffe ich es zu 152 Prozent.

August

(...) An meinem freien Tag kam ich nach Swerdlowsk. (...) Im Wohnheim übernachte ich nur mit Kolja. So kurze Zeit ist erst vergangen, seit wir Kurskameraden eine sorglose, stürmische Horde waren, und jetzt zeigt sich in jedem von uns bereits die Persönlichkeit eines Arbeiters der Volkswirtschaft. Die Jugend ist glücklich, daß sie eine Zukunft hat. Und diese Jugend muß man so verbringen, daß die Zukunft in den schönsten Orangerien in der Gegenwart aufblüht. Wie schön ist das gerade erst erlebte Leben, doch ich habe noch so wenig erreicht. Und mir tut es leid, daß ich so wenig vom Glück der Jugend erfahren habe, daß ich es manchmal nicht einmal bemerkte.

Jugend, du hast niemals irgendwelche Schwierigkeiten akzeptiert, hast mich vorwärts gestoßen auf die steilen Grate des Lebens. Du hast von mir alles verlangt, wovon der Mensch nur träumen kann, hast mir große strahlende Pläne geschenkt.

Ich brenne nicht im ruhigen Feuer konstanter Inspiration, sondern bald lodere ich mit der Flamme stürmischer Begeisterung und läutere mein Herz durch meine Emotionen aufs äußerste, bald erlösche ich, als ob mein Herz verbrannt wäre, die Energie verschwindet. Ich bin bald mit dem Feuer der Gefühle, dem Licht des Bewußtseins übervoll, bald verwüstet wie nach einer stürmischen Feuersbrunst. Ich konnte nie ausruhen und mich ablenken. Ich war nie ruhig und deshalb auch nie zufrieden.

Doch zugleich erfuhr ich auch die größte Freude des Menschen. Die machtvolle Freude der aufblühenden Menschheit. Ich stürze mich mit noch größerem Elan hinein, um das Nichterreichte zu erreichen und meinen Traum, ohne meine Kräfte zu schonen, Wirklichkeit werden zu lassen. Leben, du solltest mich mit den Blumen einer noch nie erfahrenen Freude beschenken. Möge mein Leben erhöht werden in einem wenn auch nur momentanen, aber doch wunderschönen Feuerwerk bei den Siegesfeiern der Menschheit ...

«Diese
Inquisition!»

Tagebuch von
Ljubow Wassiljewna Schaporina

Ljubow Wassiljewna Schaporina (1879–1967), Malerin, Autorin und Übersetzerin, Gründerin des ersten sowjetischen Marionettentheaters in Petrograd. Frau des Komponisten Juri Alexandrowitsch Schaporin, von dem sie aber zur Zeit des hier aufgenommenen Tagebuchausschnitts bereits geschieden war. Sie hatte ursprünglich Kunst studiert und war von 1906 bis 1908 in Paris zum Aquarellstudium bei J. S. Kruglikowa. Stand dem Kreis um die Zeitschrift «Die Welt der Kunst» nah. Ihre Bilder, die sehr gelobt werden, sind in den Wirren des Bürgerkriegs verlorengegangen.

1918 gründete sie das erste Marionettentheater für Kinder in Petrograd, das bis 1930 selbständig existierte, danach mit dem Kasperletheater vereinigt wurde. Zwischen 1925 und 1930 lebte sie offenbar eine Zeitlang in der Emigration in Frankreich, danach kehrte sie nach Leningrad bzw. Detskoje Selo bei Leningrad zurück, wo sie mit ihrem Sohn Wassili (Wassja, 1915–1989?), einem Kunststudenten (später Maler und Bühnenbildner), zusammenwohnte; die Tochter Aljona ist 1932 mit elf Jahren gestorben. Den Krieg über, das heißt auch während der Blockade, blieb sie in Leningrad und arbeitete als Krankenschwester in einer Klinik.

Dieser Teil ihres Tagebuchs bezieht sich auf die Zeit von März 1935 bis Oktober 1939. Unstimmigkeiten in der Datierung der Tagebucheintragungen verdanken sich nachträglichen Einschüben der Verfasserin.

März 1935

Sie verhörten mich fünfeinhalb Stunden, und M. Judina, die Bescheid wußte und auf meinen Anruf wartete, fuhr eilig nach Detskoje[1], weil sie überzeugt war, daß man mich bereits verhaftet habe und sie mir Sachen bringen müßte. Wassja fuhr am 15. 3. nach Moskau, unternahm nichts, hielt sich dort vergeblich fünf Tage auf und rief, wieder zurückgekehrt, den Bevollmächtigten des NKWD an. Abends am selben Tag, das war der 22. März, bestellten sie ihn in den Litejny[2] ein. Am 16. März hatte Juri dem NKWD telegraphiert und darum gebeten, bei der Deportation der Familie Wladimirow[3] die Tochter auszunehmen, weil sie Wassjas nichtregistrierte «Ehefrau» sei. Das war eine Lüge, aber der einzige Weg, das Mädchen zu retten.

Wassja wurde vorgeladen, und ein staatlicher Dreirhomben-GPUschnik begann mitleidig: «Daß Sie sich nicht schämen, Wassili Jurjewitsch! Sie wollen wohl in den Spuren Nikita Tolstois[4] wandeln! Sie kompromittieren ja Ihren Vater, diese Ehe

1 *Detskoje* – siehe S. 117.

2 *in den Litejny* – Litejny-Prospekt, einer der großen Boulevards im Zentrum des damaligen Leningrad, an dem die NKWD-Zentrale lag.

3 *Deportation der Familie Wladimirow* – Nach der Ermordung des Leningrader Parteisekretärs Sergej Mironowitsch Kirow am 1. Dezember 1934 (siehe S. 149) wurden Tausende von Leningrader Bürgern aus der Stadt vertrieben und deportiert. Es war der Beginn der «großen Säuberung».

4 *Nikita Tolstoi* – Nikita Alexejewitsch Tolstoi, der Sohn des Romanciers Alexej Nikolajewitsch Tolstoi (siehe S. 113), war ebenfalls eine fiktive Ehe eingegangen, um eine Deportation zu verhindern.

ist doch fiktiv.» Statt seine Position zu verteidigen, gab Wassja gleich alles zu und versprach, ein artiger Junge zu sein, und strafte damit nicht nur seine Angaben, sondern auch die Bitte seines Vaters Lügen. Sie hatten ihn sozusagen auf frischer Tat ertappt. Dann fragten sie ihn noch über meine Brüder aus – welcher der beiden Vertreter der Marine in Bulgarien gewesen sei? Und der andere sei doch Freiwilliger gewesen, nicht wahr? Wassja stimmte auch hier zu – während doch weder Wassja noch Sascha Freiwillige bei den Weißen gewesen sind, nie gegen die Roten gekämpft haben.

Ein solches Geständnis hätte gefährlich werden können, wenn nicht die GPUschniks zum Glück die Wahrheit gekannt hätten. Beim NKWD muß man wissen, was man sagt, auf Zeit spielen, und darf sich vor allem nicht einschüchtern lassen. Wie hätte der neunzehnjährige Wassja das alles bedenken und keine Angst bekommen sollen?

Sehr genau erinnere ich mich noch an meine Gespräche mit den Tschekisten im Jahre 1931, das war damals auch ein Spiel auf Zeit. Bei dem man keine Namen nennen darf, und wenn, dann nur die, von denen man weiß, daß sie dem NKWD nahestehen. Obwohl sie eine hervorragende Position in der Theaterwelt haben. O ja! Im allgemeinen ist es das beste, wenn man ein dümmlich-mondänes Gesicht macht. Diese Menschen kleben an ihrem Standpunkt. Sind Sklaven, Sklaven in allem, Speichellecker bis ins Mark, und das schmerzt.

21. April 1935

Wassja ist immer noch nicht zu Hause. Jewgenija Pawlowna sagte mir, daß Startschakow[5] empört sei über Juris Verhalten.

---

5 *Startschakow* – Alexander Ossipowitsch Startschakow (1892–1937), Schriftsteller, Literaturkritiker, schrieb u. a. für die «Iswestija». 1937 verhaf-

Es sei doch unverzeihlich, für fast zehn Tage nach Leningrad zu kommen und nicht nach Detskoje zu den Tolstois, den Startschakows zu fahren, mit denen wir so befreundet sind. Und hinter Alexej Nikolajewitschs[6] Rücken im Marien-Theater zu intrigieren und mit Piotrowski[7] zu verabreden, das Libretto umzuschreiben. Ist es denn so schlimm, etwas offen zu sagen, kann man nur hinter dem Rücken schimpfen? Immer diese Heuchelei!

Als ich meine Papiere durchsah, fand ich den Entwurf eines Briefes in Versen vom 23. 9. 16! Ich hatte ihn Juri geschrieben. Talent und Liebe sind unvereinbar. Ebenso: Genie ... Gar nicht so dumm gesagt. Und wenn ich sehe, mit welcher Leichtigkeit Wassja seine Arbeit aufgegeben hat, um dem ersten besten Ruf zu folgen und sich zu amüsieren – dann wird mir angst und bange. Man müßte ihm sagen: Mach, was du willst.

Wenn ich mein Leben seit 1918 bedenke, kann ich nur staunen – wie konnte ich es nur so lange mit Juri unter einem Dach aushalten! Ich sollte mich schämen!

Ein wunderbarer Palmsonntag, zauberhaftes Wetter, ich war auf dem Friedhof. Jedesmal, wenn ich dorthin gehe, schließe ich die Augen und denke an den Weg nach Saint-Germain. Besonders an so einem klaren sonnigen Frühlingstag. Das Seinetal. Aljona, mein Liebes, Liebes, Liebes, was hast du mir nur angetan! Mein Gott, wie schön ist es gewesen.

Und ist nicht zu lindern und unwiederbringlich. Nur wenn ich mit den Marionetten arbeite, vergesse ich mich und meinen

tet und erschossen. Jewgenija Pawlowna, seine Frau, 1937 als «Frau eines Volksfeinds» ebenfalls verhaftet und nach Sibirien ins Straflager deportiert. Schaporina war mit den Startschakows befreundet, sie wohnten in ihrer Nähe.

6 *Alexej Nikolajewitsch* – Alexej Nikolajewitsch Tolstoi, siehe S. 113.

7 *mit Piotrowski* – Adrian Iwanowitsch Piotrowski (1898–1938; erschossen), Schriftsteller, Theater- und Filmregisseur.

Kummer, wie im Traum versetze ich mich in die Welt der Märchen. Deshalb will ich diese Arbeit auch unbedingt weiterführen. (Nur nicht Aljonas wunderbaren Ausdruck «sich einnebeln» vergessen!)

März 1935; Nachtrag

Der März – wie in einem Alptraum scheint eine furchtbare Lawine über uns niedergegangen zu sein und die Familien, die Häuser zerstört zu haben. All das ist so unwirklich – unglaublich, daß es wirklich so gewesen sein soll! Am 13. März rief Lida Brjullowa (Wladimirowa) an, ich war nicht zu Hause; am 14. rief ich sie an – die Nachbarin war am Telefon –, L. P. sei etwas erledigen gegangen, am 16. führen sie weg. Wohin? «Nach Kasachstan. Alle drei.» Um drei Uhr war ich bei ihnen. Ein demoliertes Zimmer, kahle Wände. Noch vor einem Monat sind wir zum Tee bei ihnen gewesen. Und fanden es so gemütlich.

Ljuba kommt rein, bringt Sachen weg, packt. Sie sind vollkommen ruhig, besonders Lida und Natascha. Obgleich sie ganz verstört aussehen, abgemagert, bleich. Natascha verpackt etwas und singt dazu heitere Liedchen.

Am 12. 3. erhielten sie die Verfügung, daß sie die Stadt am 15. verlassen müssen, sie konnten gerade noch einen Tag Verlängerung aushandeln ... Den Schrank konnten sie verkaufen, das eine oder andere über Bekannte verteilen. Aufenthaltsgenehmigung für Atbasar[8]. Lida erzählte, welch rührendes Geleit, genauer, welchen Abschied man ihr im TJUS[9] bereitet hatte, wo sie zwölf Jahre Verwaltungsleiter gewesen ist. «Bei uns im TJUS machen sie die Beerdigungen immer schön, wer es auch sein mag, ob Garderobenfrau oder Schauspieler.

8 *Atbasar* – kleine Stadt in der kasachischen Steppe.
9 *im TJUS* – Theater des jungen Zuschauers, Jugendtheater.

Rührend und herzlich. So mußte auch ich meine Beerdigung über mich ergehen lassen, bei lebendigem Leib, nur ohne Gesang.»

Da es den Präzedenzfall mit Nikita gegeben hatte, schlug Wassja Natascha vor, ihn zu heiraten, womit das arme Mädchen einverstanden war. Sie wollte so gerne ihr Studium beenden – und was sollte sie auch in Atbasar!

14. März

Wassja saß finster, den Tränen nahe, bei ihnen im Schatten des hohen gotischen Stuhls, die Zeit verging, und er konnte sich nicht entschließen, ihr einen Antrag zu machen. Ich kam mir lächerlich vor, weil ich doch schon vor seiner Ankunft mit Lida darüber gesprochen hatte. Und sie hatten mir gesagt, daß das der einzige Ausweg sei. Am Abend davor hatte Mitja Radlow [10] Natascha, in die er verliebt ist, dasselbe angeboten, aber sie hatte abgelehnt, eben wegen seiner Liebe. Es war Zeit zu gehen. Schließlich nutzte ich einen Moment, als wir allein waren, und riet ihm zur Eile, er fand Natascha irgendwo im Flur, und nach fünf Minuten war alles entschieden. Er rief auf Nikitas Rat hin im NKWD an; dort sagte man ihm, sie bräuchten eine Bestätigung vom Vater, dann würden sie dem Mädchen erlauben dazubleiben. (Am Rand notiert: 16. 3. Juri ist hergekommen und hat mit dem NKWD telefoniert.) Er fuhr eilig nach Moskau (und verdarb die ganze Sache: durchgestrichen). Und jetzt – Juri ruft schon eine Woche an, und sie haben noch nichts unternommen.

10 *Mitja Radlow* – Dmitri Nikolajewitsch Radlow, Sohn von Nikolai Ernestowitsch Radlow (siehe S. 331).

15. März

Wassja ist gefahren. Er erzählte mir, er sei durch die Straßen gelaufen und habe geweint. Auf dem Bahnhof, als er das Telegramm schicken wollte, habe neben ihm ein junger Mann ein Telegramm ausgefüllt, und Wassja konnte es lesen, da stand: «Ich soll verbannt werden, nur zwei Monate vor meinem Examen, ich bitte flehentlich um die Erlaubnis ...» Naiver Tor!

Jeden Tag ging ich zu ihnen, auch am 16. vor der Abreise, leider konnte ich sie nicht begleiten. Ich hatte die letzte Probe für das Tschapygin-Stück[11]. Ich blieb lange und wartete auf das rettende Telegramm aus Moskau. Ihr Zimmer war absolut leer, wir saßen bei Veronika. Die liebe S. J. Matwejewa brachte ihnen Filzstiefel. Damals stand in der «Roten Abendzeitung» eine Notiz unter dem Titel: «Tag des Vogels»: «An diesem Tag werden überall in den Schüler-, Pionier- und Komsomolgruppen Starenkästen gebastelt und in den Gärten und auf den Plätzen aufgehängt, damit die zurückkehrenden Vögel ein fertiges Obdach vorfinden!» Rührend. Und Zehntausende von Menschen aller Altersgruppen, vom Neugeborenen bis zum achtzigjährigen Greis, werden buchstäblich auf die Straße gesetzt, ihre Nester verwüstet. Und dann – STARENKÄSTEN.

Bei einem meiner Besuche beim NKWD, als ich noch auf eine Audienz wartete, kam eine Dame mit einem zweijährigen Mädchen auf dem Arm. Ein niedliches Mädchen, blauäugig, es lächelte, aber auf den Backen glänzten zwei Tränchen. Sie rief den einen Typen heraus, offenbar ihren Untersuchungsbeam-

---

11 *Tschapygin-Stück* – Alexej Pawlowitsch Tschapygin (1870–1937), Schriftsteller, vor allem durch seinen umfangreichen historischen Roman «Rasin, Stepan» (1926) über den berühmten Anführer eines Bauernaufstandes im 17. Jahrhundert bekannt geworden.

ten: «Ich kann morgen nicht fahren, ich habe keinen einzigen Groschen, wohin soll ich denn mit dem Kind ohne Geld?» – «Verkaufen Sie Ihre Sachen.» – «Das tue ich ja, aber wie soll ich es in drei Tagen schaffen, wo ich durch das Kind gebunden bin.» Er ging weg, sie begann ihr Kind zu küssen, küßte es, als ob sie ihre ganze Liebe in diese Küsse legen wollte, und redete – wessen Äugelchen sind das, Mamas, und wem gehört Tusja, auch Mama, und küßte sie immer wieder, sicher um aus ihrer Liebe Kraft zu schöpfen. Ich konnte es nicht mehr mit ansehen. Der Untersuchungsbeamte brachte sie irgendwohin, und ich weiß nicht, wie es endete.

Dann saß ich beim Untersuchungsbeamten, am anderen Tisch saß eine ältere Dame, ich konnte nur ihre Wangen, ihre Brille sehen. «Nun machen Sie schon, Bürgerin, wählen Sie», sagte er grob. Sie antwortete gereizt: «Was soll ich wählen, ich kenne doch nirgends jemanden.» – «Machen Sie schon, Bürgerin.» – «Nun, Wologda – geht Wologda?» – Da fährt also diese alte Frau nach Wologda – und dann? Plötzlich stürzte eine Frau zu dem Beamten: «Wir sollen morgen fahren, aber meinen Mann haben sie immer noch nicht aus dem Gefängnis entlassen, was soll ich bloß tun?»

Sie haben Twerskoi [12] verbannt – seit Anfang 1914 hat er am Theater gearbeitet, war zum verdienten Mitarbeiter ernannt worden – aber er ist Offizier im deutschen Krieg gewesen und angeblich Adjutant Kerenskis [13], obgleich ich dem nur wenig

12 *Twerskoi* – d. i. Konstantin Konstantinowitsch Kusmin-Karawajew (1890–1944?), Regisseur, Schüler Meyerholds (siehe S. 151), in den dreißiger Jahren Leiter des Großen Dramatischen Gorki-Theaters in Leningrad.

13 *Adjutant Kerenskis* – Alexander Fjodorowitsch Kerenski (1881–1970), russischer Politiker in wechselnden hohen Funktionen in der Provisorischen Regierung, letzter Ministerpräsident vor der Oktoberrevolution. Lebte seit 1918 in der Emigration.

Glauben schenke. Seit Anfang 1918 arbeitete er an der Petrograder Abteilung Theater und Schauspiel. Weißgardist ist er nie gewesen.

Ich ging zu ihm, um mich zu verabschieden. Die Zimmer leer. Nur ein Stuhl in der Mitte. «Das, Ljubow Wassiljewna, ist ein neuer Lebensabschnitt. Sie sind ins Ausland gefahren, ich dachte, Sie kämen nicht wieder; jetzt fahre ich, ob ich wohl zurückkehre?» Er fuhr nach Saratow, wohin man ihn schon früher eingeladen hatte. Jetzt schrieb er seinen Verwandten, daß er als Mensch ohne Paß [14] nicht am Theater arbeiten dürfe. In derselben Lage ist auch Professor Kowantko, der Neffe von Jelisaweta Sergejewna Kruglikowa [15] – er ist nach Tomsk gegangen, wo man ihm einen Lehrstuhl angeboten hatte – nur bekommt er jetzt keine Genehmigung. Aber Starenkästen, der Tag des Vogels!

Ich war wieder mehrmals erfolglos beim NKWD. Dort schrie mich der Beamte an: «Was stellen Sie sich eigentlich vor, Bürgerin, als ob wir Zeit hätten, Telegramme zu schikken!» Und ging raus. Eine Bekannte von Wladimirows fuhr nach Moskau, ging zum Militärstaatsanwalt, und das Telegramm wurde geschickt.

28. April 1935

Immer im Frühling kommen einem Verse in den Sinn. Einmal in Nanteuil, Houdan, wachte ich davon auf, daß ich vor mich hin sagte: «Und schaukelnd wie der Nachen auf dem Meere / Schritt ein Kamel ums andre durch den Sand.» [16] Es war noch

14 *Mensch ohne Paß* – siehe S. 49.

15 *Jelisaweta Sergejewna Kruglikowa* – (1865–1941) Malerin, arbeitete in den zehner Jahren in Paris, damals studierte Schaporina bei ihr.

16 *Und schaukelnd wie der Nachen* – aus dem Gedicht «Drei Palmen» (1839) von M. J. Lermontow.

sehr früh, fünf Uhr morgens, und unter unseren Fenstern zogen Percheron-Pferde gemächlich und mit ihren gewaltigen Hufeisen klappernd vorüber, die Arbeiter fuhren aufs Feld. In diesem Takt fielen meine Worte. Heute wachte ich auf und sagte: «Und schon bedrückt uns das Leben, wie der ebene Weg ohne Ziel, das Gastmal auf fremdem Fest.»[17] Und mußte diese Verse immer wieder hersagen. Als ich schließlich wach war, begriff ich ihre Bedeutung, kam mir mein ganzes trauriges Leben, die traurige Gegenwart in den Sinn.

12. Mai 1935

Der Tod ist nicht schrecklich. Mich erschreckt, daß nichts, was mir lieb und wert ist, mehr gebraucht wird, daß es weggeworfen, verbrannt, weggegeben wird. Ich habe die Truhe aufgemacht, bin allein in der Wohnung und habe Aljonas Kleider und Strümpfe durchgesehen. Jedes Flickchen ist mir teuer, das alles weckt Bilder in mir, ein ganzes Tagebuch ihrer kurzen Tage. Da, dies weiße Kleidchen aus Voilestoff, vorne drauf ist ein Körbchen mit Blumen gestickt, ich habe es in Nanteuil aus meiner Bluse umgearbeitet. M. Paul hat sie darin im Garten von Mme. Michel fotografiert. Wir freuten uns so, daß es ihr wieder besser ging, sie sich gestreckt hatte, hübsch geworden war. Das rosa Jäckchen, das rumänische gestickte Hemdchen vom kleinen Wassja.

Einmal im Sommer, es muß 1932 gewesen sein, waren wir bei den Tolstois[18] zum Essen, ohne Kinder. Wir saßen auf dem Balkon und tranken Tee. Plötzlich tauchte Aljona auf, in Rock

17 *Und schon bedrückt uns das Leben* – frei nach dem Gedicht «Duma» (1838) von M. J. Lermontow.

18 *bei den Tolstois* – die Familie des Schriftstellers Alexej Nikolajewitsch Tolstoi, siehe S. 113.

und Blüschen mit rosa Gürtel. Ich küßte sie: «Ich hab mich schöngemacht, und da bin ich jetzt.» Mein Goldengelchen, wahrhaftig Licht meines Lebens. Mein Gott, warum nur mußte ich meine Freude, mein Glück verlieren. Was für eine unerschöpfliche Lebensfreude steckte in diesem Kind, selbst in der Krankheit, bis zum letzten Tag. Und dieser Tag, diese angst- und leiderfüllten Augen in den letzten Lebensminuten. Nein, ich kann nicht, ich kann nicht.

6. Juli 1935

Nur selten kann ich mir die Zeit nehmen und schreiben. Aber zu diesen Heften habe ich eine Beziehung wie zu sehr lieben und ein wenig verbotenen Freunden. Wie traurig, daß so wenig, fast überhaupt keine Freunde da sind. Goscha, Lesja ... Das Leben geht dahin, spinnt den Menschen ein, man hat keine Zeit, über die anderen nachzudenken oder zu trauern, ist ja mit den eigenen Nöten vollauf beschäftigt.

Ich habe dieses Puppentheater organisiert, zum dritten Mal. Aber wie schwierig es ist, und ob ich all das durchsetzen kann, was ich will, weiß ich nicht. Geld ist wenig da, folglich muß man etwas Gängiges machen, um Einnahmen zu haben, und mein russisches Epos wird aufgeschoben. (...)

Wassja widme ich fast überhaupt keine Zeit, er reagiert schon ganz aggressiv auf meine Bemerkungen. Wenn ich nur irgend etwas über seine Studien sage, gleich wird er wütend, schreit, wird ausfällig usw. Heute hat er mit Stilleben begonnen – Wiesenblumen auf blaugrünem Hintergrund –, ich fand die Farben, die er gewählt hatte, nicht gut. Er wurde frech und schrie, korrigierte aber sein Bild und sagte später: «Deine Anwesenheit und deine Bemerkungen sind doch nützlich.» Was immer er malt, man muß es nur loben, dann wird es. Ich weiß, daß meine Hinweise nützlich für ihn sind! Er ist sehr begabt,

324

aber noch unerfahren und hat wie Tschupjatow[19] eine zu hohe Meinung von sich. (...)

Juri korrespondiert mit Wassja, aber in keinem einzigen Brief hat er Grüße an mich aufgetragen. Als ob ich nicht existierte. Zu Wassjas Geburtstag am 1. Juli ein rührendes Telegramm, auch von seinen Gästen. Wie einfach ist es, sich aller Sorgen um Gesundheit, Entwicklung und Bildung zu entledigen und sich um nichts außer Unterhaltsgeld zu kümmern, Briefe zu schreiben und Telegramme zu schicken – und das seit Wassjas achtem Lebensjahr.

Bei den Tolstois hat es einen Bruch im Familienglück gegeben – und kaum einem von ihnen ist klar, in welchem Ausmaß. Das ist mir unangenehm, ärgerlich und belastend. Ich hatte mich so daran gewöhnt, ihre Familie wie eine Oase inmitten der allgemeinen Traurigkeit zu sehen, daß dieser Bruch mich sehr bitter macht.

Folgendes ist geschehen: Ein paar Tage vor Ostern fuhr Natalja Wassiljewna (Tolstaja) nach Moskau zu ihrer Schwester. Das schien mir merkwürdig, und ich sprach darüber mit Startschakow. Er sagte nichts dazu, aber seine Frau gestand mir später, daß Natalja Wassiljewna irgendwelche Liebesbriefe gefunden habe und es daraufhin zum Familienkrach gekommen sei. Mein Gefühl sagt mir, daß die Schatrowa die Schuldige ist. Sie war vergangenes Jahr im Sommer bei ihnen zu Besuch, und als Natalja Wassiljewna in den Kaukasus fuhr, verrenkte sie sich den Fuß (wahrscheinlich simulierte sie) und blieb da, und Alexej Nikolajewitsch (Tolstoi) wich nicht von ihrer Seite. Großmutter erzählte mir das damals. Natalja Wassiljewna nahm es sehr schwer. Sie kam nach einem Monat aus Moskau zurück,

19 *Tschupjatow* – Leonid Terentjewitsch Tschupjatow (1890–1942), Maler.

unwahrscheinlich abgemagert. Und man sah, daß sie viel geweint hatte. Äußerlich wirkte sie sehr gefaßt. In Leningrad haben sie eine Wohnung, für die Kinder; sie ist an die Hochschule gegangen und wird dort arbeiten. Schwer erträglich sind solche Situationen. Sie wird kaum ahnen, wie sehr ich mit ihr fühle. (…)

25. Oktober

Mit meinem Herzen stimmt etwas nicht. Es schmerzt, irritiert mich, im linken Ohr rauscht es. Ist es schon soweit? Irgendwann einmal hat mir jemand prophezeit, daß ich mit 55 sterbe. Also ist es soweit. Um mein Leben tut es mir nicht leid, da betrügt man mich bloß, und vor dem Tod habe ich keine Angst. Es schmerzt mich nur, daß ich so unrühmlich sterbe, nichts fertiggebracht habe. Weder konnte ich Juri beeinflussen, zur Arbeit bewegen, noch Wassja auf die eigenen Beine stellen, und auch für mich habe ich nichts getan und das Puppentheater nicht wirklich aufgebaut, habe nicht erreicht, was ich wollte. Und es tut weh, daß alle, die mich lieben, fern sind, während die in meiner Nähe sich nicht um mich kümmern. Wo ist Sascha, was ist los mit ihm, meinem geliebten Saschok. Keinen Laut zu geben und sich nicht zu melden!

Wassjas Zukunft macht mir große Sorgen. Er hat einfach keinen Willen – ganz der Vater. Ich fürchte, der Einfluß Tschupjatows wirkt sich immer negativer aus. Man hat ihn so an konventionelle Farben gewöhnt – läßt man ihn allein mit der Natur, so begreift er nichts mehr. Er war zwei Monate bei Luga, brachte zwölf Skizzen mit, in denen auch nicht die Spur von Natur ist. Sie war ihm nur noch Vorwand für seine Skizzen. Alle sind mit gelber Farbe gemalt – und das im Juli, August, wo es doch kein einziges gelbes Blättchen gab! Und ausnahmslos konventionell und uninteressant. Jetzt hat er zu zeichnen begonnen. Gestern wollte er zu Hause zeichnen und zeichnete am Abend eine Melone – so was nennt sich Suche nach der Form. Ich verstehe das ja, aber warum nur jede Spontaneität, jede selbständige Sicht der Natur zerstören. Für Wassja ist ein fallendes Blatt nicht so sehr Herbst wie bloß Hypnose. Das ist schlimm. Und ich weiß nicht, was ich unternehmen soll – es gibt keine Schulen. Er braucht einen Lehrer. Aber man kann nicht mit ihm reden – sein Ton mit mir spottet jeder Beschreibung. Und das für all meine Sorgen, für all meinen Kummer.

Und so mußt du abtreten, ohne irgend etwas zu Ende gesehen noch dich von jemandem verabschiedet zu haben. Furchtbar, dieses Leben.

8. November

Aljona und Wassja sind gleich erzogen worden. Wassja hatte mehr Einblick in mein Arbeitsleben, aber wie sehr unterscheiden sie sich im Naturell! An Wassja ist mir alles fremd und unverständlich, während mir an Aljona alles so vertraut, verständlich und lieb war. Bei Wassja rufen Krankheit, Leiden und Tränen Abscheu und Zorn hervor. Als es mir neulich schlechtging, rief man den Arzt, und ich blieb über Nacht in der Kanonerskaja[20] – da empörte er sich: «Das ärgert mich furchtbar. Du solltest doch wissen, wenn du hier anklopfst, wie das auf meine Stimmung wirkt.»

Aljona war wissensdurstig. Als sie «Der Prinz und der Bettelknabe»[21] gelesen hatte, wollte sie, daß ich die ganze engli-

20 *in der Kanonerskaja* – Straße im Zentrum von Leningrad, dort war die Stadtwohnung der Schaporins.
21 «*Der Prinz und der Bettelknabe*» – «The Prince and the Pauper. A Tale for Young People of All Ages» (1882), Roman von Mark Twain.

sche Geschichte noch einmal durchsehe und ihr erzähle, und da geriet mir zum Glück die bezaubernde Geschichte Englands von Kipling in die Hände. Den Kleinen Larousse hatte sie stets zur Hand. Wenn sie etwas aus der russischen Geschichte las, wollte sie unbedingt immer die ganze historische Situation der Epoche erfahren.

Wassja will nichts erfahren und liest nichts. Es geht über meine Kräfte, ihn zum Lesen zu bringen. Mit 20 Jahren sollte man doch eigene Interessen entwickelt haben. Gestern zeigte er mir ein in meiner Abwesenheit nur in Skizze begonnenes Stilleben. Ein Elfenbeinschälchen und ein grünes Weinglas auf einem kleinen Tisch. Die Gegenstände waren fächerförmig angeordnet. So malt Tschupjatow und behauptet, daß die Achsen der Objekte nicht parallel stehen dürften, weil die Erde rund ist. Das ist natürlich lächerlich. Auf einer 50 cm großen Fläche! Ich versuchte, Wassja zu überzeugen, daß er sich, wenn er etwas erreichen will in der Kunst, jetzt während des Studiums nur von der natürlichen Natur leiten lassen darf. Ich zeigte ihm sein eigenes, mit Aquarellfarben gemaltes Stilleben von 1933 mit denselben Gegenständen, das mit solcher Liebe gemalt ist. Zeigte ihm Zeichnungen Wrubels[22], van Goghs (seinen Lieblingsmalern) – wie sie die Natur suchten, ohne Naturalisten zu werden. Nur darin liegt Talent, wie ich die Natur durch meinen Verstand und mein Auge wiedergebe. Die manierierte und absichtsvolle Konventionalität führt in eine Sackgasse.

Wassja schrie herum und schimpfte. Aber er warf die Zeichnung weg und zeichnete sie noch einmal. Er braucht mich. Doch leider kann ich nicht immer für ihn dasein. Unsere ma-

22 *Zeichnungen Wrubels* – Michail Alexandrowitsch Wrubel (1856–1910), bedeutender russischer symbolistischer Maler.

terielle Situation ist so angespannt, daß wir ohne meinen Verdienst nicht existieren könnten. Das Leben ist trotz einer gewissen Verbilligung immer noch sehr teuer.

Das Haus Tolstoi ist zusammengefallen wie ein Kartenhaus. Mein Gott, wie leicht die Menschen das Teuerste im Leben nur wegen der puren Physiologie zerstören können. 20 Jahre lang ein Herz und eine Seele mit Natalja Wassiljewna, erwachsene begabte Kinder, das Haus, der Lebensstil – alles wie ausgelöscht, zum Teufel – und weshalb? Daß das Liebe sein soll, Leidenschaft – nichts dergleichen! Oder Gefühl? Mit 53 Jahren ist der Alte entflammt. Er sagte zu Startschakow: «Ich will lieben, lieben wen auch immer.» Er war hingerissen von Timoscha, der Witwe von Max Peschkow[23]. Sie blieb standhaft. Natalja Wassiljewna fand Verse von ihm an Timoscha, und damit begann der Bruch. Damals fuhr sie nach Moskau, war bei Timoscha, bot ihr Alexej Nikolajewitsch an mit der Behauptung, es ginge ihr nur um sein Glück. Timoscha lehnte ab. Natalja Wassiljewna beschloß, aus Detskoje abzureisen – und machte einen Fehler. Sie sagte mir: «Wir bekommen eine wunderschöne Wohnung, ich werde studieren und dann im WOKS oder NKID arbeiten – ich will jetzt nur noch an mich denken. Sorgen um andere – das hieße doch Perlen vor die Säue werfen. Man muß egoistisch sein. Ich besorge mir Wäsche wie eine Kurtisane – schick will ich sein, nur für mich leben.» Das stimmt – und zugleich hatte sie doch die Hoffnung, daß Alexej Nikolajewitsch ohne sie nicht leben könnte. Sie fuhr weg und überließ Detskoje Ljudmila Schatrowa.

---

23 *Witwe von Max Peschkow* – die Schauspielerin Nadeschda Peschkowa, genannt Timoscha, Witwe von Gorkis Sohn Max, der vom NKWD ermordet worden war. Nicht nur Tolstoi, auch Jagoda, der Chef des NKWD, suchte vergeblich ihre Gunst zu erringen.

Ende August kam Ljudmila zu mir – wir hatten nicht unbedingt freundschaftliche, aber von meiner Seite doch wohlwollende Beziehungen zueinander. Die Trennung von ihrem Mann, der Tod ihres Stiefsohns – all das schuf eine gewisse dramatische Stimmung um sie; sie war in Not, arbeitete, war krank. Irgendwie tat sie mir immer leid. Und Natalja Wassiljewna hatte ein gutes Verhältnis zu ihr. Ljudmila erzählte mir, Natalja habe sie gebeten, Alexej Nikolajewitschs Sekretärin zu werden, sie beim Empfang von Gästen zu vertreten usw., und Alexej Nikolajewitsch habe sie gebeten, die Abrechnung mit der Köchin zu übernehmen. Als Lohn boten sie ihr 300 Rubel mit Kost und Logis. Ljudmila kam zu mir, um sich Rat zu holen. Der Leichtsinn der Tolstois schreckte sie. Und sie mußte sich mit der Bibliothek des Schriftstellerverbands einigen, wo sie arbeitete. «Übrigens, vorläufig, bis zum 13. September, riskiere ich überhaupt nichts. Ich habe Urlaub. Mama rät mir zu. Die Tolstois waren wie immer nett zu mir, es wäre unangenehm abzusagen.» Und dann nahm alles, in schwindelerregendem Tempo, seinen Lauf. Ljudmila ersetzte Natalja Wassiljewna bald in jeder Beziehung, oben im Zimmer Natalja Wassiljewnas wurden nachts verrückte Feste gefeiert, zu denen auch Galina (?), die Tochter von E. Kusmina Karawajewa-Polenko, eingeladen wurde. Julia Sch. heulte und berichtete alles Natalja Wassiljewna. Fefa fühlte sich für seine Mutter gekränkt, fuhr nach Detskoje und machte Alexej Nikolajewitsch Vorhaltungen. Alexej Nikolajewitsch geriet offenbar außer sich, jagte Fefa zum Teufel und schrie: «Daß ich bloß deine Judenfratze nie mehr sehe!» Ljudmila reiste aus Detskoje ab und mied jeden Kontakt.

Ihr Urlaub beim Schriftstellerverband ging zu Ende, und man fragte mich vergeblich über sie aus. Ich wußte nichts. Jelena Iwanowna gab Natalja Wassiljewna gerade Englischunterricht, als Alexej Nikolajewitsch erschien und es eine schreckliche Szene gab. Auch Nikita war dabei und bemühte sich, seine Mutter zurückzuhalten. Dann fuhr Alexej Nikolajewitsch in die Tschechoslowakei, weinte sich an Fadejews Brust seine ganze Liebesleidenschaft von der Seele, betrank sich bis zur Bewußtlosigkeit, ließ sich nach der Rückkehr nach Moskau scheiden und heiratete Ljudmila. Diesmal kann man umgekehrt sagen: «Die Sache war rascher getan als das Märchen erzählt.» Der neue 53jährige Ruslan[24] hatte seine Ljudmila gefunden.

Als ich aus der Stadt zurückkehrte, rief Startschakow an: «Wollen Sie die letzte Neuigkeit hören? Alexej Nikolajewitsch hat geheiratet – und raten Sie, wen? Timoscha? Schlimmer: Ljudmila! Ja, kommen Sie, ich erzähle Ihnen alles.» Natalja Wassiljewna hatte ihn zu sich gebeten und ihm einen Brief gezeigt. Und noch vor diesem Brief hatte sich Alexej Nikolajewitsch mit Nikita Radlow[25] getroffen und ihn gebeten, Tusja (d. i. Natalja Wassiljewna) auszurichten, daß er geheiratet habe und die Scheidungsurkunde bald schicken werde!

Startschakow war erschüttert: «Sagen Sie mir, Sie sind doch eine erfahrene Frau, wie ist so ein Verhalten zu erklären? Was macht der Alte mit mir? Ich habe ihn doch für die Leitung aufgebaut, er wäre doch übermorgen schon an der Spitze[26] an Gorkis Stelle, übermorgen schon wären die Volkskommissare

24 *Der neue 53jährige Ruslan* – Anspielung auf Puschkins berühmtes Versmärchen «Ruslan und Ljudmila» (1820).

25 *Nikita Radlow* – Nikolai Ernestowitsch Radlow (1889–1942), Graphiker und Karikaturist.

26 *an der Spitze* – nämlich des Schriftstellerverbands, als Nachfolger Maxim Gorkis, eine Position, die Tolstoi dann auch tatsächlich eingenommen hat.

bei ihm vorgefahren. Bisher sind sie noch nicht gekommen, er hat Bubnow[27] eingeladen, aber der kam nicht.

Wichtig ist der Lebensstil. Und er hatte einen – führte ein offenes Haus auf dem Land, lebte im Überfluß, hatte eine wunderbare Frau – ein Haus, wo man H. G. Wells[28] oder Bernard Shaw empfangen konnte. Das darf man doch nicht so einfach kaputtmachen. Lew Nikolajewitsch[29] floh aus Jasnaja Poljana auf der Suche nach der Wahrheit. Alexej Nikolajewitsch legt sich ein Pipimädchen zu und fährt ganz wie ein Held von Lejkin[30] nach Kislowodsk. Meinetwegen soll er die Ulanowa[31] anhimmeln und nach Nizza fahren – das hätte noch Stil! Aber eine Ljudmila, die mit Nikita und vielen anderen geschlafen hat, nach Kislowodsk zu bringen – das ist politisch unkorrekt. Das wird man ihm verübeln, und er wird es bald zu spüren bekommen. Mit Ljudmila wird ihn Gorki nie empfangen.»

Aber offenbar stimmt das nicht. Man hört jetzt, er habe in Moskau ein Riesenbankett zu Ehren von Ljudmila gegeben. Und Timoscha habe sich mit einem Essen revanchiert. Und die törichte Awgusta Plettenberg schreibt ihrem Mann, sie freue sich aufrichtig über Aljoschas Glück. Diese total unbegabte Frau träumt davon, daß Aljoscha sie zur Regisseurin macht.

---

27 *Bubnow* – Andrej Sergejewitsch Bubnow (1883–1940), Historiker und Publizist, Altbolschewik, seit 1929 Volkskommissar für Volksbildung der RSFSR, 1940 erschossen.

28 H. G. Wells – (1866–1946) englischer Schriftsteller, von 1933 bis 1936 Präsident des Internationalen PEN-Clubs.

29 *Lew Nikolajewitsch* – Lew Nikolajewitsch Tolstoi (1828–1910), der 1910, am Ende seines Lebens, heimlich sein Zuhause verließ und im Haus des Bahnwärters von Astapowo starb.

30 *Held von Lejkin* – Nikolai Alexandrowitsch Lejkin (1841–1906), Journalist und Autor von Unterhaltungsliteratur.

31 *die Ulanowa anhimmeln* – Galina Sergejewna Ulanowa (* 1910), berühmte Ballerina.

17. Dezember 1935

Startschakow: «Die Sowjetliteratur muß man brachliegen lassen und die Schriftsteller vernichten wie rotzige Pferde. Erst in zehn Jahren, nicht früher, das Schreiben erlauben. Die Literatur bei uns ist verunkrautet, hier haben Lawrenjow, Fedin[32] und andere geweidet. Die Disteln sind übermannshoch gewachsen. Eine Brache. Blok[33] ist seinen Tagebüchern nach zu urteilen ein unreifer Mensch. Unter Menschen ein Dämon, kam er nach Hause und notierte: kaufte Wurst für zehn Kopeken. Früher hatten reife Menschen einen Begriff von Ehre, Pflicht und Verantwortung. Heute hat man in der Generation Bloks die Ehre durch das Gewissen ersetzt und die Pflicht durch Stimmung.»

15. März 1936

Gestern ein Vortrag von Meyerhold[34] mit dem aufsehenerregenden Titel «Meyerhold gegen die Meyerholderei». Im ersten Teil nahm er Stellung zu den Prawdaartikeln[35]. Brillante Formulierungen. Donnernden Beifall gab es für: «Die Sowjetthematik ist häufig wie ein Dunstschleier, hinter dem sich Mittelmaß verbirgt.» – «Wir brauchen eine sowjetische Klassik, wie Genosse Stalin sagt.»

32 *Lawrenjow, Fedin* – Boris Andrejewitsch Lawrenjow (1891–1959, Dramatiker und Prosaist aus dem Kreise der Egofuturisten; Konstantin Alexandrowitsch Fedin (1892–1977), bedeutender Romancier, jedoch auch opportunistischer Literaturfunktionär.

33 *Blok* – Alexander Alexandrowitsch Blok (1880–1921), Lyriker und Symbolist von hohem Ansehen, das Idol der jungen russischen Intelligenz.

34 *Meyerhold* – siehe S. 151.

35 *zu den Prawdaartikeln* – im März 1936 wurde eine öffentliche Diskussion über «Formalismus im Theater» entfacht, wobei man insbesondere Meyerhold und sein antiillusionistisches Theater angriff und ihm die Vernachlässigung der sowjetischen Dramatik vorwarf.

Dann lachte man über das Unfehlbarkeitsdogma des Papstes. Offenbar brauchen Völker mit zerrütteten Nerven den Glauben an die Unfehlbarkeit eines Führers. Das Volk selbst ist nicht stark genug, sich zurechtzufinden. Der Krieg hat Nerven und Gesundheit strapaziert, wie angenehm, wenn einer, und sei es ein Sünder, für dich denkt. Für Zweifel ist in so einem Glauben kein Platz. Schostakowitsch [36] haben sie regelrecht fertiggemacht. Gestern, das war die Rehabilitation. Das berüchtigte «Chaos» wurde durch Experimentierfreude ersetzt. Eine Parallele zum Agronom Zyzin, dem Stalin gesagt hat: «Experimentieren Sie mutiger, wir unterstützen Sie.»

«Ein großer Meister ist Schostakowitsch, ein Denker», so Meyerhold treffend. «Einfachheit zu erreichen ist nicht leicht. Jeder Künstler hat seine eigene Gangart, auch bei der Suche nach Einfachheit, und darf nicht aus dem Schritt fallen. Experimentierfreude sollte nicht mit Pathologie verwechselt werden.»

«Das, was später verworfen wird, ist notwendig. In den üblen und grausamen Überschriften der Prawdaartikel steckt das ganze Pathos der hohen Anforderungen unserer Partei, Anforderungen, den Geschmack zu verbessern. All diese Artikel schlagen den Kretins aufs Haupt, die vorläufig noch im Gebüsch sitzen und dort ich weiß nicht was tun ...»

«Zwischen Form und Inhalt kann es keinen Bruch geben.»

36 *Schostakowitsch* – Dmitri Dmitrijewitsch Schostakowitsch (1906–1975), Komponist von internationalem Ansehen. Schaporina spielt auf die Hetzkampagne an, die 1936 durch seine zweite Oper «Lady Macbeth von Mzensk» (1934) ausgelöst wurde: die «Prawda» brachte einen Leitartikel «Chaos statt Musik: über die Oper Lady Macbeth von Mzensk», wo Schostakowitsch u. a. «Meyerholderei», d. h. Formalismus (siehe S. 337), vorgeworfen wurde, was damals vernichtend war. Quelle der Kampagne soll Stalin selbst gewesen sein, den die Aufführung irritiert hatte.

«Im Tragischen liegt die höchste Poesie, wenn es im Leben kein Leiden gäbe, dann gäbe es einen solchen Lebensüberdruß, daß wir uns alle vorzeitig aufhängen würden.»

«Mein Weg ist der Realismus auf der Basis des antiillusionistischen Theaters. Ochlopkow [37] gestand bei einer Theaterdiskussion seine Sünden – er zog sich nackt aus, ergriff eine Rute und peitschte sich den Rücken. Wie weit konnte er danach noch gehen, wie weiterleben?»

«Ich werde mich niemals von meinen Prinzipien lossagen, indem ich meine Fehler eingestehe. Und wenn etwas so Unwahrscheinliches geschehen würde, daß ich mich von meinem Weg lossagte, dann bliebe mir in meinem Schultersack immer noch, was ich von meinem Lehrer, dem großen K. S. Stanislawski [38], mitbekommen habe: ‹Avant tout il faut faire de la musique› [39].» Ganz nebenbei beschimpfte er noch die Radlows, weil er Sergej Ernestowitsch [40] für seinen (Feind) hält.

Der zweite Teil des Vortrags war weniger interessant. Er schimpfte auf seine Schüler, pries sich selbst, dabei haben wir doch noch seine letzten mißlungenen Inszenierungen [41] im Ge-

37 *Ochlopkow* – Nikolai Pawlowitsch Ochlopkow (1900–1967), Schauspieler und Regisseur, Leiter des Realistischen Theaters. Schüler Meyerholds.

38 *K. S. Stanislawski* – Konstantin Sergejewitsch Stanislawski (1863–1938), einer der großen Erneuerer des Theaters, Theoretiker des psychologischen Realismus, Mitbegründer des Moskauer Künstlertheaters (MChAT). Meyerhold, der bei ihm gelernt hatte, entwickelte dann seine Gegenkonzeption von Theater.

39 *«Vor allem muß man Musik machen»* – wohl Anspielung auf das berühmte «De la musique avant toute chose», 1882, von Paul Verlaine.

40 *Sergej Ernestowitsch* – Sergej Ernestowitsch Radlow (1892–1958), Bruder von Nikolai Ernestowitsch (siehe S. 331), Regisseur, Schüler Meyerholds.

41 *seine letzten mißlungenen Inszenierungen* – seit dem ersten Fünfjahrplan wurden die Attacken gegen Meyerholds «Formalismus», die «Meyerholderei» seiner avantgardistischen Theaterarbeit, immer schärfer, so daß er sich

dächtnis – «Pique Dame», «Die Kameliendame», «Die Liste der Wohltaten»[42]. Eine Diskussion lehnte er ab, weil er übermüdet sei – das war schade.

Wie ich gesagt habe, so kam es auch – alle, die es so eilig hatten, auf Mitja (Schostakowitsch) einzudreschen, sind die Dummen, so wie der Schuft Piotrowski!

16. September

A. O. Startschakow klagte mir gegenüber über das Alter. Daß Sie sich nicht schämen, sagte ich, wie Turgenjew, der seit dem dreißigsten Lebensjahr in allen Briefen über seine Altersgebrechen klagt. «Für Turgenjew war das Leben etwas leichter als für uns, man hat nicht vor seinen Augen seine Freunde zuhauf erschossen», war die Antwort, «haben Sie das bisher noch nicht bemerkt?»

21. September

In Peterhof. Wie schön das ist. Das Schloß ohne die Wasserspiele wirkt noch stärker, als wenn sich dort Wasserlawinen ergießen. Zweifellos schöner. Ein erstarrtes Märchen, la belle au bois dormant (*Dornröschen*). Alles gänzlich fern, eine Vision der Vergangenheit, wie die Kirche in Kolomenskoje. Und das Meer! Wenn es auch eine Pfütze ist, so ist es doch das Meer, und der Geist Peters lebt und webt natürlich hier.

Was wird nur aus Wassja. Einst, im Jahre 1914, las Dascha

realistischeren Darstellungsformen zuwandte, ohne jedoch sein Konzept der «uslownost», des antiillusionistischen Theaters, aufzugeben.

42 *«Pique Dame», «Die Kameliendame», «Die Liste der Wohltaten»* – «Pique Dame», Oper von P. Tschaikowski nach der Novelle von A. S. Puschkin, von Meyerhold 1935 in Leningrad inszeniert; «Die Kameliendame» von A. Dumas (Sohn) mit der Musik von W. J. Schebalin, 1934 in Moskau aufgeführt; «Die Liste der Wohltaten» von Juri Olescha, 1931 in Moskau uraufgeführt.

Kw. in Sewastopol selbst Juri aus der Hand und sagte: «Sie haben eine große Begabung – vielleicht zeigt sie sich, vielleicht auch nicht.» Genauso ist es mit Wassja. Ich habe das Empfinden, daß man ihn am Gängelband führen muß, ungeachtet all seiner vipères et crapauds (*Ottern und Kröten*), wie Aljona und ich sein ständiges Geschimpfe und Gemaule bezeichnet haben. Als ich von der Reise zurückkam, fand ich ihn vollkommen befriedigt darüber, daß er beim Examen durchgefallen war. Natascha und er wollen zusammenarbeiten, Leute einladen usw. Sie haben ohne mich, anläßlich des nicht bestandenen Examens, ein Essen für 250 Rubel bestellt, zu dem Nikita mit Frau sowie Ina und Natascha Kn. mit ihren Schwestern kamen. Sie feierten bis 6 Uhr morgens, fuhren nachts mit Nikitas Auto spazieren. Ich kann mir gut vorstellen, wie lustig es war – ohne die Alten und mit Geld.

Ich setzte ihn an ein Stilleben – ein großes mit Kürbis und einem schwarzen Elefanten. Gemalt hat er es sehr gut, wie ein Erwachsener – allerdings mußte ich ständig korrigieren, ihn auf Fehler hinweisen. Aber das, was er im Examen gemacht hat, spottet jeder Beschreibung. Kümmerlich, absolut talentlos, man glaubt es nicht, daß das Wassjas Arbeit ist. Unbegreiflich. Er bekam Angst, man könnte ihm Formalismus vorwerfen[43]. Ich bat Brodski[44], seine Arbeiten anzusehen. Half ihm, die Bilder hinzutragen, und dann saß ich auf dem Solowjow-Platz und wartete auf Antwort. Auch ich habe Angst. Sollte ich sterben – wer wird ihm den rechten Weg weisen, ungeachtet seiner Schimpferei und totaler Gleichgültigkeit? Wann endlich steht

---

43 *man könnte ihm Formalismus vorwerfen* – Der Vorwurf des Formalismus galt als schwerer Tadel von Künstlern, die in ihrer Arbeit von den Normen des sozialistischen Realismus abwichen.

44 *Brodski* – Isaak Israiljewitsch Brodski (1884–1939), Maler.

er moralisch und intellektuell auf eigenen Füßen? Er ist ein noch größerer Waschlappen als Juri. Der hatte wenigstens eine gewisse Disziplin von Gymnasium, Universität und Konservatorium her.

28. September 1936

Neu-Peterhof. Morgen muß ich abreisen, sehr schade – das ist wie ein Sprung ins kalte Wasser, in Scherereien, Sorgen, Getümmel, nach der Stille, der völligen Einsamkeit, den langen Spaziergängen am Meer. Ich mußte an die langen Tage in Larino denken, die Mama und ich zusammen verbrachten, fast ohne miteinander zu reden, die Herbste, die mit Lektüre, Zeichnen, Spaziergängen und Träumen ausgefüllt waren. Jeden Tag gehe ich in aller Herrgottsfrühe zu den Fontänen. Keine Menschenseele. La belle au bois dormant. Die vergoldeten Statuen strahlen dank des Goldes Ähnlichkeit mit ihren antiken Vorbildern aus, und mir erscheinen sie als Hofgesinde der Prinzessin: Da schnarcht der Koch in der rosaroten Nische und rekelt sich wie Bacchus, daneben küssen sich ein junger Page und eine Hofdame, das Mädchen wollte baden – sogar Perseus bin ich bereit für einen Küchenjungen zu halten, der ein Huhn zerteilt. Die Farbenpracht der Bäume ist zauberhaft, üppig-festlich, und ergänzt die Dekoration.

Irgendwo in der Ferne sprudelt eine Fontäne, das Laub raschelt unter den Füßen, golden rieseln die Blätter. Wie wunderbar: ich vertreibe alle Gedanken, Grübeleien und berausche mich an der Schönheit. Wenn ich mein ganzes Leben überdenke – die einzigen Minuten wahren Glücks hat mir die Natur gegeben. Sie war es, die in der Vergangenheit meine Wunden heilte. Für immer bleibt mir die Erinnerung an die Bretagne, den Ozean, die verfallenden Kapellen, die Kirche, in der ich ganze Tage lang saß und zeichnete. Die Uhr schlug zweimal, irgendwo in der Wand hörte man Seufzer, der verrostete Schlüssel von einem halben Meter Länge stand mir die ganze Zeit zur Verfügung. Dann Rom im Jahre 1912. Der römische Himmel, das Forum, die Villa und ihre wunderbaren Mosaiken.

Eben sah ich aus dem Fenster. Der Mond. In solch einer Nacht Anfang September ritten Nadja Werchowskaja und ich in unser geliebtes Pogoreloje. Der Lindenpark schien beim Mondenlicht wie aus Spitzen, das gelbe Laub wie Seidenspitzen. Die Wache wollte uns anhalten, dann erkannten sie die Larin-Fräulein. Wir waren siebzehn, aber ich weiß es noch wie heute. Wir ritten zurück, über dem Dnjepr-Tal hob sich dichter weißer Nebel. Wir ließen die Pferde galoppieren, es schien, als ob wir über ein phantastisches weißes Meer hinweggetragen würden – irgendwo weit weg leuchtete der Mond, wie eine dunkle Insel zeichnete sich in der Ferne durch den Nebelschleier der Larinsche Park ab. Wir konnten einander kaum sehen. Ach, wie schön war das. Nadja ist ein Mensch von seltener Begabung, von künstlerischem Feingefühl. Wie fröhlich wir beide waren. Sie kam mehrere Sommer hintereinander zu uns, als wir fünfzehn, sechzehn, siebzehn und achtzehn waren – bis zu ihrer Heirat. Wir hatten sonst keine Gesellschaft, keine Kavaliere – aber nie habe ich mich mit jemandem so aufrichtig des Lebens erfreut wie mit ihr. Und endlos philosophiert. Ein solcher Wissensdurst! Nadja saß stundenlang über dem Briefwechsel Byrons, sie konnte schon damals gut Englisch. Und wie sie Chopin, Mozart spielte, wie sie sang. Als ich in diesem Winter einmal den 7. Walzer von Chopin hörte, wäre ich fast in Tränen ausgebrochen. Auf unserem alten Flügel – Nadja spielte ihn so, daß ich es mein Leben lang nicht vergessen habe. Es gibt eben so glänzende, lebendige Menschen wie Nadja oder Anna Mich. Scherebzowa. Und wie dankbar ich ihnen bin. Aber es sind wenige. Einmal philosophierten Nadja und ich bis in den Morgen hinein. Überhaupt gehörte es für uns zum Schönsten, den Sonnenaufgang zu erleben. Wir kletterten zum Fenster hinaus, auf den Glockenturm, und schlenderten durch das schlafende Larino. (...)

Ich habe hier den ersten Band der gepriesenen Memoiren von de Custine [45] gelesen. Was für ein Unsinn. Ein dümmlicher Klugschwätzer, dieser selbstverliebte, oberflächliche Franzose – hat den liberal sich gebärdenden Höfling, Fürst Koslowski, reden hören, der damit kokettiert, daß er auf sein Vaterland spuckt – und schimpft am laufenden Band, ohne eine Ahnung zu haben oder etwas zu verstehen. Da sind die Sphinxe nicht echt, sondern Kopien, und die Statue Peters ist schlecht (er wußte nicht, daß Falconet sie geschaffen hat), und zum Teufel mit Petersburg, wozu hat man es überhaupt gegründet, die Birken sind krank und schwächlich – «wenn sie unsere Kastanien hätten ...», und die weißen Nächte sind unangenehm, und das politische System schon gar! Da er nicht einmal die Rolle Peters und Petersburgs versteht, kann man von ihm auch nichts erwarten. Aber bei uns wurde er gepriesen, weil er auf alles Russische schimpft, gleichgültig, ob zu Recht oder nicht, wenn er nur schimpfen konnte; ihm gefiel nur Nikolai I. Den Bolschewiki muß man eine noch größere Kerze spenden dafür, daß sie die Russen Patriotismus lehren. Das war längst an der Zeit.

Nun also ist Schluß mit meiner friedlichen Existenz. Ich muß an die Arbeit. Irgend etwas wird schon aus meinem Burattino [46] und aus Zar Saltan [47].

45 *Memoiren von de Custine* – Astolphe de Custine: «Russische Schatten. Prophetische Briefe aus dem Jahre 1839» (1843 erschienen).
46 *aus meinem Burattino* – d. i. Pinocchio: «Le Avventure di Pinocchio.

Ich war bei Startschakows. Schrecklich, niemand schreibt etwas, alle genießen nur ihr Leben. Früher schrieb man, wenn man älter wurde, und begann zu predigen. Jetzt ist Predigt nicht mehr Mode – die Schriftsteller genießen einfach. Der alte Schischkow[48] sitzt nur in Hosen auf seinem Balkon und schustert irgendwelche stümperhaften Drehbücher zusammen, Alexej Nikolajewitsch hat das Schreiben ganz aufgegeben – seit dem zweiten Teil von «Peter»[49] sind doch schon über zwei Jahre vergangen. So geht es nicht. Wenn du schon Nichtwiderstehen und Enthaltsamkeit predigst, dann gib uns wenigstens ein Kunstwerk[50].

Was meinen Sie, Alexander Ossipowitsch (Startschakow), sage ich, offenbar erfüllt sich Ihr Wunsch, und die russische Literatur liegt brach.

Alexej Nikolajewitsch hat alle seine Bücher für den Kinderbuchverlag überarbeitet. Sie machten eine Schiffsreise – er, Ljudmila und die Sekretärin – und überarbeiteten in aller Eile den «Ingenieur Garin»[51], während ein GPUschnik dauernd an

Storia di un burattino» (1881–83) von Carlo Collodi. Russische Bearbeitung «Das goldene Schlüsselchen oder Die Abenteuer des Burattino» von Alexej Nikolajewitsch Tolstoi.

47 *Zar Saltan* – «Das Märchen vom Zaren Saltan» – Versmärchen von A. S. Puschkin (1831).

48 *Schischkow* – Wjatscheslaw Jakowlewitsch Schischkow (1873–1945), Schriftsteller, bekannt v. a. für sibirische Themen.

49 *dem zweiten Teil von Peter* – A. N. Tolstois Roman «Peter I.» (1929–45).

50 *wenigstens ein Kunstwerk* – d. h., mach es nicht wie dein Vorfahr, Lew Nikolajewitsch Tolstoi, der «Nichtwiderstehen dem Bösen mit Gewalt» (im Sinne des passiven Widerstands) und Enthaltsamkeit predigte und gegen die Kunst wetterte: auch Alexej Nikolajewitsch Tolstoi widerstand ja nicht dem Bösen und enthielt sich, allerdings in einem sehr anderen Sinne.

51 *Ingenieur Garin* – d. h. den utopischen Roman «Giperboloid insche-

die Wand hämmerte. Ob es bald erscheint – er mußte das Buch ja dringend nach Moskau schaffen. Stellen Sie sich vor, daß Lew Nikolajewitsch KRIEG UND FRIEDEN genommen und gesagt hätte: «Sonja, stutz es zurecht!»

30. Januar 1937

Gestern flüstert mir Petrow-Wodkin[52] bei Belkins zu: «Ich bin absichtlich nicht zur Versammlung gefahren, wo man sich für die Todesstrafe für die Trotzkisten[53] aussprechen mußte. Also riefen sie nachts an. ‹Sag deine Meinung, Kusma Sergejewitsch›, sagte er. ‹Na klar›, sage ich, ‹natürlich. Und wofür sind die anderen?› – ‹Für die Verurteilung aller, sowohl in der staatlichen Administration als auch in der Partei.›» Gestern beim Friseur ließ ich mir die Haare ondulieren. Über Lautsprecher wurde die Anklagerede Wyschinskis[54] übertragen. Mein Figaro breitete die Arme aus, beugte sich zu mir und flüsterte: «Das ist doch nicht zu fassen – die ganze Führung!»

Bisher lehren sie in der Schule, daß es unter Nikolai II. den Verräter Suchomlinow[55] gegeben habe – als Beispiel für den Verfall des monarchistischen Systems. Jetzt gibt es Hunderte

nera Garina», dt. «Geheimnisvolle Strahlen» (1927), von Alexej Nikolajewitsch Tolstoi.

52 *Petrow-Wodkin* – Kusma Sergejewitsch Petrow-Wodkin (1878–1939), bekannter russischer Maler und Bühnenbildner.

53 *Trotzkisten* – d. h. die Angeklagten im zweiten großen Schauprozeß gegen das «antisowjetische trotzkistische Parallelzentrum» vom 23. 1. bis 30. 1. 1937, siehe S. 69.

54 *die Anklagerede Wyschinskis* – siehe S. 69.

55 *den Verräter Suchomlinow* – Wladimir Alexandrowitsch Suchomlinow, russischer Kriegsminister, im Oktober 1915 entlassen, 1916 wegen angeblichen Verrats verhaftet, dann wieder freigelassen, von der Provisorischen Regierung erneut verhaftet und zu lebenslanger Schwerarbeit verurteilt, der er jedoch ins Ausland entfliehen konnte.

solcher Suchomlinows, gegen die der erste ein Waisenknabe ist, ein Winzling. In jedem Volkskommissariat steht ein Verräter und Spion an der Spitze. Die Presse ist in der Hand von Verrätern und Spionen. Alles Parteimitglieder, die sämtliche Säuberungen überstanden haben. Harmlose Gemüter schickte man in die Verbannung, solche wie Stolpakow wurden erschossen, ermordet, doch 15 Jahre lang lief Zersetzung, Verrat und Ausverkauf vor den Augen aller Tschekisten. Und all das, worüber bei dem Prozeß noch nicht gesprochen wurde? Das ist wahrscheinlich noch schlimmer. Und das allerschlimmste ist das Faktum der Geständnisse der Angeklagten. Selbst das Lamm bei Lafontaine rechtfertigte sich vor dem Wolf – aber unsere ausgewachsenen Wölfe und Füchse wie Radek[56] oder auch Sinowjew[57] – wie die Lämmchen legen sie den Kopf aufs Schafott, sagen «mea culpa» und erzählen alles, wie im Beichtstuhl. Feuchtwanger[58] wunderte sich – weshalb diese Freimütigkeit, der Naivling! Und Hypnose, hat er noch nie davon gehört?

Und da fällt mir das Papierchen[59] ein, das mir Logwino-

56 *Radek* – Karl Bernhardowitsch Radek (1885–1939), führender kommunistischer Politiker in Polen, Rußland und Deutschland, hoher Kominternfunktionär, Journalist; 1927 als Anhänger Trotzkis erstmals aus der Partei ausgeschlossen, 1930 wieder aufgenommen; 1936 erneut verhaftet und im zweiten Moskauer Schauprozeß zu zehn Jahren Gefängnis verurteilt, im Mai 1939 im Gefängnis erschlagen. – Siehe auch S. 69.

57 *Sinowjew* – Grigori Jewsejewitsch Sinowjew, siehe S. 124.

58 *Feuchtwanger* – Lion Feuchtwanger, siehe S. 113.

59 *das Papierchen* – Vermutlich ist das «Dekret über Grund und Boden» gemeint, das unmittelbar nach der Oktoberrevolution, am 27. Oktober 1917, erlassen wurde; in diesem Dekret wurde das Land «zum Besitz des ganzen Volkes» erklärt und «denen, die es bearbeiten» zur Nutznießung überlassen. Das bedeutete die entschädigungslose Enteignung allen Grundbesitzes (nicht jedoch des bäuerlichen Privateigentums) und seine Übergabe an sogenannte Bodenkomitees.

witsch in Wjasma im Jahre 1917 zeigte. Alles daran war verständlich, unverständlich war nur, wie man den Boden verstaatlichen, aufteilen und dann doch wieder in Privateigentum überführen kann, das dann in neue, zionistische Hände geht. Und plötzlich erweist sich, daß bei Herrn Trotzki bereits alles vorgesehen, vorbereitet – der Apparat instand gesetzt ist. Einfach toll! Aber wie immer bei Juden ist es nicht durchdacht, und immer fallen sie rein. Sie planen ihre raffinierten Schachzüge und vergessen dabei, wer das Sagen hat. Mordechai[60] wollte in drei Tagen alle Perser abschlachten, opferte deshalb seine Nichte, und doch kam nichts dabei heraus. So ist es immer. Sie wollten Rußland verspeisen, ist ja auch ein Schweinevolk. Aber wartet, ihr Lieben, das russische Volk wird sich noch zeigen. Dieses Volk, das solche Lieder, eine solche Musik geschaffen hat. Und wo es so etwas wie Palech[61] gibt.

20. Mai 1937

Ein Mensch fährt Fahrrad oder Motorrad und fällt in voller Fahrt, und die Räder des Motorrads drehen und drehen sich in der Luft. Ich muß immer an diese Räder denken, die weiterlaufen, obwohl das Motorrad daliegt. Wie ich mir Stille in meinem Kopf wünsche, aber dort geht es drunter und drüber, der Abreißkalender des Puppentheaters. Und beten möchte ich, um Ruhe bitten, aber die Gedanken drehen sich ohne Unterbrechung. Schlimm.

---

60 *Mordechai* – gemeint sind hier die Erzählungen im Buch Esther des Alten Testaments.

61 *Palech* – Dorf östlich von Schuja «in den Wäldern» gelegen, traditionelles Zentrum der Ikonenmalerei, das sich seit 1924 umorientiert hatte: Man entwickelte die Lackmalerei auf Pappmaché; mit seinen Lackdöschen wurde der Ort bald international bekannt.

27. August 1937

Ich blicke auf Aljona im Sarg, ohne mich abzuwenden, und immer klarer sehe ich sie als lebendigen, warmen, mir nahen Menschen. Natürlich hat sie das bessere Teil gewählt. Hat kein Leid, keine Enttäuschung, kein Unglück gesehen. Hat immer meine unendliche Liebe zu ihr gespürt. Ich bewahrte sie vor allem Kummer, außer Wassja. Und was hätte ihr das Leben gebracht! Dies weiche, sensible Geschöpf, wie wäre es ihr ergangen! Was wartete auf sie? Mein Gott, wie gerne glaubte ich doch an die Unsterblichkeit der Seele, an eine Begegnung dort, später! Aljona – mein alles! Entsetzlich das Gefühl, daß es Glück nicht mehr geben kann. In keiner Weise. Ich kann zufrieden sein, mich freuen, aber ganz glücklich werde ich niemals mehr, nie. Und jetzt kommt es mir dauernd so vor, als ob ich mich in dem Bild von Brjullow – «Der Untergang Pompejis» [62] – befände. Von allen Seiten fallen die Säulen, eine nach der anderen, ein Ende ist nicht abzusehen, und die Frauen fliehen mit schreckgeweiteten Augen.

Grenzenlose Erschöpfung.

Und das Puppentheater – meine Rettung.

Und Palech. Wie glücklich hat es sich für mich gefügt, daß ich diesen Menschen begegnet bin, diesem unwahrscheinlichen, märchenhaften Phänomen. Ich würde gerne wieder hinfahren. Noch einmal diese von einfachen Bauern durch die Jahrhunderte überlieferte Kunst sehen. Aljona hätte da genauso gefühlt. Sie wäre jetzt sechzehneinhalb, eine Schönheit. Und ich bin vollkommen allein. Mutterseelenallein.

---

62 «*Der Untergang Pompejis*» – Hauptwerk (1830–33) von Karl Pawlowitsch Brjullow (1799–1852), der vor allem als Historienmaler, aber auch als Porträtist sehr populär war.

10. Oktober 1937

Übelkeit steigt in mir auf, wenn ich gleichmütig erzählen höre:
Der ist erschossen, jener erschossen, erschossen, erschossen.
Dies Wort liegt immer in der Luft, schwingt in der Luft. Die
Menschen sprechen es vollkommen ruhig aus, als wollten sie
sagen: «Er ging ins Theater.» Ich glaube, die wirkliche Bedeutung kommt uns gar nicht mehr zu Bewußtsein – wir hören nur
noch den Klang. Wir können uns diese unter Kugeln sterbenden Menschen gar nicht mehr vorstellen. Sie nennen Kadetski,
Witelko – den Sänger, der gerade bei einem Wettbewerb gesungen hat. Natalja Saz[63], die Direktorin des TJUS. Und viele
andere.

Unfaßbar in ihrer Grausamkeit sind die Deportationen der
Frauen Verhafteter. Einen Physiker haben sie nach Wladimir,
ins Konzentrationslager, gesteckt, seine Frau, Marusja Schostakowitsch, nach Alma-Ata. Malachowski ist noch nicht verbannt, über ihn kursieren nur schreckliche Gerüchte, vor denen man sich die Ohren zuhalten möchte, aber seine Frau ist
bereits in Alma-Ata, und von dort werden sie in die Rayons deportiert, d. h. in die nackte Wüste. Das Leben Jewgenija Paw-
lownas gleicht dem der Maus, auf die die Katze lauert, um ihr
den Garaus zu machen.

«Der Glücksrausch kommt uns in der Schlacht
Und vor des Abgrunds dunklem Schacht ...
Und glücklich ist, wer in den Wirren
Genuß gefunden und erreicht.»[64]

Ich gehöre zu diesen Glücklichen, aber ein solcher Zustand –
am Rande des finsteren Abgrundes – erschöpft einen, ist töd-

63 *Natalja Saz* – siehe S. 156.
64 *Der Glücksrausch kommt uns* – aus Puschkins kleinem Drama «Das Ge-
lage während der Pest» (1830). A. d. Russ. von Fritz Mierau.

lich. Man geht über einen Friedhof mit frisch ausgehobenen Gräbern. Wer wird wohl hierherkommen, etwa du selbst? Und so alltäglich ist das alles schon, daß man nichts mehr dabei empfindet. Die Puppen sind meine Rettung. Ein Märchen, ein lebendes Märchen. Herr, erbarme dich der Lebenden und gib den Toten Frieden.

22. Oktober 1937

In der Nacht vom 21. auf den 22. wachte ich etwa um drei Uhr auf und konnte bis sechs Uhr nicht mehr schlafen. Die Straßenbahnen fuhren noch nicht, auf der Straße war es vollkommen still, nur manchmal fuhr ein Auto vorbei. Plötzlich hörte ich eine Salve. Und zehn Minuten später wieder. Das ging in Abständen von zehn, fünfzehn Minuten so, bis kurz nach fünf. Dann fuhren die ersten Straßenbahnen, der Lärm setzte ein. Ich öffnete das Fenster, horchte, von woher diese Schüsse kamen. Es war kein Geräusch von der Fabrik. Es waren Schüsse. Aber wo? In der Nähe ist die Peter-Pauls-Festung. Schießen konnten sie nur dort. Waren es Erschießungen? Es gibt doch von drei bis fünf Uhr morgens keine Übungen. Wen? Weshalb?

Das nennt sich Wahlkampagne. Und unser Bewußtsein ist so abgestumpft, daß die Eindrücke darüber hinweggleiten wie über eine lackierte Oberfläche. Daß wir eine ganze Nacht lang hören können, wie lebendige und vermutlich unschuldige Menschen erschossen werden – und nicht den Verstand verlieren. Danach wieder einschlafen, weiterschlafen, als wäre nichts geschehen. Entsetzlich.

Im Gouvernement Jaroslawl sind an den Orten, wo wir gewohnt haben, alle Geistlichen, Kirchenältesten, alle, die irgendeine Beziehung zur Kirche hatten, Priester usw. usw., verhaftet ... In Detskoje kam Irina aus der Schule und erzählte:

Man hat uns gesagt, daß jetzt Massenverhaftungen laufen. Die unerwünschten Elemente sollten vor den Wahlen eliminiert werden!

2. November 1937

Es fehlt einem die Kraft zum Leben, wenn man bedenkt, was ringsum geschieht. Pas de forces, wie Lid. Iw. über Wassja schrieb.

Am 20. kam ich von der Arbeit zurück, da öffnet sich die Tür, und Natascha und Wassja stürzen sich auf mich. Jewgenija Pawlowna ist verhaftet, Irina ist bei uns. Sie sieht ganz verstört aus, die Augen vor Tränen so geschwollen, daß man sie kaum noch sieht, und darunter dunkel wie Blutergüsse. Sie war in der Schule, da rief man sie raus. Jewgenija Pawlowna konnte sich nur von ihr verabschieden und sagen, daß man ihr das Urteil mitgeteilt habe, acht Jahre Zwangsarbeit, und die Anklage, Frau eines Volksfeinds (ohne Verfahren und Ermittlung), die Ermittlung in Abwesenheit. Mara weinte schrecklich. Auch sagte Jewgenija Pawlowna noch: «Fahr zu Ljubow Wassiljewna.» Irina stürzte in den Lensowjet, erwirkte sich einen Passierschein zum Staatsanwalt Schpigel, stürmte (wie sie es ausdrückte) zu ihm hinein, erzählte alles. «Wie sollen wir ohne Mama leben?» Schpigel antwortete ihr: «Und wie leben die spanischen Kinder?» Die Anklage und die Verhaftung seien Rechtens, sie möge zur Großmutter nach Moskau fahren, vielleicht nähme die auch die Schwesterchen auf. «Fünf Tage warten wir ab, wenn du sie nicht unterbringst, werden wir uns darum kümmern.» Aber sie kümmerten sich sofort, und um sechs Uhr abends kamen sie vom NKWD nach Detskoje, nahmen die Kleinen mit und brachten sie in die NKWD-Kinderverteilungsstelle, Kirowski-Prospekt 66. Als man mir das telefonisch mitteilte, war ich starr vor Schreck.

Wir haben dort mehrmals Vorstellungen gegeben, und die Pädagogen erzählten uns von den Kindern, das seien Straßenkinder, Kriminelle. Darunter solche mit Zwangsvorführungen ohne Ende. Auch Mörder.

Wie soll das gehen? Mara mit ihrem kranken Herzen. Die unglücklichen Mädchen – was mußten sie durchmachen! Am Morgen hat man ihre Mutter abgeholt und danach auch die Kinder quasi in ein Gefängnis gebracht. Irina war erschüttert, auch wenn ich mich bemühte, ihr einzureden, daß es dort nicht so schlimm sei. Ich verstehe nichts mehr, mir kommt das alles wie ein Traum vor. Am Morgen hatten sie noch eine Familie, und jetzt nichts mehr, alles ist auseinandergeflogen.

Wie soll das Mädchen das alles ertragen! Doch Irina erwies sich als gänzlich ungewöhnlich, zeigte in diesen Tagen eine ganz unkindliche Energie. Am selben Abend rief mich N. K. Komarowskaja an. Sie war in Detskoje, nachdem man die Kinder weggebracht hatte. Die Wohnung wirke, als sei jemand gestorben. Sie riet, so rasch wie möglich allen Kleinkram zu holen und irgendwo unterzubringen.

Irina erreichte in drei Tagen, daß man ihr die ganze restliche Habe ließ. Schpigel war beim zweiten Mal nicht für sie zu sprechen, schickte sie aber zum Ermittler des NKWD. Der schickte einen zweiten zu ihr, der dann mit ihr im Auto nach Detskoje fuhr, das Siegel vom Zimmer abnahm und ihr die ganze Habe übergab, zum ungläubigen Staunen des Personals und der Hausbewohner. Am 2. fuhr ich mit ihr zum Kirowski-Prospekt 66. Der Leiter des Hauses war hocherfreut und sofort bereit, mir die Kinder zu übergeben. «In welcher Beziehung stehen Sie zu ihnen?» fragte er mich. «Gar nicht, ich bin die Nachbarin.» – «Kennen die Kinder Sie? Vielleicht wollen sie gar nicht zu Ihnen?» Am nächsten Tag waren die Kinder bei mir.

Startschakow war Anfang November 1936 verhaftet worden. Etwas zu übergeben wurde bald erlaubt, bald verboten. Die Beziehungen zwischen ihm und Jewgenija Pawlowna waren sehr schwierig.

Ich habe nie verstanden, wie ein so brillanter, geistreicher und kluger Mensch zu Hause so grob, garstig und ungezogen sein konnte. Kaum hatte er etwas getrunken, schon vergaß er jeden Anstand in seiner zügellosen Eifersucht. Und das ohne jeden Grund. Unmittelbar vor der Verhaftung hatten sie Popow[65] besucht. Gawrila (Popow) brachte sie heim. Kaum waren sie zu Hause, da ergriff Alexander Ossipowitsch einen Band Shakespeare und schleuderte ihn Jewgenija Pawlowna mit aller Kraft ins Gesicht. Der Bluterguß zog sich über das halbe Gesicht. Und nicht nur in betrunkenem Zustand war er brutal wie ein Tier. Noch fünf Tage beschimpfte er sie aufs unflätigste und schlug sie. Nach der Verhaftung – einen Monat später – begannen für Jewgenija Pawlowna neue Qualen. Es gingen Mahnungen ein zur Zwangseintreibung seiner Alimente für irgendeine alte Liaison, vertraglich vereinbarte Vorauszahlungen, man pfändete seinen Besitz. All das erbitterte sie mehr und mehr gegen ihn. Vor nicht allzu langer Zeit sagte sie einmal zu mir: «Wissen Sie, manchmal denke ich, was für ein Scheusal ich doch bin, daß ich Alexander Ossipowitsch nicht geholfen, ihn seinem Schicksal überlassen habe. Aber ich empfinde nichts mehr für ihn, nur noch Erbitterung.»

Am 1. August mußte sie unterschreiben, daß sie den Ort nicht verlassen würde, und wurde vom Dienst suspendiert. Arbeit fand sie, sie hatte eine eigene Schreibmaschine. Dann verhafteten sie sie, machten eine Hausdurchsuchung, fanden Kinderbriefe, Briefe von Mara aus dem Krankenhaus. «Weshalb

65 *Popow* – Gawriil Nikolajewitsch Popow (1904–1972), Komponist.

heben sie all diesen Kram auf», aber als sie erfuhren, daß sie ein
krankes Kind zu Hause hat, gaben sie ihr den Paß zurück[66].
Jewgenija Pawlowna schrieb an Stalin – ohne Erfolg. Am 29.
Oktober verhafteten sie sie erneut und deportierten sie unver-
züglich. Im Januar erhielt Irinas Großmutter einen Brief von
Jewgenija Pawlowna aus dem Konzentrationslager in Tomsk –
einen tapferen Brief – mit der Bitte, ihr ein Päckchen und Geld
zu schicken. Ich kaufte alles Erbetene, wir sammelten alte Kleider, ich schickte in Maras Namen 80 Rubel (20 Rubel im Monat sind gestattet), seither kein Lebenszeichen.

27. Mai 1937

Die Kinder erzählen: «Als sie Mama verhafteten, weinten wir
sehr, dann gingen wir spielen. Plötzlich kommt Wassja gelaufen und sagt, ein Onkel und eine Tante seien gekommen und
wollten uns holen. Ich (Mara) wollte auf gar keinen Fall mitfahren, weinte und lief in ein anderes Zimmer. Aber die Tante
redete auf uns ein, sagte, bei ihnen in der Schule sei es sehr nett
und da wären nette Kinder. Sie nahmen uns in einem Personenwagen mit – Mama haben sie auch in so einem Auto weg-
gefahren, einem schwarzen Raben[67], so wie Weta Issajewna
Doluchanowa-Dmitrijewa. Dort waren zwei sehr nette Mädchen – Iskra und Swetlana Rjasanzewa. Ihre Mama war auch
verhaftet worden, aber sie haben ihr das sechsmonatige Brüderchen gelassen. Wir schliefen in einem Bett, und am Abend
weinten wir.»
     Erst heute hatte ich beschlossen, sie über die ersten Tage ih-

---

66 *den Paß zurück* – bei Verhaftung, Verbannung wurde der Paß abgenommen, siehe S. 49.
     67 *einem schwarzen Raben* – so wurden die Wagen des NKWD genannt, in
denen die Verhafteten abtransportiert wurden.

res Waisendaseins auszufragen. Es ist ihnen tatsächlich nicht
bewußt, welche Erschütterung sie in jenen Tagen durchgemacht haben, mit siebeneinhalb und neuneinhalb Jahren. Und
wie viele solche Kinder gibt es!

15. November 1937
Ira rief beim NKWD den Untersuchungsrichter Monachow
an, fragte, wo die Mutter sei, sie könne sie in keinem Gefängnis
finden. Monachow antwortete, daß sie bereits verschickt sei,
aber wohin, wisse er noch nicht. Auf diese Frage könne ihr nur
der Staatsanwalt antworten.

20. November
Ira ging zu Staatsanwalt Schpigel, nachdem sie sich am Vortag
einen Passierschein zu ihm verschafft hatte. Sie hatte einen
ganz belegten Hals und erhöhte Temperatur. Schpigel schmiß
sie raus: «Du hast dich hier nicht rumzutreiben, sonst stecken
wir dich noch in ein Kinderheim.»

21. November
Sie haben in der Philharmonie die 5. Symphonie von Schostakowitsch gespielt. Das Publikum erhob sich, und es gab stürmische Ovationen – eine Demonstration gegen die ganze
Hetzkampagne, die man gegen den armen Mitja veranstaltet
hat. Alle sagten ein und dasselbe: «Er hat reagiert – und gut reagiert.» Er kam kreidebleich aufs Podium und biß sich auf die
Lippen. Ich glaube, er war den Tränen nahe. Aus Moskau waren
Schebalin, Alexandrow und Gauk[68] gekommen, nur Schaporin

---

68 *Schebalin, Alexandrow und Gauk* – Schebalin, W. J. (1902–1963); Alexandrow, A. N. (1888–?) und Gauk, A. W. (1893–1963), russische Komponisten.

fehlte. Kann man noch schlechter organisiert sein als Schaporin, der Arme?! Und Wassja, o weh – der ist genauso. Ich traf Popow: «Wissen Sie, ich bin ängstlich geworden, ein Feigling, fürchte mich vor allem, habe sogar Ihren Brief verbrannt.» In diesem Brief hatte ich unter anderem geschrieben: «Jewgenija Pawlowna ist nicht mehr in Detskoje, aber Galja und Mara sind bei mir!» Ein Wahnsinn, schrecklich! Natalja Wassiljewna sagte mir: «Wie anständig Sie sind, daß Sie die Kinder genommen haben. Wäre nicht unser Haus (von der Regierung), ich hätte eins der Mädchen genommen.» Und N. I. Komarowskaja: «Wenn nicht mein krankes Herz wäre ...»

22. November 1937

Glückliche Spießer. Ich wache morgens auf und denke mechanisch: Gott sei Dank, heute nacht haben sie mich nicht verhaftet, tagsüber verhaften sie nicht, und was in der kommenden Nacht sein wird, weiß man nicht. Wie bei Lafontaines Lamm gibt es bei jedermann alle Gründe für eine Verhaftung und Deportation mit unbekanntem Ziel. Wie gut, daß ich absolut ruhig und gleichgültig gegenüber alledem bleibe. Aber die meisten Menschen leben in wahnsinniger Angst.

12. Dezember

Quelle blague (*Was für ein Unsinn*)! Ich kam in die Kabine, wo ich angeblich den Wahlschein zu lesen hatte und meinen Kandidaten für den Obersten Sowjet auswählen sollte – auswählen heißt doch, eine Wahl haben. Wir hatten einen einzigen, im voraus angekreuzten Namen. In der Kabine bekam ich einen Lachanfall wie in der Kindheit und konnte nur mühsam die Fassung zurückgewinnen. Ich trat heraus, da kam Juri mit versteinertem Gesichtsausdruck. Ich schlug meinen Mantelkragen bis zu den Augen hoch, es war unwahrscheinlich komisch.

Draußen traf ich Petrow-Wodkin und Dmitrijew[69]. Wladimir Wladimirowitsch redete von Nebensächlichem und lachte unbändig. Es ist eine Schande, erwachsene Menschen in eine so dumme, unwahrscheinlich peinliche Situation zu bringen. Wen täuschen wir denn? Wir alle lachten. Und diese Kabinen mit ihrem Feigenblatt aus rotem Kattun. In allen Behörden wurden Diskussionen über die Wahlordnung geführt. Die Frage lautete: «Haben Sie das Recht, wenn Sie den Wahlschein erhalten haben, nach Hause zu gehen, um zu überlegen, wen Sie wählen wollen?» Die Antwort war: «Natürlich habe ich das Recht, nach Hause zu gehen, dort zwei Stunden zu sitzen, um die Frage allseitig zu beleuchten, und dann zurückzukehren und den Wahlschein in die Urne zu werfen.»

6. Februar 1938

Gestern morgen haben sie Weta Dmitrijewa verhaftet. Sie kamen um sieben Uhr morgens, sperrten sie in ein Zimmer und machten eine Hausdurchsuchung. Dann telefonierten sie mit dem NKWD: «Hier ist nichts mitzunehmen.» Weta verabschiedete sich von Tanetschka (4 Jahre) und sagte: «Wenn ich wiederkomme, bist du schon groß.» Meine Mädchen (Mara und Galja) waren auf dem Hof und sahen, wie sie Weta in den schwarzen Raben setzten. Die Kleinen kamen in Tränen aufgelöst zurück. Die Anissimowa[70] (die Ballerina) ist verhaftet. Mir wird ganz schlecht vor dieser Anhäufung von Verbrechen im ganzen Land. Sie packen ihre Opfer – die Opfer verschwinden, viele spurlos. Startschakow, Miljajew, der Vater von

---

69 *Dmitrijew* – Wladimir Wladimirowitsch Dmitrijew (1900–1948), Bühnenbildner, arbeitete eng mit Meyerhold zusammen.

70 *die Anissimowa* – Nina Alexandrowna Anissimowa (1909–1979), Ballerina, sie wurde 1937 offenbar in den Norden (nach Kirow) verbannt.

Schenja, ein siebenundsiebzigjähriger Mann, Netschai-Zar-
skosselski, ein alter polnischer Lakai, der in Polen keine lebende Seele mehr kannte. Wem nützt das? Jewgenija Pawlowna ist in Tomsk. Das Gefängnis dort ist ein Sonderlager.
Wem konnte diese unglückliche Frau nur gefährlich sein, die
ihre Kinder so erzogen hat, daß ich von ihnen, die doch Vater
und Mutter verloren hatten, nicht ein mürrisches Wort gehört
habe. Der Schock hielt noch an. Mara sagte, als sie «Burattino» las: «Wieso weiß Papa Carlo nicht, wo das glückliche
Land ist? Ich dachte, daß alle wissen, daß das die UdSSR ist!»

11. März 1938
Markusevangelium 5,5–13: «Und er war allezeit, Tag und
Nacht, auf den Bergen und in den Gräbern, schrie und schlug
sich mit Steinen.

6. Da er aber Jesum sah von ferne, lief er zu ihm und fiel vor
ihm nieder, schrie laut und sprach:

7. Was habe ich mit dir zu tun, o Jesu, du Sohn Gottes, des Al-
lerhöchsten? Ich beschwöre dich bei Gott, daß du mich nicht
quälest!

8. Denn er sprach zu ihm: Fahre aus, du unsauberer Geist,
von dem Menschen!

9. Und er fragte ihn: Wie heißest du? Und er antwortete
und sprach: Legion heiße ich, DENN WIR SIND UNSER
VIELE.

10. Und er bat ihn sehr, daß er sich nicht aus der Gegend
triebe.

11. Und es war daselbst an den Bergen eine große Herde Säue
auf der Weide.

12. Und die Teufel baten ihn alle und sprachen: Laß uns in
die Säue fahren!

13. Und alsbald erlaubte es ihnen Jesus. Da fuhren die un-

sauberen Geister aus und fuhren in die Säue; und die Herde stürzte sich von dem Abhang ins Meer (ihrer waren aber bei zweitausend) und ersoffen im Meer.»

Der große, große Dostojewski! [71] Wir sehen jetzt in der Realität die ganze große Herde unreiner Geister, die in die Schweine gefahren sind, sehen sie so, wie sie in der Weltgeschichte noch keiner gesehen hat.

Immer und zu allen Zeiten haben die Menschen um die Macht gekämpft, Staatsstreiche angezettelt. Robespierre rottete alle Andersdenkenden aus – aber noch niemals auf der Welt waren diese sich bekämpfenden Menschen und Parteien darauf aus, ihre Heimat zu zerstören. Im Laufe von zwanzig Jahren haben unsere Regierungsmitglieder Hunger, Seuchen und Viehsterben heraufbeschworen, haben das Land en gros und en détail verkauft. Und diese Inquisition Jagodas. Schlimm genug, was wir in den Zeitungen lesen. Und erst, was nicht in den Zeitungen steht. Weshalb ich das so sehr empfand und meine Prognosen Wassja sagte. Jetzt zuckt er nur die Achseln. Und dieser Jeschow ist noch sauberer.

Hoffentlich gehen auch meine weiteren Prognosen in Erfüllung und der Kaiser erweist sich als nackt.

In Moskau sind alle in einer solchen Panik, daß mir schlecht wird. Oder wie die alten Frauen sagen – daß es mir «aufs Herz

71 *der große, große Dostojewski* – Schaporina spielt an auf den Roman «Die Dämonen» (1871) von Fjodor Michailowitsch Dostojewski (1821–1881), dieses «Buch des großen Zorns» auf die radikalen Revolutionäre seiner Zeit, das auch später als einer der schärfsten literarischen Angriffe gegen die Revolution empfunden wurde. Gorki hatte eine heftige Diskussion um den Roman entfacht. Den «Dostojewskismus» bezeichnete er als «das Grundübel überhaupt»; Dostojewski wurde damals aus vielen Bibliotheken entfernt, durfte nicht mehr gedruckt werden, und «Die Dämonen» konnten auch später nur im Rahmen der Gesamtausgabe erscheinen. – Die angeführte biblische Erzählung dient dem Roman in der Version des Lukasevangeliums als Motto.

rollte». Die Anwältin, Frau Irina, sagte, daß sie jede Nacht zwei bis drei Kollegen verhaften, alles Verteidiger. Am 21. Dezember verhafteten sie unseren Theaterfreund und Requisiteur, den dummen Ljowa, und deportierten ihn am 15. Januar nach Tschita. Man könnte auch einen Stuhl oder ein Sofa verhaften. Er wurde ohne Verfahren deportiert. Als Lida am 1. Februar mit einem Päckchen kam, sagte man ihr «am 15. Tschita». Jetzt sagen uns schon keinerlei Paragraphen mehr, wessen man sich schämen muß in unserem verschandelten Vaterland! Wenn man von all diesen unbegreiflichen Morden liest – Gorki, Max, der sterbende Menschinski [72] usw. – unfaßbar, weshalb und für wen diese Menschen (ihre Ermordung) nötig waren. Nötig für sie, gefährlich war allein Stalin, außerdem noch Woroschilow, Kaganowitsch [73], ... Hunderte von Malen hätte man sie ermorden, vergiften, ihnen alles mögliche antun können – aber nicht einmal den Versuch hat es gegeben.

Wie ist das zu verstehen? Wo ist die Wahrheit und wo die Lüge – und auf wessen Mühlen all dies Wasser? Ich glaube, auf Hitlers, vielleicht auch Chamberlains Mühlen, weil England immer *tremper dans toutes les vilenies* (*in allen Schmutz eintauchen*) muß, wo es nach Gewinn riecht.

Aber dies alles mitzuerleben ist unerträglich. Als ob man sich in der Nähe eines Schlachthauses bewegt und die Luft gesättigt ist von dem Geruch nach Blut und Kadaver. Was für

---

72 *der sterbende Menschinski* – Wjatscheslaw Rudolfowitsch Menschinski (1874–1934), Nachfolger Dserschinskis als Leiter der OGPU, später NKWD, soll angeblich von seinem Nachfolger Jagoda – ebenso wie Gorki und sein Sohn Max – mit «medizinischen Mitteln» umgebracht worden sein.

73 *Woroschilow, Kaganowitsch* – Kliment Jefremowitsch Woroschilow (1881–1969), Politiker, 1925 bis 1940 Kriegskommissar, spielte eine führende Rolle bei den «Säuberungen» in der Roten Armee. Lasar Moissejewitsch Kaganowitsch – siehe S. 142.

eine bemerkenswerte Bezeichnung – ein «unzerstörbares Land»[74].

Und durch alles hindurch blicken mich die Augen der Gottesmutter von dem wunderbaren Mosaik der Kiewer Sophienkathedrale an: Wie schön wäre es, im Frühling noch einmal nach Kiew zu fahren. Du siehst diese Schönheit und vergißt die Dämonen – wenigstens für einen Augenblick.

21. März

Ich rief Jelena Michailowna Tager[75] an – man sagte mir, sie habe hohes Fieber, ich wußte, daß sie Angina hatte. Nach einem ganzen Tag der Plackereien in der staatlichen Bühnenverwaltung, drei Fahrten in den Smolny zu Gribkow, stieg ich hungrig und müde zu Tager hinauf. Die Tür öffnet Mascha, ich trete ein – die Tür zu Jelena Michailownas Zimmer steht ungewöhnlich weit auf. «Ist Mama nicht zu Hause? Wo ist sie denn, im Krankenhaus?» – «Nein, nicht im Krankenhaus, das NKWD hat Mama mitgenommen.» Am 19. 3. um elf Uhr abends waren sie gekommen – die Durchsuchung ging bis sechs Uhr morgens, sie durchwühlten alles. Die alte Tante sagte: «Meiner Ansicht nach suchten sie eine Waffe, sie tasteten alle Mäntel am Kleiderständer ab, alle Kleider. Fanden nichts. Nahmen die Briefe Jelena Michailownas an ihren Vater mit – die vor mehr als zwanzig Jahren geschrieben sind. Sehr

---

74 *ein «unzerstörbares Land»* – Anspielung auf die Nationalhymne der Sowjetunion: «Eine unzerstörbare Union freier Republiken / Hat das große Rußland zusammengeschweißt / Gegrüßt sei die von dem Willen der Völker / Geschaffene große machtvolle Sowjetunion!» usw.

75 *Tager* – Jelena Michailowna Tager (1895–1964), Lyrikerin, Übersetzerin, 1920 bis 1927 nach Archangelsk ausgewiesen, 1937 zu zehn Jahren Lager (Kolyma) verurteilt, blieb danach weitere sieben Jahre verbannt (Altai, Nordkasachstan), 1954 Rückkehr nach Leningrad, 1956 Rehabilitation.

interessante Briefe, sie wollte eine Erzählung schreiben, die Geschichte einer Familie. (Am Rand: Sabolotzki[76] verhaftet.)

Sie haben die alte Bibel mitgenommen. Die Tante bat, sie dazulassen. Sie antworteten: Wozu? Religion ist Opium fürs Volk! Zurückgeblieben sind zwei alte Frauen – die taube dreiundsiebzigjährige Mutter und die siebenundsiebzigjährige Tante und die dreizehnjährige Mascha. Was wird aus ihnen?

24. März 1938

«Aber das Lied – wird immer Lied bleiben»[77] (A. Blok). Ja, unsere Lieder sind die Bestätigung Rußlands – «und die Pforten der Hölle sollen sie nicht überwältigen»[78].

13. April 1938

Von keinem der Verhafteten auch nur ein Ton. Sie verschwinden wie in der Lethe, wie im Grab. Und dieses Schweigen um die verschwundenen lebendigen Menschen ist entsetzlich. Die Mutter der Anissimowa schickte ihrer Tochter Geld und ein Päckchen. Das Geld nahmen sie nicht an. «Ihre Tochter ist im Krankenhaus, kommen Sie das nächste Mal, und wenn sie aus dem Krankenhaus kommt, geben wir es weiter.» Wie sehr auch die unglückliche Frau verhandelte, sie konnte nichts erfahren. Eine Mauer aus Stein.

Ich mache mir große Sorgen, was im Sommer werden soll. Die Startschakow-Kinder müssen nach Detskoje – bei wem soll ich sie lassen? Ich selbst muß mit dem Theater für zweieinhalb

---

76 *Sabolotzki verhaftet* – Nikolai Alexejewitsch Sabolotzki (1903–1958), Lyriker (Futurist), von 1938 bis 1945 im Straflager, konnte 1946 nach Moskau zurückkehren.

77 *Aber das Lied* – die Zeile stammt aus dem Prolog des Poems «Vergeltung» (1910–1919) von Alexander Blok (siehe S. 332).

78 *die Pforten der Hölle* – Matthäus 16, 18.

Monate auf Tournee gehen. Das ist die einzige Möglichkeit, etwas für den Urlaub zu verdienen, und ohne Urlaub geht es nicht länger, ich bin mit meinen Kräften am Ende. Heute muß ich liegen, mir ist schwindlig, ich habe Herzschmerzen und nicht einen Gedanken im Kopf. Ich habe keine Kohle im Haus – ich wohne mit den Mädchen in einem kleinen Zimmer. Abends lassen mich Wassja und Natascha nicht schlafen, morgens wecken mich die Kleinen. Ich brauche eine Verschnaufpause, so bald wie möglich. Ob ich es noch erlebe? Ich wüßte wahnsinnig gern, wie es ausgeht! Womit wird der Kampf der beiden Welten enden?

18. April

Ich war morgens und abends in der Kirche zur Erscheinung in Detskoje. Wie ich den herrlichen Gottesdienst doch liebe – was für wunderbare Worte. Was immer früher aus einem Menschen wurde – in der Kindheit hatte er diese Worte gehört, gelernt: «Laß mich sehen meine Vergehen und keine Gewalt brauchen gegen meinen Bruder, so seist du gepriesen in alle Ewigkeit.» Wenn doch Wassja dieses Gebet ergründete, ob er dann noch so mißgünstig sein könnte, so schadenfroh gegenüber fremdem Mißgeschick? Sie haben fast alle Kirchen geschlossen.

In Leningrad sind nur noch die St.-Nikolaus-Kathedrale und die des Fürsten Wladimir geblieben. Hier ist es nur noch die eine. Die meisten Priester sind deportiert. Offenbar ist die Religion etwas Furchterregendes – oder ist das der Haß der Freimaurer auf Christus? Ich möchte bei Konowalowa[79] ein Basrelief von Aljona bestellen, sie soll es auf ein weißes Mar-

---

79 *Konowalowa* – Klawdija Pawlowna Konowalowa (1893–1942), Bildhauerin und Puppenmacherin (aus Kreisen der russischen Avantgarde).

morkreuz machen. Ich will Aljona und Mama auf den Alexander-Newski-Friedhof zum Großvater umbetten, Aljona einen Grabstein errichten und verfügen, daß man mich meiner Aljunuschka zu Füßen legt und in den Sockel des Kreuzes die Worte «Ich sehe deine herrliche Wohnung, mein Heiland ...» einmeißelt. Wie schön ist dieses Gebet, dieser Aufschrei der menschlichen Seele.

Konowalowa erzählte, sie habe von F. G. Berenschtamm gehört, daß Konis letzte Worte[80] die Bitte waren, ein Holzkreuz auf sein Grab zu setzen. Vor einigen Jahren wurde sie von Berenschtamm beauftragt, dieses Kreuz im russischen Stil zu schnitzen – das Haus der Gelehrten wollte es zu Konis Todestag aufstellen. Konowalowa konnte diese Arbeit nicht selbst vollenden, weil in der Wohnung, wo sie arbeitete, jemand an Scharlach erkrankte, es wurde von einem alten Holzschnitzer fertiggestellt. Doch das Kreuz wurde nicht aufgestellt.

Wassja regt sich oft darüber auf, daß ich nicht ins Kino oder ins Theater gehe. Die Eindrücke gleiten an ihm, an der modernen Jugend vorüber, ohne ins Bewußtsein vorzudringen. Von Kindheit an haben sie sich an das Grauen der gegenwärtigen Verhältnisse gewöhnt: Die Worte *verhaftet, erschossen* machen nicht den geringsten Eindruck. Doch wie ergeht es uns, die wir in menschlichen Verhältnissen und nicht wie die Tiere aufgewachsen sind – aber weshalb verleumde ich die armen Tiere.

Mir ist folgendes unverständlich: Jagoda hat man erschossen; er und seine Spießgesellen wurden mit Schimpf und Schande bedeckt. Man sollte doch meinen, logischerweise müßten alle von ihm deportierten, vollkommen unschuldigen

80 *Konis letzte Worte* – Anatoli Fjodorowitsch Koni (1844–1927), bedeutender Jurist und Schriftsteller, Freund und geschätzter Gesprächspartner vieler der Großen in der russischen Literatur.

Menschen wie die Hunderttausende von Adligen, die 1935 wegen der Ermordung Kirows[81] deportiert wurden (der von Jagoda umgebracht wurde), jetzt zurückgeholt werden. Aber es kommt genau umgekehrt: Jetzt bekommen alle, die ihre fünf oder drei Jahre abgesessen haben, noch einmal soviel und werden noch viel weiter weggeschafft. Wie ist das zu verstehen?

1. Mai

Wassja erbittert mich, Natascha auch. Die Herzlosigkeit dieses Jungen ist beispiellos. Sie leben wie die Rentiers, arbeiten ganz nach Lust und Laune, interessieren sich für nichts Ernsthaftes und tun nichts für ihre Weiterbildung. Er wird nichts erreichen, weil er nicht arbeitet. Früher hat er auf mich gehört, zwar geschimpft, aber doch meinen Rat befolgt. Jetzt brauche ich ihm nur etwas zu sagen, schon hetzt ihn Natascha gegen mich auf, und ich muß mir von ihm abscheuliche Dinge anhören, etwa daß Aljona und ich des vipères et des crapauds (*Ottern und Kröten*) seien. Mein einziger Trost zu Hause sind die Kinder, die fremden Kinder, die so liebevoll, wohlerzogen und nett sind.

Wassja kann überhaupt nicht zeichnen – er arbeitet doch nun schon das fünfte Jahr und kann immer noch keinen Entwurf anfertigen.

13. Juni 1938

Ich war gerade bei den Maniserows[82]. Sie zeigte mir ein großes Fotoalbum mit Fotos von den Kindern seit ihrer Geburt und von der ganzen Familie, sogar von den Hunden. Sie le-

---

81 *wegen der Ermordung Kirows* – siehe S. 149.
82 *bei den Maniserows* – Matwej Genrichowitsch Maniserow (1891–1966), ideologisch konformer Bildhauer.

ben im Überfluß. Es tut weh und quält mich, daß uns fehlt, woran ich seit Kindheit gewöhnt war, und was weder Wassja noch Aljona hatten – familiäre Geborgenheit mit Papa und Mama, einem ruhigen Leben und bien être. Daß wir immer knapp leben, Wassja keine ordentlichen Kleider, Schuhe hat. Der Vater keinerlei Interesse für den Sohn zeigt, absolut keines.

Seit Januar ist Juri nicht mehr hiergewesen, hat kein einziges Mal die Kinder zu sich eingeladen und auch nie mit ihnen gesprochen. Hat sich amüsiert und geschwiegen. In Moskau war das Konzert von Mitja Schostakowitsch – Juri nahm sie nicht mit. Ob unser Geld reicht, ob Wassja arbeitet, wie er arbeitet – all das interessiert ihn nicht. Das schmerzt. Und wir wohnen in dieser winzigen Kleinbürgerwohnung, wo man kaum atmen kann, wo von irgendwo Wanzen eindringen, Mücken herumschwirren, wo es keine Luft, keinen Raum, kein Stückchen Land gibt.

Tuapse[83], den 30. August 1938

Am dunklen südlichen Himmel steht die Große Bärin. Seit meiner Kindheit liebe ich sie als eine Art Wegzeichen in meinen Erinnerungen. Larino, der Balkon in dem Garten, es duftet nach Tabak, Rosen, Reseda, ringsum hohe Tannen, dann der Park. Wieviel Wasser, wieviel Blut, wieviel Tränen sind seither geflossen. Mein Gott, mein Gott! In Rom kam die Bärin weit herunter über dem Pincio, den Schwanz nach oben. Ich stand an der Piazza di Spagna, sah zu ihr auf, und ringsum schwärmten die Fledermäuse. Das war 1912. Dann der Tod Papas, der Krieg. 1917 geriet Sascha, nachdem er aus Japan gekommen war, nach Murmansk. Ich schrieb ihm, daß er, immer

---

83 *Tuapse* – Kleinstadt am Schwarzen Meer, nördlich von Sotschi.

wenn er die Bärin vor sich sieht, an mich denken solle – ich dachte dann immer an ihn. In Paris, in der Avenue de Versailles, 1924/25, im ersten Jahr meines dortigen Lebens, als ich aus Kummer von Juri weggelaufen war, stand die Bärin über meiner 7. Etage.

Heute stehe ich schon den ganzen Tag unter dem Eindruck eines im Grunde belanglosen Vortrags, den ein hiesiger Redner unserem Theaterkollektiv gehalten hat. Ein hellblonder, noch junger Mann, mit ziemlich ebenmäßigen Gesichtszügen – hohe Stirn, helle, stählerne, von innen funkelnde Augen. Der Vortrag war über den Komsomol aus Anlaß des 20jährigen Jubiläums. Er redete so schlecht und in einer so ungebildeten Sprache, daß unsere Leute kicherten und sich das Gelächter nur mit großer Mühe verkniffen. Er gebrauchte Formulierungen wie: «Der Kongreß der jugendlichen Jugend»; «Die jugendliche Jugend führte einen erbitterten Kampf der Jugend mit dem Kapitalismus», «Die Jugend bringt ihrer Heimat – unserer Mutter – zum zwanzigjährigen Jubiläum ein Geschenk»; «Nikolai Ostrowski[84] führte den Bürgerkrieg im Bett» und ainsi de suite (*so immer weiter*). Ich hatte schon Angst, daß es mit einem Skandal enden würde, aber er kam rasch zum Schluß und sagte: «Und jetzt von mir: 1921, mit 17 Jahren, ging ich als Freiwilliger an die afghanische Grenze. Die Engländer rüsteten die Banditen[85] mit Waffen aus. Ich lernte ein Louis-Maschinengewehr bedienen – sie zogen in Banden von 1000, 2000 Mann herum.»

84 *Nikolai Ostrowski* – siehe S. 109 u. 421.
85 *Die Engländer rüsteten die Banditen* – die islamischen Widerstandskämpfer (Basmatschen) in Zentralasien (und über die afghanische Grenze) wurden bis in die jüngste Zeit als «konterrevolutionäre Banditen» bezeichnet.

16. Oktober 1938

Am 2. Juni ging unser Theater auf Tournee. Unser Pianist, Viktor Litwinow, konnte wegen der Testate nicht mitfahren, er reiste erst am 22. Juni ab. Um sieben Uhr abends war er wegen der Fahrkarte bei mir und zog fröhlich wieder von dannen. Am 2. und 3. Juli rief mich Gussew an (von der Sonderabteilung des NKWD der staatlichen Bühnen), fragte nach Litwinow und bat mich zu sich. Eine ganze Stunde fragte er mich über ihn aus. Ob er schon lange bei uns arbeite, von wem empfohlen, wie er sich verhalte, ob er trinke, rauche, wer ihn besuche, was er lese, ob er zeichne, ob er EINEN FOTOAPPARAT habe, ein guter Pianist sei?

Ich beschrieb Litwinow genau, seine schreckliche Zerstreutheit, Verschrobenheit, Gewissenhaftigkeit bei der Arbeit, sein bescheidenes Leben. Erzählte einige Anekdoten: wie ich ihm aufgetragen hatte, ins Staatliche Bühnenkomitee in der Tschaikowski-Straße zur Probe mit Botscharow[86] zu kommen, und wie er, weil ihm einfiel, daß er vor einem Jahr im Vorführungssaal im Komitee gespielt hatte, dorthin ging. Und wir unten auf ihn warteten, während er uns oben zwei Stunden lang erwartete. Als es darum ging, ob er zeichnete und einen Fotoapparat hätte – er zeichnete nicht und hatte keinen Apparat –, begriff ich, daß das nach einer Anzeige wegen Spionage roch. Am Schluß sagte Gussew: «Und jetzt denken Sie daran – ich habe Sie nach nichts gefragt, und Sie haben mir nichts gesagt. Sie behaupten also, er sei ein sehr guter Pianist.» Ich ging und begriff, daß ich den armen Viktor nicht hätte loben dürfen. Am 5. 7. bekam ich einen Brief mit der Nachricht, daß Litwinow bisher nicht gekommen sei. Er war spurlos verschwunden. Als

---

86 *Botscharow* – Michail Wassiljewitsch Botscharow (1872–1936), Bariton.

ich von der Reise zurückgekehrt war, wandte ich mich wieder an Gussew mit der Frage: «Ist Litwinow etwa verhaftet?» – «Fragen Sie nicht und suchen Sie nicht, Sie werden ihn sowieso nicht finden.»

Der Junge war in den 5. Kurs bei Miklaschewitsch gegangen – jetzt ist sein Leben zerstört. Ich vermute, daß er in Moskau oder in Noworossijsk irgendwo in seiner Kurzsichtigkeit und Zerstreutheit in eine verbotene Zone geraten ist. Sie haben ihn geschnappt – sie brauchten eine Pianisten. Und haben einen Menschen vernichtet.

Ich bin krank. Und das aus eigener Dummheit. Ich weiß noch, in unserem Larinschen Dreigespann war das linke Beipferd Wasska. Es zog so, daß es vollkommen erschöpft war – während die Stränge bei seinem Partner rechts lose herunterhingen. Und ich ziehe genau wie Wasska selbst dann noch, wenn es überhaupt nicht notwendig ist. Weshalb habe ich zum Beispiel den ganzen Juni hier gesessen und mich um eine Wohnung und das Buch bemüht? Als ich zurückkam, saßen überall neue Leute, und die alten hatten in den anderthalb Monaten ihre Versprechen vergessen. Heutzutage kann man nur von einem auf den anderen Tag sorgen.

Ich habe wieder keinen Urlaub gemacht – der Umzug hat mich noch mehr erschöpft, und Wassjas Grobheit und Herzlosigkeit hat mir den Rest gegeben. Seine Einstellung zu mir ist unbeschreiblich. Und Natascha macht es nur noch schlimmer. Früher, wenn es mir schlechtging mit dem Herzen, war er besorgt, unruhig, rief den Arzt. Jetzt kommt er nicht einmal mehr zu mir ins Zimmer. Wäre nicht Nika (Sujew), ich lebte in völliger Unordnung, ohne Strom. Meine Stores sind nicht aufgehängt, aus den Fenstern gegenüber ist alles zu sehen. Ich bat Wassja, die Stores aufzuhängen – vergeblich. Und wie er sich herausredet, spottet jeder Beschreibung. Zum Beispiel: «Du kleidest dich doch, während wir nackt herumlaufen!» Dabei hat er gerade erst einen neuen Anzug bekommen, Hosen. Natascha zieht sich an wie ein Püppchen, und meine Wintergarderobe besteht aus einem zerrissenen, geflickten Kostüm und einem schwarzen Abendkleid. Nichts zum Wechseln.

Die beiden bestanden darauf, daß ich eine Tante von Natascha, die woanders lebt, bei uns anmelde. Ich mag keine fraude (*Betrügerei*), lehnte ab und sagte, sie sollten sich zur Lösung dieser Frage an Juri wenden, auf dessen Namen die Wohnung ja angemeldet ist. Es gab großes Geschrei, sie wurden ausfällig: «Natürlich, du hast die Kinder genommen, ohne Papa zu fragen – WEIL DU DICH DAMIT BRÜSTEN WOLLTEST!» Was soll man da machen? Ich bin krank, liege im Bett, bin allein. Die Kinder schlafen. Sie sind lieb und zärtlich, kommen zu mir mit all ihren kleinen Sorgen. Aber diese beiden! Wie edel ist es, sich flegelhaft gegen denjenigen zu benehmen, der seinen ganzen Verdienst für sie ausgibt! Und sie arbeiten nicht! Beide leben wie früher die reichen Dilettanten, zeichnen ein bißchen, dann ziehen sie los, Besuche machen. Kein ernsteres Streben, keine Ziele.

Ich fürchte, aus Wassja wird nichts. Seit der Heirat hat er seinen Ehrgeiz in bezug auf die Malerei verloren. Zwei Jahre lang hat er nicht ein Stilleben, nicht eine Skizze beendet. Und man ist machtlos. Er ist über 23, ein Erwachsener.

Es tut weh, so weh. Unendlich weh. Natascha ist mondän und ohne irgendwelche Interessen. Ob sie Wassja liebt? Oder ihn nur vorrübergehend braucht?

7. Dezember
Ich fuhr für sieben Tage nach Moskau, um mich zu erholen. Wie schön ist es, unter Menschen zu sein, die einen lieben, ohne die häuslichen Streitigkeiten.

24. Januar 1939

Ich war gestern in der «Schlafenden Schönen» mit der Ulanowa. Ein richtiges Märchen. Perrault und das 17. Jahrhundert, konventionell, wunderbare Musik, alles wie ein Traum, eine Erholung für den ganzen Organismus, wie Schlaf. Und man vergißt die ganze allrussische Armseligkeit des Lebens. Wo gäbe es auch eine Lösung für das, was wir durchmachen? Warum kehren wir immer wieder schleunigst zurück zu den Jahren 1920, 1921?

Die Stadt erfriert, weil Kohle und Holz fehlen. Unser Theater ist im Klub des Straßenbahndepots untergebracht. Man sollte meinen, wenn es schon keine Bücher bekommen kann, dann doch wenigstens Kohle. Aber es gibt nicht ein Krümelchen, sie verweigern die Zuteilung, bis zum Sommer gibt es keine. Und kein Holz. Und keine elektrischen Geräte, Strümpfe, Stoff, Papier. Um Textilien zu bekommen, muß man eine Nacht, einen Tag und noch eine Nacht Schlange stehen. Wetscherkowskis fuhren aus Detskoje fort, um anzustehen. Sie gingen um zwei Uhr mittags, sich anmelden, dann um vier, um sechs, um zwölf Uhr nachts und um sechs Uhr morgens – dann wichen sie nicht mehr von der Stelle und sind jetzt ganz begeistert, weil jeder von ihnen 10 m Satin bekommen hat!! Sämtliche Löhne werden gekürzt, von den Arbeitern bis zu den Schriftstellern und Komponisten. Die Fabriken stehen still aus Mangel an Heizmaterial. Die Zeitungen schreiben begeistert über unser wohlhabendes und glückliches Leben und die Arbeitsdisziplin.

Was ist das? Eine unwahrscheinliche Schande. Improductivité. Es gab doch alle Chancen für das Experiment. Aber was ist daraus geworden? Der Hokuspokus ist wohl mißlungen, wie? Oder im Gegenteil sogar allzugut gelungen. Vorläufig haben sich alle Prognosen erfüllt. Wie traurig. Vergogne (*Scham*).

Kolzow[87] ist verhaftet. Und er wurde ja so hoch gepriesen. Wie das wohl Alexej Nikolajewitsch zusagt? Er war doch in letzter Zeit so sehr befreundet mit ihm, wie Ljudmila sagte. Als sie im November bei uns waren, gefielen ihnen die Mädchen so sehr, und Ljudmila versprach, ihnen zu den Festtagen tausend Rubel als Geschenk zu schicken. Bisher ist nichts in Sicht. Dabei könnte er sich doch all der Gefälligkeiten Alexander Ossipowitschs erinnern, all jener Artikel, die Startschakow für ihn geschrieben hat.

19. Februar 1939

Wir haben Kusma Sergejewitsch Petrow-Wodkin[88] beerdigt. Wäre er selbst dabeigewesen – bei seiner Sensibilität hätte es ihn sehr erschüttert. Der Trauerzug kam etwa um sieben Uhr am Wolkowo-Friedhof an. Es war dämmerig und dunkelte rasch, so daß man bald schon keine Gesichter mehr unterscheiden konnte. Sie stellten den Sarg über dem Grab ab und öffneten ihn. Ringsum in der Dunkelheit auf den Grabhügeln, der aufgewühlten Erde, stand eine Menge Menschen. Ringsum Schweigen, nur die Gespräche der Sargträger. Sie zündeten eine Lampe an, die auf eine Stange gesteckt war, und jemand hielt sie über das Grab. Das Licht glitt über das Gesicht Manisers, der Maria Fjodorowna stützte. Sie kletterte auf einen Erdhügel, beugte sich über den Sarg und streichelte mehrmals liebevoll, sehr liebevoll, die Stirn Kusma Sergejewitschs. Ich fühlte, daß sie weinte. Papussja ist allein, ganz allein. Sie küßte ihn. Lenotschka küßte ihn. Grabesstille ringsum. Und unterdrücktes Schluchzen.

Und wieder das Geschimpfe der Sargträger, wie man den

---

87 *Kolzow* – siehe S. 235.
88 *Kusma Sergejewitsch Petrow-Wodkin* – siehe S. 342.

Sarg am besten herablassen sollte. Das Orchester spielte einen Trauermarsch. Sie packten die Seile, zogen die Bretter unter dem Sarg hervor, ließen ihn hinunter, plötzlich rutschte er und fiel senkrecht ins Grab, der Deckel ging auf. Mir blieb das Herz stehen. Ich sprang hinter die Menge, wandte mich ab. Mir schien, daß er aus dem Sarg gefallen war. Wieder lautes Geschimpfe der Sargträger, während das Orchester in einem fort laut die Internationale spielte. Das Poltern der Erde gegen den Sarg. Entschuldigungen und Erklärungen der betrunkenen Sargträger. Das war's.

Kusma Sergejewitschs Kompositionen sind von einer wunderbaren Harmonie der Linien. Er hat Europa klar erfaßt und verstanden, doch der russische Ikonenmaler in ihm übertraf die westlichen Einflüsse. Das «Rote Pferd» kommt nicht von Matisse her, sondern von Palech[89] und weiter aus dem 16. Jahrhundert. Er war weise, aber mit einem verblüffenden, gewissermaßen bäurischen lyrischen Schnörkel. Mit bäuerlichem Mystizismus nämlich und dem Glauben an Zauberei. Immer wieder erzählte er mir von einer Sitzung in den ersten Jahren der Revolution. Ein Vortrag über Religion. Anwesend waren Marxisten, Priester, Rabbiner. Damals konnte man ja noch frei über solche Fragen sprechen. Auch er ergriff das Wort und sprach offenbar leidenschaftlich über den Glauben. In der Pause wurde er umringt, und er spürte, wie ihn die Kräfte verließen – er drehte sich um und sah, daß er von den Rabbinern umgeben war, die ihn an der Jacke berührten. «Ich spürte ganz deutlich, wie Ströme, Fluida aus mir abflossen.» Er glaubte an die Kabbala und liebte Experimente. Er schmähte das Christentum als Religion der Dekadenz, des Antikünstlerischen, die von den Juden in die Welt gesetzt worden sei, zum Verderben

89 *Palech* – siehe S. 344.

der Welt. Kusma Sergejewitsch liebte Paradoxe: Jetzt müsse eine neue Religion kommen, die zu Gott führe, eine starke, fröhliche Religion. Juden konnte er nicht ausstehen und verdächtigte einen jeden der jüdischen Abstammung, selbst Matwejew.

I. I. Rybakow ist gestorben – im Gefängnis. Mandelstam[90] ist gestorben – im Lager. Ringsum sterben sie, sind krank, es hört nicht auf. Als ob das ganze Land zu Tode erschöpft sei und gegen Krankheit und Tod nicht mehr ankämpfen könne. Besser sterben, als in ständiger Furcht leben, in Hunger und Armut ohne Ende. Wenn ich über die Straßen gehe auf der Suche nach irgend etwas, kann ich mir nur immer wieder sagen: Je n'en pense pas (*Ich denke nicht daran*). Schlangen, Warteschlangen, überall. Stumpfe Gesichter, sie gehen in die Geschäfte, kommen mit nichts wieder heraus, streiten sich in den Schlangen. Es gibt ja nichts, gar nichts.

Neulich war ein Meeting für die Bühnenarbeiter aus Anlaß des 18. Parteitages. Krylow redete, blickte allen ehrlich ins Gesicht, und auch wir blickten ihm ehrlich ins Gesicht und hörten zu. Er sagte Folgendes: In der Welt herrscht ein Wettkampf zweier Systeme – ein Wettkampf, aus dem wir als Sieger hervorgegangen sind. Bei uns gibt es eine «gewaltig anwachsende» (so sagte er wirklich) ökonomische Entwicklung, bei ihnen den Niedergang. Wir Bolschewiki sind die einzige Partei der Welt, die das ganze Volk in den Zustand des Wohlstands geführt hat, und die Zeit ist nicht mehr fern, wo jeder nach seinen Bedürfnissen befriedigt wird. Das heißt, die Zeit des vollständigen Triumphes des Kommunismus. Doch vorläufig bin ich überhaupt nicht erstaunt, wenn ich erfahre, daß unsere ge-

90 *Mandelstam* – Ossip Emiljewitsch Mandelstam (1891–1938) – siehe S. 214.

samten Textilien und unsere Rohstoffe über Polen nach Deutschland gehen.

20. März 1939

Hitler hat die Tschechoslowakei besetzt, ein Ultimatum an Polen geschickt, man hat den Eindruck, als ob er einen Schmelzkäse zerschneidet, und niemand protestiert.

Protestieren können hätte nur Rußland.

28. Februar 1939

Ich habe heute von Aljona geträumt: Das Telefon klingelte, ich nahm ab, fragte «Wer spricht?» und hörte von fern, ganz fern ein Stimmchen: «Ich bin es, Aljona.» Wo bist du, von wo sprichst du? «Aus dem Gefängnis», ertönte schwach, ganz schwach ihre Stimme, so wie damals, als sie zum Spaß mit Baßstimme sprach. Ich hatte viele Fragen, aber mehr war schon nicht mehr zu hören. Ich ging, sie in den Gefängnissen ausfindig zu machen, ging in ein Gebäude, fragte eine Frau mit Pelzmütze, die auch dorthin ging: «Wissen Sie vielleicht, ob in diesem Gefängnis auch Kinder sind?» Sie antwortete nicht. Ich ging die Marmortreppe über den roten Läufer hinunter. Ein großes Zimmer, viel Volk jeglicher Art, und plötzlich kamen Kinder herein – Mädchen –, sie gingen paarweise, und unter ihnen Aljonuschka. Sie war größer als die anderen, hatte etwas Helles an, ich stürzte zu ihr, sie lächelte schüchtern, ohne mich anzusehen. Ich küßte sie, küßte ihre Hände; sie war blaß, die Augen fast eingefallen, mit blauen Ringen, aber sie war fröhlich. Ich fragte die Mädchen, ob Aljonuschka nicht Heimweh hätte, wie es ihr ginge. Die Kinder redeten um die Wette: Nein, wir sind lustig, Aljonuschka hat kein Heimweh. Ich küßte sie weiter, dann verschwand alles. Mein Gott, diese Stimme aus solcher Ferne – ich bin es, Aljona.

Ich Arme, bin vollkommen allein. So lieben, wie ich Aljona geliebt habe, und dann verlieren zu müssen! Man müßte sich den Schädel einschlagen, und doch lebt man weiter.

Aljonuschka, Liebes, stütze deine arme Mama.

So eine Schwermut, nichts als Schwermut ringsum.

20. März 1939

Ich vergaß im Januar, von der Rückkehr Viktor Litwinows zu schreiben. Es stellte sich heraus, er war wohlbehalten nach Moskau gefahren, durch die Stadt spazierengegangen und wollte zum Haupttelegraphenamt, um ein Telegramm nach Noworossijsk, ans Theater, zu schicken. Er ging eine Straße entlang, und als er sie überqueren wollte, fuhr ein Auto an ihm vorbei. Er blieb stehen. Man verhaftete ihn. Es war ein Regierungsauto. Sie hielten ihn sieben Monate in Moskau und in Leningrad im Gefängnis. Er hatte keinerlei Beschäftigung, las aber viel Belletristik, viermal «Anna Karenina», wurde dicker, sieht blühend aus. In dieser Zeit gingen seine Sachen verloren, die auf dem Moskauer Bahnhof untergestellt waren, man benachrichtigte ihn, daß man sie verkauft habe, auch seinen Sommermantel. Im Wohnheim stahlen sie ihm seine Bücher und verbrannten einen Teil davon. Dann entließ man ihn, er wurde auch wieder ins Konservatorium aufgenommen, bekam wieder seinen Platz im Wohnheim und sein Stipendium zurück. Waren für eine Überprüfung wirklich sieben Monate nötig? Der Mensch – das klingt nicht stolz[91] – ist eine quantité négligeable!

---

91 *Der Mensch – das klingt nicht stolz* – Anspielung auf das vielzitierte «Ein Mensch – wie stolz das klingt» aus dem 4. Aufzug von Gorkis «Nachtasyl» (1904).

23. März

Wenn ich jetzt die Zeitungen lese, die voll sind mit Hurra- und Hosannageschrei zum 18. Parteitag, muß ich immer an das Liedchen der kleinen Hasen aus der «Zauberkolonie» von German Matwejew denken, die ich im vergangenen Frühjahr im Kasperletheater aufgeführt habe. Die Hasen singen:

«Hurra, hurra, hurra, hurra!

Unser Bau, unser Bau, unser Haus ist da,

Das neue Haus, das große,

Es lebe die Galosche!»

Dann fressen die Häschen auf eine Melodie aus dem «Grauen Wolf» von Ljadow ein Stück Gummistiefel und stellen fest, daß sie die stärksten Tiere im Wald sind. Dieses Hurrageschrei klingt besonders jetzt töricht, wo der kleine Hitler durch Europa marschiert wie Gulliver durch Liliput. Und sogar kampflos marschiert, allein vom Impuls seines eisernen Willens getrieben, vor dem alles zurückweicht. Wie die Wellen des Roten Meers vor Moses. Und was wird weiter? Auch wir sind zurückgewichen. Aller Logik nach kommt der Moment, wo der ungeheuerlichste Verrat der Welt ausgeführt wird.

Alles ist vorbereitet.

Und wie entsetzlich, daß es unsere arme Generation trifft, Zeuge all dessen zu werden. Hilflose Zeugen.

29. März

Hitler will sich Danzig nehmen. Früher sagte man: «Groß ist der Gott Rußlands.» Aber erstens sind wir nicht Rußland, sondern die anonyme Union der SSR, und zweitens wird uns Gott keinesfalls retten. Mit welcher Leichtigkeit verraten wir unseren Glauben, vergessen wir alle moralischen Grundsätze. Die Denunziation ist vor alles andere gerückt. Die Denunziation hat das Dorf zerstört. Sie hätten doch der Denunziation stillschweigend, aber gemeinsam eine Abfuhr erteilen können, diejenigen, die man nicht entkulakisiert hatte – und als der Befehl kam, den allseits bekannten reichen Gamonow als Kulaken zu enteignen, warnten sie ihn ja auch und versteckten seine Habe, jeder wo er konnte. Man konnte es. Aber das ist der einzige Fall.

Weshalb mußte Jewdocha Rybakow denunzieren, warum mußte sie mich denunzieren – daß ich die Habe der Kinder verscherbele, mit ihrem Wohnraum spekuliere? Ich laufe so abgerissen herum, daß es eine Schande ist, weil mein ganzer Verdienst für die Kinder draufgeht. Offenbar scheint das in unserer Zeit unwahrscheinlich. Ich fühle immer diese brennende Scham für Rußland, und das schmerzt. Die Frösche haben sich ihren Zar gewählt.

Ich ahne, wie Wassja L. und andere, die das Land so schmerzlich lieben, noch leiden werden. Aber vielleicht erbarmt sich ja der große Gott über uns um jener gepeinigten Gerechten, jener Millionen willen, die eingekerkert sind.

Wie deprimierend, wie wahnsinnig feige war es doch, kein Wort der Wahrheit auf diesem Parteitag zu sagen. Um wieviel überzeugender wäre es gewesen, direkt und offen zu sagen: Ja, Genossen, das ganze Land ist ohne Kleidung, Textilien gibt es nicht, die Kohle reicht nicht, die Nahrungsmittel reichen nicht – und zu erklären, weshalb das so ist.

Doch eine bewußte Lüge ist nicht überzeugend.

Le mensonge ne peut pas durer (*Lügen haben kurze Beine*).

9. April 1939

Christi Auferstehung, Ostern! Ich bin wohl zum ersten Mal in meinem Leben nicht zur Frühmesse gegangen. Ich wüßte nicht, wohin. In der Stadt sind nur noch drei Kirchen geblieben – alle überfüllt mit Menschen –, die Kirchenprozession[92] gibt es nicht mehr, auf der Straße hört man nicht einmal mehr den Ostergruß «Christus ist auferstanden». Und außerdem bin ich abgekämpft. Zweieinhalb Monate schon bin ich ohne Hilfe, und den Kindern muß man doch Frühstück und Mittagessen machen und den Ofen heizen und Petroleum holen und um 11 Uhr im Theater sein und zu Hause an der Aufführung arbeiten. Ich habe die Kinder im Feuereifer übernommen und bereue das keinen Augenblick, aber ich habe nicht mit meinen Kräften noch mit meinen Mitteln gerechnet. Und weder das eine noch das andere reicht aus. Ich war neulich in der Kirche – wie schön, dem Getümmel zu entgehen. Ich weinte bitterlich und fühlte, wie mir diese Tränen die ganze angestaute Unruhe von der Seele wuschen, die Seele reinigten. Ich dachte an die unglückliche Jewgenija Pawlowna und die Hunderttausende verbannter Mütter, die nichts von ihren Kindern wissen. Kann man sich eine barbarischere Quälerei ausdenken?

La vérité doit de temps en temps changer de vêtements et renaitre à nouveau, mais tout mensonge a son arrêt de mort vers son heure. L'étrange contraste des cérémonies de jubilation: cérémonial de jubilation et rareté de tout. (*Die Wahrheit muß von Zeit zu Zeit die Kleidung wechseln und neu geboren werden, aber alle Lüge findet ihr tödliches Ende zu ihrer Zeit. Der seltsame Kontrast der Jubelfeiern: Jubelfeier und Mangel an allem.*) Ich traf Frau Chodassewitsch bei der Premiere der «Schneekönigin». Sie war mit Kolzow, einem spanischen General und seiner Frau und anderen Spaniern zum Diner bei Alexej Nikola-

---

92 *Kirchenprozession* – Nach dem nächtlichen Gottesdienst und zu Beginn des österlichen Morgengottesdienstes zieht die Gemeinde mit brennenden Kerzen dreimal um die dunkel bleibende Kirche, dann, nach Verlesung von Markus 16,1–8, klopft der Priester dreimal an die Kirchentür, die sich öffnet und die Gemeinde mit den brennenden Kerzen aufnimmt.

jewitsch. Einige Tage danach wurde Kolzow verhaftet. Angeblich war herausgekommen, daß er schon seit vielen Jahren einer der wichtigsten internationalen Spione gewesen ist.

Tolstoi war vollkommen erschüttert – sie waren in letzter Zeit eng befreundet gewesen. Im November, als sie einmal bei uns waren, sagte Ljudmila: «Wir bemühen uns, die Bekanntschaft mit hochgestellten Persönlichkeiten möglichst zu vermeiden. Entweder sie entpuppen sich als Schädlinge, oder sie sind uninteressant.» Sie glichen dem Menschen am Steuer – das Auto fährt 500 km die Stunde, er klammert sich mit beiden Händen ans Steuer, zittert, sieht nicht rechts noch links und denkt nur an das eine, möglichst nicht umzukommen. Wir waren sehr befreundet mit Michail Jefimowitsch (Kolzow) – man weiß nie, wo man etwas dazugewinnt und wo man etwas verliert.

22. April

Ich kann es einfach nicht mehr ertragen. Welche Gemeinheit und Niedertracht überall, Intrigen, Ränke, Schmutz, Spießer – es wird einem schlecht davon.

Die tierischen Instinkte unserer Zeit zeigen sich in ihrem ganzen Ausmaß unverhüllt nach dem Tod von Petrow-Wodkin. Maria Fjodorowna ist vollkommen hilflos mit der dummen hübschen Aljonuschka zurückgeblieben. Ihre Wohnung besteht aus drei Zimmern und dem Zimmer im oberen Stock, das Kusma Sergejewitsch als Atelier diente. Insgesamt 78 qm. Und dieses obere Zimmer war Objekt der Begierde des gesamten Künstlerverbands. Etwa einen Monat vor Kusma Sergejewitschs Tod kamen sie aus dem Stadtkomitee für Bildende Kunst vom Maler Krutschinin mit der Bitte, ein Atelier einrichten zu dürfen, weil, so sagten sie, er ein 12 m hohes Bild male! Maria Fjodorowna geriet ganz außer sich, sie sagte mir:

«Je sais, si Kusma Sergejewitsch meurt – on va nous chasser de notre appartement (*Ich weiß, wenn Kusma Sergejewitsch stirbt, wird er uns aus unserer Wohnung vertreiben*).» Wir versuchten, sie zu beruhigen. Ich rief Maniser an, redete mit Rylow. Nach Kusma Sergejewitschs Tod nahmen sie der Familie zwar die Wohnung nicht weg, aber am Tag nach der Beerdigung schalteten sie das Telefon ab. Maria Fjodorowna kam verzweifelt zu mir und bat mich, zum Direktor der Telefonverwaltung zu fahren. Petrow-Wodkin war doch Mitglied des Lensowjet. Ich machte es, das Telefon wurde wieder eingeschaltet.

Fahrt nach Palech.

Die Ermordung von Sinaida Raich[93] ist nicht richtig wiedergegeben. Später erfuhr ich Einzelheiten von Andrej Andrejewitsch Golubjow, der mit Jekaterina Michailowna Mundt verheiratet ist, der Schwester der ersten Frau Meyerholds, Olga Michailowna Mundt, die sich an jenem Abend der Ermordung mit Sinaida Nikolajewna getroffen hatte.

28. April 1939

Mir kommt es so vor, als wäre der Körper Rußlands mit eitrigen Geschwüren bedeckt – überall Unordnung, Mißwirtschaft, Schädlingstätigkeit, Ränke, Denunziationen. Alle sind mit kleinen und großen Gemeinheiten beschäftigt, die man seinen Nachbarn antun muß – vor all diesen Bäumen und Spänen sieht man den Wald nicht mehr, nichts Lichtes, Heiliges, auch nicht Rußland. Ich schaue mir die Gesichter der Leute an, die

---

93 *die Ermordung von Sinaida Raich* – Sinaida Nikolajewna Raich (1894–1939), bekannte Schauspielerin, Ehefrau von Wsewolod Meyerhold, wurde bald nach dessen Verhaftung (siehe S. 151) in ihrer Wohnung vom NKWD bestialisch ermordet.

in kilometerlangen Schlangen stehen, stumpf, verbissen, ohne jeden Gedanken, ausgemergelt. Sie, diese Leute, können Stunden, Tage, mehrere Tage in der Warteschlange stehen, ihre Geduld kennt keine Grenzen. Das ist schon keine Geduld mehr, sondern Abgestumpftheit und der wahnhafte Gedanke: Heute geben sie Hering aus. Kann man wirklich nicht ohne Hering auskommen?

Nein, das ist Autosuggestion, die alles übrige abtötet. Denunzieren, Gemeinheiten verüben, den Nachbarn vernichten, sich bei dem und jenem einschmeicheln ist eine Wahnidee. Es gibt ja überhaupt keine Interessen mehr. Ich hörte gestern den Don Giovanni – was für eine Musik, was für ein Finale. Wie man aufatmet. Wie fern und klein erscheinen einem all diese Winzlinge aus dem staatlichen Bühnenverein, die mir schaden wollen. Wie vom Eiffelturm blickt man auf die Erde hinab. Eben war Swiridow hier, spielte mir seine Musik zu «Ruslan» vor. Wir unterhielten uns. Ein begabter, netter junger Mann, nicht wie die anderen, redet nicht in vorgestanzten Sätzen.

Er erzählte, daß er gestern in die Kirche gegangen sei, fünf Jahre schon habe er das nicht mehr getan, und wie dieser Besuch ein freudiges Gefühl in ihm hinterlassen habe, obgleich er doch kein gläubiger Mensch sei. Die Kerzen, der Weihrauchduft, die Gesichter auf den Ikonen, die Stille, die Kindheitserinnerungen. Er ist sehr begabt, bisher noch stark von Schostakowitsch beeinflußt.

24. April

Ich ging über die Furschtatskaja und die Litejnaja, traf eine Bürgerin mit einer Schüssel voll Sauerkraut. Ich stürzte zu ihr hin: «Bürgerin, wo haben sie das Kraut bekommen?» Kohl gibt es nämlich diesen Winter nirgends, auf dem Markt kostet er 7 Rubel das Kilo (Ananas 20 Rubel das Kilo), und dazu gewaltige Warteschlangen. «Wo man es uns gegeben hat, wird man Ihnen nichts geben», war die stolze Antwort. Ich fing an zu lachen. Alles klar. Nebenan befindet sich die NKWD-Verteilungsstelle. Unsere Herren, diese Streptokokkeninfektion, die den Organismus unseres Landes zerfrißt. Für ihre Verdienste kann man ihnen auch Kohl geben.

8. Juli

Moskau. A. J. Bruschtejn [94], bei der ich gestern war, sagte etwas Bemerkenswertes. Wir redeten über Alexej Tolstoi – es sei wichtig zu wissen, was einem Menschen als Lebensmeridian diene. Man könne am Meridian von Paris, am Meridian von Greenwich usw. leben, aber man könne den Meridian auch vom eigenen geliebten Nabel ausgehen lassen. Nachdem ich bei einer Versammlung der Theaterautoren lange mit Alexej Nikolajewitsch zusammengesessen habe, scheint mir, sein Meridian geht vom eigenen Nabel aus. Er redete nur über sich, seine Stücke, darüber, daß man sie totschweige usw.

Sie erzählte, womit sich Schriftsteller plagen müssen. Man drehte einen Film über das Thema ihres Stückes «Das Blaue und das Rosarote». Es fehlten noch Aufnahmen für vier Tage – der Film hatte bereits 1 Million 200000 gekostet. Alle fanden ihn wunderbar, da stellte man einen neuen Leiter ein – er warf alles raus, was noch in Arbeit war, rücksichtslos. Das sei Vergangenheit, was man bräuchte, sei die Gegenwart. Sie schreiben aus dem Schulleben, behandeln den spanischen Bürgerkrieg, und siehe da – in Spanien ist inzwischen die Katastrophe eingetreten – das Drehbuch klingt nicht mehr richtig.

94 *Bruschtejn* – Alexandra Jakowlewna Bruschtejn (1884–1968), bekannt vor allem als Autorin erfolgreicher Dramen für das Kindertheater (z. B. «Das Blaue und das Rosarote», 1936).

Ich hatte mich wegen eines modernen sowjetischen Stücks an sie gewandt. Sie will davon nichts wissen. Sie wird für Obraszow[95] und mich etwas nach E. T. A. Hoffmann schreiben. Ich will mich erholen und meine blauen Flecke kurieren, sagt sie.

Meine blauen Flecke kuriert nur der Tod. Wassja – er arbeitet nicht, geht an Nataschas Gängelband, ein «Ehemann-Kind, ein Ehemann-Diener, einer der Pagen seiner Frau». Schlimmer noch – einfach ein Küchenjunge.

Besser, man spricht nicht von seinen blauen Flecken, sie schmerzen sonst nur noch mehr. Am 20. soll Meyerhold verhaftet worden sein, vager Spionageverdacht. Hat man denn bei so einem bedeutenden, weltweit berühmten Mann keine anderen Mittel der Einwirkung als die Verhaftung? Eine Schande. Übrigens – Schande ist kein Rauch, sie beißt einem nicht in den Augen.

Davor gab es in Moskau noch eine Besprechung der Regisseure. Meyerhold wurde mit Ovationen empfangen, er hatte rauschenden Erfolg, doch die Zeitungen schweigen darüber. Und beim Empfang im Kreml war er sehr betrunken und sagte zu Juri Alexejewitsch: «Sie lassen mich nicht nach Leningrad – entweder mag mich Molotow[96] zu sehr, oder hier ist es näher zur Butyrka[97].»

17. Juli

R. K. erzählte folgendes: Neulich kehrte Sinaida Raich mit einem Dienstmädchen spät von der Datscha zurück, um 3 Uhr

95 *Obraszow* – Sergej Wladimirowitsch Obraszow (1901–1993), berühmter sowjetischer Puppenspieler, Leiter des Staatlichen Zentralen Puppentheaters.
96 *mag mich Molotow* – siehe S. 256.
97 *Butyrka* – berüchtigtes Gefängnis in Moskau.

nachts. Als sie die Wohnung betraten, fielen Unbekannte über sie her, versetzten Sinaida Nikolajewna elf Stichwunden und ermordeten sie. Das verletzte Dienstmädchen konnte gerade noch auf die Treppe springen und schreien. Die Banditen verschwanden. Geraubt wurde nichts. Wer war das? Wenn sie zu einem Treffen von Verschwörern nach Hause gefahren wäre, hätte sie ihr Mädchen nicht mitgenommen. Hypothesen führen generell zu nichts. Mittelalter?? Wir armen Menschen des 20. Jahrhunderts können doch gar nicht anders, als die ganze Zeit auf das 16. und den Anfang des 17. Jahrhunderts[98] zu zeigen. Nicht vor Entsetzen zu schreien und tun, als ob wir nichts sehen, nichts hören.

Non veder, non senter di vasso.

Neulich erhielt Großmutter Walberg hintereinander zwei Briefe von Jewgenija Pawlowna. Ihr sei erlaubt, alle drei Monate einmal zu schreiben. In diesem einen Jahr und 9 Monaten sei nicht ein Kinderbrief bis zu ihr gedrungen. Aber Geld und Päckchen seien angekommen. Sie schreibt: Schickt mir 40 Rubel im Monat, Päckchen einmal in 3 Monaten. Und schreibt, selbst wenn ich schweige. Ja.

24. August 1939
Ich schütte Puderzucker auf den Kirschlikör. Schaue zum Fenster hinaus – auf der Furschtatskaja drängen Menschen, laufen Frauen, um sich anzustellen, niemand hat irgend etwas zu schaffen, d. h. absolut nichts, bis auf daß nous voilà, nous som-

---

98 *das 16. und den Anfang des 17. Jahrhunderts* – die Zeit der Wirren nach dem Tod Iwans des Schrecklichen, als der Kampf um die Thronfolge das Land in Chaos stürzte, mehrere falsche Dmitris auftauchten und sich bekämpften, unterstützt dann auch von ausländischen Mächten (Polen, Schweden) – bis 1613 mit der Wahl Michail Romanows zum Zaren eine neue Dynastie an die Macht kam.

mes, wie XY in «Krieg und Frieden» sagte. Ein Nichtangriffspakt mit Hitler, mit Deutschland. Was für ein Nichtangriff?
Wie, haben die Deutschen Angst bekommen, daß wir sie an-
greifen? Im vergangenen Herbst erzählte mir W. S. unter
Tränen, daß der Redakteur der Militärzeitschrift ihr gesagt
habe: In den deutschen Zeitungen steht, in Rußland gibt es
keine Armee[99] mehr– man müsse schleunigst seine Aufträge
erfüllen. Wieso schleunigst – das russische Volk liegt gänzlich
am Boden, und «auf ihm liegt ein schwerer Stein, daß es sich
nicht aus dem Grab erheben kann». Da liegt der eine betrunken, der andere nüchtern, aber gepeinigt bis zum Verlust allen
menschlichen Aussehens. Ein Nichtangriffspakt – um welchen
Preis!

«Zur Rettung der Revolution» hat Lenin Land weggegeben und Kontributionen gezahlt – fremdes Gut ist leichter
wegzugeben, er hat Meer weggegeben, und jetzt, was geben
wir jetzt? Wegen Bagatellen wäre Ribbentrop wohl nicht gekommen. Es wird schon einiges kosten. Paris vaut bien une
messe[100] (*Paris ist eine Messe wert*). Wahrscheinlich gehen jetzt
alle Rohstoffe, Erdöl, Kohle usw. nach Deutschland. Wir sind
der Dünger, wir düngen den edlen deutschen Boden. Hitler
hat freie Hand. Polen wird der Tschechoslowakei folgen. Sie
bedrohen Frankreich – Frankreich, unsere zweite Heimat.
Nach dem Frieden von Brest fuhr ich einmal in der Straßenbahn, vor den Fenstern schimmerte der Sommergarten – das
hat sich mir ins Gedächtnis eingegraben. Neben mir saß eine
junge Frau von etwa 35, ganz in Schwarz, eine Französin, und

99 *keine Armee* – wegen der «Säuberungen» in der Roten Armee, siehe
S. 130 u. 229.
100 *Paris vaut bien une messe* – ein König Heinrich IV. von Frankreich zu-
geschriebener Ausspruch, den er 1593 im Zusammenhang mit seiner erneuten
Konversion zum Katholizismus getan haben soll.

sagte: C'est lache, c'est lache, que va devenir la France (*Das ist niederträchtig, das ist niederträchtig, was soll aus Frankreich werden*), und mir liefen die Tränen nur so übers Gesicht, ich weiß, daß nous sommes des laches (*wir feige Memmen sind*) – und wohin uns dieser Verrat Lenins gebracht hat.

Siebzehn Millionen Deportierte, und wie viele Erschossene, eine versklavte hungernde Bauernschaft und schon ein zweites Mal ein Moskauer Brester Friede mit Deutschland! Und wie viele sind in der Emigration! Wie Fedja sagte: Das ist schon keine Emigration mehr, sondern ein Exodus. Der Leitartikel der «Prawda» anläßlich der Unterschrift unter dem Vertrag endet mit den Worten: «Die Freundschaft der Völker der UdSSR und Deutschlands, die durch die Anstrengungen der Feinde Deutschlands und der UdSSR in eine Sackgasse geraten war, soll von nun an die notwendigen Rahmenbedingungen zu ihrer weiteren Entwicklung und vollen Blüte erhalten.» Wie? Was ist das? Wer sind diese Feinde? Und das, während die Körper der in Spanien und der Tschechoslowakei Gefallenen noch warm sind? Pack. Ich kann nicht mehr; mich erfüllt eine so unwahrscheinliche Erbitterung, ein solcher Haß, eine solche Verachtung – aber was kann man tun? Es gibt keine einzige Zeitschrift mehr, die noch eine Stimme und einen Kopf auf den Schultern trüge. Radek, Bucharin, Startschakow. Ob der kluge Sergej Ossipowitsch noch lebt? Sie werfen ihm einen Anschlag auf Woroschilow [101] vor (und er hat es zugegeben!).

Wir wissen, wie die Menschen unter Jeschow, und nicht nur

---

[101] *einen Anschlag auf Woroschilow* – Es gehörte zu den häufig benutzten Beschuldigungen bei den «Säuberungen», daß dem Angeklagten die Planung oder der Versuch von Anschlägen auf die Parteiführer, vor allem natürlich Stalin, unterstellt wurde.

unter ihm, nie begangene Verbrechen zugegeben haben. Nicht einmal Schtschedrin [102] hätte sich so etwas ausdenken können. Ich stelle mir vor, mit welcher Verachtung Ribbentrop aus seinem Zugfenster, seinem Wagenfenster auf diejenigen blickt, die ihr Land verraten und zulassen, daß SIEBZEHN MILLIONEN IN LAGER gesperrt werden. UND WIE RECHT ER HAT.

Er sah den blutbesudelten Boden in dem Zimmer, wohin man ihn zum Verhör brachte. Sie schlugen ihm ins Gesicht. Anna Achmatowa erzählte mir nach den Worten ihres Sohnes [103], daß im vergangenen Juni 1938 so schlimm geprügelt wurde, daß man den Menschen Rippen und Schlüsselbeine gebrochen hat. Was mußte der stolze und kluge Startschakow alles erdulden, daß er ein solches Verbrechen auf sich nahm! Allein der Gedanke ist schrecklich. Ob er erschossen wurde oder noch lebt?

Der Sohn der Achmatowa wird des versuchten Anschlags auf Schdanow beschuldigt.

Der arme Boris Stolpakow wurde schon 1934 erschossen wegen eines «Anschlags auf Kirow», als Jagoda die Ermordung Kirows erst vorbereitete und sich bemühte, die öffentliche Meinung auf eine falsche Fährte zu lenken. Mit Stolpakow wurden Bobrischtschew-Puschkin, Sinowjew (oder

---

102 *Schtschedrin* – Michail Jewgrafowitsch Saltykow-Schtschedrin (1826 bis 1889), bedeutender russischer Satiriker, der in seiner Prosa ein finstergroteskes Bild des Landes entworfen und Personen geschaffen hat, die sprichwörtlich geworden sind.

103 *nach den Worten ihres Sohnes* – Lew Nikolajewitsch Gumiljow, der Sohn des Dichters Nikolai Gumiljow (1921 als angeblicher Konterrevolutionär erschossen) und der Dichterin Anna Achmatowa. Lew, mit dessen Verhaftung vor allem die Achmatowa getroffen werden sollte, hat zwischen 1935 und 1956 viele Jahre im Lager und in der Verbannung verbracht, beschuldigt des versuchten Anschlags auf Schdanow – siehe S. 122.

Sacharjew, ich weiß nicht mehr genau) und noch zwei junge Männer aus altem Adelsgeschlecht erschossen. Jetzt ist ganz klar, weshalb ihnen Kirow, der ehrlich war und geradezu, im Weg war. Die deutsche Gestapo brauchte nur Marionetten. Das Foto in der «Prawda» ist etwas wert: rechts die dummen, zerfressenen Fratzen Stalins und Molotows und links, die Arme wie Napoleon gekreuzt, feinsinnig und selbstbewußt lächelnd, von Ribbentrop. Ja, soweit ist es mit uns gekommen. Der Triumph des Kommunismus! Eine Lehre allen Zeiten und Völkern, wohin sie führt, diese «Arbeiter-und-Bauern-Regierung»!

Meiner Ansicht nach müßte sich jetzt jeder anständige Kommunist und Revolutionär eine Kugel in den Kopf schießen.

Und du, INTELLIGENZIJA?

Gawrilo Popow sagte zu Wassja: «Gott sei Dank, wenigstens fünf Jahre gibt es keinen Krieg, da kann man eine Oper schreiben. ‹Alexander Newski› werde ich aber wohl nicht fortsetzen können. Ich muß mir schleunigst einen Vorschuß geben lassen.» Sein «Spanien» haben sie schon Tage vor Ribbentrops Ankunft abgesetzt.

Konowalowa war gestern bei Gorin-Gorjainow – er hat ein Grundstück für eine Datscha bekommen. Ist froh, daß es keinen Krieg gibt. «Man muß schleunigst bauen.» Vielleicht führen sie das Privateigentum wieder ein. Nicht zufällig hat unsere paradoxe Tante Ljolja anläßlich der Vernichtung der Bauernhöfe und Gärten gesagt: «Das wird alles für Adolf gemacht.»

Was tun? Ich habe das starke Gefühl, daß wir im Theater nur das Russische fördern sollten. Russische Geschichte, das russische Epos, Lied. Es in die Schulen bringen. Die Kinder mit diesem einzigen Reichtum, der uns noch geblieben ist, vertraut machen. Aber wo sind die Autoren? Wo die arme Jelena

Michailowna Tager, die das so gut verstanden, so geliebt hat? Und welch ein Hohn der Natur, daß sie und ich, rein russische Intellektuelle, dieses unschätzbare russische Kleinod so schmerzlich lieben.

Ich traf Boris Pronin [104]. Wir sprachen über Meyerhold und Sinaida Nikolajewna. Er hat die folgende Vermutung: Jurgis Baltruschaitis [105] hat als bevollmächtigter Vertreter Litauens in Moskau sein früheres Künstlerleben soweit möglich fortgesetzt, er liebte die Bohème, war immer gern bei Georgi Jakulow, Koni, Meyerhold, stellte sein Auto um die Ecke ab und kokettierte damit. Im vergangenen Herbst war Boris bei Podgorny zu Gast, war allein in der Wohnung, da kam Baltruschaitis, brachte zwei Flaschen guten Weins mit. Als Meyerhold Unannehmlichkeiten hatte – erzählte Baltruschaitis Podgorny: Ich war beim Alten [106] (Litwinow), der rieb sich die Hände und sagte: «Wir haben es geschafft, Meyerhold wird weiterarbeiten.» Baltruschaitis war mit Litwinow befreundet. Als er aus der UdSSR abreiste, gab ihm Meyerhold einen Brief an Romain Rolland mit, in dem er über die Unmöglichkeit zu arbeiten klagte und den Wunsch äußerte, ins Ausland zu gehen. Und ebendieser Brief fiel dem NKWD in die Hände. Auf welche Weise, ist nicht bekannt. Boris glaubt, daß die Ermordung von Sinaida Raich kein politischer Akt sei, sondern ein Raub-

---

104 *Boris Pronin* – Boris Konstantinowitsch Pronin (1875–1946), Theaterregisseur.

105 *Jurgis Baltruschaitis* – (1873–1945) Litauer, begabter symbolistischer Dichter, der russisch und litauisch schrieb; von 1921 bis 1939 litauischer Botschafter in Moskau. Das NKWD erklärte ihn zum britischen Spion, weshalb auch noch die loseste Bekanntschaft mit ihm tödlich sein konnte, z. B. für Meyerhold (siehe S. 151).

106 *Ich war beim Alten* – nämlich bei Maxim Maximowitsch Litwinow (1876–1951), sowjetischer Diplomat und von 1930 bis 1939 Volkskommissar des Äußeren, 1941 bis 1943 Botschafter in Washington.

überfall, daß die Zeugen einer Hausdurchsuchung von der teuren Kleidung verführt worden seien usw. Aber wie man hört, hat es keine Durchsuchung geben.

5. September

Jewgenija Jakowna Danko und Janson waren hier. Jewgenija Jakowna hat im Sommer im Haus der Künstler, dem ehemaligen Haus Tolstois in Detskoje, Urlaub gemacht. Zur selben Zeit war dort auch Boris Andrejewitsch Lawrenjow. Als das Gerücht über die Ermordung von Sinaida Raich zu ihnen drang, fuhr Lawrenjow zum Militärstaatsanwalt und brachte von da die folgende Version zurück: Sinaida Nikolajewna war telefonisch nach Moskau gerufen worden, angeblich, weil man ihr Neuigkeiten über Wsewolod Emiljewitsch mitteilen wollte. Sie kam spät an. Ihre Mörder folgten ihr. Man fand sie mit ausgestochenen Augen und erklärte das mit der Legende, daß sich in den Augen eines Sterbenden das einprägt, was er im letzten Moment sieht. Angeblich hätten die Mörder das gefürchtet.

Jewgenija Jakowna sagte, Lawrenjow – ein schrecklicher Mensch – sei offenbar allzu vertraut mit den Angelegenheiten des NKWD. Von Startschakow Trauriges: Er ist als Volksfeind erschossen worden. Man will es nicht glauben, Lawrenjow konnte ihn nicht ausstehen, ich erinnere mich noch, wie er ihn mir gegenüber einmal einen Intriganten und Menschen mit abstoßendem Charakter nannte. Früher haben sie irgendwo in Zentralasien zusammengearbeitet, und dort ist offenbar ihre gegenseitige Antipathie entstanden. Alexej Ossipowitsch nannte Lawrenjow einen hungrigen Hai.

Zur selben Zeit wie Jewgenija Jakowna wohnte im Haus des Künstlers ein junger Schriftsteller, Chmelnizki. Er hatte die Angewohnheit, wenn er arbeitete im Garten am Zaun entlang auf und ab zu gehen. Die anderen lagen auf Chaiselongues, saßen auf der Terrasse, unterhielten sich. Da kam der Direktor des Litfonds Wanin, und als er diesen friedlichen Zeitvertreib sah, geriet er in Zorn und hielt den Schriftstellern eine kräftige Standpauke wie kleinen Kindern – sie arbeiteten nicht, das sei ein Haus des Schaffens und nicht eine Schwatzbude usw. Besonders Chmelnizki bekam es ab. Als Reaktion darauf schrieb er im Gästebuch auf die erste Seite ein Epigramm auf Wanin, dessen Sinn etwa darin bestand: Die Hölle wird von dem hundertköpfigen Zerberus bewacht, die Schriftsteller bewacht ein Kopfloser, aber deshalb ist es nicht leichter.

Es gab einen unwahrscheinlichen Skandal. Chmelnizki wurde zum Klassenfeind, beinahe Volksfeind erklärt und beim Staatsanwalt des NKWD denunziert. Es gab eine offizielle Versammlung aller Schriftsteller, die die Tat Chmelnizkis erörtern sollten, und so wurde allem ein politisch-konterrevolutionärer Hintersinn verliehen.

Schließlich stand ein gewisser Orlow auf, der mutig genug war, zu sagen, daß man die Tat Chmelnizkis eine Taktlosigkeit nennen könnte – aber politisch sei daran nichts, und noch nie habe man Epigramme als politische Ausfälle behandelt. Nach Orlow redeten auch andere, die bis dahin geschwiegen hatten, und Chmelnizki erhielt nur eine strenge Verwarnung.

24. Oktober 1939

Ich las gerade das Stück «Die Mutter»[107]. Es läuft zur Zeit im Alexandra-Theater. Meiner Ansicht nach sollte man es aus dem Repertoire nehmen. Es richtet sich gegen den Krieg, gegen die Aggression. Und wir sind zur Zeit sowohl Aggressoren als auch Helfershelfer des aggressiven Faschismus. Was jetzt die Kom-

---

107 *«Die Mutter»* – Schauspiel von Karel Čapek (1890–1938), sein letztes Bühnenstück (uraufgeführt im Februar 1938).

intern machen will, wüßte ich gern. Logischerweise müßte jetzt nicht nur die ganze kommunistische, sondern auch die bloß demokratische Welt aufhören, uns die Hand zu geben, schlicht gesagt. Vielleicht – ist das denn nicht jener indirekte Beweis für die Welt, von dem Tschaadajew [108] spricht?

Am 6. kam ich aus dem Urlaub zurück. Ich hatte die Zeit vom 7. bis 29. am Seligersee bei Natalja Wassiljewna verbracht, war dann nach Palech gefahren, von dort nach Hause. Am 29. bin ich mit einem kleinen Boot nach N. gefahren, wo ich zweieinhalb Stunden in einem halbverfallenen Badehaus am See auf den verspäteten Dampfer wartete. Im See spiegelte sich ein rosaroter Sonnenuntergang, dann gingen Sterne auf, die Dämmerung brach ein. Es war sehr kalt. Dampfer, Übernachtung im Haus eines Bauern. Einen ganzen Tag auf dem Bahnhof in Ostaschkow. Drei Stunden in Bologoje bis 2 Uhr nachts. Schuja, Übernachtung bei der Putzfrau. Abends den Weg nach Palech zu Pferd. Sonnenuntergang. Ein wunderbarer Mondabend – der herbstliche Geruch des Waldes, der Erde, des verwelkten Laubs. Goldene, durchsichtige Birkenwäldchen. Mit Genuß atmete ich diesen Duft, der mich an Larino erinnerte, an unsere Ausritte durch die Herbstwälder.

Ein Tag in Palech. Nachts erhob sich ein Schneesturm, gegen Morgen hatte es den Schnee einen halben Arschin hoch

108 *Tschaadajew* – Pjotr Jakowlewitsch Tschaadajew (1794–1856), Philosoph, der mit der Veröffentlichung seines «1. philosophischen Briefs» (1836) einen Skandal auslöste («ein Pistolenschuß in dunkler Nacht»), weil er darin ein äußerst pessimistisches Bild von Rußland zeichnet, es eine «kulturelle Tabula rasa» nennt: die ursprüngliche Barbarei sei durch grobe Unbildung, dann das Tatarenjoch und schließlich die blinde, ungeistige Nachahmung des Westens abgelöst worden, weshalb die Gegenwart traditionslos geblieben sei. In einer später geschriebenen «Apologie d'un fou» mildert er diese Behauptung insoweit ab, als er im Fehlen von Traditionen in Rußland die Chance für eine kommende positive Entwicklung erkennt.

zusammengeweht, auf den Markt kamen sie im Schlitten gefahren. Ich zog Filzstiefel an, einen gewaltigen Lammfellman-
tel mit großem Kragen, ein Wolltuch auf den Kopf und fuhr
fünf Stunden bis Schuja. Die Räder waren schneeverkrustet.
Sorka konnte kaum laufen. Die beiden Personenwagen des Artels waren für militärische Zwecke requiriert worden. Das
heißt requiriert war eines, das andere «barfuß» (d. h. ohne Rei-
fen). Da kann man nichts sagen, wir sind auf den Krieg vorbereitet. Dabei bereiten wir uns doch den Reden und Zeitungen
nach schon seit zwanzig Jahren vor. Wieder einen ganzen Tag
in Schuja, ich übernachtete bei derselben Putzfrau Tscheby-
nina. Man ging zu ihr über die von dickem Schnee verwehten
Bahnschwellen, etwa eine Werst. Und nun endlich ein Schlaf-
wagen – ich liege 28 Stunden und erhole mich endlich im Warmen von meinem Urlaub.

Von dieser ganzen Reise ist mir nur der Eindruck eines Lei-
densweges geblieben. Hinter dem sichtlich bettelarmen Leben
hört man Stöhnen, ein allgemeines Stöhnen, gleichförmig über
das ganze Land.

Am Seligersee ging ich abends einmal in die Küche. Lipa,
eine alte unverheiratete Frau aus dem Dorf, die den ganzen
Sommer bei Natalja Wassiljewna gedient hatte, saß in der Ecke
zwischen Herd und Türpfosten, ganz zusammengekauert, und
bedeckte das Gesicht mit den Händen. Der Wachmann Stepan
stand beim Herd, warf Späne hinein und blickte finster ins Feuer.
«Was haben Sie?» – «Ach, schlimme Nachrichten hat Stepan
gebracht, unser Leben geht zu Ende, und man kann nichts dagegen tun. All das wird in Schreiben angekündigt, es wird
schlimmer und immer schlimmer.» – «Was ist denn los?» Hier
schließlich hob Stepan den Kopf. «Ich war im Dorf (Salutschje,
am anderen Ende des Seligersees), da kamen gerade welche aus
dem Bezirksexekutivkomitee (RIK) und gaben bekannt, daß wir

nichts mehr zum Frühjahr vorbereiten, die Gärten nicht düngen sollten – im Frühjahr würde die ganze Siedlung 5 km vom See wegversetzt. Und gerade erst im vergangenen Sommer haben sie Höfe von hinter dem Wald, über 5 km, zu uns an den See versetzt und ihre Häuser am See entlang aufgestellt. Wir haben uns gefreut, wie groß und schön unser Dorf geworden ist. Und wie soll man sie versetzen? Für 500 Rubel bekommt man 2 Pud Nägel, und was kann man damit schon anfangen? Das ist der Ruin. Im Sommer hat es bei uns gebrannt (Stepan hat bis jetzt versengte Hände). Meiner Mutter ist der ganze Hof abgebrannt, geblieben ist ihr nur, was sie auf dem Leib hatte. Das ganze Heu für die Kuh ist verbrannt, der Dorfsowjet gab den Abgebrannten die Erlaubnis, noch einmal zu mähen. Meine Mutter hat drei Fuhren zusammengebracht. Und jetzt die aus dem RIK – sie haben den Abgebrannten das ganze Heu weggenommen – haben es nach Ostaschkow gebracht für den Bedarf des Militärs.

Meine Mutter hat ihre Kuh genommen, hat sie zum Dorfsowjet gebracht, an die Haustür gebunden und ist weggegangen. Sie geben uns kein Futter, keine Schlachterlaubnis, was tun? Meinem Bruder und mir sind noch drei Hemden geblieben. Da trägt man das Hemd einen Monat lang, geht ins Badehaus, wäscht sich, wäscht das Hemd, trocknet es und zieht es wieder an. Wir haben doch schon seit zehn Jahren weder Kleidung noch Schuhwerk gesehen. Wieviel Leinen wir auch abgeben, Kleidung bringen sie uns nicht. Wenn ich früher ein Tier geschlachtet habe, dann hatte ich die Haut, da konnte man der ganzen Familie Schuhe machen. Wenn ich jetzt einen Hammel schlachten muß, beim Dorfsowjet im Schlachthaus, nehmen sie einem die Haut, die Därme, das Blut weg.

Sie haben uns den Hals zugedrückt im Sommer! Kartoffeln wurden 50 Hektar gesteckt, ernten konnten wir nur 6 Hektar, das übrige ist unter dem Schnee geblieben, erfroren.

Und wer glaubt schon noch, man könnte auf der Versammlung im Dorfsowjet sagen, daß das eine oder andere nicht richtig sei? Anfangs haben sich noch welche gefunden, die das taten – aber heutzutage: Wie heißt du? Und am anderen Tag ist der Mensch verschwunden. Jetzt wollen sie uns holen, und so sitzen jetzt alle und lassen den Kopf hängen, stützen ihn auf die Hand. Und kein Wort. Richtig, alles ist richtig. Jetzt können die Abgebrannten nirgends mehr hin. Wir hatten doch drei Kirchen. Aber sie wollen nicht, daß es eine Kirche gibt. Hätten sie sie gelassen, dann hätten die Menschen jetzt einen Ort, wohin sie sich flüchten könnten. Aber nein. Wir hatten eine steinerne Kirche, schön war sie, stand auf dem Berg über dem See, sie haben sie abgerissen, und die andere steinerne haben sie auch zerstört. Und dann gab es noch eine hölzerne, alte, auch schöne Kirche – das Dach haben sie abgenommen, in die Stadt gebracht, die Kirche abgebrannt.

Jetzt ist uns alles egal. Wir sehen, daß wir zugrunde gehen, was soll's, wir schweigen. Sollen sie uns ins Gefängnis stecken, ob sie uns dort Brot geben?»

Die Dörfer stehen seit Menschengedenken am Seligersee: Jetzt geht dort offenbar schon lange das Gerücht um, daß man sie ins Landesinnere umsiedeln will. So ein Quatsch, wo es noch so viel freies Land am See gibt. Da haben sich unsere Datschenbauer die schönsten Plätze ausgesucht. Katschalow, Babotschkin, Natalja Wassiljewna Tolstaja und andere.

Sie wollen einen Kurort einrichten und auf der Gorodimla-Insel einen geheimnisvollen militärischen Gebäudekomplex, vielleicht ein chemisches Werk. Von außen ist nichts zu sehen, dichter Wald. Ranfahren, sogar in der Nähe vorbeifahren ist verboten. Jetzt schwimmen um Gorodimla herum die weißen Bojen einer Demarkationslinie. Im Frühjahr waren sie noch nicht da, als aus Ostaschkow der Passagierdampfer «Sowjet» kam, der täglich nach Fahrplan alle Seehäfen anfährt. Ob der Wind ihn von der Route abgebracht hat oder bloß die Fahrlässigkeit des Kapitäns, jedenfalls kam die «Sowjet» ein wenig näher als vorgesehen an die Insel heran – da erfolgte eine Salve, und fünf Menschen wurden verletzt, zwei davon schwer, dem einen mußten sie ein Bein amputieren.

Ich saß auf dem Bahnhof von Schuja, abends. In der Mitte stand eine Gruppe Arbeiter mit Säcken auf dem Rücken, sie rauchten. Rauchen auf dem Bahnhof ist verboten. Ein Milizionär ging zu ihnen hin, sagte etwas, dann riß er dem einen die Zigarette aus dem Mund und schmiß sie auf den Boden. Da erhob sich Geschrei, die Arbeiter umringten den Milizionär: «Was, er soll kein Recht haben, behauptest du, nimm bloß die Finger weg!» Es schien, als ob es gleich zu Handgreiflichkeiten käme. Der Milizionär konnte gerade noch entkommen. Auf einer Bank lag ein noch junger Mann in einer vollkommen zerrissenen Steppjacke und Leinenhosen. Der Milizionär tauchte wieder auf und wollte ihn vertreiben, denn auf dem Bahnhof darf man nicht übernachten. Der Mann ging aber nicht. Der Bahnhofsvorsteher kam. Da sprang der Mann auf und begann beide zu beschimpfen. «Red nur weiter, wir stecken dich ins Gefängnis!» – «Macht es doch, verhaftet mich, im Gefängnis gibt es wenigstens Brot!» Diesen Satz habe ich Dutzende von Malen gehört. Neben mir saß eine alte Frau mit schwarzem Kopftuch. Sie sagte: «Das sind mal Mutige, man sieht doch gleich, daß die aus der Stadt sind, Arbeiter. Aber bei uns auf dem Dorf, da sagt doch keiner mehr ein Wort. Ach, schwer ist es im Kolchos, du arbeitest für nichts, es gibt nichts anzuziehen, nichts zu essen, sie haben uns erstickt.» Die Frau kommt aus der Gegend von Nischni und wiederholt nur dasselbe Lied, das ich auf der ganzen Fahrt gehört habe.

Ich fahre abends nach Palech. In den Dörfern nicht ein

Hund. Ich weiß noch, wie früher aus jedem Haus die Hunde rausgelaufen kamen und den Durchfahrenden mit wütendem Gebell begleiteten. Ich rede darüber mit meinem alten Kutscher (dem Pferdeknecht von Palech): «Ja wissen Sie, wir haben doch kein Futter, und zu bewachen gibt es auch nichts, die Haut vom Leibe können sie uns nicht abziehen.»

Palech verkommt. 1938 haben sie Al. Iw. Subkow verhaftet, den Organisator und Vorsitzenden des Artels. Sein Nachfolger wurde Bakanow, ein noch sehr junger Parteigenosse, der das mit allen Mitteln erkämpft hatte und wahrscheinlich auch an der Verhaftung von Subkow schuld ist. Im Zusammenhang mit Subkows Verhaftung hat sich auch das NKWD in die Angelegenheiten des Artels eingemischt. Aus der Bibliothek wurden alle Materialien weggeholt, die den weisen Tschekisten «religiös» vorkamen, alte illustrierte Bibeln und ältere Kopien der Nowgoroder Fresken auf Karton, alte Ikonen und Kopien. All das wurde verbrannt. Dabei hatten diese wertvollen Stücke doch den Künstlern als Material für ihre Arbeit gedient, wie ihre Vorfahren benutzten sie die Bibeln des 17. Jahrhunderts. Unter Subkow hatte das Artel seinen Repräsentanten in Moskau, Wassiljewski, der ihnen Aufträge im ganzen Land verschaffte. Man entließ ihn unter dem Vorwand, er sei Popensohn und daß eine solche Vertretung nur Geldverschwendung sei. Wassiljewski erhielt 700 Rubel. Jetzt sitzt das Artel ohne Aufträge da und Bakanow hat es auf Massenproduktion umgestellt – wogegen Subkow erbittert gekämpft hatte.

Ich wohnte bei Baschenow, gegen Abend ging ich zu Nik. M. Parilow, der uns den Saltan gemalt [109] hatte. Parilow ist ein

---

[109] *den Saltan gemalt* – gemeint ist «Das Mädchen vom Zaren Saltan» von A. S. Puschkin, das in der Lackmalerei von Palech besonders beliebt ist und immer wieder dargestellt wird.

Bauer, Baschenow ein Intellektueller, auch wenn er noch halber Analphabet ist – es sind vollkommen verschiedene Repräsentanten von Palech. Baschenow ist begabter, Parilow dafür origineller, er hat noch den «Stil» von den Ikonen, die er noch selber malen mußte, während ihn Baschenow erst lernte – er war bei der Revolution 11 Jahre alt. Parilow war Gesichtsmaler, d. h. sein Fachgebiet waren die Gesichter auf den Ikonen, und selbst auf seinen Skizzen waren die Gesichter, die Typen hervorragend gemalt, in der überlieferten Weise auf weißer Grundierung. Baschenows Puppenskizzen sind uninteressant, haben keinen eigenen Charakter. Sie boten mir Tee und Zucker, Konfekt an, Dinge, die es heutzutage nur noch bei guten Gastgebern gibt. Die Frau klagte über die Schwierigkeiten beim Wirtschaften. «Wir wissen noch nicht, ob wir die Kuh halten können, Heumahd haben sie uns als Einzelbauern nicht erlaubt. Heu kann man nirgends kaufen.» Und Parilow klagte darüber, daß er keine Gelegenheit mehr zu künstlerischer Arbeit habe. Es gebe weder Aufträge fürs Theater noch Illustrationen, die Preise für Lackarbeiten seien gesenkt worden, die alten Meister hätten aufgehört, Kästchen zu bemalen, die jungen malten von Postkarten und billigen Bildchen ab. Er führte mich in seine Werkstatt. Es war schon ganz dunkel, in der Werkstatt war niemand, er führte mich durch die Zimmer, öffnete Kästen, Trockenöfen, zeigte mir Schatullen und Originale, von denen sie abmalten. Am nächsten Morgen zeigte mir Markitschew eine ganze Menge Kästchen, eins gröber als das andere – im Gedächtnis geblieben ist mir noch Gorki, eine Gruppe Kinder, lauter gleiche Köpfe und darunter ein langgezogenes Bukett primitivster Blumen. Und als Ausnahme eine große Schatulle des alten Meisters Speranski: King Lear (etwa 40 cm). Auf dem Deckel der König, seine Suite und die Töchter, und an allen vier Seiten verschiedene Szenen. Der Sturm, die Wolken auf dem schwarzen Lack mit Gold und der goldene Regen sind phantastisch gestaltet. Was bedeutet einem Bauern aus dem Gebiet von Wladimir Shakespeare, und was ist er für Shakespeare? Dort zeigte mir Markitschew auch eine kleine ovale Miniaturschachtel von Wakurow mit Dämonen. Eine schwarze Troika, goldener Schnee und ein dunkelblauer Hintergrund. Eine wunderbare Arbeit, hätte ich noch hundert Rubel übrig, ich würde sie unbedingt kaufen. Parilow zeigte mir sein Bild «Kolchos-Rennbahn» von eineinhalb Meter Länge. Im Vordergrund laufen Palech-Pferde, die vor Equipagen gespannt sind, dahinter in der Mitte das Publikum und ringsum eine Menschenmenge. In Paris könnte dieses Bild bei einem marchand de tableaux einen kolossalen Erfolg haben. Le douanier Henri Rousseau in seiner großen Naivität. Alle Gesichter sind wie auf den Ikonen gemalt, keinerlei Komposition, alle Menschen stehen in einer Reihe, die Röcke der Frauen alle mit der unvermeidlichen Falte in der Mitte. Parilow ist deprimiert, und wahrscheinlich nicht nur er.

Nachts kam Schneesturm auf, und bis zum Morgen hatte es einen halben Arschin Schnee aufgetürmt! Wir kamen nur mit Mühe nach Schuja, der Schnee verklebte die Räder. Sie gaben mir Filzstiefel und einen riesigen Fellmantel.

Die ganze Fahrt über, durch die Dörfer, in Schuja selbst, bewunderte ich die Schnitzerei an den Fenstern, den Giebeln, um die Dächer herum. Ich brachte aus Palech ein Keramikfläschchen oder eher Väschen mit, das mir Markitschow geschenkt hatte: silbrige Blumen auf schwarzem Feld. Was für einen unverbildeten, absoluten Geschmack diese Menschen haben.

Das alles müßte man aufnehmen, es ist doch bereits Kunst der Vergangenheit, wem im Kolchos kommt denn noch in den Sinn, seine Wohnung auszumalen? Ich fragte den alten A. W. Kotuchin, einen hervorragenden Maler, woher sie noch die

Zeit nähmen, die Fensterverkleidungen zu schnitzen. Er antwortete mir: «Wenn man aus der Werkstatt kommt (er ist Ikonenmaler gewesen), ist man müde, und da nimmt man sich dann zum Vergnügen, fürs Herz, ein Brett und schnitzt, was einem in den Sinn kommt.» Daher diese Vielfalt in den Zeichnungen.

Noch ein Tag in Schuja. Das letzte Mal ging ich morgens ins Restaurant frühstücken und beobachtete dabei, was die Leute hier essen. Es war 11 Uhr morgens: zwei Gläser Wodka (je 100 Gramm), zwei Flaschen Bier, das sie mit Salz trinken, und einen Teller Kohlsuppe. Eine andere Gruppe von drei Leuten kippte, während ich mein Mittagessen aß, eineinhalb Liter Wodka, zahllose Flaschen Bier und aßen je einen Teller Suppe oder Hauptgang. Offensichtlich handelte es sich um «Wirtschaftsplaner», eine Art «Leitende». Hohe Stiefel und kurze, lammfellgefütterte Jacken. Ihre Fratzen färbten sich allmählich rot, sie führten irgendwelche geschäftlichen Gespräche.

Alle trinken, Betrunkene gibt es überall. Sie liegen herum wie Vieh. Meine Reise hinterließ einen absolut entsetzlichen, ja qualvollen Eindruck. In Palech waren alle deprimiert seit der Verhaftung von A. I. Subkow. Etwas schaffen ist schwer, es zerstören – mein Gott, wie leicht!

«Verwelkt ist mein Leben»

Tagebuch des
Stepan Filipowitsch Podlubny *

Stepan Filipowitsch Podlubny wurde 1914 in der Familie wohlhabender Bauern im Dorf Berjosowka bei Lipowez in der Ukraine geboren. Nachdem der Landbesitz seines Vaters nach der Revolution zunächst weitgehend enteignet, die Familie 1929 entkulakisiert und der Vater für drei Jahre nach Archangelsk verbannt worden war, tauchten Stepan und seine Mutter mit gefälschten Papieren in Moskau unter, denn Gerüchte besagten, daß auch die Angehörigen von Kulaken verhaftet werden würden. Stepan galt nun als Sohn eines Arbeiters und nicht mehr als «klassenfremdes Element», fand eine Anstellung als Druckerlehrling im Verlag der «Prawda», und seine Mutter arbeitete als Hausmeisterin.

Stepan wurde bald Mitglied des Komsomol. Im Jahre 1932 gewannen ihn die Organe der Staatssicherheit als Informanten, und er verfaßte nun regelmäßig Berichte über «konterrevolutionäre Vorgänge» in seiner Umgebung. 1935 wurde Podlubny Student am Zweiten Medizinischen Institut in Moskau – wieder verbarg er seine Herkunft. Ein Jahr darauf wurde seine «klassenfremde Herkunft» publik, und man schloß ihn auf einer öffentlichen Versammlung aus dem Komsomol aus.

Nachdem seine Mutter im Dezember 1937 verhaftet worden war, mußte Podlubny auch sein Studium abbrechen. Im Oktober 1939 wurde er schließlich selbst verhaftet und für anderthalb Jahre in einem sibirischen Arbeitslager inhaftiert. Seine Mutter kam 1940 aus der Lagerhaft frei.

Stepan Podlubny arbeitete nach Kriegsende in verschiedenen Ministerien, zuletzt als Wirtschaftsplaner im Gesundheitsministerium.

Der hier gekürzt wiedergegebene Auszug aus seinem Tagebuch, das er seit 1931 führte und das heute im Moskauer Volksarchiv lagert, bezieht sich auf den Zeitraum von Januar 1936 bis Januar 1938.

1. Januar 1936

Sei gegrüßt, neues Jahr. Keinen schlechten Empfang habe ich dir bereitet, bei Tisch mit einem Glas Wein. Einen fröhlichen Empfang habe ich dir bereitet. Doch wirst du mir auch ein fröhliches Leben bescheren? Ich frage mich zwar, was mir das neue Jahr bringen wird, aber es ist nicht mehr dieselbe Frage, wie ich sie in vergangenen Jahren stellte. Früher ging es darum, wie ich für meine Vergangenheit bestraft werden würde; das war die Hauptsache, zu 100 Prozent. Von dieser Frage sind jetzt 40 Prozent übriggeblieben, zu 60 Prozent geht es aber darum, was ich im kommenden Jahr erreichen kann, wie ich vorankommen werde.

2. Januar 1936

Halb eins. Heute bin ich nicht ins Institut gegangen. Zum ersten Mal wird man mich wohl für unentschuldigtes Fehlen eintragen. Ich habe zwar schon früher mehrfach geschwänzt, konnte aber immer irgendwelche fingierten Bescheinigungen vorlegen.

Das Wetter ist trübe, neblig, es nieselt etwas, der Schnee schmilzt. In den Rinnsteinen rauschen Bäche. Ganz wie im Frühling – obwohl es erst Januar ist. In meiner Erinnerung bleibt der gestrige Silvesterabend. Ich nenne ihn «gestrig», weil ich gestern erst um 4 Uhr nachmittags nach Hause kam. Es ist Abend. Pappiger Schneematsch überall. Ich kleide mich an und gehe rasch zum Friseur. Obwohl es noch früh ist, fahre ich mit der Straßenbahn zum Bahnhof. Beeile mich. Komme um 10 Uhr am Bahnhof an. Noch keiner da. Setze mich in eine andere Straßenbahn und fahre zu Kolja (Galankin). Dort tausche ich meinen Hut gegen eine Pelzmütze aus, und um 10.40 Uhr fahren wir in Richtung Bahnhof los. Als erste treffen wir Katja und Kolja (Koschin), dann Mitja. Im Wartesaal gehen wir auf Tanja und Schura Semjonowa zu. Begrüßen uns. Bis zur Abfahrt des Zuges bleiben zehn Minuten. Lustig und guter Dinge nehmen wir im Abteil Platz. Kunzewo. Es hat aufgehört zu schneien. Wir kommen zum Haus. Bis Mitternacht, das heißt bis zum neuen Jahr, sind es noch zehn Minuten. In fünf Minuten sind wir in der Wohnung. Wir ziehen schnell unsere Mäntel aus und setzen uns an den Tisch. Pünktlich um Mitternacht stoßen wir auf das neue Jahr an. Den zweiten Toast bringe ich trotzdem auf das alte Jahr 1935 aus. Fröhlich geben Kolja G. und ich den Ton an. Es ist Nacht. Die Gesellschaft ist ein klein wenig angetrunken. Dutzende Male klickt der Auslöser des Fotoapparats und hält uns alle in verschiedenen Posen fest. Die Nacht ist still und warm. Weiß leuchtet der Schnee. In der Ferne ein schwarzer Kiefernstamm. Zu zweit machen Tanja und ich einen Spaziergang. Stille. Nur der Mond schaut heraus, er lächelt mit seinem verschwommenen Gesicht. Der Weg führt auf ein Feld hinaus. Wir rutschen aus und tummeln uns im Schnee. Dann kehren wir wieder um. (...)

Ein kurzer zweistündiger Schlaf. Dann wieder essen. Die Uhr zeigt 12 Uhr Mittag. Draußen machen wir eine Schneeballschlacht. Wieder klickt der Fotoapparat und hält die ganze Gesellschaft fest. Paarweise gehen wir zum Bahnhof. Im Zugabteil. Schaukelnd dösen wir still vor uns hin. Zurück in Moskau.

13. Februar 1936

Am 9. wurde ich plötzlich zum Komsomol-Institutskomitee bestellt. Das Material lag schon bereit, und Ratschkow trug meinen Fall vor. Dann wurde mir das Wort erteilt. Ich erzählte alles, wieso und warum, ohne Stocken oder Zittern in der Stimme, furchtlos und mit stolz erhobenem Kopf, wobei ich allen direkt in die Augen blickte. Verhielt mich dermaßen kühn und herausfordernd, daß ich sogar vergaß, meine Sünden zu beichten. Dafür, daß ich sagte, «Ich denke nicht, daß der Hof ein großer Kulakenhof[1] war; es war eher ein großer Mittelbauernhof, gemessen an den anderen Höfen, die es in der Ukraine gab», erteilten sie mir im Protokoll einen Verweis für «antisowjetisches Verhalten». Dann schlossen sie mich wegen Verschleierung der sozialen Herkunft, wegen Betrugs gesellschaftlicher Organisationen und wegen antisowjetischen Auftretens im Komitee aus dem Komsomol aus. Es wurde der Beschluß gefaßt, die Angelegenheit zur Klärung an die «Prawda» sowie ans Innenministerium weiterzuleiten und bei der Institutsleitung meinen Ausschluß aus dem Institut zu beantragen. In meinem Schlußwort hielt ich eine recht gute Verteidigungsrede. «Schließen Sie mich ruhig aus, wenn Sie wollen. Was jedoch das Institut angeht, so werde ich um meine Rechte kämpfen.» Aus meiner Bemerkung zum Hof wurde geschlossen, daß ich gegen die Entkulakisierung meines Vaters sei, obwohl ich mehrfach erklärte, daß ich das nicht gesagt hätte.

15. Februar 1936

Alles ist wieder still und hat sich in schreckliche Ungewißheit aufgelöst. Ich studiere weiter, bisher läßt man mich in Ruhe. (...)

1 *Kulakenhof* – siehe S. 19.

Seit ich meinen Freunden von dem Vorfall erzählte, hat sich bei einigen das Verhältnis zu mir gewandelt, ein Anzeichen für die Stabilität unserer Beziehung. Geändert hat sich Nikolai Galankins Verhältnis zu mir und auch mein Verhältnis zu ihm. Er ist hochmütig, stolziert umher wie ein Gockel, fühlt sich überlegen, schaut von oben herab, tut so, als sehe er mich nicht. Finwarb ist kühler geworden, aber Mitja und Koschin sind wie früher, sogar wärmer, scheint mir. Raja Naumowa ist so wie früher, man spürt ihre frühere Glut. Doch man merkt auch, daß entweder Naum sie zurückhält oder daß sie einfach Mitleid mit mir hat, meinen Kummer nachempfindet und denkt, mir sei nicht nach Unterhaltung zumute. Katja und Polina wissen von nichts. Unser Verhältnis ist gut.

In meiner Eingabe wird mein Vater stören. Jeder wird sagen: Wie kannst du denn zusammen mit deinem verbannten Vater leben? Ich würde ihn gern aus Moskau fortschicken, aber das wird nicht gelingen. Und dann denke ich, daß Mama auf sich allein gestellt mich nie im Leben ernähren könnte. Ein klein wenig hilft er schon mit.

Meine Stimmung ist schlecht, hält mich vom Arbeiten ab. Ich laufe finster herum wie eine Nachteule, grüble, bin abgemagert. Ich denke zwar viel nach, kann aber nicht sagen, worüber genau. Mich belastet das «ungenügend» in Anatomie und auch die näherrückende Physikprüfung. Je mehr mich das belastet, desto weniger tue ich. Heute hörte ich um 3 Uhr auf und konnte den ganzen Tag nicht mehr arbeiten. Jetzt lege ich mich schlafen, hoffe auf morgen früh.

17. Februar 1936
Morgen habe ich frei. Sitze am großen Tisch. Komme gerade aus dem Schwitzbad. Das Radio läuft. Ich sitze da wie erschlagen. Nicht nur physisch, auch innerlich bin ich völlig kaputt

... meine psychische Unzufriedenheit ... der innere Druck ... Überdruß. Bin schwerfällig wie ein alter Mann, kann mich kaum bewegen. Es gibt so vieles, was unbedingt getan werden müßte, aber ich kann nicht. Wie ist diese langwierige, schwere innere Krankheit nur zu heilen? Es ist eine Krankheit, die kaum ein Arzt versteht, und wenn er sie versteht, dann wird er nicht helfen können. Hier helfen keine Medikamente oder Mixturen. Aber eine Art Heilmittel gibt es schon. In meinem gegenwärtigen Zustand würde ich mich gern unter den Einfluß eines willensstarken Menschen stellen, der mir alles Notwendige zum Handeln, alle Schritte im Leben weisen würde.

Selbst ein so fröhlicher und lebhafter Mensch, eine Frohnatur und ein Witzbold wie ich, hört auf zu witzeln und wird traurig und nachdenklich, wenn ihn etwas belastet, wenn er eine innere «Schuld» fühlt. Natürlich meine ich hier keine finanzielle Schuld, obwohl selbst diese einen Menschen psychisch beeinflußt, wenn sie groß genug ist. Sensible Menschen leiden am meisten darunter, weil sie sich unangenehme Dinge zu sehr zu Herzen nehmen. Ich scheine wohl zu ihnen zu gehören. Nur selten kommt meine alte Sorglosigkeit zum Vorschein, dann bin ich fröhlich, mache Witze und stecke alle Umstehenden mit meiner Fröhlichkeit an.

19. Februar 1936
War gestern auf dem Talenteabend im «Prawda»-Klub. Noch nie war es dort so voll gewesen. Traf Galja Dmitrijewa. Wir unterhielten uns gut über das Leben, über Bekannte, stellten fest, daß die guten Leute entweder weniger werden oder daß wir alt geworden sind, erinnerten uns an die goldene Zeit unserer stürmischen Arbeit bei der «Prawda». Ich erzählte ihr von meiner Vergangenheit. Sie war überrascht, glaubte mir nicht. Ein nettes Mädchen. Jegor Koschemjakin erzählte, daß

auch ihre Situation nicht die beste sei. Ihr Vater sei soeben aus der Verbannung zurückgekehrt. Selbst mich überraschte das.

Heute sprach ich mit Ratschkow darüber, ob man die Sache mit meinem Komsomolausschluß nicht eher vor das Bezirkskomitee bringen könnte. Ich weiß nicht, was ich tun soll. Um Wiederaufnahme in den Komsomol bitten? Mit welcher Aussicht? Koschemjakin bemerkte treffend, daß der Komsomol bald zu einer Art Osoawiachim[2] werde. Welchen Nutzen habe ich vom Komsomol? Er ist nur eine lästige Verpflichtung. Man hängt von irgendwelchen Leuten ab, muß immer wieder Versammlungen besuchen, verschwendet damit Zeit, die man für wissenschaftliche Zwecke im Arbeitszirkel nutzen könnte. Aber zugleich will ich auch beweisen, daß ich mir meiner Stärke bewußt bin und das Recht auf Wiederaufnahme habe.

21. Februar 1936

Den ganzen Abend saß ich mit Koschemjakin zusammen, meinem Freund im Unglück. Er hat allerdings bereits alles hinter sich. Es gab viel Wirbel, doch dann ging sein Leben normal weiter. So viele Abkömmlinge der anderen Klasse werden entlarvt, stelle ich fest. An allen Ecken und Enden – erstaunlich. Wie man sieht, sind das gute Leute, die besten: Jegor entkulakisiert, Wasja Jegorow – entkulakisiert, Schtschukin – ebenso, Senkow – Sohn eines Gendarmen, Galja Dmitrijewa – wer hätte das gedacht, sie ist die Tochter eines kürzlich aus der Verbannung zurückgekehrten Händlers. Und alle sind wunderbare Menschen, die besten, gefeierte Helden der Arbeit. Ein interessanter Schluß läßt sich daraus ziehen.

---

2 *Osoawiachim* – siehe S. 158.

22. Februar 1936

Das Hochschulkomitee läßt sich Zeit mit der Übergabe meines Falls an das Bezirkskomitee. Seit gestern überlege ich mir ernsthaft, was ich im Bezirkskomitee sagen soll. In Gedanken bereite ich einen ungefähren Vortrag vor. Damit ich diese Gedanken nicht wieder vergesse, will ich sie im Tagebuch festhalten. Ob mir das gelingen wird?

Früher oder später wird mir mein Stammbaum von Nutzen sein. Mit Hilfe der ganzen Familie rekonstruierten wir den väterlichen Stammbaum[3]. Mein Ururgroßvater hieß Myron. Über seine Herkunft, das heißt seinen Vater, weiß man nichts. Myron hatte einen Sohn, Lukijan, der etwa 1793 geboren wurde. Lukijan hatte vier Söhne und zwei Töchter. (...) Vom Gutsbesitzer erhielt Lukijan (mein Urgroßvater) 12 Desjatinen[4] Land, wohl nach der Aufhebung der Leibeigenschaft im Jahre 1861. Seinen vier Söhnen hinterließ er je drei Desjatinen Land. Aber aus irgendeinem Grund geschah es, daß Jawdokym (mein Großvater), der 1813 geboren wurde, vier Desjatinen erhielt, wahrscheinlich weil er der älteste Sohn war. Sowohl Urgroßvater Lukijan als auch Großvater Jawdokym arbeiteten bei

---

3 *den väterlichen Stammbaum* – Mit Hilfe seines Stammbaums wollte Podlubny dem Komsomol beweisen, daß er nicht dem Kulakentum, sondern der mittleren Bauernschicht entstammte. Daß er auf den Gedanken kam, seine Klassenzugehörigkeit genealogisch zu belegen, zeigt, wie sehr sein vormaliger Idealismus – sein Glaube, daß auch Klassenfremde proletarisches Bewußtsein erlangen könnten – einem fatalistischen Determinismus gewichen war. Diese Einstellung scheint in der sowjetischen Gesellschaft Mitte und Ende der dreißiger Jahre weit verbreitet gewesen zu sein. Obwohl die Verfassung von 1936 die Gleichheit aller Bürger vor dem Gesetz festschrieb, mußten Stellenbewerber in Fragebögen weiterhin die Klassenherkunft ihrer Eltern angeben.

4 *Desjatine* = 1,09 Hektar.

den Panen[5]. Wir vermuten, daß Myron den Stamm der Podlubnys begründete, das heißt nicht den Stamm, sondern den Familiennamen.

Michalko erzählte, daß Myron, als er noch jung war, aus irgendeinem Grund einen Popen erschlug. Um sich vor der Strafe zu retten, flüchtete er und ließ sich im heutigen Lipowez nieder. Seine Hütte war mit Baumrinde gedeckt. Vor der Hütte befand sich eine Bank. Und so wie beim einfachen Volk üblich, fragte ein Nachbar oder ein Dorfbewohner einen anderen Dorfbewohner: «Wohin gehst du?» – «Ach, ich will bloß ein wenig sitzen und ein Schwätzchen halten, dort unter der Rinde der Hütte.» Man ging also «unter die Rinde», und so entstand der Name «Podlubny»[6].

Doch wieder zum Großvater Jawdokym: Als tüchtiger Kaufmann begann er mit Hühnern, Truthähnen und überhaupt mit Kleingeflügel Handel zu treiben. Später, in irgendeinem Krieg – es war wohl der Russisch-Türkische, aber ob das stimmt, weiß ich nicht – begann er mit Zwieback zu handeln. Er kaufte Brot, buk daraus Zwieback und belieferte die Armee. Nach dem Krieg lieferte er Schweine ins Ausland, hauptsächlich nach Polen (Warschau). Mit diesem Handel verdiente er riesige Kapitalien. Außerdem besaß er das Vertrauen der jüdischen Wucherer. Sie gaben ihm so viel Geld, wie er benötigte. Zu den ursprünglichen vier Desjatinen Land erwarb er weitere hundert. Er war ein sehr kluger, erfahrener Kaufmann mit dem Ehrentitel «Kaufmann der Zweiten Gilde». Außerdem betrieb er Landwirtschaft. Jawdokym

---

5 *bei den Panen* – Pan = polnischer Gutsherr. Die Ukraine rechts des Dnjeprlaufs war 1793 bei der zweiten Teilung Polens an Rußland gefallen.

6 *«Podlubny»* – «Baumrinde» heißt auf ukrainisch «lub»; «pid lubom» bedeutet «unter der Baumrinde». Stepans ukrainischer Familienname lautet «Pidlubny». «Podlubny» ist die russifizierte Form.

schlug alle Konkurrenten unter den Kaufleuten. Deswegen hatte er viele Feinde. So kam es dazu, daß er, als er einmal aus Warschau zurückkehrte, auf dem Bahnhof von Ros vor den Zug gestoßen und in Stücke gerissen wurde. Die Eisenbahn wollte eine Entschädigung von 48 000 Rubeln zahlen, aber seine Brüder lehnten ab.

Jawdokyms Söhne waren: Petro, Dumentij, Michalko, Stepan, Mykola und Pylyp. Er hatte eine Tochter, Golita. Nach Großvaters Tod teilten die Brüder das Land unter sich auf. Jeder bekam 15 Desjatinen. Auf dem Hof blieben zwei Brüder, Mykola und Pylyp, und ihre Mutter (Ganka). Weil sie beide noch nicht volljährig waren, wurde eine Vormundschaft geschaffen. Der Vormund war Iwan Garassymenko. Mykola konnte lesen und schreiben, er war ein sichtlich gebildeter Mensch. Er las viel und besaß eine große Bibliothek, die Pylyp nach seiner Rückkehr aus der Kriegsgefangenschaft verbrannte, aus Angst, von der Schwindsucht angesteckt zu werden. Schon als junger Mensch war Mykola nach einer Erkältung an Lungentuberkulose erkrankt. Er ließ sich lange behandeln, fuhr sogar in den Kaukasus, doch es half nichts, 1910 wurde Pylyp eingezogen, 1912 kam er von der Armee zurück. 1913 heiratete er und spaltete alsbald seinen Haushalt von Mykola ab, 1914 wurde Pylyp eingezogen. Zum selben Zeitpunkt gab Mykola, um ein Dach über dem Kopf zu haben, sieben Desjatinen an seinen Bruder Stepan ab, unter der Bedingung, daß dieser ihn pflegen und nach dem Tod begraben sollte. Als Pylyp in den Krieg zog, gab er elf Desjatinen an seine Brüder ab und überließ seiner Frau nur die vier Desjatinen des großväterlichen Erbes, das Land also, das Jawdokym noch von Lukijan erhalten hatte. Mykola starb 1916. Die alte Mutter starb im selben Jahr. Auf diese Weise besaß Pylyp zu Kriegsanfang de jure vier Desjatinen Land, de facto 15, 1918 kehrte Pylyp aus der Kriegsgefangenschaft zurück. Ihm wurden vier Desjatinen Land zugeteilt, und er begann zu wirtschaften.

5. März 1936

In den letzten zwei Wochen habe ich zu Hause insgesamt nicht mehr als sechs Stunden gearbeitet. Die übrige Zeit verging entweder mit Schlafen oder mit Nachdenken. Es ist unverzeihlich, daß ich den Unterricht schwänze. Innerhalb von zwei Wochen habe ich ungefähr fünfmal gefehlt. Ich mache keine Hausaufgaben, lese nicht und habe nicht die geringste Lust, die Kurse zu besuchen. Ich denke zurück an meine Stimmung, als ich ins Institut aufgenommen wurde, als ich die Prüfungen ablegte. Damals dachte ich: Wenn ich doch nur aufgenommen würde! (…)

Zum Vorgang meines Komsomolausschlusses gibt es nichts Neues. Nicht ganz, der Fall wurde dem Bezirkskomitee zur Zustimmung vorgelegt. Bis zu meiner Vorladung muß ich mich gedulden. Was habe ich mir dazu überlegt? Aus den Gedanken, die mir hierzu durch den Kopf gingen, habe ich den folgenden Schluß gezogen: Wenn es beim Komsomolausschluß bleibt und man mich im Institut weiterstudieren läßt, werde ich keine Eingabe machen. Wenn aber mein Ausschluß aus dem Institut zur Diskussion gestellt wird, dann werde ich bis zum Kongreß gehen müssen. Was den ersten Punkt angeht, frage ich mich wirklich: Was habe ich vom Komsomol? Wozu brauche ich ihn? Bin ich denn nur Mitglied, um von einer ganzen Reihe von Vorgesetzten abhängig zu sein und die Zeit mit Versammlungen zu verschwenden, mit stürmischer gesellschaftlicher Arbeit und Komsomolzirkeln? Frei zu sein, niemandem untergeordnet, selbst seine Zeit einzuteilen und von keinem Menschen abzuhängen – das ist sehr viel angenehmer und nützlicher.

21. März 1936

Mit Willensstärke zwinge ich mich dazu, Tagebuch zu schreiben. Am 15. 3., als ich zusammen mit Kolja Deutsch lernte, kam plötzlich ein Milizionär herein. Er hatte zwei Streifen an der Schulterklappe.

«Wohnt hier der Hausmeister?» wandte er sich an Mama.

«Ja.»

«Ziehen Sie sich bitte etwas über. Wir müssen zur Wohnung Nr. 16. Wohnt bei Ihnen ein Podlubny?»

«Bei den Podlubnys sind Sie gerade.»

«Sie sind Frau Podlubny?»

«Ja.»

«Und Sie sind der Hausmeister?»

«Ja.»

Er schaute verblüfft und fragte mich dann plötzlich: «Sind Sie Stepan Podlubny?»

«Ja», antwortete ich.

Weil die Frage so unerwartet kam, merkte ich, daß ich blaß wurde. Mechanisch zündete ich ein Streichholz an und steckte mir eine Zigarette in den Mund.

«Wie steht es bei Ihnen im Institut?»

«Nicht besonders, habe meine Rechnung mit dem Komsomol beglichen.»

«Mehr nicht?»

«Was sollte sonst noch sein?»

Er schaute in Koljas Richtung und sagte nichts mehr. Ungeniert schweifte sein Blick durch das Zimmer, als würde er nach Ikonen suchen[7].

---

7 *nach Ikonen suchen* – Ikonen schmückten traditionell die «schöne Ecke» der Wohnstube gegenüber dem Ofen. Zum Leidwesen der Kommunisten, die die Ausrottung allen religiösen Aberglaubens predigten, waren Ikonen unter den Moskauer Arbeitern bäuerlicher Herkunft noch weit verbreitet.

Dann wandte er sich wieder an mich:

«Um wieviel Uhr kommen Sie aus dem Institut?»

«Morgen bin ich um 6 Uhr fertig.»

«Kommen Sie so gegen 7 zu mir.»

Ich hatte meine Fassung wiedergewonnen und fragte lachend: «Ins Zimmer Nr. 18, oder wie?»

«Nein, ins Zimmer Nr. 8. Waren Sie denn schon einmal da?»

«Ja, mehrfach.»

Als er fort war, schwor Kolja bei allen Heiligen, daß er bei diesem Mann im NKWD bereits gewesen war. Zuvor hatte er mir übrigens seinen Namen genannt, ich kannte auch den Raum, aber nach dem, was Kolja erzählte, war ich verwirrt. Wohin hatte man mich bestellt, zur Miliz oder zum NKWD? Mit wem hatte ich es zu tun? Etwa mit dem NKWD? Wenn ja, dann würde die Sache eine sehr viel ernstere Wendung nehmen, als ich bisher annehmen konnte.

Zu meiner Freude stellte ich dann aber fest, daß es sich um die Miliz handelte. Besuchte ihn am 16. 3. bei der Miliz. Anfangs versuchte er, mir darzulegen, daß ich unbedingt aus Moskau fort müßte. Aber nach einer längeren Unterredung meinte er, ich müßte unbedingt erst noch eine Reihe weiterer Dokumente vorweisen, dann würden sie mir einen Paß[8] geben. Vor allem brauche er eine Bescheinigung meiner bisherigen Beschäftigungsverhältnisse. Jetzt ist alles wieder in Ordnung. Ich brachte ihm die Bescheinigung, und nun warte ich auf Bescheid. Ob ich den Paß bekomme, weiß ich nicht.

8 *einen Paß geben* – siehe S. 49.

10. Mai 1936

Anderthalb Monate habe ich nichts in mein Tagebuch geschrieben, meinem Freund nichts erzählt. (...)

Was hat sich in dieser Zeit in unseren Familienangelegenheiten getan? Es gab viel Aufregung im Zusammenhang mit der Paßausstellung. Am 16. April bekamen wir endlich die Pässe. Was wollen wir mehr, dachten wir, alles schien in Ordnung zu sein. Das Wichtigste in unserem Leben hatten wir. Denn ein Paß ist noch wichtiger als ein gutes Einkommen. Es kehrte wieder Ruhe ein. Mama kam wieder halbwegs auf die Beine (sie war sechs Wochen krank gewesen), und wir schrieben an Lissandra und überlegten uns, wie man sie zur Erholung ins Dorf schicken könne.

Am 23. April kam der Abschnittsbevollmächtigte zu uns. Mama und ich waren zu Hause. Er fragte nach Mamas Paß, schrieb sich die Nummer auf und legte ihn in seine Aktentasche. Sie bekam eine Bescheinigung darüber, daß er den Paß abgenommen hatte und daß sie innerhalb von zehn Tagen aus Moskau fortziehen müßte. Für den Vater hatte er dasselbe Papier, aber für mich nichts. Es begann eine schwere Zeit für uns, in der wir Eingaben, machten und Beschwerden verfaßten, um die Entscheidung der Miliz rückgängig zu machen. Der Vater machte weder Eingaben noch beschwerte er sich. Er packte seine Sachen, und um nicht gewaltsam von der Miliz aus Moskau befördert zu werden, fuhr er freiwillig nach Jaroslawl[9], in der Hoffnung, dort Arbeit und eine Wohnung zu finden. Mamas Eingaben gingen an das Bezirksexekutivkomitee, wegen der Wiedererlangung ihres Wahlrechts, und an den Moskauer

---

9 *Jaroslawl* – Wer in Moskau keine Aufenthaltsgenehmigung erhielt, durfte sich im Umkreis von 100 km nicht niederlassen. Im Volksmund hieß diese Regelung «101 Kilometer».

Staatsanwalt, wegen des unrechtmäßigen Vorgehens der Miliz, die ihr den Paß abgenommen hatte.

30. Mai 1936

Heute ist kein gewöhnlicher Tag für mein Tagebuch. Ich habe es mit ins Grüne genommen, zum ersten Mal in den Jahren, seit es meine Tagebücher gibt. Gewöhnlich halte ich das Tagebuch streng zu Hause, hüte mich davor, es unter die Leute zu bringen, damit es mir nicht weggeschnappt wird. Datschensiedlung, bei Puschkino. Ich liege am Waldrand unter Bäumen, die ein halbes Jahrhundert alt sind. In meiner Nähe haben sich Mitja und Bolkow niedergelassen, sie malen mit Ölfarben die Landschaft. Weiter entfernt ist das Flußufer von einem grünen Grasteppich bedeckt, auf dem friedlich Kühe weiden. Der Fluß, dann wieder Ufer, daran anschließend ein Tannenwald, der hinter dem leuchtendgrünen Gras schwarz erscheint, wie verbrannt. Bevor ich zu schreiben begann, sezierte ich einen Frosch, schaute mir seine Innereien an, besonders die Nerven.

Nachdem sie sich auf den Ämtern die Hacken abgelaufen hatte, war Mama heute zu guter Letzt gezwungen, nach Moschaisk[10] zu fahren, um dort ihren Paß zu bekommen. Letztlich mußte sie also doch fort. Die Moskauer Staatsanwältin, bei der wir waren, ließ sich nicht einmal auf eine Unterhaltung ein. Sie fragte bloß: «Sie sind entkulakisiert worden?» – «Ja», sagte ich. «Dann haben Sie nicht das Recht, in Moskau zu leben.» Mit einem Rotstift schrieb sie irgend etwas auf unsere Eingabe, das war's.

Mir scheint, ich habe noch nichts über meine Lage im In-

---

10 *Moschaisk* – Moschaisk war eine der nächsten Städte jenseits des 100-Kilometer-Gürtels um Moskau.

stitut geschrieben. Hier haben sich folgende Umstände ergeben. Ungefähr im Dezember fing man, an mich zu bedrängen. Bei der Miliz begann man Protokolle anzufertigen usw. All das verursachte Aufregung und störte beim Studieren. Im Januar wurde Mama krank. Für über einen Monat mußte ich mit dem Studium aussetzen. Am 10. Februar wurde ich aus dem Komsomol ausgeschlossen, und man drohte mit dem Ausschluß aus dem Institut. Dann wurde ich selbst krank. All das zusammengenommen schlug mit einemmal dermaßen über meinem Kopf zusammen, daß mir überhaupt keine Kraft, keine Möglichkeit zum Studieren mehr blieb. Seit Januar habe ich mich zu Hause nicht ein einziges Mal mehr zum Lernen hingesetzt. Außerdem versäumte ich viele Vorlesungen. Natürlich mußte sich das auf meine Erfolgsbilanz auswirken. Manchmal lag ich in allen Fächern zurück. Sich in einem derartigen Zustand zur Abschlußprüfung zu melden wäre sinnlos. (…)

Letztlich beschloß ich, ganz gleich, was es kosten würde, im kommenden Jahr Urlaub zu nehmen und danach das Studium von vorn zu beginnen. Nach langer Aufregung stand mein Beschluß fest. Zu all dem, was sich in meiner Seele und meinem Kopf aufgetürmt hatte, kam noch die Aufgabe hinzu, den Urlaub zu beantragen. Ich mußte eine Ausrede finden, sonst würde man mich nicht beurlauben. Ich war dermaßen angespannt, mußte so viel grübeln, daß ich bereits Anzeichen eines Nervenzusammenbruchs merkte. Vielleicht war das aber nur psychisch bedingt. Dennoch – ich erreichte mein Ziel und wurde beurlaubt. Danach ging es mir etwas besser. Im Kopf wurde mir leichter, weil ich eine sehr große und wichtige Angelegenheit erledigt hatte. Hierdurch habe ich mir die Möglichkeit bewahrt weiterzustudieren. Denn vom Institut ganz wegzugehen und später erneut die Aufnahmeprüfung abzulegen, das wäre bei den heutigen Anforderungen chancenlos.

Ukraine. Lipowez, 22. August 1936
Mein Tagebuch hat sich mit mir auf die Reise begeben, aber
ich würdige es kaum eines Blickes. (…)
Das Kolchosleben des ehemals einfachen Volks ist mühselig
und arm an Zerstreuungen. Alle weinen und beklagen sich
über das schlechte Leben. Nach einem Rundgang und Höf-
lichkeitsbesuchen bei unseren Bekannten stellten wir gestern
beim Dorfsowjet einen Antrag, um Mamas Wahlrecht zurückzuerhalten.[11] (…) Alle beneiden uns um unser Leben. Man beneidet Mama und mich um unsere gute Kleidung und darum,
daß wir in Moskau leben. Man beneidet uns um alles. Einige
beneiden uns nicht nur, sondern sind uns auch übel gesinnt.

Moskau, 29. August 1936
Ich beginne schon jetzt zu hungern, weil Mama in der Ukraine
geblieben ist. Vater ist bekanntlich sowieso nicht da. Ich bin
allein und habe kein Geld. Doch ganz gleich, wo man hingeht
in der Stadt, überall braucht man Geld, und überall sind
die Preise unerschwinglich. Ich ernähre mich nur noch von
Schwarzbrot, Zucker und kaltem Wasser. Tee kochen kann ich
nicht, es gibt weder Kerosin noch einen Teekessel. Ich brauche
dringend Geld. Bezahlt werden müssen drei Monatsmieten
und die vierteljährliche Stromrechnung. Außerdem muß ich
Bücher und Hefte kaufen. Doch woher nehmen? Wie beginne
ich mein völlig unabhängiges Leben? Unter Mamas Fittichen
lebte es sich sehr angenehm, aber jetzt fürchte ich mich geradezu. Ich muß Wäsche waschen, was an sich nicht so schlimm

---

11 *Wahlrecht zurückzuerhalten* – Aus diesem Grund waren Stepan und
seine Mutter in die Ukraine gereist. Die Moskauer Behörden hatten der Mutter geraten, die Wiedererlangung ihres Wahlrechts bei dem Sowjetorgan zu
beantragen, das es ihr seinerzeit entzogen hatte.

wäre. Ich würde es gerne tun, aber es fehlt mir das Geld für Seife. Wenn ich Seife kaufe, kann ich mir kein Schwarzbrot leisten.

8. Oktober 1936

Das Leben eines einsamen Junggesellen verläuft ganz schön eintönig. Bin allein, völlig allein. Meine Einsamkeit geht bisweilen so weit, daß ich besonders nachts, am Tisch sitzend, Selbstgespräche führe. Mama unternimmt in der Ukraine alle Schritte, um ihr Wahlrecht wiederzuerlangen. Schickte mir ein Päckchen mit 50 Rubeln, von denen ich 25 wieder zurückgeschickt habe. Ich schickte ihr ein Paket mit warmer Kleidung. Vater ist in Jaroslawl, wir schreiben uns nicht.

Die Einsamkeit wäre schrecklich, würden mich meine alten Kameraden nicht besuchen. Fast täglich kommen Mitja und Polina vorbei, an den freien Tagen Kolja und Katja. Im Institut gehen die Dinge ihren Gang. Ich studiere, aber die Vorlesungen besuche ich nur unregelmäßig, wie schon im letzten Jahr. Meine guten Vorsätze schiebe ich auf die lange Bank. Einstweilen ist mein Ansehen noch recht hoch, und ich kann mir die Freunde noch aussuchen, mit denen ich verkehre. Alle gehen mir mit einer Frage auf die Nerven: Warum heiratest du nicht? Alle Voraussetzungen sind doch da: Du hast eine Wohnung und bist kein übler Bursche. Warum wäschst du selbst, kochst, wischst den Boden, wenn das deine Frau machen könnte? Aber ich kann mir nicht vorstellen, verheiratet zu sein, und würde natürlich nicht wagen zu heiraten, bevor ich nicht Mama meine Braut vorgestellt hätte. Ich achte sie sehr. Wie sehr würde ich sie kränken, wenn ich in ihrer Abwesenheit heiratete!

6. Dezember 1937

Niemand wird je erfahren, wie ich dieses Jahr 1937 durchlebt habe. Niemand wird es erfahren, weil ich nicht einen einzigen Tag meines Lebens in diesem Jahr im sogenannten Tagebuch beschrieben habe. Ich erinnere mich jetzt auch nicht mehr an Einzelheiten meines Lebens in diesem Jahr. Und wenn das Jahr endet – gerade noch drei Wochen sind zu schaffen –, werde ich es durchstreichen wie eine unnütze Seite, durchstreichen und aus meinem Kopf werfen, obwohl ein schwarzer Fleck, ein dikker, schwarzer, abscheulicher Fleck wahrscheinlich für mein ganzes Leben zurückbleiben wird, wie ein Fleck getrockneten Bluts auf der Kleidung. Er wird zurückbleiben, weil mein Leben im Verlauf dieser 341 Tage des Jahres 1937 so widerwärtig und abscheulich war wie das gerinnende Blut, das rot und dickflüssig unter dem Körper eines erstochenen Menschen hervorquillt. Das, was jemand empfindet, der den Anblick von Blut nicht gewöhnt ist, wenn er ein derartiges Bild sieht oder daran denkt – das fühle auch ich, wenn ich an das vergangene Jahr zurückdenke. Ein schweres und schlimmes Jahr [12]. Vielmehr ein schweres und schlimmes Leben, das ich in diesem Jahr hatte.

Vielleicht ist es immer so, daß eine schwere Zeit, die man gerade durchmacht, schrecklicher erscheint als alle anderen schweren Zeiten, die man bisher erlebt hat. Doch ich denke, daß dieses Jahr, wenn es nicht das schlimmste aller von mir durchlebten Jahre war, jedenfalls ein sehr schweres Jahr war. Ein freudloser Eindruck stellt sich ein: Mir scheint, mit jedem Jahr zieht sich die Schlinge um meinen Hals enger zu. Als ziehe sie sich immer schneller und mit proportional anwachsender

---

12 *Ein schweres und schlimmes Jahr* – Mit den Bildern von geronnenem Blut und der Schlinge um den Hals spielt Podlubny auch auf den Großen Terror an, der seit Anfang 1937 im Lande wütete.

Stärke zu. Ich kann mich beispielsweise in diesem Jahr an keinen einzigen Zeitabschnitt erinnern, in dem sich die Schlinge etwas gelockert hätte und ich wenigstens für einen Tag die Möglichkeit gehabt hätte, tief Atem zu holen. Vielleicht gelingt es mir nicht, das Ausmaß des Leids zu beschreiben, das ich in diesem Jahr erlebte, doch für die nächste Zukunft erwarte ich, daß sich die Schlinge weiter zuzieht.

Vielleicht gelingt es mir nicht, alles auszudrücken, womöglich fehlt mir auch die Geduld für eine detaillierte Schilderung, so sehr widert mich das alles an. Wenn ich mich fragte, ob es sich lohne weiterzuleben, würde die Antwort nicht besonders angenehm ausfallen. Nur weil ich jetzt in einer ausgeglichenen Stimmung bin, kann ich diese unschönen Worte ruhig aufs Papier kritzeln.

Was alles ist vorgefallen? Mama hat fast das ganze Jahr nicht gearbeitet, und ich habe kein Stipendium bekommen. Haben auf Kostjas Kosten gelebt, von seinem Geld. Schloß das Studienjahr unglaublich schlecht ab, habe mich bis jetzt noch nicht zur Nachprüfung gemeldet. Brachte bei der Rückkehr aus dem Urlaub Lissandras Tochter Anja mit. Rackerte mich ab mit der Aufenthaltsgenehmigung und der Zulassung zur Schule, doch als alles getan war, mußte sie wieder zurück – so wollten es ihre Eltern. Vater kam nach Moskau. Versuchte Arbeit zu finden, um bleiben zu können. Wurde krank, lag zwei Monate im Krankenhaus und fuhr dann unverrichteterdinge wieder ab.

Habe alle meine Freunde und Kameraden verloren, jetzt bin ich allein. Das ist keine Freude. Meine Kleidung ist völlig abgetragen, ganz zu schweigen von meinen guten Sachen. Selbst für die Wochentage habe ich keine Kleidung und keine Schuhe mehr zum Anziehen, und es kommt häufig vor, daß ich mir nicht einmal mehr Brot leisten kann oder zu Fuß ins Institut muß, weil mir die zehn Kopeken für die Straßenbahn fehlen.

Das ist nur das äußere Bild der Ereignisse. Die Gefühle, die damit verbunden sind, kommen hier nicht zum Ausdruck. Doch jedes einzelne durchlebte Gefühl und mein Allgemeinzustand haben mich zur Verzweiflung gebracht. Nimmt man noch hinzu, daß Mama und ich uns fast täglich gezankt haben (wenn es in der Familie an etwas fehlt, ist fast immer dicke Luft), dann ist die kleine schwarze Skizze der von mir durchlebten Tage vollständig. Aber wenn ich jetzt noch hinzufüge, daß ich mich wegen meines gegenwärtigen Zustandes gezwungen sehe, das Studium aufzugeben, dann begreift selbst ein psychologisch unerfahrener Mensch, daß es um den Burschen nicht gut steht. Ein einigermaßen versierter Psychologe würde jedoch sagen: «Wirklich kein leichtes Leben, das er da führt. Das soll erst mal einer nachmachen.» Schwer ist das Leben, dreimal sei es verflucht! Für mein persönliches Vergnügen lohnt es sich natürlich nicht zu leben, denn ich erlebe nur Ärger. Aber was mich beruhigt, ist der Gedanke, daß ich lebe, weil ich erfahren möchte, was weiter passieren wird, weil ich die Zukunft erleben möchte. Ach, was soll's, kommt Zeit, kommt Rat. Das Leben beenden kann man immer, aber man kann es nur einmal [13].

18. Dezember 1937
Die Schlinge um meinen Hals zieht sich mit jedem Tag enger zusammen. Das Atmen fällt mir immer schwerer. Die Luft

---

13 *Das Leben beenden kann man immer* ... Vgl. dazu eines der Hauptwerke der stalinistischen Literatur, Nikolai Ostrowskis Roman «Wie der Stahl gehärtet wurde» (1932–34). Darin geht es um einen jungen kommunistischen Helden, der wegen seiner im Bürgerkrieg erlittenen schwersten Verletzungen mit dem Tode ringt. Er denkt dabei auch an Selbstmord, doch dank seines Willens widersteht er der Versuchung und stellt sich statt dessen mit seinen verbliebenen Kräften ganz in den Dienst der Partei. Die Kernaussage des Buches lautet: Man hat nur ein Leben, und man muß es nutzen.

wird jeden Tag mehr verpestet. Es gibt ein ukrainisches Sprichwort, das die ganze Philosophie eines gescheiterten Lebens
sehr deutlich zusammenfaßt: «Zum Dünnschiß gesellt sich
noch der Husten.» Bei meinem gegenwärtigen psychischen
Zustand, bei meinen «Erfolgen» im allgemeinen und im Institut im besonderen und bei meinem finanziellen Bankrott hat
gerade noch das gefehlt, was sich am 9. Dezember ereignete.

Von anderen Hausbewohnern erfuhren wir rechtzeitig die
beunruhigende Nachricht, daß bestimmte Leute vom MUR[14]
sich verstärkt für uns interessierten. Beharrlich sammelten sie
verschiedene Angaben zu Mama, sie sprachen von einer Zim-
merdurchsuchung und sogar von Mamas Verhaftung. Leider
konnten wir uns die locker sitzende Zunge unserer Hausdetek-
tei nicht vollständig zunutze machen, denn wir zogen nicht die
nötigen Schlüsse daraus. Das heißt, ich schon. Ich traf einige
Vorkehrungen, doch Mama unternahm nichts. Ich machte den
Vorschlag, daß wir vorübergehend, bis zum Ende der Wahl-
kampfperiode, untertauchen und bei anderen Leuten wohnen
sollten. Aufgrund der Erfahrung von 1935 und 1936 wußten
wir, daß so etwas wie Ausweisungen aus Moskau 10 bis 15 Tage
vor den Feiertagen im Oktober und im Mai vorgenommen
werden. In diesem Fall ging es um den 12. Dezember, den Tag
der geheimen Wahlen[15]. Da es nur noch wenige Tage waren,
machte sich Mama kaum noch Sorgen. Unser Fehler war, daß
wir mit einer Ausweisung rechneten, keinesfalls aber mit einer
Verhaftung, denn wir sahen keinen Grund, der eine derart extreme Handlung rechtfertigen würde. Nun, die Politik wandelt
sich, aber wie soll ich das herauskriegen, wenn all diese Verord-
nungen geheimgehalten werden? Ich konnte jedenfalls keine

14 *MUR* – Abkürzung für Moskauer Kriminalabteilung.
15 *geheimen Wahlen* – gemeint sind die Wahlen zum Obersten Sowjet.

Anzeichen für einen Wandel feststellen. Natürlich hörte ich viele Gerüchte, daß verschiedene Leute verhaftet worden seien. Damit kann man heute niemanden mehr überraschen. Aber eine beinahe leseunkundige Frau wie Mama den Trotzkisten zuzurechnen, das wäre mir nicht einmal im Traum eingefallen, schließlich kenne ich sie sehr gut. Und daß sie wegen ihrer alten Sünden – für ihre vergangene Tätigkeit, wie es in der politischen Sprache heißt –, daß sie für diese alten Sünden verhaftet werden würde, während ihr gegenwärtiges Leben völlig unbefleckt ist, das hätte ich mir selbst in der schlimmsten Vorahnung nicht denken können. Es gab keine Grundlage dafür, so zu denken. Mit der Ausweisung rechnete ich andererseits ständig.

Also, in der Nacht des 9. 12. um 4 Uhr morgens kam der Hausmeister zusammen mit einem bewaffneten Bevollmächtigten der 4. Abteilung vom MUR zu uns. Er durchsuchte das Zimmer, nachdem er seinen Dienstausweis und den Durchsuchungsbefehl vorgewiesen hatte. Allem Anschein nach suchte er nach Waffen, das konnte man seiner Art des Suchens entnehmen. Wie zu erwarten war, fand er nichts, was er auch in einer Akte notierte. Doch dann bat er Mama, sich anzuziehen und ihn für ein Minütchen zum MUR zu begleiten. Vorsorglich steckte er dabei ihren Paß in seine Tasche.

Ohne sich richtig ankleiden zu können, ohne eine Kopeke in der Tasche, zu Tode erschrocken, bleich und mit umherirrenden, verständnislos blickenden Augen stand Mama im Zimmer und fühlte wohl instinktiv, daß sie sich zum letzten Mal in diesem ihr liebgewordenen Raum befand. Nicht einmal ein Abschiedswort konnte sie hervorbringen, als sie sich zu mir umdrehte. Mit einem bittenden und zugleich fragenden Blick schaute sie mir in die Augen. Sie wollte etwas sagen, aber schwieg. Sie reichte mir die Hand. Sie sammelte all ihre Kräfte, um in der Minute des Abschieds keine Schwäche zu zeigen. Sie unterdrückte ihre Tränen, wandte den Kopf ab und folgte dem Beamten und dem Hausmeister zur Tür hinaus. Ich nahm alle meine Kräfte zusammen, um uns beiden Mut zu machen. Mit einem sorglosen, fröhlichen Gesichtsausdruck rief ich ihr scherzhaft zu: «Bleib nicht zu lange, sonst wird der Tee kalt!» Doch in meinem Innern begriff ich, daß wir uns lange nicht sehen würden. Sie begriff es auch. Begriff, daß ich mich verstellte, um unsere Tränen zurückzuhalten, die nichts bringen würden außer einen Nervenzusammenbruch, das erkannte ich an ihren Augen. Ein letztes Mal schaute ich ihrem gebeugten Rücken und dem alten Mantel, den sie trug, hinterher. Die zerfetzten Fersen ihrer Filzstiefel leuchteten noch einmal auf und verschwanden dann in der Schwärze der Nacht. Weil ich barfuß war, nichts anhatte und kein tränenreiches Drama heraufbeschwören wollte, ging ich nicht mit hinaus.

19. Dezember 1937
Genau zehn Tage sind seit dem Moment vergangen, als sie Mama baten, für ein «Minütchen» mit zur 4. Abteilung vom MUR zu kommen, und seitdem haben meine Augen sie nicht mehr erblickt. Nicht nur die Augen, ich habe nicht einmal herausfinden können, wo sie ist. Die Auskunft in der Petrowka 38 macht erst um 10.30 Uhr auf. Als ich aber heute morgen um 7 Uhr kam, war ich bereits der 71. auf der Liste. Hier erteilen sie Auskunft, wo welcher Häftling sitzt: in der Petrowka, Taganka, Butyrka oder Sretenka [16], oder ob er in ein Lager verschickt worden ist. Ein kleiner, enger, schmutziger und von fürchterlichem Schweißgeruch durchdrungener Raum. In Anbetracht dessen, daß Frauen mit Kindern vorgelassen werden, haben ei-

16 *Petrowka, Taganka* ... – Moskauer Gefängnisse.

nige mit Vorbedacht ihre Schreihälse mitgebracht, die von alledem nichts verstehen. Das Geschrei der streitenden Menge und das Stimmengewirr der Gruppen im Raum, die ihre Fälle diskutieren, wann und weshalb jemand verhaftet wurde, erinnern an einen Marktplatz. Vor dem Hintergrund des allgemeinen Lärms wird von den quäkenden Kleinkindern, die weder mit Drohungen noch mit Bitten zur Ruhe gebracht werden können, ein solches Konzert veranstaltet, daß dem, der das nicht gewohnt ist, das Herz stockt, man könnte glauben, sie würden geschlachtet. Vor den Fenstern des Gebäudes steht eine lange Schlange und daneben Gruppen von Leuten, die aus der Schlange getreten sind, um sich die Beine zu vertreten. Jeden Tag kommen mehr als 1000 Menschen zum mühseligen Schlangestehen. Die Hälfte von ihnen geht abends ergebnislos fort, weil sie es nicht bis zum Auskunftsfenster geschafft hat. Die andere Hälfte erfährt zwar den Aufenthaltsort des betreffenden Menschen, kann ihm aber in keiner Weise helfen und ruiniert sich somit bloß die Gesundheit, vergeudet Zeit. (...)

Natürlich wird diskutiert, weshalb die Leute sitzen. Es gibt verschiedene Fälle: Diebstahl, Trunkenheit, Schlägereien im betrunkenen Zustand, alte Vergehen, ein zur falschen Zeit und am falschen Ort gesagtes Wort ... – viele wissen aber überhaupt nicht, weshalb. «Sie haben ihn abgeholt, und jetzt sitzt er – wieso, weiß ich nicht.» Vielleicht weiß es der, der sitzt, und wenn er es nicht weiß, dann muß es der wissen, der seinen Fall leitet oder den Haftbefehl unterschrieben hat. Das Wohlergehen im menschlichen Leben hängt nicht immer vom Betroffenen selbst ab. In einem alten Sprichwort heißt es: «Wir alle sind in Gottes Hand.» Heute hat man das Sprichwort abgewandelt: «Wir alle sind in des NKWD Hand.» Ach du mein unglückliches Leben, wie wenig Erfolg hast du mir beschert! Wann haben diese Qualen nur ein Ende?

Das Studium im Institut habe ich abgebrochen. Um diesen Schritt tut es mir teuflisch leid. Worin bin ich als Mensch schlechter als jene, die weiterstudieren können? Wie es weitergehen wird, weiß ich nicht. 15 Jahre bin ich zur Schule gegangen, aber jetzt habe ich eine nicht abgeschlossene Hochschulausbildung. Vielleicht eine Schippe nehmen und Erde schaufeln gehen!? Was mir fehlt, ist eine solide Fachausbildung! Natürlich hat jeder Bürger der UdSSR das Recht auf Bildung[17], doch das Recht und die Möglichkeit – das sind zwei verschiedene Dinge. Außer dem Recht auf Bildung braucht man noch das Recht, studieren zu können. Wenn ich am Leben bleibe, werde ich sehen, was weiter wird. Sterben kann ich immer.

20. Dezember 1937
Ich kann die prophetischen Worte in Veronika Iwanowas Brief von 1933 nicht vergessen, als wir aus dem Sommerlager zurückgekehrt waren, uns ein paarmal im Kulturpark trafen und einen philosophischen Briefwechsel führten. In einem dieser Briefe schrieb sie: «Du bist ein verschlossener Mensch. Von anderen willst Du alles bekommen, aber Deinerseits nichts geben. Wenn Du so weiterlebst, wirst Du einsam bleiben.» Jetzt bin ich wirklich einsam. Ob aus den Gründen, wie die von mir bis zum heutigen Tage verehrte Veronika vorhersagte, oder aus anderen – die Tatsache bleibt die gleiche: Im Leben bin ich allein. Habe nicht nur keine Freunde mehr, sondern auch keine

17 *Recht auf Bildung* – Podlubny beruft sich hier auf den Text der sowjetischen Verfassung von 1936, die den sowjetischen Bürgern ein Anrecht auf Arbeit und Bildung zuerkannte. Darüber hinaus führte die neue Verfassung u. a. das geheime und freie Wahlrecht sowie das Recht auf Presse-, Meinungs- und Versammlungsfreiheit ein. Freilich galten diese Rechte, wie es im Verfassungstext ausdrücklich hieß, nur «in Übereinstimmung mit den Interessen der Werktätigen und zum Zwecke der Festigung des sozialistischen Systems».

Kameraden. Ich kann nicht vergessen, aus welch dummem Grund wir auseinandergingen. Veronika ist ein überaus kultiviertes Mädchen aus der Sowjetaristokratie [18], ich aber der Sohn einer Hausmeisterin. In unserer Entwicklung waren wir vielleicht gleich, aber mit Sicherheit nicht, was Geld und Kleidung anbetrift. Auf dieser Grundlage entwickelte ich die Theorie, daß unsere Beziehung zu nichts führen könne, da wir zu unterschiedlich seien, zwischen uns läge ein Abgrund. Wie häufig versuchte sie, eine Brücke über diesen Abgrund zu schlagen, wie sie es selbst ausdrückte. Dumm und hartnäckig wehrte ich alles ab, was schließlich zu unserer Trennung führte. Noch heute – fünf Jahre später – bereue ich das. So gerne würde ich mich mit ihr treffen, ihr alles erklären, mich entschuldigen.

Da bin ich nun in alte ferne Erinnerungen abgeschweift, statt der Frage nachzugehen, warum ich einsam bin. Mir bleibt unerklärlich, warum ich mich von meinen alten Kameraden bei der «Prawda» getrennt habe. Einige von ihnen sind beim Militär, bei anderen weiß ich nicht, wo sie wohnen. Im Institut habe ich mir keinen Freundeskreis aufbauen können, niemandem von den Jungs aus dem Institut habe ich mich angeschlossen. Und alles liegt wohl nur an meinen fehlenden Mitteln, an der schlechten Kleidung, in der ich herumlaufe. Denn was meine Entwicklung, die Schärfe meines Verstands angeht, so stehe ich hoch über den anderen. Doch die haben mehr Geld. Das alte Sprichwort «Kleider machen Leute» gilt eben auch

---

18 *aus der Sowjetaristokratie* – So bezeichnete der Volksmund die neue sowjetische Elite – Parteikader, Militärs, Direktoren und Wissenschaftler –, die seit Beginn der dreißiger Jahre ein luxuriöses Leben zu führen begann, mit privaten Bediensteten, eigenen Wohnungen (im Gegensatz zur Masse der Stadtbevölkerung, die in Gemeinschaftswohnungen lebte) und Autos, Zugang zu Sonderläden usw.

unter den heutigen sozialistischen Bedingungen. Laß den Sozialismus Sozialismus sein: Das Geld regiert die Welt. Dasselbe gilt für die Mädchen. Mit keiner gehe ich aus, obwohl ich genügend kenne, die mir gefallen. Es scheitert am Geld. Wie soll ich mein Schätzchen unterhalten, wenn ich ihr weder Pralinen kaufen kann noch Eintrittskarten ins Kino oder ins Theater, noch etwas zum Anziehen habe? Ein Mädchen gibt es, das mir ergeben ist: Lisa. Ihre Zuneigung zu mir ist bedingungslos. In meinem ganzen Leben werde ich wohl keinen Menschen finden, der mir mehr zugetan wäre als sie. Doch ich hege keine Gefühle für sie. Sie macht sich weiterhin Hoffnungen, obwohl ich mit ihr ehrlich über meine Gefühle gesprochen habe. Alle fragen sich, warum ich sie nicht heirate, doch einen solchen Schritt möchte ich trotz meines elenden Junggesellendaseins nicht tun. Nein, ich will nicht heiraten, aber einen Sohn zu haben, dagegen hätte ich nichts. In meinem Leben scheint irgendwie alles so zu laufen, als lebte ich nur, um unglücklich zu sein. Vielleicht kommt es mir auch bloß so vor, weil ich die unangenehmen Dinge besser im Kopf behalte als die guten.

Aus irgendeinem Grunde mußte ich an meine Reise in die Ukraine im letzten Sommer denken. Ich wohnte bei der Tante in der Nähe von Nemirow. Weil ich mich schrecklich langweilte, allein war und auch nichts zu tun hatte – obwohl ich zugeben muß, daß es viel Arbeit gab, ich aber nicht in der Lage war, zu arbeiten – dachte ich, ich gehe nach Lipowez. Es zog mich dorthin, wo ich meine Kindheit verbracht hatte. Eines schönen Tages legte ich zu Fuß 30 km zurück und erreichte mit beklommenem Herzen meinen Heimatort. Drei Tage lang ließ ich es mir gutgehen und traf Bekannte, aber die Ernte war in vollem Gange, die Leute waren müde und schlecht gelaunt, und natürlich gab es für mich nichts zu tun, weil niemand Zeit hatte. Alle waren sie mit der Arbeit beschäftigt, vom frühen Morgen bis zum Abend und manchmal die ganze Nacht. Nach drei Tagen war ich schon wieder bei der Tante. Vor der Rückkehr nach Moskau beschloß ich, noch einmal hinzugehen, Abschied zu nehmen vom vertrauten Ort. Wie schon das erste Mal, wie auch schon vor zwei Jahren, jedesmal, wenn ich mich Lipowez näherte und von der Anhöhe aus auf die vertrauten Häuser, Gärten und Straßen blickte, die sich in der Senke ausbreiten, und auch dieses letzte Mal wieder, deklamierte ich laut, bewegt und erregt das Gedicht von Nekrassow[19]: «Da sind sie wieder, die vertrauten Orte, wo das Leben meiner Väter, so vergeblich und so leer ...» usw. Und als ich die mir bekannten Straßen entlangging, richtete ich meinen Blick sehnsuchtsvoll auf die vertrauten Gesichter, die mich aber nicht erkannten (haben mich vergessen).

Ich verbrachte noch einen Tag in Lipowez. Wir waren eine lustige Gesellschaft von Nichtstuern: Walja Wassiljewskaja, Nadja und Ljusja, die Nichte von Marzina Palaika, Enkelin der verstorbenen alten Marza. Nachdem wir die ganze Nacht gefeiert hatten, verabredeten wir uns für den nächsten Tag um 10 Uhr morgens in Nadjas Wohnung. Am nächsten Morgen beschloß ich, meinen Vorvätern einen Besuch abzustatten und erst danach zu Nadja zu gehen.

Der von Unkraut überwucherte Friedhof empfing mich unfreundlich. Totenstille. Nach langem Suchen fand ich schließlich das Grab meines auf so legendäre Weise umgekommenen Großvaters. (...) Es war beschädigt und von Unkraut überwuchert. Nur der Grabstein aus Marmor, der tief in die Erde ge-

---

19 *Nekrassow* – Nikolai Alexejewitsch Nekrassow (1821–1878), populärer Dichter, dessen Werke vom Volksleben und den Mißständen in Rußland handelten. Podlubny zitiert die Anfangszeilen aus dem Gedicht «Heimat».

sunken war, und die Inschrift, teilweise mit Erde bedeckt, gaben Auskunft, daß hier, genau an dieser Stelle, mein mir unbe-
kannter Großvater begraben war. Um 11 Uhr war ich bei
Nadja. Hier hatten sich schon alle eingefunden. Mir fiel auf,
daß Ljusja unruhig und besorgt war. Ihr Blick wanderte ständig
umher, sie hörte uns nicht zu, war mit ihren Gedanken beschäftigt. Ich hatte es bemerkt, aber dachte mir nichts dabei, es
gibt ja so vieles, worüber sich ein Mensch Sorgen machen
kann. Um sie abzulenken, begann ich, ihr mehr Beachtung zu
schenken, machte Witze und erinnerte sie an unseren gestri-
gen Badeausflug. (…) Walja und Nadja gingen hinaus, um etwas zu trinken. Ljusja fuhr plötzlich zusammen, schaute sich
zur Tür um, aus der die Mädchen hinausgegangen waren, und
fragte aufgeregt: «Weißt du denn nichts?» – «Was denn?»
sagte ich. «Hat dir niemand etwas gesagt?» – «Nein», sagte
ich. Meine Stimme und mein Gesichtsausdruck blieben ruhig,
obwohl mich im Innern eine leichte Unruhe erfaßte. «Onkel
Wasja hat mir gesagt, daß es gestern abend eine Sitzung beim
NKWD gab. Als Vorsitzender des Dorfrats war er mit dabei,
und sie haben über dich geredet. Man will dich verhaften.»
Trotz dieser niederschmetternden Nachricht bewahrte ich
Fassung und gab zu verstehen, daß mich das nicht allzusehr
beunruhigte, daß ich kein schlechtes Gewissen hätte. Aber im
Innern sagte ich mir: Dem muß ich auf den Grund gehen.
«Onkal Wasja sagte mir, du mußt sofort aufbrechen. Wenn sie
heute nacht herausfinden, bei wem du schläfst, werden sie dich
holen.» Ich fügte mich Ljusjas nachdrücklicher Forderung, innerhalb von zwei Stunden die Stadt zu verlassen.
An einer vereinbarten Stelle würde sie auf mich warten und
mich bis zum Dorf 7 km außerhalb von Lipowez begleiten,
wohin sie zu ihren Verwandten gehen würde. Genau zwei
Stunden später liefen wir die breite Straße hinauf, meine Hei-

matstadt hinter uns lassend. Die Stadt, in der ich geboren wurde, in der ich meine goldenen Kinderjahre verbracht hatte, aus ihr mußte ich nun fliehen wie ein räudiger Hund, ohne zu wissen warum. Niemandem hatte ich Schaden zugefügt, niemanden mit Worten oder Taten beleidigt, ich hatte zwar auch niemandem Gutes getan, aber sollte ich deswegen nicht das Recht haben, drei, vier Tage ruhig an diesem vertrauten Ort zu verbringen?

Obwohl wir Arm in Arm spazierten, vergingen die 5 km wie im Flug. Seitlich bog der Weg über die Felder zu ihrem Dorf ab. Mein Weg lag vor mir, die gerade, breite Trasse. (...) Wir wollten uns nicht trennen. Am Rande des seitlich abbiegenden Wegs setzten wir uns. Dann legten wir uns hin. Dann küßten wir uns. Auf den ersten Kuß folgte das erste Dutzend, die ersten hundert. Als wir uns wieder aufrichteten, war die Sonne schon am Untergehen, der Himmel glühte in allen Farben. Sie hatte 2 km vor sich und ich 30. Nach langen Diskussionen und Überredungen erklärte ich mich einverstanden, in ihrem Dorf zu übernachten.

Die Leute nahmen mich freundlich auf, weil es Bekannte waren, hatten mich schon zehn Jahre nicht mehr gesehen. Wir aßen zu Abend, dann saßen wir auf der Bank vor der Hütte, küßten uns noch etwa zwei dutzendmal und gingen dann schlafen. Am nächsten Morgen machte ich mich auf den Weg über die Felder nach Nemirow. Sie begleitete mich. Ein großes, frisch gemähtes Feld. Schwarz ragten ringsum die Heuhaufen empor. Ungefähr drei Kilometer vom Dorf entfernt stiegen wir in ein Tal hinunter. Keine Menschenseele weit und breit. Es war still. Auf dem mit saftigem Gras überwucherten Weg beschlossen wir uns niederzulassen, zwei Schritte neben einem Stapel gebündeltem Weizen.

Wir setzten uns, dann legten wir uns hin, küßten uns, bis zur

Besinnungslosigkeit. Ein anderer hätte an meiner Stelle diese günstige Lage für seine eigenen animalischen Gelüste ausgenutzt. Ich bin viel zu ehrlich gegenüber dem weiblichen Geschlecht, weiter als bis zu Küssen und kräftigen Umarmungen ging ich nicht, obwohl ich wohl kaum auf Widerstand gestoßen wäre, wenn ich weitergegangen wäre. Die Lage war äußerst günstig, und überhaupt, Küsse sind ein gutes Bombardement vor der entschlossenen Attacke. Die Sonne hatte sich schon lange hinter dem westlichen Horizont versteckt, es dämmerte bereits, aber wir lagen noch immer fest umschlungen und küßten uns.

21. Dezember 1937
Zur Zeit bin ich noch ein halber Student. Ich studiere zwar nicht, bin aber noch eingeschrieben. Doch die schreckliche Zeit wird kommen, wenn ich mir das Institut ganz aus dem Kopf schlagen muß. Ach, was soll's, nicht jeder kann einen Hochschulabschluß haben. Bei mir sieht es so aus, als müßte ich mein Studium abbrechen. Aber ist es denn meine Schuld, daß ich in diese Familie und diese Epoche hineingeboren wurde? Ich werde mich halt auf anderen Wegen durchs Leben schlagen. Auch wenn ich keine Fachausbildung habe und mich mit der mittleren Reife begnügen muß – es gibt Schlimmeres. Besonders in meiner Lage. Das heißt aber noch lange nicht, daß ich mich mit dem Geschehenen abfinden werde. Jetzt lege ich erst einmal eine Pause ein, um die Familienangelegenheiten zu regeln. Danach aber will ich den Kampf aufnehmen. So alt bin ich noch nicht, auch wenn ich aussehe, als sei ich zehn Jahre älter. Noch gebe ich mich nicht geschlagen, gehe von der Verteidigung zum Angriff über. Ich muß das tun, sonst drängt man mich in die allgemeine Masse zurück, tritt mich mit Füßen, stößt mich in den Dreck. Vielleicht kann ich meine lite-

rarischen Fähigkeiten irgendwie nutzen. Wir werden sehen. Mühe und Fleiß bricht alles Eis.

22. Dezember 1937

Noch nie im Leben habe ich an Schlaflosigkeit gelitten. Doch jetzt bemerke ich etwas Seltsames an mir: Bereits die dritte Nacht habe ich nicht geschlafen. (…) 5 Uhr morgens. Meine Augen sind vom Lesen müde, ich kann sie kaum noch offenhalten. Wenn ich mich jetzt hinlegte, würde ich mich hin und her wälzen und zuletzt wohl einschlafen, aber ich tue das mit Absicht nicht. Ich muß ab halb sechs vor der Auskunftsstelle Schlange stehen. Vielleicht hat man Mama irgendwohin verlegt? Morgen ist ein freier Tag, an dem es erlaubt ist, Pakete zu übergeben. Ich muß zusehen, daß sie wenigstens etwas Wäsche und ein Stückchen Brot bekommt. Denn viel zu essen bekommt man dort wohl nicht und Kleidung erst recht nicht. Wer weiß, vielleicht wird man mir in sechs Stunden, wenn der Auskunftsschalter öffnet, eine schreckliche Nachricht übermitteln: Sie ist gestorben. Aber höchstwahrscheinlich wird es heißen: In der Verbannung, warten Sie auf Post. Dann wäre auch mein Paket sinnlos. Hungrig, erschöpft und in schmutziger Wäsche würde sie sich auf den Weg machen müssen, mit quälenden Gedanken, wie es mir geht und warum ich ihr nicht während der letzten zwei Wochen ein Paket übergeben konnte.

Wie ein Felsbrocken lastet diese ganze Geschichte auf meinem Herzen. Wenn ich doch bloß bald Bescheid wüßte. Das Leben in Ungewißheit ist schwerer als die schlimmsten Entbehrungen. Anfangs wollte ich schon aufgeben. Ich beschloß, den Dingen ihren Lauf zu lassen. Dachte, ich sei machtlos, irgend etwas zu unternehmen. Jetzt aber beginne ich zu überlegen, ob ich nicht doch in die Schlacht ziehen, den ungleichen

Kampf aufnehmen soll. Der Zufall will es manchmal, daß der Schwächere den Kampfplatz als Sieger verläßt. Das Wichtigste, was ich herausfinden muß, ist, worum es geht. (…) Wenn die Sache mit dem Paß zu tun hat, würde sich der Kampf lohnen. Wenn aber noch irgend etwas anderes dranhängt, muß ich wohl jede Hoffnung aufgeben.

25. Dezember 1937

Ein Moskauer Wintermorgen. Es war 5 Uhr früh, als ich vorgestern losging. (…) Ich hoffte, in dieser frühen Stunde der erste in der Schlange vor der Auskunftsstelle zu sein, aber ich war der elfte. Die ersten hatten sich bereits um Mitternacht angestellt. Es gab übrigens noch eine weitere Schlange mit einer eigenen Liste, für die Paketübergabe am 24. Dort trug ich mich als zehnter ein. Um 11 Uhr sagte man mir am Auskunftsschalter, daß Jefrossinija dort sei. Meine Stimmung hob sich etwas. Auf dem Weg nach Hause überlegte ich mir, was ich ihr anderntags schicken sollte. Für 40 Rubel kaufte ich ein und verpackte alles liebevoll. Am Abend war das Paket verschnürt.

24., 5 Uhr: Das gleiche Bild wie am 23., doch stehen in der Schlange nicht ein Dutzend Leute, sondern über 400. Es ist verboten, sich vor der Eingangstür zu versammeln. Die Leute haben sich mit ihren Bündeln und Taschen voller Lebensmittel einen halben Kilometer entfernt in der Eingangshalle eines großen Gebäudes niedergelassen. Die breite steinerne Treppe ist übersät mit stehenden, sitzenden und halb liegenden Menschen. Ihre Gesichter sind von der schlaflosen Nacht gezeichnet. Ständig kommen weitere hinzu, die sich beim Listenführer eintragen. «Mütterchen, du hast die Nummer 461», sagt der. «Schreib mir das auf die Hand, mein Sohn, ich vergesse das ja sofort wieder.» Und sie streckt ihm ihre mit der Zunge befeuchtete Handfläche entgegen. Mit zerlaufender Tinte malt er ihr die Nummer auf die Hand. Ich vergewissere mich, daß die gestrige Liste noch gültig ist, und mache mich auf den Heimweg.

«O mein Gott, so viele Leute», hörte ich da die vertraute ukrainische Mundart. Ich drehte mich um. Neben mir stand eine Frau in einem abgetragenen grauen Mantel, von kleinem Wuchs, den Kopf in ein großes schwarzes Tuch gehüllt, unter dem zwei große, runde Augen glänzten und aus welchem die Nase wie ein kleiner Stift herausragte. «Was ist denn Ihre Nummer?» fragte ich auf ukrainisch, um mit der Landsmännin ins Gespräch zu kommen. «330, vor drei Uhr komm ich auf gar keinen Fall dran.» – «Wer sitzt denn hier von Ihnen?» – «Meine Schwester. Ist nach Moskau gekommen, um ihren Mann zu suchen, weil er zum Militär gegangen war, hier in der Nähe von Moskau, und zwei Jahre hat sie von ihm nichts gehört. Sie hatte keinen Paß, weil bei uns im Dorf keiner einen Paß hat. Deswegen hat man sie festgenommen, und jetzt sitzt sie schon über einen Monat. Der Mann ist schon vom Militär zurück, kam nach Hause und fand sie nicht. Zu Hause hat sie einen Säugling von 15 Monaten und eine alte Mutter. Ich kann nicht einmal herausfinden, wo sie ist. Schon eine ganze Woche treib ich mich nachts auf dem Bahnhof herum, zieh mich nicht einmal aus. Jeden Tag suche ich, immer wieder jagen sie mich fort, man will nicht mal mit mir reden. Und dann verstehen sie mich auch nicht. Jetzt hab ich mir gedacht, ich stell mich hier an. Vielleicht finde ich sie ja hier.» Beklommenen Herzens machte ich mich auf den Heimweg.

Mit einem Korb in der Hand komme ich gegen neun zur Schlange zurück. Die Menge drängt sich vor dem Eingang und wartet auf die Übergabe. «Wo ist die Liste?» fragt atemlos eine herbeieilende, gutgekleidete Frau. «Hier. Ihr Name?» Sie nennt einen Namen. «Sie sind Nummer 760.» Auf ihrem erhitzten Gesicht spiegeln sich Überraschung und Verzweiflung. An Hand der Liste beginnt sich die Schlange zu formieren.

«Nummer 1!»

«Hier!»

«Name?»

«Siworuchin.»

«Stellen Sie sich hierhin. Nummer 2! Name? Hierhin!» usw.

Es bildet sich eine lange, gewundene Reihe finsterer, von der Kälte gedrückter menschlicher Gestalten. (...) Es ist 10 Uhr. Jetzt müßte es losgehen. Doch weit gefehlt, man hat es hier nicht eilig. Eine verstärkte Kolonne von Milizionären geht ruhig am verriegelten Tor auf und ab. 10.30 Uhr: Die Menge wird unruhig. Man hört Protestrufe, doch sie führen zu nichts. 11 Uhr: Schwangere sowie Frauen mit Kindern werden ins Gebäude hereingelassen. Um 11.30 Uhr beginnt die Paketübergabe. Man hat damit keine Eile und ein reines Gewissen. Was schert es sie, daß viele ihre Pakete nicht bekommen werden? Man kann ihnen nicht einmal vorwerfen, daß sie nicht pünktlich seien: Punkt 4 Uhr beenden sie die Übergabe. Weder Bitten und Beschwörungen noch Tränen sind imstande, sie zu überreden, wenigstens noch ein Paket nach 4 Uhr anzunehmen. (...)

Ich näherte mich dem kleinen quadratischen Fenster. Mich ergriff eine unverständliche Angst. Meine Knie waren weich, meine Hände zitterten, das Herz raste, deutlich fühlte ich jeden einzelnen Schlag – es dröhnte in meinem Kopf, als hämmerte neben mir jemand auf einer Trommel. Ich nannte den Namen und hielt den Atem an, den Blick starr auf die Finger gerichtet, die durch den Karteikasten flogen. Im Kopf ein schrecklicher Gedanke: Was, wenn sie nicht dabei ist? Die Sekunden des Wartens kamen mir vor wie eine Ewigkeit. «Ist hier nicht dabei», antwortete mir mit gleichgültiger Stimme eine nicht mehr junge Person. Ich wußte nicht, wo ich hinsehen sollte. Mein Gesicht verzog sich zu einer dümmlichen Grimasse. Als ich wieder aufschaute, bemerkte ich eine zweite, ältere Frau hinter dem Schalter. «Podlubnaja? So ... so ... wollen mal sehen. Nein, hier auch nicht. Die ist nicht bei uns.» – «Aber man hat mir doch gesagt ...» – «Als man Ihnen das gesagt hat», unterbrach mich die Jüngere, «war sie noch da, aber jetzt nicht mehr. Der nächste!» Ich weiß nicht, was für einen Gesichtsausdruck ich in diesem Moment hatte. Wahrscheinlich sah ich sehr verwirrt und traurig aus, denn die ältere Frau schaute mich an und sagte mit weicher Stimme: «Machen Sie sich keine Sorgen, ich gebe Ihnen einen Schein, den geben Sie dem Aufseher am Schalter gegenüber. Er wird Ihnen sagen, wo sie ist.» Damit schob sie einen grauen Fetzen Papier in meine zitternde Hand.

«Am Schalter gegenüber» erfuhr ich nichts, man konnte sie nicht finden. Zehn Minuten stand ich versteinert da, dann erwachte ich wie aus einem schweren Traum. Nahm meine Tasche und ging mit hängendem Kopf langsam zum Ausgang, begleitet von den mitleidigen Blicken der Umstehenden.

Erst zu Hause begriff ich vollständig, was geschehen war. Ein Krampf im Hals machte mir das Atmen schwer. Meine Muskeln gehorchten mir nicht mehr. Ich konnte kaum noch meinen Kopf heben, durch den ein Strudel von Gedanken wogte: Sie hat ja nicht einmal eine Kopeke bei sich, im wahrsten Sinne des Wortes! Denn im Mantel, den sie mitnahm, hatte ich noch am Abend vorher in den Taschen nach Kleingeld gesucht, aber nichts gefunden. Die 20 Rubel, die sie noch besaß, hatte sie auf dem Regal gelassen. Sie kann sich nicht einmal für 3 Kopeken einen Briefumschlag kaufen, um mir zu schreiben, wo sie ist und was sie braucht. Ohne frische Wäsche. In zwei Wochen hat sie nicht ein Paket von ihrem Sohn bekommen. Ihre schlechte Gesundheit. Wo ist sie? Im Frauengefängnis? Im Krankenhaus? Oder ist sie gestorben?? Verbannt? Auf keine dieser Fragen kann ich mit Bestimmtheit antworten. Ich glaube, ich hätte es leichter ertragen, wenn sie zu Hause plötzlich eines natürlichen Todes gestorben wäre: Sie ist halt gestorben, ihre Zeit ist gekommen. Aber so wird sie wohl nur leiden und sich mit der Frage quälen, was mit mir ist.

Noch nie habe ich mich für Alkohol interessiert. Aber jetzt kaufte ich mir einen halben Liter und betrank mich. Betrank mich nach allen Regeln der Kunst, ganz allein. Ein Glas nach dem anderen, ohne groß etwas zu essen. Der Rausch verrichtete sein Werk. Ich legte mich hin und schlief sofort fest ein. Nach fünf Stunden erwachte ich. (…) Um mich abzulenken, ging ich zu Wasja, bei dem ich den Rest des Tages verbrachte.

Alles ist so wie bisher. Nachts kann ich nicht schlafen. Jetzt zum Beispiel ist es halb vier morgens (…), und ich habe mich noch nicht einmal ausgezogen. (…) Immer häufiger verfolgt mich die Frage, wie es weitergehen wird. Nach was für einer Arbeit soll ich suchen und wo sie finden? Soll ich zum Militär? Im Institut weiterstudieren? Was soll ich überhaupt tun, wo Hand anlegen? Eine drängende Frage, auf die zu antworten ich noch nicht in der Lage bin, nicht nur anderen gegenüber, sondern auch mir selbst. Jetzt muß ich los, um bei der Auskunft anzustehen.

Bin wieder zurück. Es hatte sich noch keine Schlange gebildet, niemand war da. Kein Wunder, bei diesem starken Frost würde es auch niemand aushalten. Ich bin nur schnell dorthin und wieder zurückgelaufen, trotzdem sind meine Beine schon steif vor Kälte.

1. Januar 1938

Das Jahr 1938 hat begonnen. Was wird es mir bringen? Wann endlich wird das Schicksal mir geneigt sein? Dem vergangenen Jahr 1937 weine ich keine Träne nach. Gutes hat es mir nicht gebracht, Schlechtes dafür im Überfluß. Verwelkt ist mein Leben, noch bevor es aufblühen konnte. Während es vor 1938 noch eine Aussicht gab, nämlich das Studium im Institut, hat sich jetzt auch dieser einzige Traum, dieses Fünkchen Hoffnung, in meinem düsteren Leben verflüchtigt. Von allen Kostbarkeiten, die ich je besaß, hat man mir wohl das Kostbarste gestohlen. Verloschen ist der Leuchtturm, an dem ich mich orientierte, um meinen Lebensweg zu bestimmen. Ein schwieriger, gewundener, von Hindernissen verstellter Weg, aber der helle Schein des Leuchtturms wies mir die Richtung, gab mir das Ziel vor, dem ich zustrebte.

Was ist jetzt mein Lebensziel? Ich sehe keines. Aber ein Leben ohne Ziel – das ist wie bei einem Tier ... was ist das für ein Leben? Niemand ist da, der mich moralisch unterstützen könnte. Ach, wie schwer ist das Leben! Wenn ich nicht sehen wollte, wie die Menschen leben und was aus ihnen weiter wird, würde es sich wohl nicht lohnen zu leben. Ach, wie widerlich das ist! Es schüttelt mich, und mir läuft eine Gänsehaut über den Rücken. Was soll ich morgen tun und an den Tagen danach? Arbeit suchen?! Für 200 Rubel im Monat meine Arbeitskraft verkaufen? Und danach? Zu was für einer Arbeit tauge ich überhaupt? Wer hat Interesse an meiner Allgemeinbildung ohne Spezialwissen? Wer braucht meine Hände, die nichts gelernt haben? Aber trotzdem muß ich nach Arbeit suchen.

7. Januar 1938

Am 28. Dezember habe ich endlich bei der Auskunft in der Pe-trowka erfahren, daß Mama im Nowinskaja-Gefängnis[20] sitzt. Überprüfte am selben Tag bei der Gefängnisauskunft, daß sie wirklich dort ist. Übergab am 29. das Paket. Es ging dort unge-mein streng zu, was ich sogar gut fand. Jedes einzelne Paket wurde nicht nur aufgemacht und durchgesehen, was es ent-hielt, die Gegenstände wurden sogar abgetastet, als wolle man ihre Qualität prüfen. Übergab Wäsche und 100 Rubel. Da-durch wurde mir viel leichter ums Herz. Wenigstens wird sie nicht mehr so hungern.

Mir fehlt die Entschlußkraft, zum Institut zu gehen und endlich alle Beziehungen dorthin abzubrechen. Deswegen feh-len mir auch die nötigen Unterlagen, ohne die ich keine Arbeit finden kann. Muß aber zugeben, daß ich nach Arbeit bisher auch noch nicht wirklich gesucht habe. Muß dringend Arbeit finden!

20 *Nowinskaja-Gefängnis* – Frauengefängnis in Moskau.

Abkürzungsverzeichnis

GPUschnik Vertreter der GPU (s. u.)

Glawlit Hauptverwaltung für Angelegenheiten der Literatur und der Verlage (Zensurbehörde)

GPU siehe Tscheka

GUGB Hauptverwaltung der Staatssicherheit

Kadetten Mitglieder der Partei der KD, der Konstitutionellen Demokraten. Ursprünglich eine linksbürgerliche Partei, unterstützte sie später die zaristische Regierung und bekämpfte die Sozialdemokratie.

Kolchos Kollektiver landwirtschaftlicher Betrieb

KPK Komitee für Parteikontrolle

KPR (b) Kommunistische Partei Rußlands (Bolschewiki)

Lensowjet Rat der Stadt Leningrad

MEEMIT Moskauer Elektromechanisches Institut für Eisenbahnwesen

Narkomprom Volkskommissariat für Industrie

NKID auch Narkomindel – Volkskommissariat für auswärtige Angelegenheiten, Außenministerium

NKPS Volkskommissariat für Verkehrs- und Transportwesen

NKWD siehe Tscheka

OPTE Freiwillige Allunionsgesellschaft für proletarischen Tourismus und Exkursionen (bestand von 1928 bis 1936)

OGPU siehe Tscheka

Osoawiachim Gesellschaft zur Förderung des Flugwesens und des Luft- und Gasschutzes

Repertkom Komitee für Repertoire, zugleich Zensurbehörde

Sowchos Staatlicher landwirtschaftlicher Betrieb, im Gegensatz zum Kolchos (s. o.) sind Boden und Inventar Staatseigentum

SP/SSP Sowjetischer Schriftstellerverband

TJUS Theater des jungen Zuschauers

Tscheka «Außerordentliche Kommission zum Kampf gegen Konterrevolution und Sabotage» – die im Dezember 1917 gegründete Geheimpolizei. 1922 umbenannt in GPU – «Staatliche politische Verwaltung», 1923 mit der Gründung der UdSSR umbenannt in OGPU – «Vereinte staatliche politische Verwaltung», im Juli 1934 umbenannt in NKWD – «Volkskommissariat für innere Angelegenheiten» (bis 1946), danach umbenannt in KGB – «Komitee für Staatssicherheit»

Tschekist Vertreter der Tscheka, wird auch zu Zeiten von GPU und NKWD noch häufig so genannt, aber auch GPUschnik bzw. Enkawedeschnik

UII Kirow-Industrie-Institut im Ural

WOKS Allunionsgesellschaft für kulturelle Beziehungen mit dem Ausland (1925 – 1958)

WWP Allgemeine militärische Ausbildung

ZK Zentralkomitee

ZKP Zentralkomitee für Transportwesen

Quellen

Die amerikanische Originalausgabe erschien 1995 unter dem Titel «Intimacy and Terror. Soviet Diaries of the 1930s» bei The New Press, New York, herausgegeben von Véronique Garros, Natalija Korenewskaja und Thomas Lahusen. Die Tagebuchauszüge von Arschilowski, Stawski, Potjomkin und Schaporina wurden von Barbara Conrad übersetzt; die «Chronik», die Tagebuchauszüge von Frolow und Stange von Vera Stutz-Bischitzky; die Tagebuchauszüge von Stepan Podlubny folgen der Übersetzung von Jochen Hellbeck und sind dem Band «Tagebuch aus Moskau 1931–1939», herausgegeben von Jochen Hellbeck, entnommen.

Richard Pipes

Die Russische Revolution

Band 1: Der Zerfall des Zarenreiches
Band 2: Die Macht der Bolschewiki
Band 3: Rußland unter dem neuen Regime

Aus dem Amerikanischen von Udo Rennert
Zusammen 2596 Seiten. Gebunden

«Der Umfang wirkt zunächst abschreckend. Wer aber dennoch zu dem Werk greift, wird reich belohnt. Die Fülle der Fakten ist so spannend, daß sich das Geschichtswerk stellenweise wie ein Krimi liest. Der amerikanische Historiker beschreibt eindringlich, wie die überwiegende Mehrheit der Russen lebte, welche Kräfte die Revolution forderten und warum der Dialog zwischen Zar und Volk nicht zustande kommen konnte.»

Günther Wessel, *Rheinischer Merkur*

«Ein brillantes Zeugnis narrativer Geschichtsschreibung von außen und oben, grandios in seiner Einseitigkeit, konventionell im methodischen Zugriff, konservativ im politischen Urteil – mit allen Vorzügen und Nachteilen, die einer engagierten Abrechnung mit Geschichte eigen sind, mit einer zumal, deren Verheißungen getrogen haben und deren Schrecken uns heute noch vor Augen stehen.»

Dietrich Geyer, *Die Zeit*

«Ein Elementarereignis, wie sein Gegenstand selbst.»

Imanuel Geiss, *Handelsblatt*

Rowohlt · Berlin

Sergej Kowaljow

Der Flug des weißen Raben

Von Sibirien nach Tschetschenien:
Eine Lebensreise

Aus dem Russischen von Barbara Kerneck
Gebunden – 248 Seiten

Er wurde für den Friedensnobelpreis vorgeschlagen, und Millionen Fernseh-
zuschauer in aller Welt lernten das Gesicht des kleinen hageren Mannes mit
dem schütteren Haar, den tiefen Falten auf der Stirn und der großen Horn-
brille auf der Nase kennen, als Sergej Kowaljow im Keller eines zerbomb-
ten Hauses in Grosny saß und seinen Präsidenten in Moskau, Boris Jelzin,
zur sofortigen Einstellung der Kampfhandlungen gegen das tschetschenische
Volk aufforderte.

Sergej Kowaljow, 1991 von Boris Jelzin zum Beauftragten für Menschenrechte
berufen und vier Jahre später wegen seines Protestes gegen Jelzins Politik in
Tschetschenien aus diesem Amt entlassen, hat mit diesem Buch seine Erinnerungen vorgelegt. Mehr als zehn Jahre hat der gelernte Molekularbiologe in
sowjetischen Lagern gesessen und in der Verbannung verbracht, verurteilt
wegen antisowjetischer Propaganda. Er gehörte Anfang der 70er Jahre zu den
Herausgebern der wichtigsten sowjetischen Untergrundzeitschriften, der
«Chronik der laufenden Ereignisse», zu den Mitbegründern der ersten Men-
schenrechtsorganisation in der Sowjetunion, und er war ein enger Freund
Sacharows.

«Es ist eine überaus spannende Lektüre. Sie bezieht ihren Reiz zum einen
aus dem außergewöhnlichen Lebensweg dieses außergewöhnlichen Mannes
und der Art, wie er erzählt, uneitel, unprätentiös und durchaus auch selbst-
kritisch.»

Klaus Bednarz im Deutschlandfunk

Rowohlt · Berlin